杨士焯

厦门工学院教授、厦门大学教授、上海外国语大学翻译学博士、福建省外文学会副会长。主要著述有《英汉翻译教程》(2011)、《英汉翻译写作学》(2012)、《西方翻译理论:导读·选读·解读》(上下册,2018)、《简明英汉翻译教程》(2022)等;主持完成课题"翻译写作学研究"(福建省社科课题,2008B058)、"翻译写作学的学科建构与拓展"(国家社科课题,13BYY043)等。

周 旭

厦门大学外文学院英语语言文学博士研究生,曾任福州工商学院副教授。研究方向:话语分析与翻译、翻译理论与实践。曾在《外语教学》《外语学刊》等期刊发表论文;参与编写《大学英语等级考试与竞赛指南教程》(2021)、《大学英语等级考试应考实训教程》(2021);为课题"翻译写作学的学科建构与拓展"(国家社科课题,13BYY043)第一参与人;主持完成课题"翻译写作学视角下英语写作的中式英语研究"(福建省中青年教师教育科研项目,JZ180102)。

朱玉敏

厦门理工学院副教授,厦门大学外文学院英语语言文学博士。发表核心期刊论文《认知、功能视角下的翻译研究》(2010);出版专著《"阅读、写作、翻译三位一体"翻译写作学教学模式建构》(2015);主持完成课题"'阅读、写作、翻译'三位一体的翻译写作课堂模式探索"(福建省社科课题,2014C020);主持课题"国家翻译实践视角下外来译者与中国红色经典翻译研究(1949—1966)"(教育部人文社科项目,24YJA740070),并多次参与其他国家及省部级课题。

国家社会科学基金一般项目（批准号：13BYY043）成果

● 翻译写作学与多语种笔译平台丛书

总主编　杨士焯

翻译写作学

建构、拓展与应用

Translational Writing Theory

Construction, Development and Application

杨士焯　周　旭　朱玉敏　● 著

厦门大学出版社
XIAMEN UNIVERSITY PRESS
国家一级出版社
全国百佳图书出版单位

图书在版编目（CIP）数据

翻译写作学 ：建构、拓展与应用 / 杨士焯，周旭，朱玉敏著. -- 厦门 ：厦门大学出版社，2025.7.
（翻译写作学与多语种笔译平台丛书 / 杨士焯总主编）.
ISBN 978-7-5615-9708-8

Ⅰ．H059

中国国家版本馆 CIP 数据核字第 2025UX4892 号

责任编辑	苏颖萍
美术编辑	李嘉彬
技术编辑	许克华

出版发行　厦门大学出版社

社　　　址	厦门市软件园二期望海路 39 号	
邮政编码	361008	
总　　　机	0592-2181111	0592-2181406(传真)
营销中心	0592-2184458	0592-2181365
网　　　址	http://www.xmupress.com	
邮　　　箱	xmup@xmupress.com	
印　　　刷	厦门市明亮彩印有限公司	

开本	787 mm×1 092 mm　1/16
印张	23
插页	2
字数	558 千字
版次	2025 年 7 月第 1 版
印次	2025 年 7 月第 1 次印刷
定价	89.00 元

厦门大学出版社
微信二维码

厦门大学出版社
微博二维码

序　言

　　"翻译写作学"是杨士焯在《英汉翻译教程》（北京大学出版社，2006；2011）中首先提出的一个概念。它是指以翻译研究为主体和目标，在借鉴、整合写作学基本原理和方法的基础上构建的一个具备独特性、体系化特征的研究新领域。翻译写作学不是西方"翻译研究"流派下的"改写"理论（Rewriting），也不是试图抛弃翻译本体研究而将翻译学变为写作学，它始终以坚守翻译本体、强调翻译实践作为研究的基本思路，尝试将中国传统译论与西方翻译理论，特别是与语言学翻译理论相结合，从写作学的视野，将翻译活动阐释为"感知—运思—表述—检视"的过程，并着重探讨翻译实践中写作能力的运用与发挥，以强调译文写作质量的重要性。

　　这一概念提出后，引发和推进了相关领域的研究，出现了不少新的成果，如杨士焯教授的《英汉翻译写作学》（中国对外翻译出版有限公司，2012），周旭副教授以"翻译写作学"为关键词和主题撰写的系列论文，朱玉敏副教授的专著《"阅读、写作、翻译三位一体"翻译写作学教学模式建构》（厦门大学出版社，2015），等等。在此基础上，本书纵向深究翻译写作过程，横向探究二语阅读与二语写作过程，创新性地提出了二语写作的"潜译说"。同时以此反观翻译，关注原文视角下的翻译难度与翻译过程中的影响因素，并将其运用于翻译与二语写作教学中，开展大数据实证研究，建立"阅读、写作、翻译"三位一体的翻译写作课堂模式，开创云译坊，由此拓展了翻译写作学的研究范围与应用范围，促进了翻译学与二语写作交叉学科研究的创新发展。

　　本书是国家社会科学基金一般项目（批准号：13BYY043）的成果。在撰写分工方面，由杨士焯负责"翻译写作学"学术体系的理论建构、指导思想、体例规划等（前言、绪论、建构篇第一章至第六章、拓展篇第九章与第十章、应用篇第十一章、结论，统稿并增补拓展篇与应用篇部分小节内容）；周旭负责拓展篇第七章7.2、7.4、7.5与第八章，应用篇第十二章、第十四章与第十五章，增补建构篇第三章3.3、3.4与第四章4.3以及拓展篇第九章9.1部分内容；朱玉敏负责拓展篇第七章7.1、7.3与应用篇第十三章。厦门大学外文学院纪玉华教授、李妍副教授参与了本项目的申报与研究，课题组其他成员黄培清、王海萍、李明栋、杨文睿、刘淑娟、郑琳等在项目研究过程中多有贡献。厦门大学外文学院连哲彧教授审校了全书。厦门大学外文学院张培欣教授审校了本书问卷调查与实验研究数据分析部分。厦门工学院外国语学院院长邱能生教授对本书的出版多有帮助和建议。谨此一并致谢。

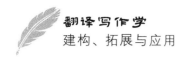

  《左传·襄公二十四年》谓："太上有立德，其次有立功，其次有立言，虽久不废，此之谓不朽。"孔颖达疏："立言，谓言得其要，理足可传。""言得其要，理足可传"，没有司马迁《报任少卿书》中"究天人之际，通古今之变，成一家之言"那么宏伟，也没有曹丕《典论·论文》中"盖文章经国之大业，不朽之盛事"那般高远。但对于著述者而言，看似平平无奇的"言得其要，理足可传"，却最难达到。古人以之为"立言""不朽"的标准，应该也是深谙甘苦之语。然而，"我注六经"是"言得其要"的前提，"六经注我"（宋陆九渊《语录》），才有可能"理足可传"。无论是后世的阅读者，还是异域（异语）的翻译者，追寻典籍的原始意义、阐释文献的自我逻辑，构成"我注六经""言得其要"的基本维度；而贯通原典、打通壁垒，提出建设性的学术观点，建立新的思想体系，才是"六经注我""理足可传"的方向。本书是这一思路下的产物，虽不敢说其理必足可传，但作为努力的方向，旨在拓展出一些前人未曾涉及的领域。书成之日，即是接受检验与批评之时，诚挚希望得到广大读者和专家学者的指正与斧正，以帮助我们不断完善本书。

杨士焯、周旭、朱玉敏

2024 年 10 月于厦门

前　言

　　"翻译写作学"系本书第一作者原创概念。这一构想与名称滥觞于杨士焯编著的《英汉翻译教程》（2006；2011）。该书前言曰"翻译是一种写作，应注重写作能力的培养，并据此提出'翻译写作学'的概念"（2006；2011：1）。在《英汉翻译教程》第八章"翻译写作篇"（2006：238-242）中，编著者提出了翻译写作学的构建雏形。论文《简论翻译写作学的建构》（杨士焯，2008）初步论述了翻译写作学的建构体系。经文献数据检索，在2006年之前，未发现有以"翻译写作学"作为名称或关键词而展开的论述和研究。凡是出现"翻译写作学"一词的，皆出自杨士焯的研究。

　　2008年，杨士焯以"翻译写作学研究"为题获得福建省社科项目立项（2008B058）并结题。2012年，其博士学位论文《论英汉翻译写作学的建构》系统论述了翻译写作学的建构与发展。同年，以该博士学位论文为主体的专著《英汉翻译写作学》出版。2013年，杨士焯主持的课题"翻译写作学的学科建构与拓展研究"获得国家社科立项（13BYY043）并顺利结项（20200533）。本书即是该国家社科课题的主要成果之一。

　　回顾翻译写作学前期研究，从"翻译写作学"一名之立到翻译写作学的建构与发展，这一新研究领域已有一定的研究成果，并在拓展方面初见成效。在此过程中，本课题组的两位核心成员周旭副教授与朱玉敏副教授做出了显著贡献。周旭副教授发表了14篇论文，把翻译写作学朝着二语写作方向推进与拓展，将汉英翻译研究与二语写作结合在一起（2014；2015；2016；2017；2018；2019），从而扩大了翻译写作学的研究领域，同时也在翻译写作学的感知研究（2018；2024）、教学模式应用研究（2024）等方面取得了一定的成果。将二语写作研究纳入翻译写作学研究范畴的研究思路最早源于周旭的硕士学位论文《二语写作中思维与行为过程的翻译因素介入——翻译写作学视角下的二语写作研究》（2014）。在该论文中，周旭正式提出二语写作是一种从思至译、从译至写的翻译写作过程，其思维与行为过程与汉译英相似，据此提出了二语写作教学新模式（2015），并深入研究二语写作与翻译的关联性（2017）。朱玉敏副教授于2013年发表论文《语料库与英汉对比下的翻译写作学课堂检视》，并于2015年完成以"翻译写作学"为主题的博士学位论文《"阅读、写作、翻译"三位一体翻译写作学教学模式建构》。同年，该博士学位论文出版，这是翻译写作学建构以来的第二部专著。该书探讨了翻译写作学中的翻译教学问题，特别是落实翻译写作学的课堂实践，其论文《"阅读、写作、翻译"三位一体扩展式翻译写作课堂模式研究》（2017）进一步将所建构的三位一体翻译写作教学

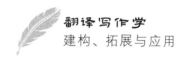
模式落实到课堂教学实践中。本课题组其他成员李明栋（2014）、黄培清（2014；2015）、王海萍（2015）、刘淑娟（2016）等都针对翻译写作学的建构与拓展发表了多篇相关论文。

此外，许多学者在翻译写作学的建构与拓展研究领域发表了多篇论文。至目前已收集的数据，由本课题主持人和成员开展的、以"翻译写作学"为主题或关键词的科研成果包括：专著2部、博士论文2篇、期刊论文30篇，以及指导的硕士论文20篇。

目前所能查阅到的、非本课题主持人和成员撰写的、论及翻译写作学主题的期刊论文共有28篇，硕博士论文17篇。这说明本课题已经在学术界获得了一定认可，并取得了一定的成果。在此，我们将上述提及的成果做一综述。

在理论研究方面，自"翻译写作学"这一概念提出至今，已有16篇相关理论研究方面的成果。其中，马一宁（2009；2010）结合贝尔的翻译过程研究与周姬昌的写作学理论，对翻译写作学的建构提出了新的见解，将翻译写作过程重新建构为"解读—沟通—表达"。郑琳（2011）借鉴了弗劳尔的写作模型探讨翻译过程与写作过程的共性，揭示写作在翻译过程中的重要性。然而上述这两项研究局限于在平行层面上对翻译写作学做出另一种阐释，未能在理论建构上取得较深入的突破。黄玮（2012）就汉英翻译写作进行了较为深入的研究，总结了八大英语语性特点，细化了感知、运思与表述的问题，对翻译写作学理论的建构具有一定意义。闻艳（2012）以修辞学为视域，讨论译者如何在翻译写作学理论指导下运用恰当的修辞手法来提升文章的音美、形美与意美，这一研究在一定程度上对"写"的笔法层面作了探讨与补充。蔡娴（2016）从语域对等层面探索了翻译质量评估，她提出了一种简化翻译质量的评估模式，引入了"相对值"的概念，尝试量化评估标准，同时在研究中选取了中译英语篇进行实证研究，验证该模式的可行性，这是对翻译写作学关于译文规范的讨论的有益补充。周旭（2018；2024）以中国文学外译为例，深入探讨了文学翻译过程中的感知内涵，进一步深化了翻译写作学的感知研究。

在应用研究方面，自翻译写作学理论初步建构以来，许多学者尝试将其应用于译本分析、翻译报告、教学模式等各方面。黄培清（2015）以《培根随笔集》（曹明伦译）为例，从翻译写作学视角探究英汉散文翻译，从"感知—运思—表述—检视"四阶段阐述英汉散文翻译写作笔法，指出翻译写作学理论对英汉散文翻译具有积极指导意义；张媛（2019）同样关注培根散文的汉译研究，通过对王佐良译本的分析，阐明了翻译写作学理论在散文翻译中的潜在诠释意义；刘荧（2016）从翻译写作学视角研究汉英新闻翻译，明确外宣新闻译者的身份为"翻译写作者"，在阐明现有译法的基础上提出了改进译文的有效方法；闫文羽（2017）以《苔丝》译本为例，聚焦于文学文本译写中四字格词语的运用，认为这是展现文采、发挥译语优势的体现；本书第一作者杨士焯与第二作者周旭（2021；2025）将翻译写作学理论中关于表述的阐述应用于对比分析《孙子兵法》十二译本的译文表述；雷海燕（2017）在翻译写作学指导下进行能源翻译实践，并撰写了实践报告；刘昌胜（2019）与姜小漫（2019）则分别从功能对等理论、纽马克关联理论视角出发，节选《英汉翻译写作学》的内容进行翻译实践，撰写实践报告。翻译实践报告的撰写与观点呈现，很好地反映了翻译写作学理论的应用。

　　除上述成果之外，近年来，翻译写作学在拓展研究方面也取得了一些突破性进展。除周旭（2014；2017；2018）关于二语写作的相关研究之外，刘淑娟（2016）以林语堂《吾国与吾民》第一章为例，探讨了二语写作与翻译的一致性，同样认为二语写作实质上是一种翻译写作过程，是翻译写作学运用于二语写作的拓展研究的基础补充；欧丽莹（2019）则从翻译写作学视角探讨阅读对英汉翻译能力的影响，这一研究也再次启发了我们将翻译写作学拓展至阅读学研究的范畴。以上这些研究共同构成了翻译写作学的研究现状和发展脉络，推动了翻译写作学研究的纵向与横向发展，为完善翻译写作学的理论建构、拓展该理论的应用与多元研究做出了有益尝试，也使本书研究与论述更为充实与全面。

　　此外，在教学模式的应用研究方面也取得了较为丰硕的成果，黄艳（2013）结合区域文化研究多元开放式翻译写作，整合教学体系的建构，以期培养立体思维，提高译写水平；周旭（2015；2016）提出二语写作教学新模式，同时也具体研究和讨论了翻译写作训练模式；王小慧与周旭（2024）通过实验研究，进一步论证了翻译写作教学模式于大学英语翻译教学中的适用性与有效性。这些研究对翻译写作教学模式的应用实践有一定借鉴意义。

　　翻译写作学自创建以来，已引起了课题组以外的广大翻译研究者的关注。郭建中的论文《简评〈翻译写作学〉》对该成果和相关著作做了详细评述（2012）。郭建中指出："杨士焯教授发展了前辈翻译家和翻译理论家关于'翻译是重写'或'重新表达'的概念，把翻译与写作更紧密地结合起来，形成了'翻译写作学'的新概念，并且建构了翻译写作学的理论体系，这是翻译理论和实践研究中的一大突破，特别对指导翻译实践，提高翻译质量，具有重大的意义和作用！杨士焯教授的这部《英汉翻译写作学》可以说是一部开创性的翻译研究著作！"冯全功（2016）指出："杨士焯（2012）借鉴写作学的模式（感知、运思、表述）尝试构建'翻译写作学'，并从中西翻译理论话语对之进行验证说明，自成一家之言。"正如美国哲学家 Kuhn 所阐释的"范式"概念，既指认知观上"从事某一领域研究的团体中所有成员共享的信念、价值、方法等的集合"，也指具体研究中"一些已经广为接受的真实科学实践范例"（Kuhn，1996：175），兹以为，翻译写作学相关的研究也已具备具有独立名称的"翻译写作学"学术研究范式。

　　在本书中，我们将通过建构篇、拓展篇与应用篇来展开详细论述。建构篇着重于翻译写作学的理论建构，探讨翻译写作学的原则与方法；拓展篇在原理论基础上进一步深化翻译与写作的关联，扩展翻译写作学的研究领域；应用篇则是将前期的研究成果应用于翻译实践、翻译教学和二语写作等。

杨士焯

2024 年 10 月于厦门

目　录

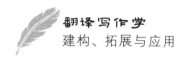

拓展篇

绪 论

0.1　翻译写作学的缘起

翻译研究，或谓翻译学，是"研究翻译之性质与原理、目的与任务、标准与原则、过程与方法，以及翻译行为之发生、发展及其作用和影响的一门科学，它包括翻译理论、翻译史和翻译批评三个学科范畴"（曹明伦，2007：190）。其中，翻译理论侧重于对翻译活动本身及其发展进行逻辑性的研究，翻译史注重对翻译活动进行历史性的研究，而翻译批评则是运用翻译理论对翻译行为、翻译作品和译者进行研究。翻译理论与翻译史、翻译批评共同构成了翻译学的三个有机组成部分，相辅相成，密切联系，而翻译理论是其中最主要的部分。当人们谈论翻译研究或翻译学时，往往会将其统称为翻译理论。

翻译学的发展，确实也就是翻译理论的发展。从其发展史来看，翻译理论经历了借鉴文艺学、语言学、阐释学、交际学、哲学、美学、文化学、意识形态、女性主义学说等阶段，不但实现了从语言研究向文化研究的转向，也从"原著中心论"向"译文中心论"转变（Bassnett[①]，1980）。翻译研究历经从内部研究向外部研究的跨越，逐渐超越传统翻译研究的范畴，发展为一门新兴的独立学科。其好处不言而喻，它扩大了翻译研究的范畴，完善了翻译研究的理论性发展。在认识到翻译理论研究的多重功能，尤其是它的认识功能的同时，我们仍然要认识到它的本质功能，即指导翻译实践的功能。如果把翻译的实践功能和理论功能截然分开，那么就忽略了翻译这门具有强烈实践色彩的知识体系的意义。王宏印指出"翻译在本质上是实践性的，而非理论性的"（2009：37）。然而令人遗憾的是，"理论与实践之关系，大有分道扬镳、势成水火之格局"（辜正坤，引自曹明伦，2007：ⅱ），"翻译研究现在越来越远离翻译的主体"（陈志杰，2009：34），部分学者把翻译实践与翻译理论研究割裂开，提出"理论不一定能够与实践结合"（引自曹明伦，2007：194）。谢天振（2007）指出：

> 在文学创作界，从来没有听说有哪位作家对文学批评家或理论家说，"我不懂什么文艺理论，我不是照样写出不错的小说来了吗？"更没有哪位学者或大学教师对文学批评家

---

① 巴斯奈特（Susan Bassnett），下文均标为 Bassnett。

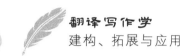

和理论家含讥讽地说："我们文艺学科的建设不是靠你们这些空头理论文章,而是靠我们的作家的创作。"在语言学界,也从不曾听说有人对语言学家兴师问罪:"我从来不读你们的语言学著作,我的口才不照样很好?你们这种语言学理论对我提高我的讲话水平有何用?"(谢天振,2007:53)

上述比喻设问确实精彩,然而,在这个问题上,翻译与文学创作恰恰没有可比性:文学创作不单单依靠技巧,更重要的是要有生活,有创意,会讲故事。一些作家(如"战士作家"高玉宝年少时受教育程度低)在创作时甚至连许多字都认不全、写不出,只好用图画来表示,但这不影响他们写出感人的作品。这些作品并非学识渊博的学者、教授或翻译家可以轻易创作出来的。而翻译与创作的差别也就在这里:所翻译的作品的创意、故事情节都是别人的,翻译的精妙体现在能否忠实、准确、精彩地再现作家之所言,是另外一种"写作"本领,主要表现在文字技巧与操作层面。要求翻译理论家或教授也能善于翻译实践并不是过分的要求,而是其从事翻译研究的基本条件。天分虽然很重要,但译者仍可以通过学习和实践来获得翻译技能,而作家的创作才华则不可能依靠培训获得的。故知:作家与文艺理论家只能分家(非不为也,是不能也),而翻译家与翻译理论家不能截然分开(可为也,非不能也)。当然,不能否认,"有些人抽象思维比较发达,谈起翻译理论来自然就会'头头是道',而有些人则形象思维比较发达,于是文学翻译水平就比较高"(谢天振,2001:3)。因此,根据人的知识结构、才气和生理等方面的差异,我们暂且可以把从事与"翻译"相关的人归纳成三种类型,判断的依据是他们出版或发表的成果:

(1)只从事翻译实践工作,而基本不理会翻译理论研究,如霍克斯(David Hawks)[①]、杨宪益、傅雷、张谷若等;

(2)只从事翻译研究工作,而几乎不染指翻译实践工作,如卡特福德(J. C. Catford)等;

(3)同步从事翻译实践与翻译研究,如纽马克(Peter Newmark)、郭建中、辜正坤、曹明伦等。

比较奇特的是,奈达(Nida)虽然不一定亲自做翻译,但作为《圣经》翻译的顾问,在各种语言的《圣经》翻译者向他咨询时,他提供了翻译的指导性原则,应该说,这种行为同样可以视为一种翻译实践,实际上是一种更广泛意义的翻译实践。上述这个大致的划分并无优劣高低之差别,只是要说明因人而异,各自发挥长处和兴趣而已。

再就翻译理论而言,曹明伦区分了"内向型本体翻译理论"和"外向型综合翻译理论"(曹明伦,2007:192)。内向型本体翻译理论主要关注何谓译、可否译、如何译,并从文本角度关注为何译、译什么这五大基本问题;"外向型综合翻译理论"则可归入译介学领域。这不啻给混乱的当代中国翻译研究正本清源、分辨是非。翻译学和译介学从此各行其是,翻译学回归它的初衷,即翻译研究的关注点是为翻译实践提供理论指导和知识支援,使学习者能从中学习到如何做好翻译工作。所幸的是,一部分有识之士已看到这个问题。郭建中撰文论述了在译学文化转向之后,国际和国内的翻译研究开始

---

① 本书外国学者名首次出现标为"汉译名(英文名)",下文均标为英文名(除章节标题外)。

重新向语言学回归，译学呈现出"语文学—语言学—文化学—语言学"的基本发展轨迹（郭建中，2010：270）。然而，翻译研究回归到语言学翻译路向并不能解决翻译实践所面对的所有问题（特别是针对英汉翻译）。在本研究中，我们认为，中国的翻译研究还应该回归到对中国传统翻译文论的研究和革新中来。这是本书期待的另一个回归。

"内向型本体翻译理论"虽然有注重翻译实践的传统翻译研究的支撑，但难免显得散漫无系统（这也是其受批评的薄弱点）。注重翻译实践的传统翻译研究历来被视为只专注于纯粹的翻译技巧，盘旋在词、句转换之间，未能上升到系统的认识高度。因此，要建立"内向型本体翻译理论"（"内向型本体翻译研究"），就要努力寻找支撑这个理论体系的基础和依据。既然关注翻译实践，那我们就要质朴地问：高质量的译文是怎么做出来的？无疑，译文成功的关键在于正确的理解和娴熟的表达。翻译人人都会做，妙在传情达意的功力有高低之分。那么是什么决定译文的优劣呢？是译者的译文写作能力！译者的劳动产品，无一不是通过手中那支妙笔或秃笔展现出来的！本文孜孜关注的，就是翻译中的运笔写作能力！因此，如果通俗称之，即为"翻译的表达能力研究"。然而，为了论述的系统性和科学性，我们愿意将本研究称为"翻译写作学"。

"翻译写作学"正是针对可能出现的翻译研究过于理论化、外延化，而有失去指导翻译实践作用之虞而设立的。我们感兴趣的不仅仅是"怎么译"，而且是"怎么译得好、译得妙"。这样，以指导翻译实践活动、探讨翻译技巧、探求发挥译文语言优势学说的应用翻译研究可以建构并命名为"翻译写作学"。"翻译写作学"发展了"内向型本体翻译理论"，并成为"内向型本体翻译理论"的一个重要分支。"翻译写作学"的名称最早见诸《英汉翻译教程》（杨士焯，2006；2011）序言和第八章，随后作者又以论文"简论翻译写作学的建构"（《写作》，2008/3）描述了翻译写作学的建构体系。《英汉翻译写作学》（2012）全面系统地建构了翻译写作学，特别是以中西翻译研究和英译汉为基础，展示了翻译写作学的研究范围与目标。至此，经过课题组成员及其他同行的努力，已经形成具有原创术语名称"翻译写作学"的学术研究范式。

0.2 翻译写作学的一名之立

翻译即写作，翻译就是再创作。试看人们对翻译的评价，一般会出现"笔法严谨、文采斐然""行文明白晓畅、流利自然"等词句。这些赞誉之词亦可用于评价写作。纵观古今中外翻译杰作，因精彩的译文写作而产生的佳译不胜枚举，而针对翻译中写作问题的探讨也不在少数。

0.2.1 国内对翻译中写作问题的认识与研究

早在六朝时期的鸠摩罗什（343—413），其佛教典籍的翻译就被僧肇（384—414）在《维摩诘经序》中赞道："其文约而诣（畅达），其旨婉而彰，微远之言，于兹显然。"（罗新璋，2009：43）他曾认为，"天见人，人见天"，在言过质，采用了僧睿（生卒年不详）的译文："人天交接，两得相见。"（罗新璋，2009：34）这其实就是注重译文表达，

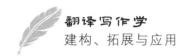

考究语言的精美。辜正坤提到，鸠摩罗什意译本在一定意义上是尝试以地道的译文翻译地道的原文。无论玄奘如何用力，他的本子就是没有鸠摩罗什的译本吃香。"鸠摩罗什的译本念起来更流畅顺口，有文采，用张谷若先生的话来说，就是地道。"（辜正坤，2005：143-144）这确实是个让人深思的问题！

唐代的玄奘主持译场译经，设有 11 种分工，其中"刊定""润文"两种分工分别负责"对译文刊削冗长，定取句义"和"从修辞角度对译文润饰"（马祖毅，1984：56）。这两个工种的专家都在目标语（汉语）方面具有深厚学养。由此可见，为了确保译文的精妙，翻译队伍的配备非常齐全且专业。①

清代的马建忠则称"一书到手，经营反覆，确知其意旨之所在，而又摹写其神情，仿佛其语气，然后心悟神解，振笔而书，译成之文，适如其所译而止，而曾无毫发出入于其间。夫而后，能使阅者所得之益，与观原文无异，是则为善译也已"（马建忠，引自罗新璋，2009：192）。这样的翻译情景岂不是译者在用目标语写作？

清代翻译家严复主张："译事三难信、达、雅。求其信已大难矣。顾信矣不达。虽译犹不译也。则达尚焉。……《易》曰：'修辞立诚。'子曰：'辞达而已。'又曰：'言之无文，行之不远。'三者乃文章正轨，亦即为译事楷模。故信达而外，求其尔雅。"（严复：《天演论》序言）。所谓"文章正轨"，不正是把翻译提高到写文章的高度吗？严复提到译者"将全文神理，融会于心，则下笔抒词，自善互备"。这分明也是译者在用目标语写作的写照。严复的精辟论述有其脍炙人口的译文为证，如《天演论》的开篇第一段：

> 赫胥黎独处一室之中，在英伦之南，背山而面野。槛外诸境，历历如在几下。乃悬想二千年前，当罗马大将恺彻未到时，此间有何景物。计惟有天造草昧，人功未施，其借征人境者，不过几处荒坟，散见坡陀起伏间。而灌木丛林，蒙茸山麓，未经删治如今日者，则无疑也。怒生之草，交加之藤，势如争长相雄，各据一抔壤土。夏与畏日争，冬与严霜争，四时之内，飘风怒吹，或西发西洋，或东起北海，旁午交扇，无时而息。上有鸟兽之践啄，下有蚁蟓之啮伤。憔悴孤虚，旋生旋灭。菀枯顷刻，莫可究详。是离离者亦各尽天能，以自存种族而已。数亩之内，战事炽然，强者后亡，弱者先绝。年年岁岁，偏有留遗。未知始自何年，更不知止于何代。苟人事不施于其间，则莽莽榛榛，长此互相吞并，混逐蔓延而已，而诘之者谁耶？

这段译文气势磅礴，优美绝伦，有《史记》风范。桐城派古文家吴汝纶在为《天演论》写的序言中对严复的译文倍加赞扬："抑汝纶之深有取于是书，则又以严子之雄于

---

① 翻译研究中用来指涉两种语言的称法在英语里比较单一，即 source language（SL）和 target language（TL），Nida 把 target language 称为 receptor language（RL）。但相应的中文称法就多了：钱钟书将之称为"出发语言""归宿语言"（钱钟书，1979：89）；余光中称为"施语""受语"（2002：172）。此外还有"译出语""译入语"和"始发语""源发语"与"目的语""目标语"等。曹明伦采用"源语""目标语"（2007：209），郭建中亦如是。但"源语""目标语"不符合汉语对称要求，本书确定为"源发语""目标语"。

文，以为赫胥氏之指趣，得严子乃益明。自吾国之译西书，未有能及严子者也。"进而赞道："文如几道，可与言译书矣。……严子一文之，而其书乃骎骎与晚周诸子相上下。"吴汝纶还说："独挚事博涉兼能，文章学问，奄有东西数万里长。子云笔扎之功，充国四夷之学，美具难并，钟于一手，求之往古，殆邈焉罕售俦。"（《丙申答严幼陵书》）严复这段开篇文字及全篇译文虽然极不符合现代翻译规范，甚至存在大幅度改写和编译，但就文字质量而言，气势磅礴！学者贺麟则特别推崇严译《群学肄言》第五章的这一段：

> 望舒东睇，一碧无烟，独立湖塘，延赏水月，见自彼月之下，至于目前，一道光芒，滉漾闪烁，谛而察之，皆细浪沧漪，受月光映发而为此也。徘徊数武，是光景者乃若随人。颇有明理士夫，谓是光景为实有物，故能相随，且亦有时以此自诩。不悟是光景者，从人而有，使无见者，则亦无光，更无光景，与人相逐。盖全湖水面，受月映发，一切平等，特人目与水对待不同，明暗遂别。不得以所未见，即指为无。是故虽所见者为一道光芒，他所不尔。又人目易位，前之暗者，乃今更明。然此种种，无非妄见。以言其实，则由人目与月作二线入水，成角等者，皆当见光。其不等者，则全成暗。惟人之察群事也亦然，往往以见所及者为有，以所不及者为无。执见否以定有无，则其思之所不赅者众矣。

贺麟认为上段译文"吾人读之，觉其理甚达，而其文反较斯氏原文为美"（罗新璋，2009：222）。现代人当然很难再写出这样的文字，但是，翻译写作学孜孜以求的正是这样的译文质量。

作为文学家、文论家、诗人的林纾"译笔精湛，颇具马、班、韩、柳的神韵和传统文学的风采"（王秉钦，2004：74），正因为他具有深厚的古文素养，才练就无与伦比的写作才华，写就了中国翻译史上精彩的译文华章。林纾虽然不懂外文，但他对原作字句加以润色、修饰，务使文笔优美，富有艺术性。

当时人评述林纾的译文曰："遣词缀句，胎息史汉，其笔墨古朴顽艳，足占文学界一席而无愧色。"（孟昭毅，2005：52）而他不懂外文这点则更说明了译文写作所具有的魅力。正如古人云："文心者，言为文之用心也。"（刘勰，《文心雕龙·序志篇》）作文的"用心"，就是讲"文之枢纽"，讲文章的"纲领"。林纾能以自己的"文心"洞悉西方文学作品的"文心"，故能写出绝妙的文字来。

钱钟书也非常佩服林纾，他"宁可读林纾的译文，不乐意读哈葛德的原文"，"理由很简单：林纾的中文文笔比哈葛德的英文文笔高明得多"（罗新璋，2009：798-799）。他脍炙人口的译品先声夺人，既显示了古文最后的风采，又昭示了西方文学诱人的魅力。王宏印赞之为"林纾译笔"（王宏印，2009：185）。

可以设想，如果林纾的外语水平也足够高，且掌握了正确的翻译方法，那么其译文将是何等如虎添翼、出类拔萃！在中国，这可以证之于朱生豪、傅雷、杨必等既通外文、又谙中文的翻译名家之佳作。尽管他们的译作不乏有重译本，且准确性也大致不差，但他们的译作何以能依旧光彩耀人，先声夺人，成为译作经典呢？无他，是因为他们具有高超的原文理解能力和目标语表达写作能力，特别是有左右逢源的驾驭文字的功底。

"人民文学出版社的资深编辑苏福忠对朱生豪词汇的丰富赞叹不已，认为这是真实再现莎士比亚多种多样的表达方式的一个重要条件。不过最重要的还是他的文学素养。朱生豪之所以能够翻译出不朽的译著，在于他驾驭中文的能力，而不是作为语言学家理解英文的能力。"（史蒂文，2005）这个结论切中肯綮。在国外，这可以证之于 Hawks 之译《红楼梦》。

美国著名诗人兼翻译家庞德（Ezra Pound）的诗是以中国古诗为参照，一半为翻译，一半为创作。他那点石成金的诗人文笔值得借鉴。当然，严格地说，其作品不能算是翻译作品，宜称为"类翻译"，值得从译介学角度加以研究。

林语堂在《论翻译》（1933，引自罗新璋，2009：491）中提到"翻译的艺术所倚赖的：第一是译者对于原文文字上及内容上透彻的了解；第二是译者有相当的国文程度，能写清顺畅达的中文；第三是译事上的训练，译者对于翻译标准及手术①的问题有正当的见解"。林氏把"能写清顺畅达的中文"明确摆在了第二位置，难能可贵。身为作家和翻译家，林语堂以他的著作和译作为我们展示了何为"清顺畅达的中文"（同上）。林语堂的自译性的双语作品也极具特殊性，因此高健冠之为"特殊的翻译"（高健，2006：173）。

在提出"神似"的观点时，傅雷明白无误地说："理想的译文仿佛是原作者的中文写作。"（罗新璋，2009：624）十分明显，用"中文写作"的不可能是原作者，而只能是译者。如果译者在翻译的运作过程中，按照傅雷的意思，能够采取写作的手法，使原文的意义和精神得以迻译，确保译文的流畅和完整，并再现原文的风格，那就能实现理想的译文，使其"仿佛是原作者的中文写作"（罗新璋，2009：624）。

郭沫若也指出："翻译是一种创作性的工作，好的翻译等于创作，甚至还可能超过创作。这不是一件平庸的工作，有时候翻译比创作还要困难。创作要有生活体验，翻译却要体验别人所体验的生活。翻译工作者要精通本国的语文，而且要有很好的外文基础，所以它并不比创作容易。"（罗新璋，2009：560）郭沫若特别强调对本国语文的修养。"如果本国语文没有深厚的基础，不能运用自如，即使有再好的外文基础，翻译也是不能胜任的。"（罗新璋，2009：561）郭沫若用自己的译作很好地诠释了他的翻译观。

在大陆及港澳台，相关论述依然可见。思果提出"翻译为重写"（思果，2001：1）。他认为，不会写中文而要把外文译成中文，等于没有米还要煮饭。中文都写不通，翻译还能通吗？不能写作的人最好不要学翻译。翻译就是"对始发语言（就是原文）的理解，和对归宿语言（就是译文）写作的能力"（思果，2002：18）。思果还说："把一种外文译为另一种，译者最应该具备的条件是能写头等的译入文。"（思果，2002：126）据统计，思果在《翻译研究》和《翻译新究》两书中提及翻译中的写作问题达 25 次。

余光中认为："翻译，也是一种创作，一种'有限的创作'。译者不必兼为作家，但是心中不能不了然于创作的某些原理，手中也不能没有一枝作家的笔。"（余光中，2002：40）可以看出，他强调翻译中的创作原理及表达技巧，这不正是道出了翻译写作学的关键所在吗？

---

① 原文如此，即"手术"，表示翻译的程序、步骤与技术。

　　龚光明称翻译是"亚写作"（龚光明，2004，前言）；王宁称翻译是"再现性写作或改写"（王宁，2011：11）；王丹阳在其专著《文学翻译中的创作论》（2009）中，深入探讨了文学翻译中的创作问题。而本书的"翻译写作学"所关注的不局限于文学翻译，还包括非文学翻译的写作能力，它探讨的是一种普遍意义的译文写作能力。诚如李长栓的两部著作《非文学翻译理论与实践》（2004）与《非文学翻译》（2009）中指出："写作是翻译的基础"（李长栓，2004：13），"翻译就是写作，只是参照物不同。所以，写作时应遵循的原则，翻译时也应遵循"（李长栓，2004：158），"翻译是一种写作形式。除了遵循一般的写作要求，如意思清楚、语言自然通顺外，译者还要善于区分不同的语言风格，如正式文体（公函）、非正式文体（私人信函）、技术性语言、法律语言等的语言规范和语言风格，并在译文中体现出来"（李长栓，2009：36）。王宏印数次提到"译文写作能力"和"译文写作的文笔"（王宏印，2006：165），这是迄今为止，本书作者发现的与"翻译写作"最接近的论述。本书也使用"译文写作"这个术语，其含义与"翻译写作"一致。

　　从以上国内各家的论述中看出，虽然都没有明确以"翻译写作学"称之，但他们的论述都或多或少地包含了本书所要关注的论题，都可以纳入"翻译写作学"的前沿研究中。

0.2.2　西方对翻译中写作问题的认识和研究

0.2.2.1　纽马克、贝尔、霍克斯等论翻译中的写作问题

　　在西方，多雷（Etienne Dolet，1509—1546）在1540年发表了一篇简短而富有创见的翻译研究论文，成为西方近代翻译史上第一个比较系统地提出翻译理论的人。他提出五条翻译基本原则，其中第二条就强调"译者必须通晓源发语和目标语"，译者应当是善于用源发语阅读、用目标语写作的语言专家（谭载喜，2008：70）。

　　泰特勒（Alexander Fraser Tytler，1747—1814）所提出的翻译三大原则的第一条就是"译作应完全复写出原作的思想"（谭载喜，2008：129）。他认为，译者必须具备类似于原作者的才华，最优秀的译者能够用原作者所用的体裁进行创作。

　　英国翻译理论家Newmark把翻译涉及的写作问题表达得非常清晰，并且使用了"write well in the target language"的说法：

> The translator's craft lies first in his command of an exceptionally large vocabulary as well as all syntactic resources—his ability to use them elegantly, flexibly, succinctly. All translation problems finally resolve themselves into problems of how to write well in the target language.
>
> —Newmark，2001:17

　　译者的功夫首先展现在胸中自有词汇无数，句法纵横捭阖，极尽传情达意之能事。凡抒词运句，无不雅致、飘逸、简明。全部翻译问题最终都归结到如何用目标语写出好译文[①]。

―――――――――――
① 本书译文除特别注明外，皆为本书作者所译。

贝尔（Roger Bell）在"语篇处理"（该书第六章）探讨了翻译中的写作过程。法国释意派数位翻译理论家都从释意学角度论证了翻译中的写作机制，其中，德利尔（Jean Delisle）更是宣称："实用性文体的翻译是基于写作技巧上的一种重新表达的艺术。"（The translation [of pragmatic texts] is an art of re-expression based on writing techniques.）（Delisle，1988：1）这里的两个关键词（re-expression 和 writing techniques）非常契合本翻译写作学的构思和阐述（详见本书建构篇第一章）。

Bassnett 在《译者即作者》（2006）一书中强调"翻译无非就是阅读加写作。译者首先要彻底读懂原文，还要有非同寻常的写作能力——以另一种语言，写原作之所写。译者乃是手握翻译大权的读者，具有重写原文的独特力量。其他人所读到的，皆有赖于我所读、所写。我以我笔释原文，其责也大。……译者就是作者，或曰再创作者。出自他们手中的作品，可以使全新的读者能读、爱读"（Bassnett，2006：95）。

英国翻译家 Hawks 在谈到他自己的翻译时，使用了"写作"（it was written）的说法。他说："我的译本中免不了有错误，有的还很严重，这个译本说不定哪天就会被替代，甚至被遗忘，但我确信，如果是译本有何长处，可能要部分归功于写作时所赋予它的精神。"（王丹阳，2009：175）可见，在 Hawks 眼中，翻译《红楼梦》的过程也是他用英语进行写作的过程，其译本因而受到英语读者的欢迎。

美国翻译理论家罗宾逊（Douglas Robinson）指出："译者就是作家。他不是变成作家本身，而是变成一个与原作家非常相像的作家而已，二者都能写、能从亲身感受的语言和客观世界汲取养分，并将之形成一篇鲜活的文字。"（Robinson，2001：3）因此，译者在翻译过程中的写作与原作者在创作中的写作虽有不同之处，但其实质一致，都是操之以笔。

0.2.2.2 "论译者为作者"——翻译与写作国外研究

2009 年在英国朴茨茅斯大学召开了主题为"论译者为作者"的翻译研讨会，其会议邀请词曰：

> 大家都知道译者精通外语非常重要。大家还意识到译者要精通的最重要的语言是母语，但我们总是忘记译者最重要的技能之一是写作能力。本会议让译者、作者和学者围坐下来讨论对译者至关重要的写作有哪些方式。您还有机会参加各种演示会，具体讨论科技写作、新闻、诗歌、法律文本和电影剧本等。

在本书作者参与的这次会议上，我们关注到所递交的论文除了部分涉及翻译文化学派的"改写"外，主要围绕如下论题："译者即'创造性'作者"（英国东安格利大学 Eugenia Loffredo），"科技译者的写作新观念"（英国谢菲尔德大学 Jody Byrne），"译员训练中的多语写作练习"（奥地利维也纳大学翻译研究中心 Daniela Beuren），"翻译课堂里如何开发写作技能"（英国威斯敏斯特大学 Janet Fraser），"大学生翻译培训项目中的翻译与专门写作"（加拿大门克顿大学 Denise Merkle）。

在"译者即'创造性'作者"一文中，作者认为，创造性这个因素能让我们把译文看作充盈着译者代理和主体的地方 / 空间。翻译过程的结果可以视为再创作的语篇，而不是语言转化。译文有别于阅读行为（个人的、实验的、文化的、互文的），就在于译者自身对原文的情感反应不再被视为"不专业"的障碍或对作者不尊重。相反，这种反应必然与某个语篇建立相互关系，并由此与其他文学操作形成互文对话。而且，译者的阅读形成书写文字，译文其实就是一种写作模式、一种自我探索模式，目标语语篇的译者主体性体现在是以作者的身份写就。

在"译员训练中的多语写作练习"一文中，作者指出，自 2007 年以来，创造性写作一直是维也纳大学翻译研究中心译员训练的组成部分，也是研究生学习的必修课。其课程目的是"鼓励学生写作"，因为写作是他们未来译员职业生涯的必做之事。创作与翻译之间确实存在差别，其最显著的差别是，学生在创作时面前没有一篇原文可资观摩，但他们并非只有一张白纸或空对一台电脑。老师布置给他们的作业是有时间限制的。作业取自各种不同的文学体裁，如诗歌、短篇散文或微型剧，甚至采用多语种混搭写作。这是对译员最好的训练方式，也是本书在应用篇 11.3.2.1 所提出的"译前的目标语写作训练"。

在"翻译课堂里如何开发写作技能"一文中，作者认为，准确传递内容只是翻译工作做了一半。语篇要想在目标语文化中产生预期的效果，就必须尊重该文化习惯。能够写出符合这些习惯的译文，就意味着离成功翻译不远了。学生常常不能认识到这一点，对源发语的结构形式亦步亦趋，而不懂得必须重构译文，使之符合目标语的写作规范。学生必须会用目标语写作。作者还设计出一些简单练习应用于翻译课堂，帮助学生在培养翻译技能的同时发展写作技能。练习包含各种体裁，如旅游介绍和科技描写，使之熟悉目标语规范，了解翻译特定体裁的参数，据此"写出"某种特定体裁的文章，从而释放他们内在的写作能量。

在"大学生翻译培训项目中的翻译与专门写作"一文中，作者认为，部分学生选择学习翻译是因为他们不喜欢写，他们宁愿别人替他们想好写好，这是对翻译的极大误解。因此大学翻译课程基础教学应包含阅读和写作技巧。鉴于很少有译者将来会去翻译文学作品，受训的译者就应该接触各种实用体裁。发展熟练的写作技能是研究生翻译培训项目的任务。单语写作课与翻译课中的写作有所不同，后者需应对两种语言间的干扰，译者必须学会区分这两种语言及其各自的语篇体系。也就是说，目标语里（译者的母语）的单语写作训练既有用又重要，译者只有驾轻就熟，才能在这两种语言之间游刃有余。只有掌握目标语语篇类型习惯和风格的作者才能写出流畅易懂的语篇。译者，唯有同时自身也是作者，才能具备写出目标语语篇的语言能力。译文不仅仅是翻译出来的，也是写出来的。

2009 年的这场英国朴茨茅斯大学翻译研讨会涉及翻译与写作的论点还有很多，其他部分摘要如下：

译者即作者，译作即写作（Jonathan Evans）。

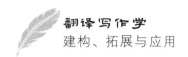

译者的写作技巧在科技翻译的革新中起着核心作用（Jody Byrne）。

身为译者，我们的工作有赖于别人的文本和叙述。就好比摆渡工，我们在语言和文化之间来回传递思想（Marta Guirao）。

本教学示范给你提供机会，让大家练习写作技巧，教你如何改善你的译文质量。写作就像肌肉，要多多锻炼，才能日趋健美。写得越多，文笔越好。……有人说作者有所谓的"工具箱"，译者也有类似的一个工具箱，里面装着词语和写作技巧，供其驱遣（Ann Pattison）。

翻译时总会丢失一些东西，但如果译者足够强，他会设法弥补。可见译者多么关键，他不仅仅是把一部文字作品介绍给更广泛的读者群，而且还能熟练地把它写成一部"原创"文本（Georgina Collins）。

上述观点极具启发意义，和本书的观点高度契合，但其不足之处仍然是没有建立或提出一个标志性的术语或可识别的学术体系。部分与会的学者甚至会把翻译与写作相混淆，或提出在写作名义下违背翻译基本原则而任意改写和扩写，这不符合"翻译写作学"的初衷和目的。翻译写作学追求的是在翻译过程中"从心所欲不逾矩"，尊重翻译原则与标准，在此基础上方能发挥译文语言优势，展现译者的译文写作能力，这是翻译写作学的意义所在。

0.3　翻译写作学抑或写作翻译学

子曰："必也正名乎""名不正则言不顺，言不顺则事不成"（《论语·子路》）。当我们以"翻译写作学"命名本研究时，"翻译"和"写作学"这两个原本独立的术语形成了偏正结构，它给人的感觉仿佛是隶属于"写作学"的分支学科，采用"写作翻译学"似乎更为合理，因为这样的偏正结构表明"写作"是修饰"翻译学"的。

但考虑到"翻译写作学"是把原文通过翻译行为体现在目标语里，是先有翻译理解，再有书写的连动过程，我们决定还是采用"翻译写作学"的名称。这样的做法有据可援。《翻译思维学》"以思维学为经，以翻译学为纬，以文体学为枢机"（龚光明，2004），它主体论述的是翻译问题，因而该书作者认定其属于翻译学范畴。

曹明伦认为，Metatranslatology 无论是"译成《哲学翻译学》或《翻译哲学》"（曹明伦，2007：262），所关注的都是翻译理论问题。由此推之，无论是称为"翻译写作学"还是"写作翻译学"，都旨在强调写作能力在翻译行为过程中的重要性，理应归属于翻译学范畴，因此我们认定它是翻译学的一个分支——翻译实践研究。如果以英文称之，则可为 Translational Writing Theory 或 Translatics。

Translational 一词借用自 Translational Action（翻译行为），这是德国功能翻译理论家 Justa Holz-Mänttäri 创造的术语（1984），指一种比"翻译"（Translation）更宽泛的概念，涵盖了意译与再编辑。本处借用 Translational 仅仅是作为形容词，并不意味着与该功能翻译理论之间存在必然的关联。Translatics（类似于 politics 或 economics）则是本书作者酝酿多年、揣摩而出的自造词，专指注重翻译实践的翻译研究，以示有别于Translatology 或 Translation Studies。

有趣的是，医学研究中有一术语——"转化医学"，英文为 translational medicine。Solomon（2015）指出，"转化"这个表述暗示着跨越基础科学到临床应用之间的"死亡之谷"，起码在一定意义上可行——如同语言之间的翻译，尽管无法尽善尽美，却总有可能。可见，虽是不同学科领域，但对 translational 一词的应用，其核心意义有相通之处。盖因"翻译"即"转化"耳！殊途同归，其理一也！

更为巧合的是，Anthony Bruton（2007）、Abdulaziz 与 Mhamed Amin A.（2011）均在他们研究"词汇附带习得"的论文中提及 translational writing 一词，但仅指译写训练任务，并非本书所指之"翻译写作"。Bruton（2007）指出，翻译只是作为二语词汇附带习得过程中的一种方式，与翻译本身没有太大关联，其应用并非以习得翻译能力或成为译者为目标。Belén Ramírez Gálvez（2018）在其文章中特别对 Bruton 以及 Abdulaziz 与 Mhamed Amin A. 所谈论的 translational writing 做了更为明确的定义与解释。他将translational writing 定义为阅读过程转为母语写作（释义）活动过程的结果，是一种采用逐词阅读方式而导致的翻译，这一翻译过程源于读者在阅读二语文本时使用词典或其他查词工具查找关键词汇的准确释义，随后这些释义会在教师讲解阅读时得到纠正。因此，可以确定，以上四位学者所提到的 translational writing 并非本书所述之翻译写作学，纯属巧合，但这些却对本书拓展篇第八章中所谈的阅读与翻译关联方面有借鉴和启发意义。

总之，翻译写作学意在运用写作学基本原理，以西方翻译理论，特别是语言学翻译理论为参照，与指导翻译实践的中国传统译论加以整合、扬弃，其创新点在于采纳并运用汉语写作学"感知—运思—表述"的基本原理，结合西方写作学理论与模式，将之拓展为"感知—运思—表述—检视"，探讨翻译行为中的写作能力的发挥，从而明确翻译写作过程，完善其基本建构。

必须强调的是，把写作学引入翻译研究并不是要把翻译学变成写作学，"把翻译置于任何视域下审视翻译也依然是翻译，而把翻译视为（或作为）任何现象来研究都并不排除把翻译视为（或作为）翻译来研究"（曹明伦，2007：109）。

因此，本书引用写作学，尤其是汉语写作学理论来研究翻译，目的是探索翻译过程中的目标语表述，探讨如何写出优秀的译文，丰富和发展传统的翻译理论，从而更好地指导翻译实践，而不是要把翻译学变成写作学，更不是以写作学为噱头而抛弃翻译的本质与行为。

我们将此研究称为"翻译写作学"，其有别于写作学的关键在于翻译写作学是在翻译研究框架下探讨译文写作，而非研究纯写作或西方意识形态翻译研究流派下的"改写"理论。

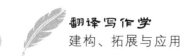

0.4　绪论小结

在本绪论中，我们开宗明义地提出"翻译写作学"的一名之立，引用东西方翻译理论中涉及翻译的写作论述，论证了翻译写作学术语的合理性，指出建立翻译写作学的可行性和必要性，并对翻译写作学的研究范围做了界定。既然称为"翻译写作学"，就意味着翻译研究需要借鉴写作学原理，运用写作学的章法。翻译写作学并非空有一个名称，它不仅仅研究翻译写作法，还将建构自己的理论体系、训练体系和教学体系。

在本书的建构篇中，我们将集中论述基础翻译写作理论，同时也会涉及文体翻译写作理论。翻译写作学理所当然涵盖英译汉和汉译英两个方面，至此，翻译写作学宣告建立。那么作为一个学说，它该如何体现和发展呢？杨自俭（1999）曾列举了"学说具备理论形态"的四个标志：提出必要的基本范畴；范畴界定清楚，前后一致；按逻辑形成完备的体系；有普遍的解释力和有效性。比照上述"理论形成标志"，我们将在以下各个章节加以论说印证。

建构
篇

第一章
翻译写作学的术语辨析与厘清

翻译写作学是运用写作学的基本原理，结合西方语言学翻译理论和中国传统译论的有效成分，加以扬弃、整合而建构的，其创新点在于借鉴并引入写作学的"感知—运思—表述"和"检视"基本原理，探讨翻译行为中的写作能力的发挥，从而明确翻译写作新过程，完善翻译写作学的基本建构。由于本翻译研究立足于写作学原理，这就有必要首先厘清"写作"与"创作"的关系问题。再由于"改写"与"重写"严重混淆，我们也需加以辨析与厘清，以此推出"翻译写作学"新概念。

1.1 写作与创作二者定义的比较

写作与创作，似曾相识，似是而非。兹引各种定义以明辨之。

1.1.1 写作的定义

《师范语文大辞典》：写作，俗称写文章，它是人类运用语言文字或其他符号对客观事物、思想信息加工整理、记录、交流的活动（祁连山、马骏骧，1995：380）。

《现代写作学》：所谓写作，就是人们运用语言符号制作文章的一种精神劳动（朱伯石，1986：9）。

《当代大学写作》：写作是一项高级的脑力劳动，是写作主体用有组织的文字反映客观世界、表达思想感情和见解的活动（夏德勇、杨锋，2007：1）。

上述三个"写作"定义里，几乎都提到"运用语言文字"，这些即为"写作"之关键词。

1.1.2 创作的定义

《辞海》：指文艺作品的创造活动，是一种具有显著个性特点的复杂精神劳动，须极大地发挥创作主体的创造力，包括敏锐的感受力、深邃的洞察力、丰富的想象力、充分的概括力以及相应的艺术表现技巧（夏征农，1999：264）。

《创作学教程》：创作是指直接产生文学、艺术和科学作品的智力活动。创作就是创造，就是出新，就是超越前人、超越自己、超越时代，能不悖于传统根底而又给艺术增添新的光彩。同时，创作绝对不是刻意地创新，或刻意地与众不同。创作是有艺术性的思维表达（杨乃定，2004：303）。

《语文知识千问》：创作是指文学艺术作品的创造，它是一种精神劳动，是指作者站在一定的立场上，以一定的世界观为指导，运用一定的创作方法和形象思维的方法，对社会生活进行艺术的观察、体验、研究、分析，并对观察得来的生活素材加以艺术地选择、提炼、加工、改造，塑造出艺术形象来的创造性劳动（刘兴策，1984：493）。

上述三个"创作"定义里，都几乎一致地提到"创造"，尤其是"文学艺术作品的创造"，说明"创作"即"创造"，而且更偏向文艺方面。

1.1.3　写作与创作的对比分析

从以上定义可以看出，"写作"以"写"字当头，指动笔书写（现又指在电脑上进行文字操作），包括文学创作与应用文写作，如公文写作、新闻写作、书信写作，以及通俗读物写作等；而"创作"一词则常常专指文学艺术作品的创造，如诗歌、小说、散文、戏剧等，是文学性"写作"。但"创作"非仅指"写作"，还可泛指其他方面的创造，如作曲、美术、雕塑、建筑等，从无到有，皆为"创"。

由此可知，写作一定是与文字相关，而创作则不一定，它还有其他体现方式。就语言制作而言，创作是以写作形式体现出来的，故常被相互替代。部分翻译家和翻译理论家在阐述翻译时，时而采用"创作"，时而采用"写作"来作比喻，实无太大的差别。

"写作"说：

　　翻译与写作相同，都是一种创作性的行为，在落笔之前，往往需要一段长时期使含蕴心中的点滴美感经验酝酿发酵，方能产生甘醇，芳香四溢（金圣华，2015：209）。

　　实际上，翻译就是写作，只是参照物不同。写作的参照物可以是直接经验，也可以是间接经验，而翻译的参照物永远是间接经验，直接经验起到帮助理解的作用（李长栓，2004：13）。

　　翻译是一种写作形式，写作是翻译的基础。写作时应遵循的原则，翻译时也应遵循（李长栓，2004：158）。

　　不过翻译还可以学，若是中外文根底差，没有写作能力，即使译几十年，也译不好……翻译不容易，因为两种文字已经叫人费尽心力——对始发语言（就是原文）的理解，和对归宿语言（就是译文）写作的能力，未必精擅到充分的程度，还要加上学问的要求（思果，2002：5；18）。

　　我们一向以为翻译是翻译，不是写作。这个观念很害事，可能是学翻译的人走不通的胡同。翻译不是翻译，是重写……不会写中文而要把外文译成中文，等于没有米还要煮饭。中文都写不通，翻译还能通吗？……不能写作的人最好不要学翻译（思果，2001：3-4）。

　　翻译和写作，有同有异。有人认为异大于同，有人认为同大于异。但有一点是谁都认为一致的，那就是无论作者，还是译者，都必须面对读者。不同的译者，会有不同的追求，但有一点是共同的，那就是任何译者，都希望自己的译作被读者所接受（金圣华，

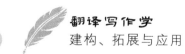

1998：76）。

写作要通顺，这是一个起码的基本要求。笔译本来也是写文章，按理说当然也不例外（金隄，1998：126）。

翻译和写作大同小异，不但要注意一字一句，而且要顾及整篇，就是说，要把全篇的情调气氛表现出来，即便不能做到四平八稳，也应着眼其中精炼的语句或关键的段落，使之能提起精神而把整体带动起来（初大告，引自王寿兰，1989：421）。

"创作"说：

翻译之为艺术，其中果真没有创作的成分吗？翻译和创作这两种心智活动，究竟有哪些相似之处？严格地说，翻译的心智活动过程之中，无法完全免于创作。例如原文之中出现了一个含义暧昧但暗示性极强的字和词，一位有修养的译者，沉吟之际，常会想到两种或更多的可能译法，其中的一种以音调胜，另一种以意象胜，而偏偏第三种译法似乎在意义上更接近原文，可惜音调太低沉。面临这样的选择，一位译者必需斟酌上下文的需要，且依赖他敏锐的直觉。这种情形，已经颇接近创作者的处境了（余光中，2002：31）。

翻译不是创作，也是创作。说不是创作，因为译者只能做传声筒，不能表示自己的意思。说是创作，因为他要用他的语文，把那意思表达出来。不要看轻这件表达的工作，竟需要极大的创作才能（思果，2002：20）。

美需要创作，译作之美需要翻译家去进行艺术创造。不过，这是一种特殊的艺术创造。译者的创作，不同于作家的创作，是一种二度创作（罗新璋，2001：10）。

文学翻译是两种语言文化的竞赛，是一种艺术；而竞赛中取胜的方法是发挥译文优势，或者说再创作（许渊冲，引自金圣华，1998：69）。

翻译是再创作，不应是脱离原作的再创作，在内容的构思、结构的安排、形象的塑造和语言的运用等内容和形式的各个方面，都应尽力尊重原作（李芒，引自金圣华，1998：105）。

翻译跟创作一样，都是使用语言这一工具表达思想的劳动，但是创作是表达自己的思想，而翻译却要表达别人的思想。所以，如果说创作也有一个表达是否准确的问题的话，那么翻译涉及理解和表达两方面，需要的是双重的准确（金隄，1998：157）。

翻译是一种创造性的工作，好的翻译等于创作，甚至还可能超过创作。这不是一件平庸的工作，有时翻译比创作还要困难。创作要有生活体验，翻译却要体验别人所体验的生活。翻译工作者要精通本国的语文，而且要有很好的外文基础，所以它并不比创作容易（郭沫若，引自陈福康，1992：261）。

翻译与创作并不隔行。五四以来，从鲁迅先生开始，我们的先辈一向是用两条腿走路的：他们既搞创作，又搞翻译。二十年代的郑振铎、叶圣陶、茅盾、许地山是这么做的，三十年代的巴金、周立波等也是这么做的。我觉得搞翻译时，理解力占四成，表达力占六成。比如说一个东西，你完全知道是什么意思。但怎样用恰当的语言，也就是中国人的语言，来表达这意思，往往很难（萧乾，引自王寿兰，1989：353）。

以上"写作"与"创作"的比喻可谓皆有理，旗鼓相当。然而，在下面的同一篇章同一段落里，论者一前一后使用了"写作"和"创作"这两个词，这说明在一些学者看来，二者确实有所差别，且存在着递进关系。

> 文章千古事，得失寸心知，凡是作者在什么地方用了心的，译者该体会得到，也用一番心表达……中国的词曲、英国的民歌，都是要唱出来的，译作又怎样唱法？要可以唱，就要另创旋律。译者不仅要写作，根本要创作（思果，2002：218）。

综合上述各种观点，在本研究中，我们采用"写作"而不用"创作"，主要基于以下考虑：（1）"写作"的含义更为基础，它可以泛指翻译过程中运用目标语进行遣词造句，从单纯的摹写到创造性发挥；（2）"创作说"通常只和文学翻译相联系，如《文学翻译中的创作论》（王丹阳，2009）。翻译写作学不仅仅涉及文学翻译，也关注非文学翻译的写作能力，当然，这个写作能力在文学翻译中展现得更为充分；（3）本翻译写作学直接受周姬昌的《写作学高级教程》（1989）和其他一些大学写作教程的启迪，如《现代写作学引论》（陈国安，2002）、《汉语写作学》（徐振宗，1995），因此以"翻译写作学"命名之，以示继承和发展。

1.2　"改写"与"重写"①的对比分析

西方学者勒菲弗尔（Lefevere）和 Bassnett 所倡导的翻译研究的"文化转向"（Bassnett，2004：3），是翻译研究的一次全新的范式转换。其中，Lefevere 的"改写论"（theory of rewriting）是翻译研究文化转向最直接的理论基础，其基本论断是"翻译当然是对原文的一种改写"（Translation is, of course, a rewriting of an original text. Lefevere，2004：vii）。改写理论本属比较文学翻译理论，它关注的是翻译与文化之间的互动，探讨翻译作品如何在意识形态等因素影响下被"改写"或"操控"。该论述的影响甚大，但不幸的是，Rewriting 一词的中文可以是"改写"，也可以是"重写"。Lefevere 的 Rewriting 在中文里就被译成"重写"（李文革，2004：210），这就和翻译家思果提出的"重写"混淆起来。

思果早在1980年就指出："我们一向以为翻译是翻译，不是写作。这个观念很害事，可能是学翻译的人走不通的胡同。翻译不是翻译，是重写。"（2001：3）郭建中也阐发道："重写这一理念和方法，则贯穿整个翻译过程，需要在每一个语言层面上加以实施。"（2010：243）这两个中国学者所用的"重写"虽然字面上和 Lefevere 的 Rewriting 理论的中文译名相仿，而所指则大异，是指为了追求译文质量而实施的译文写作。郭建中在概念上做了澄清：

> Lefevere 所采用的术语，其内涵主要是指译者意识形态和目标语文化中占主导地位的诗学的制约对原文内容或意思的改写。Rewriting 译成中文，可以是"重写"或"改写"。

---

① 中文的"重写"和"改写"概念也不是很清晰。《现代汉语词典》（商务印书馆，2016）中没有"重写"这个词条，"改写"词条有两个义项：①修改；②根据原著重写。

> 为了更明白表达"重写"的意思，把"重写"定义为<u>在忠实于原文意思和内容的基础上仅对源发语表达形式的重组</u>（下画线为郭建中所加），而把"改写"定义为<u>对原文内容或意思的改变</u>（郭建中，2010：259）。
>
> 重写是指译者对语言的操纵，改变源发语形式；改写是指译者受意识形态的操纵，改变原文的意思和内容（郭建中，2010：268）。

以上论述非常准确，如果能择善而从，则能自清！然而，由于 Rewriting 的中文对应词（重写、改写）较为混淆，"翻译是重写"这一提法，不可避免地会让人误以为是 Lefevere 的 Rewriting 理论在中国的引进和发展，还会引起有悖于忠实翻译的争论。更有研究者反过来把"重写"称为"改写"，并将其与 Lefevere 的"改写"合在一起进行讨论（季可夫，2011），即"改写"涵盖：

（1）思果、郭建中的"重写"（技术层面）；

（2）Lefevere 的 Rewriting（意识形态层面）。

但是这样还是容易造成混乱，毕竟二者差别甚大。我们也意识到，在翻译实践中，译者可能同时运用到思果与郭建中的"重写"（翻译本质要求）以及 Lefevere 的"改写"规则（不可避免地受意识形态影响）。

本"翻译写作学"吸收思果与郭建中"重写"的有效成分，即承认"重写"就是用目标语"重新表达"，这意味着译者需要用目标语进行写作。但是，我们并不仅仅把其所指"重写"当作"翻译写作学"的全部。我们还认为：翻译与目标语的写作有紧密的联系；而要用目标语写作，就要求译者有较好的目标语写作水平。因此我们明确把目标语写作规范问题融入"翻译写作学"中，由此扩展翻译实践和研究的范围。

作为应用翻译理论，翻译写作学关注译文的表达，即遣词造句、谋篇布局，讲求如何以译者之心体现原作者之意，但翻译写作过程中不排除译者也会同时受到意识形态等因素影响而对译文施以"改写"，尽管我们力求避免 Lefevere 式的"改写"。翻译写作学理论会涉及"改写"，而"改写"理论则明显不涉及翻译写作学理论，也不关注如何提升译文的写作质量。因此，我们将"改写"与"翻译写作"的性质和差异再加以辨析。

1.2.1 理论的性质不同

Lefevere 视文学翻译为"改写"，认为翻译是译者对原文文本的"操控"（manipulation），而译者又要受到诸如赞助人、意识形态和诗学等的影响或制约，文学的演进就是在译者对一个个文本进行一次次"改写"中实现的。"改写"就是"操控"，它可以巩固现存的思想意识和诗学，也可以拆解此二者（Lefevere，2004：23）。改写包括翻译、历史书写、选集、评论、编撰等。翻译是为某一（些）特定目的而创造另一个文本形象的一种形式，与原文的完全对等是不可能的。他认为文学研究的核心就是解释，揭示文学中的权力、意识形态、机构和操控，改写是其中关键的要素，是推动文学演变的动力（Lefevere，2004：ⅶ）。这样一来，改写远远超出传统翻译范围，翻译只是改写的一种。

Lefevere 认为，文学作品的翻译必然会受到文学系统内外各种因素的制约，这种制约在翻译中显露无遗，因此翻译是最容易识别的改写形式，其改写形式的影响也是最大的，把翻译置于整个文学系统来探讨，就能为文学理论研究和文学史提供有见地的理论（Lefevere，2004：45）。值得一提的是，Lefevere 的"改写论"并不是为了告诉人们怎么改写原文，而是进行描述研究，也即描述业已完成的翻译，描述"实际的翻译"或"翻译事实"，借对翻译现象的解释来探讨文学的接受问题。因此，"改写论"是解释文学现象的文学理论，即比较文学理论。这种比较文学理论是建立在文学翻译基础之上的，因为它取材于文学翻译素材。

与 Lefevere 的改写理论不同，翻译写作理论的研究是在前人研究"怎么译"的基础上，进一步探讨怎么"译得好""译得妙"，是一种具体指导翻译实践的应用翻译理论。《英汉翻译教程》（杨士焯，2006；2011）一书中提出："翻译写作是以另一种文字重新再现原文精神产品的活动过程，是将一种文字的思维成果转化为另一种文字符号的能动过程。翻译写作理论，亦可称之为翻译写作学，其研究任务之一，就在于阐明翻译写作规律，指导翻译写作实践，去掉盲目性，增强自觉性。……翻译写作学的基础是写作学，它要遵循写作学的章法。"（杨士焯，2006：296）

翻译写作学主要研究翻译过程中的写作实践，研究译者的写作能力对译文产生的影响，强调翻译是译者的写作实践，要求译者充分发挥自己的写作才能，从而使译文更富于美感。翻译写作学注重翻译行为研究，关注的是如何通过训练使译者译出尽可能好的译文；而 Lefevere 的改写理论则更关注对翻译结果即译作的研究，评价译作对文化的冲击，或译作对文化交融的作用。这种研究与真正的翻译过程联系甚少（因为并不教授怎样翻译），而与翻译过程的产品即译作及其接受之间联系更多（罗选民，2003）。谢天振则将这种翻译研究加以本土化，称其为"译介学"（1999），以有别于用来指导翻译实践的翻译研究（翻译学）。这种指导翻译实践的翻译研究（翻译学）与译介学各司其职，形成互补，共同发展。

1.2.2　理论的基础不同

Lefevere 和 Bassnett 所开启的"文化转向"摆脱了传统上局限于单纯语言转换的翻译研究模式，关注翻译与文化之间的互动，拓宽了翻译研究的视野。但是，这容易走向另一个极端：他们"颠覆"了以前的翻译理论，特别强调文化在翻译中的地位，认为翻译的基本单位不是词、句、语篇而是文化（赵彦春，2005：7）。然而，以文化为单位来进行翻译必然显得大而无当，离开了语言我们何以体现文化？

在 Lefevere 看来，不同的翻译文本告诉人们翻译是诸多文化间的互动和对文本操控的结果，传统的语言层面上的"忠实"和"对等"是消极的，而"操控"是翻译的必然现象。Lefevere 认为："忠实"只不过是各种翻译策略里头的一种，是某种意识形态和某种诗学结合之下才导致的产物。把它捧为唯一一种可能的，甚至唯一一种可容许的策略，是不切实际、徒劳无益的（张南峰，2002：19）。

Lefevere 的改写理论扩大了翻译的概念外延，即把赞助人、意识形态和诗学规范的影响都纳入研究范围。但如果理解不深入，则难免被看成是为许多不忠实的翻译提供了

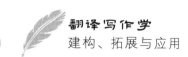

合理的解释。改写理论突破了传统的忠实观，但它过度强调文化因素，忽略了语言因素，改变了翻译的内涵和本质意义，模糊了翻译与改写、编写、批评等概念的范畴。

翻译写作学则基于传统的翻译观，注重语言因素的同时，也注重翻译的文化层面，即在考虑忠实、对等的基础上，进一步考虑文化等外界因素的作用。翻译写作活动的最终目的是准确、流畅地表达原文作者的思想，使译文读者受益。翻译写作的具体操作是在两个层面上进行的，包括词句层和语篇层。同时，翻译写作学要求译者善用各种技巧，充分发挥译文的语言优势，注重文辞。翻译写作的表述过程就是用目标语最有效的表达手段，准确而深刻地表达原文的本旨。

当然，尽管我们一再强调：翻译过程会受到意识形态等外在因素的影响，译者运用的各种方法难免包括"改写"，这种改写主要考虑两种语言与文化的差异，是为使读者更容易理解和接受而进行的语言层面上的"改写"或"重写"，而不是因为受意识形态等外在因素的影响，就对文本内容进行大幅度的"改写"或"操控"。

1.2.3 研究的任务不同

Lefevere 的文学研究理论视翻译为文学研究的对象，只关注译文的既成事实，其兴趣是在此基础上，考察与分析因翻译而造成的文学交流、影响、接收、传播，文化意向的失落和歪曲，以及不同文化的误解和误释。可见，其改写理论过于强调客观描述，缺乏对不同形式之改写的正误作出价值判断。他们不会关注翻译活动本身，也就不可能总结出翻译实践的客观规律并指导翻译实践。

翻译写作学重视译者的写作能力，包括对译文词、句、段、篇的锤炼能力。我们不排除吸收现代翻译研究"Rewriting"理论的合理成分，不否认翻译行为必然会受到诸如意识形态等方面的影响，但我们的最终关注点乃是：翻译写作学旗帜鲜明地阐明研究任务就是为翻译实践服务，即汲取、整合一切有利于译文写作的论述，探究语性的发挥，鉴别各种语言污染、恶性欧化汉语，规范译文写作等。其最终目的是力求准确、流畅地表达原文作者的思想，使译文获得理想的传播效果，使读者"知之、好之、乐之"（许渊冲，1999：9）。

在厘清"写作"与"创作"、"改写"与"重写"、"改写"与"翻译写作"的相互关系后，我们将进一步研究翻译与写作的关系。鉴于我们要统合的是翻译和写作的共性，我们就先从它们的"异性"① 谈起。

---

① "异性"在汉语里作名词解时意为"异性的人或事物"；作形容词解时才表示"性别不同的；性质不同的"，如"异性电荷互相吸引"（《现代汉语词典》，商务印书馆，2016）。此处用作名词，与"共性"相对应。

1.3　写作与翻译的异性与共性

1.3.1　写作与翻译的异性

既然翻译与写作是两个不同的术语，隶属不同的"工种"，其区别是不言而喻的。

1.3.1.1　写作尚独立、翻译有所依

作者虽然要受到写作规律的约束，但相对而言，在思想的表达上他拥有绝对的自主权。摊在他面前的是一张白纸，他可以自由决定自己的作品内容，包括选题、写作形式和文章结构；他可以借鉴，甚至沿用部分情节，如《金瓶梅》之借鉴《水浒传》,《红楼梦》之启程于《金瓶梅》，如《哈姆莱特》之取材于王子阿姆莱斯（Prince Amleth）的故事，但绝对不可能在内容上全盘抄袭任何现有的作品。

对翻译来说，一切似乎都是现成的，包括文章的内容和结构，最理想的状态就是以另一种语言"照抄"一遍。译者只能言作者之所言，传作者之所传；偏离原文就注定被认为是背叛了原作者，欺骗了新读者。"作者是完全自由独立的，而只要有原文存在，译者就必须以原文为指归。"（胡德良、孙红艳，2001：278）翻译注定必须依赖原文。这种似乎依样画瓢的翻译也只有发挥译者写作能力才能做好。翻译的辨证即在于此。

况且，对于写作来说，人们一般不会拿一篇文章和其他文章作比较，更不会在形式、措辞上设立什么标准。当然，有文学作品，就有文学批评。写作是有感则发，言为心声。喜则咏之，悲则哀之。没人会说一篇文章背叛了什么，只会说它宣扬了什么。而良性的翻译批评监控着译者的翻译活动和翻译成品。翻译作品总是要经历一系列由各种翻译理论建立起来的评判标准，比如"信达雅""忠实准确通顺""功能对等"等。这些评判标准尽管有争议，但无不以与原文的贴近作为最终目的。这不是翻译的"奴性"，而是"特性"。没有原文，译文就没有存在的必要了。因此，翻译注定是有所依托的。这是翻译之本质。

1.3.1.2　写作多直接经验、翻译主间接经验

写作一般被看作是作者生活、体验、观察的笔录，因此作者需要采风、需要体察民情。许多文学作品，如《林海雪原》《红岩》，都是作者参与其中，甚至是冒着牺牲生命的危险获得的体验。当然，作者的一部分感受也是来自间接经验，即通过阅读资料文献获得。作家姚雪垠在创作历史小说《李自成》时，不可能时光穿梭，返回远古，而是凭借他的文献收集和文学想象力，创作出了不凡的作品。

翻译活动是译者将内容从一种语言运载体转化成为另一种语言运载体。作者的直接经验成了译者的间接经验，译者处理的作品已经是经过原作者对自己经验进行加工后的成品。译者只能从作者的叙述中间接感知作品写作所基于的直接经验。因此，有的翻译家会利用出国访学、参加学术会议等机会，不远千里去参观、感受原作者曾经生活、战斗过的地方，目的就是更生动形象地还原原作者的直接经验，一如作家的"采风"。

据翻译家张玲介绍，其父、翻译家张谷若虽然是哈代作品翻译专家，平生却从未踏

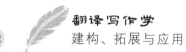

足英国，而同为翻译家，张玲本人则有机会和条件遍访英美各地，尤其是亲临、体悟哈代家乡的山山水水。张玲甚至还创作了《旅次的自由联想：追寻英美文学大师的脚步》（2009），这无疑是一种直接经验的补充。本书作者也曾有过多次采集街头巷尾的公示语（景观语）并将其用于译文的体会。尽管如此，译者对第一手信息的转述，即译者对原作的解读，与原作者在直接经验基础上进行写作还是不可同日而语的。

1.3.1.3 读者对象不同

纯写作的读者，即同语读者或直接读者，与遭遇语言和文化隔阂的译文读者是根本不同的。同语的作者和读者有共同的社会、文化背景，他们不但可言传，还可意会原文的妙处。作者心与读者心是相通的。而译文的读者与原作者所处的社会、文化背景没有直接关联，译文读者又被译者这个中间环节隔了一层，信息自然大打折扣。于是译文读者很难体会原作者要表达的包括语言在内的更深层面的信息，一切都得等待译者对原文咀嚼后的再次吐哺。这时的结果要么是原有味道与译文大异其趣，要么是真如鸠摩罗什所言："有似嚼饭与人，非徒失味，乃令呕秽也。"（罗新璋，2009：31）

译文读者只能是原作品的间接读者，因为他与原作者之间的沟通和交流都假手于译者。如果翻译作品要力求达到原作品的语言质量标准，则有赖于译者对原作品的领会和加工，以使译文读者感受到原作品的艺术美感。可见，原作者对同语读者的影响是直接的，而对译文读者的影响是间接的。作者在创作的时候，通常会把同语读者的反应或者经验作为自己创作思考的一部分（当然这里不排除有完全为了抒发自己的感情而进行的创作），很难考虑到译文读者的反应，因为任何作者都不会首先想到自己的作品有朝一日会被翻译成另一种文字，即使考虑到了，也不会知道会被翻译成为哪一种外国文字。曹雪芹要是知道他的作品会被译成英文，或许不会用那么多让译者徒唤奈何的语言机关！莎士比亚也不会把"To be or not to be"搞得如老子的"道可道，非常道"！因此，作者首先考虑直接读者的反应，很容易与他们产生共鸣，从而对直接读者产生深刻的影响。

从另一方面说，作者不太可能会考虑间接读者的反应，作者本身对间接读者的影响是非常弱的，除非他所表达的是普世常识，超乎种族文化。而间接读者的反应却是译者所要考虑和顾及的。要使间接读者对译文产生的交流与直接读者对原文产生的交流相同或者相似，对译者的要求极高。在某些情况下，无论译者如何努力忠实于原文的风格和内容，甚至尽其创造之极限，去符合间接读者的文化背景，仍然无法取得完全相同的效果。

此外，由于读者对象不同，也会造成翻译的目的有别于原文的目的。《格列佛游记》本是一部讽刺英国当时尖锐社会问题的政治寓言小说，译成中文后则逐渐演化成一部童话作品。这其中有译者为了娱乐译文读者而刻意改写的原因，也有译文读者由于不同的解读所造成的结果。

《孙子兵法》云："知己知彼，百战不殆。"运用在翻译上，"己"是目标语、间接读者以及目标语语言环境中更为深层面的文化社会背景等，"彼"是原文和作者以及源发语所承载的文化信息。译者应当谨记间接读者的反应，随时注意间接读者和原作品之间不可跨越的语言、社会和文化等鸿沟，竭尽全力将原文需要表达的思想情感传递给间接读者，这就需要译者对原文进行调整、修饰和再创作。

1.3.1.4　写作自由驰骋、翻译戴脚镣跳舞

正由于写作尚独立，因而能天马行空、挥洒自如；正由于翻译有所依，所以只能依样画瓢，循规蹈矩。冯庆华指出："如果把写作比成自由舞蹈，翻译就是戴着手铐脚镣在跳舞，而且还要跳得优美。因为原著的创作不受语言形式的限制，而翻译既要考虑到对原文的忠实，又要按照译文的语言规则来表达原文的思想。从这个意义上来讲，翻译并不比创作容易，有时甚至更难。难度越大，其艺术性也就越高。"（冯庆华，2002：1）

写作是作者用语言表达自己的世界观的过程；而翻译则是用不同的语言对他人的世界观进行再表达的过程。作者在创作上具有较大的自由空间，身为作家的水准使得他们在语言上几乎了无滞碍；而译者在理解方面必须像个学者，在表达方面必须像个作家。译者既要站在作者的立场上，去感受作者的所见、所闻、所想，还要以流畅的目标语再现原文的一切，以满足读者的求知欲与好奇心。可见译者在翻译过程中受到的限制是多么大。高健认为：好的翻译具备了写作在一般情况下可能具备的各种优点和长处，但不具备写作的那种多方面的自由（张慧琴，2009：186）。

1.3.1.5　写作即创作、翻译乃重现

写作的生命力在于创作。作者在创作时不可人云亦云，而要以灵敏的感知能力去体察生活，然后以独特的视角去展现生活，力求达到"思维上的创新、观点上的创新、内容上的创新和文字上的创新"（胡德良、孙红艳，2001：279）。此即"语不惊人死不休"之谓也。

文之创新何在？清代袁枚在《随园诗话》中说过"文似看山不喜平""凡作人贵直，而作诗文贵曲"。后人根据其义概括为"人贵直、文贵曲"。翻译则注重复制——再现原作者的思想观点，再现原作品的风格特点，再现人物形象。正如 Nida 指出："翻译就是在目标语中用最为贴切而自然的对等语再现源发语的信息，首先在意义上，其次在风格上。"（1969：12）如果说，文贵曲，译则贵准，即准确地再现源发语的信息。

1.3.2　写作与翻译的共性

在分析了写作与翻译的差别之后，我们再来看看写作与翻译的相通之处。正是由于这些共同的特点，才使得翻译学有可能向写作学借鉴，才有可能运用写作学原理来研究指导翻译实践。那么，翻译和写作相同之处何在？毫无疑问，二者之最大共同点是无论作者还是译者，都是以书写的形式把精神产品付诸文字。写作学专家裴显生认为："翻译，与写作一样，都是主体综合素质的表现。"（于虹，2001）

1.3.2.1　阅读为先决条件

写作与翻译都必须以大量的阅读为基础。古往今来，无数作家论述过阅读对写作的作用。唐代诗人杜甫诗云："读书破万卷，下笔如有神。"清乾隆蘅塘退士孙洙云："熟读唐诗三百首，不会做诗也会吟。"尽管耳熟能详，我们还是不得不再引用之。鲁迅谈写作时说："书看多了，文章自然就会写了。"（2005：75）阅读能够为作者开阔思路、积累材料，帮助其掌握写作的规律和丰富的语言词汇。阅读对于写作的促进作用是潜移

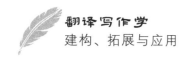

默化的，从阅读的积累到能够写作是一个必须的过程，是一个输入与输出的过程。裴显生认为："写作与阅读是文章的两翼，而翻译恰恰涵盖了'阅读'与'写作'两个过程。"（于虹，2001）

比起写作，翻译对阅读要求更高，二者不同之处在于写作的阅读可以是之前的任何时间，甚至是许多年前的，而且阅读的内容可能和写作的内容毫无关联。而翻译的阅读可以有三种：一是类似写作前的阅读，即海阔天空似的泛读（无所不读）；二是紧扣翻译题材的选读；三是就所翻译文本的精读（文本阅读）。只有读透原文，才能准确写出忠实通顺的译文。能否把原文从词汇、短语、句子、段落、篇章结构到行文风格等等各方面理解透彻，这就要看译者对文本的解读程度。

1.3.2.2 实践为本质要求

写作与翻译都是具有强烈实践色彩的文字活动，不可流于空谈。熟读写作理论不能写出成功的作品；只读翻译理论书，岂能产生上佳的译品？傅雷说："翻译重在实践，我就一向以眼高手低为苦。"（罗新璋，2009：692）实践的基础是走进生活，是"感时花溅泪，恨别鸟惊心"，而不是"少年不知愁滋味，为赋新词强说愁"。练笔者除了多读书，还要勤练笔端。久而久之，写作便成为一种良好的习惯，写作水平就会在不知不觉中提高。翻译也是一样。不管理论水平有多高，掌握的技巧有多妙，没有大量的翻译实践，必然手生。

1.3.2.3 作者与译者皆为主导

写作从头至尾都是创作的过程，作者始终是这个过程的主体，写作的全过程都是由作者掌控的。翻译是一个非常复杂的沟通活动，译者在这一过程中发挥着不可替代的作用。一般情况下，只有中文译者才能将外国的文字转为中文，并以国人能够接受和理解的方式表达出来。如今，译者作为翻译活动的主体作用已经得到了广泛的认可。

值得一提的是，译者作为有创造性的主体的地位并不是从一开始就得到认可的。最初，译者在读者面前仿佛不可见，人们看到的只有作者、原作品和译作。随着人们对翻译活动认识的加深，译者在解读原作品的过程中，对如何用目标语表达原作品的思想内容有了独立的判断和决定，译者才逐步挣脱低于原作者的地位，取得了平等的创造性主体的地位。把翻译提升到翻译写作的高度，就是要求发挥译者的目标语写作能力，更好地发挥译者的主体性作用。

1.3.2.4 过程基本相同

周姬昌在《写作学高级教程》（1989）中将写作过程划分为三阶段，即"感知"、"运思"和"表述"。受此启发，本翻译写作学也以此法划分翻译过程。事实上，很多创作活动都可以分为类似的三个阶段，绘画即为一个很好的例子。清代著名画家、"扬州八怪"之一的郑板桥就提出绘画三阶段说，把深思熟虑的构思与熟练的付诸笔墨结合起来：

> 江馆清秋，晨起看竹，烟光、日影、露气，皆浮动于疏枝密叶之间，胸中勃勃，遂有画意。其实胸中之竹，并不是眼中之竹也。因而磨墨、展纸、落笔，倏作变相，手中之竹，

又不是胸中之竹也。总之，意在笔先者，定则也；趣在法外者，化机也。独画云乎哉！

——郑板桥集·画竹

在讨论画竹的过程时，郑板桥阐述了他的"艺术创造三阶段"，即"画在眼中""画在心中""画在纸上"。这些阶段构成一个过程，画的出现带着意识的干扰。眼中的竹子是一个自然实在体，是通过观察得到的对客体的感知。"眼中之竹"的阶段——摄取生活，取得创作材料与创作灵感。"胸中之竹"的阶段——加工生活，进行艺术构思。心中的竹子是从客体到概念的转化，这是一种创造性的运思。"手中之竹"的阶段——表现生活，创作出艺术品。纸上的竹子是从主体（人的思想）向客体的转化，实现艺术创造。画竹就是这样由"眼"到"意"到"笔"。

郑板桥还深刻地指出画竹的规律在艺术创作中带有普遍性："独画云乎哉！"（只有绘画是如此吗？）郑板桥把主体和客体、现象和想象、现实与艺术完美结合在一起，这对我们认识写作和翻译过程，很有启发意义。画竹的三个阶段对应写作的三个阶段和翻译的三个阶段，即感知、运思和表述。译者翻译前要通过深入阅读来彻底了解原文，然后在他的胸中形成目标语文本的概念，从整体到局部，最后将思维结果付诸文字。

既然写作与翻译都需要经过感知、运思、表述三个阶段，那么无论是作者还是译者，都需要通过感知获取自己写作或者翻译所需要的信息；在作者感知生活素材、译者感知原文后，二者都进入运思阶段。这时对译者来说，原文的思想已经内化为译者自己的思维，因此译者和作者一样，都是用目标语进行思考，探索文章的立意、文体、材料、谋篇布局和表达形式，都是从抽象到具体的过程。在表述阶段，作者和译者都最终把自己思考的结果以文字的形式呈现出来，力求文字的优美，力求文章具备较高的艺术价值和审美价值，力求能够赢得读者的喜爱。

所以，从写作和翻译的过程可以看出，当译者充分理解并内化了原文信息后，实际上是在进行写作，我们把这一阶段的写作称为"翻译写作"，因为其前提还是翻译，还是在描述原文作者的思想和情感，而其思维和行动过程实际上已经是一种写作的过程。所不同的是，翻译过程的感知、运思和表述都受制于原文，译者需深刻领悟、体会原文作者的思维、情感和表达风格，最终才能以表述的形式将对原文所感、所思的内容付诸文字。

1.3.2.5　写作与翻译的层面相似

写作可以分为两个层面：浅层——表述方式（遣词造句、衔接连贯等）；深层——内容（构思）。翻译写作也可以分为两个层面：浅层——文从字顺、选词用字、注意文采；深层——译而作，发挥译者主体性。就写作与翻译的具体操作层面而言，作家讲究遣词造句，译者在这一层面上所思考的也是词义的定夺及句式的安排。作家还必须善于谋篇布局，保持意义的连贯和流畅；译者也要在句以上的语篇层面进行操作，不仅要考虑个别句子和段落，更要考虑整篇文章，这属于翻译写作的高层面范畴。郭建中提出的"重写"的五个层面针对的就是这个问题（详见本书建构篇第二章 2.6）。

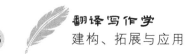

1.3.2.6　笔法同源异用

在中国传统文化中，书法、绘画、写作等都极注重"笔法"，最著名者有如"春秋笔法"。"翻译笔法"（2009：184）是王宏印提出的一个重要的翻译研究概念。在理论上，翻译笔法来源于写作笔法，是一个长期积累的过程。翻译笔法基本上属于写作技能，有一套个人惯用的词汇和行文方式。有些作家兼翻译家习惯于用自己的写作方式来翻译；多数翻译家也把自己习惯的写作方式带入翻译中。翻译笔法是译者经过长期丰富的翻译实践总结出来的技巧和处理之道。虽然翻译笔法与写作笔法具有同源异用的关系，但有意识的译者应尽量避免把个人的写作习惯带入翻译写作中（详见本书建构篇第五章与第六章）。

1.4　本章小结

在本章中，我们对"创作""写作""改写""重写"等概念做了详细的比较分析。我们取"写作"而非"创作"来与翻译相结合，形成"翻译写作学"的第一步；接着我们重点区分了 Lefevere 的"改写"与"翻译写作"之间的差异，并探讨了写作与翻译之间的多种关系。裴显生认为："翻译学的建设可以借助于阅读学与写作学这双翅膀，争取更大的发展。"（于虹，2001：11）作为翻译学的基础，我们应该借鉴写作学的有益成分，建立"翻译写作学"。在随后的章节，我们要描述的是：翻译写作学的西方翻译理论理据（第二章）、翻译写作学的中国传统译论理据（第三章）、翻译写作学的写作学模式借鉴（第四章）、翻译写作学的笔法梳理（第五章）、翻译写作学译文规范（第六章）。这是一个翻译学与写作学结合发展出来的新论述，分别从中、西方翻译理论和写作学中寻求理论支持。这个新兴学说把对目标语的研究纳入研究范畴，从而实现从注重源发语研究到注重目标语表达研究的终端发掘。

第二章
翻译写作学的西方翻译理论理据

　　以 Catford、Nida、Newmark 等为代表的当代西方语言学翻译理论学派是最具影响的翻译研究流派，其主要贡献在于充分运用语言学的研究成果来研究翻译。语言学派翻译理论关注翻译最基本的问题：对等、可译性、翻译过程等，而其中也包含对翻译中的写作的论述。

　　本章中，我们将阐明西方翻译理论中对翻译写作学有益的成分，以 Nida 的功能对等以及海特姆（Hatim）对翻译过程中可能存在的问题的划分讨论为出发点，梳理西方翻译理论界对翻译中的写作的理解与讨论，例如 Bell 对翻译过程的分析，勒代雷（Lederer）、巴斯提（Bastit）与拉沃（Lavault）的翻译观点，Delisle 的释意派翻译理论观点以及与翻译"重写"模式相关的观点形成本书的前沿研究基础。

2.1　奈达翻译过程模式

　　在西方翻译理论中，美国翻译理论家 Nida 的翻译理论颇具影响力，在很长的一段时间里对中西方翻译理论研究与翻译实践都有深远的影响，也成为本书理论建构的重要出发点。

　　Nida 翻译理论的核心观点是"功能对等"，为此，他还列出翻译过程三步骤（Nida，1969：33）。在 Nida 看来，翻译的过程是一个解码和重编码的过程。其模式如图 2-1：

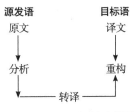

图 2-1　Nida 翻译过程图

　　根据 Nida 的阐释，翻译需要经过三个步骤：（1）分析，从语法和语义两个方面对原文的表层结构和信息进行分析；（2）转译，译者在脑子里把经过分析的信息从源发语

转译成目标语；（3）重构，把传递过来的信息重新组织，使之完全符合目标语的表达要求。翻译中的信息分析主要分为三步：（1）分析词和词组之间的关系含义；（2）分析词和特定词组的所指意义；（3）分析词语的内涵意义。

Nida 翻译过程模式简约而直观，影响较大。而英国翻译理论家海特姆（Hatim）则是把译者在翻译工作中所遇到的各种基本问题按照翻译过程归纳为以下几项（Basil Hatim，1990：20）：

> （1）对源发语语篇的理解
> 　（a）从语法上分析语篇（语法和词汇）
> 　（b）理解专业知识
> 　（c）理解原有的意义
> （2）意义的迁移
> 　（a）传递词汇意义
> 　（b）传递语法意义
> 　（c）传递修辞意义，包括为潜在读者提供隐含意义或可推导的意义
> （3）对目标语语篇的评价
> 　（a）可读性
> 　（b）遵循目标语通用的话语规范
> 　（c）判断翻译的特定目的是否充分达到

Hatim 这一划分告诉我们，译者应具备源发语和目标语两种语言能力，深刻理解原文，以意义为中心进行转换翻译。在翻译过程中，既要注意到读者，也要考虑到具体语篇类型和翻译目的。

Nida 和 Hatim 的翻译过程论述言简意赅，具有雄厚的语言学理论背景。对翻译写作学的建构更具启发意义的还有 Bell 的翻译过程与写作说、Delisle 的翻译定义与阐释理论等。

2.2　贝尔翻译过程中的写作论述

2.2.1　贝尔的翻译过程

从译者的角度探究翻译中的写作问题，英国学者 Bell 的认知语言学翻译理论可资借鉴。

Bell 根据语言活动本身的模式来描写翻译的过程。他将译者定义为用书面进行交流的双语交际者，采用"聚合体"、"整体"和"系统"这三个词来描述译者的认知过程。他解释道，真实生活的方方面面是凌乱的"聚合体"，通过直觉进入译者的脑海，接着被

感知、转换为"整体"和"系统"。然而，译者也与任何个体一样，需要根据自己的经验去理解和处理新信息。他的记忆不仅记录过去的经验，还会根据其经验和知识组成行动的计划（Bell，2001：28）。基于对译者这样的认知过程的解释，Bell 尝试解答源发语文本是如何转变为目标语文本的。他认为，这一文本转换过程产生于译者的记忆之中，或者说是"那个小小的黑匣子"（Holmes，1988：67）。

Bell 独特的翻译过程描述是他对翻译学的最大贡献。然而，必须指出的是，Bell 的翻译过程描述的争议之处是术语过于繁复，其展现翻译过程的图表恰如工业流程图，不经详细、耐心的解读几乎无法理解其深意。本书将其举要删芜，精简如下：

源发语文本向目标语文本的转化是通过发生在记忆中的两个步骤来实现的：

（1）把源发语文本分析成普通的（不依赖任何特定语言）语义表征（semantic representation）；

（2）将该语义表征合成，构建目标语文本。在分析阶段，它包含句法分析、语义分析和语用分析。

句法分析就是语篇解读；语义分析识别出施动者、过程、目标；语用分析对语义所承担的交际功能进行分析，包括主述结构分析和语域分析。语义表征是对原文句子进行上述三项分析的结果，也是本书构建译文时通过三项合成组出新句子的基础。在合成阶段，它包含语用合成、语义合成和句法合成。在语用合成阶段，它要考虑如何处理原文的目的、原文本的主述结构以及原文的风格。在语义合成阶段，它要创造出一些结构来承载命题内容，提出一个令人满意的命题，并在此基础上进入句法合成，构成目标语语篇的符号串。

因此，Bell 的翻译过程模式总结起来可以分为三大步骤：（1）分析源发语语篇；（2）累积解读语篇时的全部认识；（3）合成目标语语篇（Bell，2001：84）。这个翻译过程的最简模式（2001：33）如图 2-2：

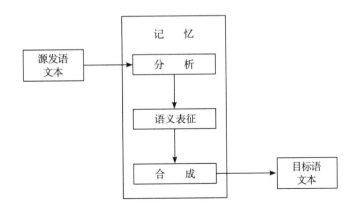

图 2-2　贝尔翻译过程最简模式

这个转换过程要求译者必须具备两个条件：一是具有编写文本的知识；二是具备对两种语言的理解能力和<u>写作能力</u>（画线为本书作者所加）。就文本知识而言，他必须首先

了解不同的文本类型和特征；就写作而言，句法、语义和语用三方面的知识不可或缺。Bell 强调了翻译过程中译者的写作能力，这与翻译写作学建构的出发点不谋而合，同时也从另一个侧面说明 Bell 的语言学翻译理论可以作为翻译写作理论研究的基础和依据。

2.2.2 贝尔的语篇写作过程

Bell 在其书第六章"语篇处理"（1991：201）中，从接受（阅读）和产出（写作）两个方面考察了"语言使用者如何处理语篇"这个问题。他提出一个语篇加工模式，包含五个阶段，涵盖语篇接受、语篇阐释（阅读）和语篇创建（写作）过程。

在处理语篇之前，语篇的阅读者（译者）首先要了解语篇的内容、作者的写作目的、语篇适用的语境。为了能正确理解语篇，译者需要运用相应的社会、语言知识（句法、语义和语用知识）来揭示构成语篇的言语行为的命题内容、示意语力和语篇的类型。

Bell 把语篇类型区分为"制度型"（institutional）、"技术型"（technical）和"文学型"（literary）（Bell，2001：257）。Newmark 也做过类似划分（Newmark，1994：34）。两人又按照功能类型把语篇分为（1）表情型（expressive）、（2）信息型（informational）和（3）呼格型（vocative）。处理语篇时，译者需具备如下知识：句法知识、语义知识和语用知识。这些知识将在理解和制作语篇时发挥作用。

Bell 认为，动笔写作（actual writing）之前，有一前写作（pre-writing）阶段，这一阶段用于解读背景，讨论、思考写作内容并制定总体写作方案；写作之后有一个重写（re-writing）阶段，这一阶段要对初步完成的写作文本进行修改（Bell，2001：280）。Bell 把从策划到动笔写作这一语篇处理过程分成如下阶段。

第一阶段——策划（planning），作者确立目标并策划实现这一目标。在这一阶段，作者会关注创建语篇的目的（如劝说读者接受某种翻译理论观），以及语篇采用的形式（如文章、专著等）。

第二阶段——构思（ideation），选择能够深化策划阶段的主要思想，关注这些思想对策划阶段的投射。主要思想有可能是：应该把翻译作为过程而非产品来研究，而且应该运用语言学和认知科学关于人类信息处理的现有知识，为该过程提出一个模式。

第三阶段——拓展（development），抓住这些主要思想，组织成一个连贯的框架（如章或章中的节）。该框架展示这些思想的相互关系，把它们一一呈现，直至实现目标。

第四阶段——表达（expression）：吸收这些思想，将之转化为不属于任何特定语言的命题形式，如动作者—过程—目标等。这样的命题形式是具体语言中小句赖以产生的基础。这些阶段和步骤绝不是单向性的，而是不断经历"递归"，从而能够反复修改。

第五阶段——语法分析（parsing），通过从语气系统中做出的一系列选择将命题内容投射到句法，通过从主位做出的选择以合适的交际方式排列小句，最后将这些选择转化为书面语篇，即持久或半持久性介质上的字符。

从上述五个阶段可以看出，翻译写作学的感知、运思和表述大致涵括在内：上述第四阶段的"表达"仍可视为翻译写作学的运思阶段，而第五阶段才是翻译写作学的"表述"阶段。

Bell 在其书中小结道："译者也是语篇处理者，翻译中译者会运用同样的技能"，"语篇处理是人类交际（单语或双语、书面语或口语）的基础，也必然是翻译过程的基础"（2001：289）。Bell 详细探讨了阅读和写作的过程，"因为它们都是高技能活动，是翻译过程的重要组成部分"。

Bell 在第七章进一步论述"翻译包括阅读源发语文本并写出目标语文本"（2001：292），它涉及：

阅读：借助现有知识处理源发语语篇，译者运用分析技能提取语篇中的信息。

写作：组织现有的知识，将其转化并合成为目标语语篇中的信息。

翻译：将阅读和写作按翻译过程模式中所展示的方式结合起来。

Bell 对翻译过程与翻译过程中写作问题的论述非常契合本翻译写作学的要求。翻译写作学吸取其中的有效成分，即强调翻译过程中的写作能力，抒词运句成篇。因此，本书把 Bell 的语言学翻译理论作为翻译写作学的基础之一。

2.3　勒代雷：译者即第二作者

释意派翻译理论广义上说也是语言学翻译理论，其重点在于将翻译看作是一种交际行为。该理论最早由法国翻译理论家达尼卡·塞莱丝柯维奇（Danica Seleskovitch）于 20 世纪 70 年代初提出，其核心思想是：译员理解、翻译和表达的对象不是源发语的语言形式，而是讲话人或作者要表达的意义和思想，译员的中心任务是"去形存意"（deverbalization），即剥离源发语外壳，抓住意义实质。也就是说，真正意义上的翻译行为，不是机械的语言代码的转换，而是在理解原文的基础上，摆脱源发语的语言形式，抓住文章或讲话的思想，用目标语非常自然地表达这些思想。

释意派理论虽然是 Seleskovitch 在长期口译实践的基础上提出的一种口译理论，但是同样适用于笔译。笔译也是交际行为，笔译人员也要面对读者。与口译不同的是：笔译的原文文字和读者的距离拉得远，作品产生的环境可能也会随着时间的推移而淡化，剩下的只是文字符号；这些文字符号虽有意义，但有时人们理解的含义与最初作者使用的含义不完全一致，这就给后来的译者无穷阐释的可能与空间。但是，无论信息输出和接受的环境多么不同，意义是翻译的核心，要捕捉话语篇章所有细微的意义和情感，译者只有重新表达，重新阐释（金敬红、李思国，2003：45）。

傅雷提出翻译"所求的不在形似而在神似"（傅雷，2006：3）。释意派理论第二个代

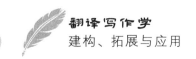

表人物 Lederer 在《释意学派口笔译理论》（2001）的中文版序中就此肯定道：这恰恰是
释意理论的核心思想（Lederer，2001：Ⅵ）。有谚语曰："意在笔先。"用在翻译中，这
意味着无论是笔译还是口译，都要摆脱源发语的语言形式，抓住文章或讲话的思想，
只有脱离了源发语语言外壳，才有可能用母语自然地表达这些思想。

在《释意学派口笔译理论》（2001）中，Lederer 还针对写作问题分析了作者与译者
的关系和差异：

> 作为第二作者的译者，写作的方法与第一作者大致相同。作者如何写作？写作时情况
如何？何时删改？他们并不是一个字一个字地想，而是根据要表达的内容组织句子。作者
写作有两种因素同时存在：促使他写作的思想和让忠实于思想的句子跃然纸上的意愿。作
者将尚无定型的思想变成文字；如果他漫不经心，且不立即作为这一作品的读者认真阅
读，那么，纸上的文字只能歪曲自己最初的想法。

> 译者是怎样工作的呢？脱离语言源于他对某一段落意义的理解。意义的歪曲只能是由
于他自己的句子组织得不好。但是，只有放弃源发语形式才能更好地表达意义，他要根据
与原文写作所遵循的相同程序找到另一语言的表达方法（Ledere，2001: 32）。

> 作者用其母语写作，译者用其母语翻译，因此两篇文章的语言应该在风格上等同。同
所有讲话人一样，作者选择能让别人理解其思想的字词表达，译者就应该同样做，用其母
语和才能，以表达让别人理解的思想，让别人感受到的情感。一篇尊重其语言特性的文章
要求另一篇文章也要尊重其语言的特性（Ledere，2001: 49）。

有趣的是，上面的第一段引文将译者称为"第二作者"，具体就表现在"他要根据与
原文写作所遵循的相同程序找到另一语言的表达方法"（Ledere，2001：32）；上面的第
三段引文则强调"作者用其母语写作"与"译者用其母语翻译"的共性在于"一篇尊重其
语言特性的文章要求另一篇文章也要尊重其语言的特性"。

2.4　巴斯提与拉沃：以写促译

Bastit 与 Lavault 对翻译过程也做出了详细的研究，他们的观点与释意派翻译理论相
似，受到勒代雷的赏识。

Bastit 提对一篇文章的翻译过程做出如下论述：

> 翻译这篇文章遵循的程序是，第一步领会阶段，即为理解文章而不间断阅读，接触其
内容。但绝不能不停地想该如何翻译此文。在这一阶段，文章的所有色彩储存在记忆中，
在偶尔的阅读或交谈中，译者寻找适当的结构或句型来表达某一观点。

> 随后的阅读则是思考翻译中可能遇到的各类困难；将问题记录下来有助于确定难点，
搁置一段时间，同样的重新表达程序会在无意识中提供解决问题的部分答案。

在动笔翻译前，应该进行一次快速默读，使理解的内容具体化、深入化，从而掌握文章各方面的协调。

这种翻译变为真正的重新创作，偶尔再看原文，那只不过是将其作为写作的思路。如有可能，翻译应一气呵成，从而保证"灵感"跃然纸上时的连贯性。翻译阅读检查应该在完成翻译一段时间后进行：目的是尽可能忘记源发语的语言形式，视译文为一件作品。

对译文加工修改完善后，再与原文进行比较，以保证没有丢掉任何东西。

最后，找一目标语为母语且根本不了解原文内容的听众，让他对译文评判，看译文是否"自然"和"清晰"①（Ledere，2001：30）。

Lavault 则提出"以写促译法"，强化了写作练习的重要意义：

正是在写作中才能发挥自己的能力，发现自我进修的必要性。同时通过写作帮助思考、认证，还可以逐渐超越语言的禁锢，找到选择，在练习中选择帮助发展个人语言表达的方法，使语言提高收到良好的效果。

如何通过笔头练习进行写作提高呢？首先，要研究别人的写作，变为眼光锐利的阅读者，能够阅读不同种类的文章，尤其是能够透析内容是通过何种形式表达的，哪种方式最适合表达哪类信息，何种文笔手段——字词、句法和美学选择——专门用于何种类型的篇章中。在这方面，始终十分丰富的报刊比较研究可以帮助我们了解记者的目标如何对信息的形式和信息本身带来影响，这些目标与报纸的主导思想、情况及特定读者的期待有直接关系（Ledere，2001：122）。

从以上释意派学者的观点可以看出，翻译前的"笔头练习"、翻译过程中的译文锻写功夫以及翻译后的译文加工完善是一体化的。

2.5　德利尔的释意派翻译理论观点

Delisle 的释意派翻译理论观点与 Seleskovitch、Ledere 的释意派翻译理论观点虽然同属法国翻译理论流派，但略为不同，主要体现在：Delisle 明确地从注重口译研究转向注重笔译研究，即转向实用文体的翻译研究，其有关翻译的定义与本翻译写作学的表述极为吻合。

2.5.1　德利尔的翻译定义

说到翻译中的写作问题，释意派翻译理论的另一代表人物 Delisle 在他的专著《释意翻译探究》（1988）的序言中就纲领性地声称："实用语篇的翻译是基于写作技巧上的重新表达的艺术。"（The translation of pragmatic texts is an art of re-expression based on writing techniques.）（Delisle，1988：1）其更完整的定义是："翻译是基于写作技巧和

---

① 引用时译文术语略有改动。

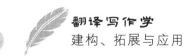

两种语言知识的重新表达的艺术（Translation is an art of re-expression based on writing techniques and a knowledge of two languages.）（1988：3）。Delisle 的这个翻译定义是对本翻译写作学的最有力的支持。

　　紧接着 Delisle 就提出："翻译能否和写作技巧一起教？"（Delisle，1988：3）这就把翻译和写作结合了起来，并肯定翻译训练需要包括各种写作练习，目的就是教会学生更容易、更准确、更快速地重新表达思想。Delisle 视译者为作者：自己虽不著书立说，但是肩负着把他人的立言以另一种语言加以传达的任务。译者乃妙手艺人，尤擅以另一种方式重写篇章。而译者与作者之无异者，还在于双双皆要信守相同的严格的作文法则（Delisle，1988：25）。译者要能写出连贯谨严的篇章，尽力做到文字让人赞口"语感绝佳"，且译文让人赞曰"行云流水"（able to write cohesive texts as having a "feeling for the language", or producing translations that "flow well".）（Delisle，1988：102）。

　　所谓连贯谨严的篇章，就是句子承前启后，首尾呼应。倘若篇章的逻辑流（logical flow）时不时被打断，读者就会不胜其烦，因为他们得去理清语篇中的各种关系，把粗心的译者所疏忽的来龙去脉补齐。译作的篇章组织性反映出译者是否有合理思维、交流无碍的能力。凡值得翻译，则须译清楚。何谓清楚？清晰是也。Delisle 引用法国作家雷纳的话"清晰乃作者惠及读者之福"（Delisle，1988：104），这话同样适用于译者。"清晰"并不意味着只用短句熟词，好让读者省心；"清晰"的关键是把思想表达得淋漓尽致。"清晰"意味着译者摆清内容之间的关系，将各种概念加以重组，使之顺应原篇章，这不仅需要精通相关语言，还要有渊博的知识和灵敏的思维。译者在操作上如何纵横捭阖，便可知他有何等重组信息的能力。译者必须根据目标语篇章的机制来择取句法结构，而不是照抄照搬原文的句法。

2.5.2　德利尔的翻译过程

　　Delisle 将翻译过程分为三个阶段：理解阶段、重新表达阶段、证实阶段。每个阶段均有更细微的内容。

2.5.2.1　理解阶段

　　理解阶段（comprehension）作为翻译过程的第一个阶段，主要是领会内容，力求抓住作者想要表达的内容。但人们无法仅靠阅读来获取内容。这种纯粹的身体感知（用眼睛识别外语文本的字符、读出每个书写符号的声音）还必须伴随着我们称之为阐释分析的心理活动。

　　文本是一个包含错综复杂的关系网络的有形体，其中的各种关系需通过人们有意识的心理活动加以分析。这些关系可分成两个宽泛的类别：①文本的词语与话语间的语义关系；②话语与非语言现象间的引申关系。由于作者希望将信息有效传递给读者，文本网络通过符号的组织而变得前后连贯。译者面对待译的文本时，其处境与单语读者理解一篇文本的内容相似。与单语读者一样，译者积极参与到理解的过程中。在理解阶段，释意至关重要，因为它是译者与原文间解经般的对话（hermeneutic dialogue）。

　　理解体现在两个层面：理解所指、理解意义。一段话语中的每一个词都既属于语言体系，也属于非语言参数之总体。在语言体系中，译者获取一个词的解码符号；在非语言参数之总体中，译者得到这个词的概念意义。

　　（1）理解所指

　　理解所指是一个在语言体系层面上的解码运作。通过对原词的解码，译者获得该词的一般词义，这也许会通过一个对等词体现。但如果译者仅局限在理解所指，那么译者的对等词将无法精确地表达话语的真正含义，因此，理解的下一步将是对意义的运作。

　　（2）理解意义

　　理解意义就是用话语的引申语境更精确地界定话语的概念意义。此运作的目的是在语言符号的所指基础上发现这些符号的真正意义。翻译所要重新表达的绝不是语言符号，而是内容和思想。正是在这个意义上，译者才有可能逾越各语言间的鸿沟，将源发语文本的内容及思想准确地传达给目标语读者。

2.5.2.2　重新表达

　　理解之后的重新表达（re-expression）是用另一种语言的所指来重新笔录全部的概念。在重组这些概念时，译者一方面在源发语中寻求意义，另一方面在目标语中运用语言表达。为了揭示交流环境下话语的意义，并用另一种语言将这一意义重新表达出来，译者须进行类比推理，即通过联想、演绎来挖掘目标语的表达资源。

2.5.2.3　证实

　　翻译的第三阶段，也是最后的一个认识阶段，是证实阶段（verification）。这个阶段的目的是核实翻译结果的准确性，确保译文完全符合原文所陈述的内容。

　　译者在证实自己的翻译时，力求核实他的译文在多大程度上与原文的意义吻合，即他能否言原作者之所言。这种译文质量检查也是一种推理过程。

　　翻译由此包含两次释意：第一次释意发生在概念理解之后、重新表达之前，表现为源发语与待传递的概念间的关系，其主要依据是原文符号；第二次释意发生在重新表达之后、定稿之前，表现为概念与最能表达这些概念的目标语之间的关系，其所依据的是暂定的译文符号。核实是第二次释意，其目的是确认初稿译文能否准确传递原文的概念。无论哪种释意，译者的目标都是意义，其最终目的是构建第二个文本，使之履行与原文本相同的交际功能。

　　Delisle 的释意翻译过程可以完整地展示如下（图 2-3）：

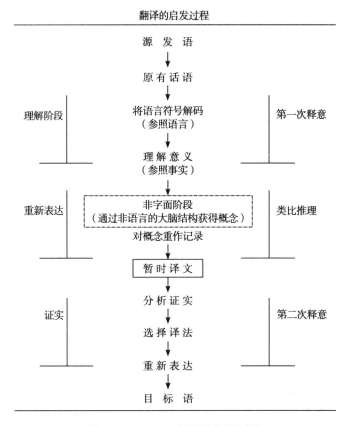

图 2-3　Delisle 的释意翻译过程

必须指出，Delisle 的"证实"阶段很好地沟通了从源发语的理解到目标语表达的过程，同时也把对译文的修改阶段，即译文的锤炼，纳入到翻译过程里面，这也符合本翻译写作学的构思。

Delisle 在"语言操作"（the manipulation of language）（Delisle，1988：83）层面上进一步确认译者应具备双重技能：一为理解［将作者欲说之言从源发语文本剥离（释意分析）］；二为重新表述［以另一种语言再构语篇（运用写作技巧）］。Delisle 据此把语言操作分为四个层面（1988：83）：

(1) 遵守习惯表达方式

(2) 开展释意分析

　　(a) 逐译单义词

　　(b) 从语言系统里激活标准对等词

　　(c) 再创语境

(3) 对风格加以阐释

(4) 保留语篇组织性

这四个层面的语言操作最好能结合具体语篇来分析。这些层出不穷的语篇变化激发译者的思维，也激发起译者作为作者的写作能力。

2.5.3　德利尔关于翻译与写作、译者与作者的关系论述

Delisle 在其书中还多次论述了翻译与写作、译者与作者的关系，兹列如下：

翻译是判断和协调的行为，既要关注语篇的语义和风格要求，又要遵守写作规则和语篇组织性要求。译者必须具备好作家的一切素质（Delisle，1988：107）。

写作中存在的所有问题，翻译也同样难以幸免。用另一种语言"重新作文"时，译者同样也会碰到作家碰到的那些约束。所不同的是，翻译的这种重写艺术的实施者必须把不属于自己的想法视同己出，并以另一种语言形成书面文字。翻译训练的首要目的之一是在上述四个层面摒弃过于注重直译的表达方式（Delisle，1988：107）。

好译者不仅须具备语言知识、百科知识和获取语篇意义的能力，还必须能重写和表达。显然，重组语篇必须具备写作能力。鉴于这方面的重要性，出于培训的目的，最好把实用语篇的翻译看作是基于写作技巧重新表达的艺术。译者之异于作者，就在于译者无须调动他的创作动力，以文学作品来传达他的主观观点。译者的创造性在于他能敏锐地感知作者的所欲之言并能熟练地以另一语篇重新表达作者的意图。他可以自由选择语言手段来重新表达。翻译乃阐释和重新表达的技巧，同时具备语言和内容基础（Delisle，1988：107）。

译者作品的独创性体现在他能够对原文展开严格的分析，且把译文写得优雅和准确（write with grace and precision，1988：110）。衡量翻译教学的水平，就要看培养出来的译者是否分析严谨、译文是否准确优雅（Delisle，1988：110）。

Delisle 特别强调，译者和源发语的接触是间接的，而与目标语的接触则是直接的。译者的双语性特点表现为：对源发语的理解是被动的，对目标语的认识是主动的，且能够判别语篇的意义（1988：23）。这说明译者的目标语（一般情况下即母语）具有优势，故此得出，译者在译文写作上应充分发挥主观能动性。

然而，Delisle 翻译论述的最大不足在于，他为了研究和分析方便，把文学语篇彻底排除在该书的研究之外，这就局限了该理论的适用范围。Delisle 认为，"翻译文学作品光有良好的写作技巧是不够的"（Translating a work of literature requires more than good writing skills，1988：18），实用语篇就是"传递信息，美居次要地位"。既然承认翻译是"艺术"，艺术必定有"美"的成分，为何又拒绝把文学翻译纳入其中？这是知难而退，避重就轻！其实，基于写作技巧重新表达的艺术，岂止适用于实用语篇的翻译！文学语篇的翻译更有赖于此！专著探讨文学翻译中的创作问题的研究者不乏其人（王丹阳，2009）。研究以写作技巧为基础的重新表达的艺术，正是翻译写作学的根本任务和存在意义。总之，释意学派对翻译写作学的重要支持和启发是其黄金定义："翻译是基于写作技巧和两种语言知识的重新表达的艺术。"

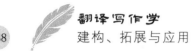
2.6 郭建中的"多层面重写"模式

国内学者、翻译家、翻译理论家郭建中教授从 80 年代起就对西方语言学翻译理论进行研究，其一反当前翻译文化思潮，至今仍旧对"可译性""对等"等概念持肯定态度。他认为，西方的"对等"概念，犹如我国严复的"信、达、雅"概念，不仅在翻译理论史上有其重要的意义，而且至今对翻译实践还是一个非常有用的概念（2010：37）。郭建中还认为，Nida"动态对等"理论关于翻译过程的分析（表层结构—深层结构—表层结构）和释意派理论建立的翻译过程（理解原文—脱离源发语语言外壳—用另一种语言表达理解了的内容和感情），两者的理论原则是一致的，特别适用于语言表达形式差别较大的语言之间的转换，譬如印欧语系的语言与汉藏语系的语言之间的转换，如英汉／汉英的翻译（2010：43）。郭建中非常认可如下三个定义：

> Translation is the replacement of textual material in one language (SL) by equivalent textual material in another language (TL) (Catford, 1965: 20).
>
> Translating consists in reproducing in the receptor language the closest natural equivalent of the source-language message, first in terms of meaning and secondly in terms of style (Nida, 1969/1982: 12).
>
> Translation is an art of re-expression based on writing techniques and a knowledge of two languages (Delisle, 1988: 3).

但郭建中认为，这些定义只能告诉我们"什么是翻译"，而无法回答"怎样翻译"和"为什么这样翻译"的问题。要回答上述问题，就必须在实践的基础上，研究两种特定语言之间转换规律的特点（郭建中，2010：208）。在吸收 Nida 的功能对等理论、Delisle 的释意理论、思果的翻译重写论述的有益成分，并结合自己丰富的翻译实践的基础上，郭建中提炼、发展了有其自身特色的汉英／英汉翻译理念与方法。其独特之处在于：他不是简单地论述"翻译是重写"，而是把"重写"细分为"多层面重写"：翻译是译意，是替代，是重构，是重组，是重写（郭建中，2010：208）。这五个步骤的实施层面对应的是：字词、短语、句子、段落和篇章。很明显，这个汉英／英汉翻译的"多层面重写"模式受到西方语言学翻译理论的"翻译单位"和"翻译层面"论的影响，同时也融合了中国翻译研究传统文论的成果，尤其是认可并采用思果的翻译重写论，但其理论依据主要是语言学翻译理论，如此而形成自己的"重写"模式。郭建中汉英／英汉翻译的多层面"重写"模式如下：

2.6.1 词语的翻译：译意

译意（Translating means translating meaning）是翻译的核心问题，贯穿于翻译过程中语言操作的每一个层面。译者通过分析阐释来获取字／词、短语／词组、句子、段落和篇章的意义。阐释就是对文本的分析（郭建中，2010：209）。意义可细分为：概念意义、语境意义、搭配意义和文化意义（含互文意义）。

2.6.2 短语的翻译：替代

翻译其实不是翻译，而是替代（Translating is substituting），即在目标语中找到适当的表达方式去替代源发语中的表达方式。替代的层面主要在单词、词组和短语、约定俗成的定译和官方翻译、汉英成语和谚语、标识语与警示语等。

2.6.3 句子的翻译：重构

汉英两种语言在句法结构上存在极大的差异。如果能准确流畅地传达原文意思而不改动原文句法结构，当然求之不得；但在翻译时更多情况是必须重构（Translating is restructuring）原文句子结构。正如严复所说："词句之间，时有所颠倒附益，不斤斤于字比句次。"（《天演论》）Delisle 也指出，"Translation is an art of re-expression based on writing techniques and a knowledge of two languages"（Delisle，1988：3），其中，re-expression 就句子而言是"重构"，就篇章而言则是"重写"。

2.6.4 段落的翻译：重组

由于汉英句式与段落结构的构成不同，在翻译时，往往需要对整个段落进行重组（Translating is reorganization）。这是郭建中"翻译单位论"的核心部分。他认为，大部分翻译理论家和翻译家都主张以句子为翻译单位，但一句一句的翻译难以照顾句子之间的连接和段落之间的衔接；而如果以篇章为翻译单位，则又大而无当，难以操作。郭建中认为，段落是句子与整个篇章的中介单位，容量不大不小，且又有形式标志，易于操作。以段落作为翻译的操作单位，既可照顾到句子与句子之间的连接，又可照顾到段落与段落之间的衔接，最终落实到以篇章为翻译单位的操作（郭建中，2010：238）。

2.6.5 篇章的翻译：重写

翻译在字 / 词、短语 / 词组、句子、段落等层面上的译意、替代、重构、重组，综合体现在篇章上自然就是重写（Translating is rewriting），而"重写"也是中国翻译研究者的主张。思果以最明确的话提出"翻译是重写"，"翻译不是翻译，是重写"（2001：3）。傅雷说："译文必须为纯粹之中文，无生硬拗口之病；又须能朗朗上口，求音节之和谐。"（罗新璋，2009：772）他还说："翻译的人应当把原文彻底弄明白了，完全消化了之后，再重新写出来。"（引自郭建中，2010：239）由于汉英两种语言的巨大差异，要使译文读起来像原创作品一样，在语言上就必须重写。况且，由于文化不同、文体风格不同、读者对象不同等原因，译文也必须重写。

总而言之，重构这一理念与方法，不局限在句子层面的操作上。在段落层面上的重构，就是重组；在篇章层面上的重构，就是重写。重写这一理念与方法，贯穿整个翻译过程，需要在每一个语言层面上加以实施。因此，这五个理念和方法构成一个步步为营、进退有据的"阵势"，非常适合学习翻译的学生按部就班地观摩与练习。多层面重写

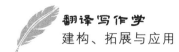
的翻译过程和步骤清晰明了、可操作性强。这是西方语言学派翻译理论在中国的实践和发展，也是郭建中翻译理论与实践相结合的一大特色。

2.7　本章小结

　　本章我们探讨了语言学翻译理论中有关翻译与写作的关系问题。研究表明，Bell 的翻译过程和写作说、Delisle 的阐释论和翻译定义都有助于我们建构翻译写作。西方语言学翻译理论主要解决的是"怎么译"的问题，对翻译过程的描述不仅细致到位，而且系统化、科学化。但若论及"怎么译得好、译得妙"这一问题，对之有从文章美学艺术角度展开详细论述的，则非中国传统译论莫属。"怎么译"涉及理解问题；"怎么译得好、译得妙"则必然涉及目标语的运用问题。郭建中"汉英 / 英汉翻译的多层面重写"模式是西方语言学翻译理论在中国翻译实践中运用和发展的结果，该学说也使中国传统译论得以现代化、科学化。我们将在随后章节探讨和研究中国传统译论如何为翻译写作学的建构做出贡献。

第三章
翻译写作学的中国传统译论理据

正如我们在前面所言，翻译写作学，特别是英汉翻译写作学的坚实基础、依据和素材来自中国传统译论。关于"传统译论"的范畴，王宏印是这样界定的："典型的中国传统译论，乃是以中国传统文学、美学、文章学、文艺学、语言学为其理论基础和基础方法而形成的翻译理论……在翻译论题上、研究方法上、表述方式上，以及理论特质和精神旨趣上，都表现出浓厚的传统国学味道的译论，以有别于别国的译论。"（王宏印，2006：220-221）马红军认为，传统译论——无论严复的信达雅、傅雷的神似论，还是钱钟书的化境说——大都局限于方法论层面，并未超出"文本中心论"界限，因而其论述是单维的（马红军，2006：235）。这个文化自卑的结论本身就忽略了中国传统译论的治学特点，即以简明扼要、提纲挈领的语式体现精华思想，忽视了中国传统译论是英汉翻译的最佳经验总结。中国传统译论所解决的已不是简单的"怎么译"的问题，而是"怎么译得好、译得妙"。

早在六朝时期，译经大师鸠摩罗什就与僧睿探讨过《正法华经·受决品》的翻译问题：他认为"天见人，人见天"的译法"在言过质"，于是采用僧睿的译文："人天交接，两得相见。"（罗新璋，2009：34）这其实就是注重译文质量、注重语言精美的一个实例。

唐代的玄奘主持译场译经，设有 11 种分工，其中"刊定""润文"两种分工分别负责"对译文刊削冗长，定取句义"和"从修辞角度对译文润饰"（马祖毅，1984：56）。这是注重在译文写作上面下功夫的又一个例子。

在《天演论·译例言》中，严复为了标榜自己持之有故，言之成理，举出"易曰：'修辞立诚。'子曰：'辞达而已。'又曰：'言之无文，行之不远。'"，为之张目。他认为"译事三难信达雅"，并宣称"三者乃文章正轨，亦即为译事楷模"。罗新璋加以总结："写文章，发抒己见，唯求信，求达，求雅；为译，代人立言，也难在求信，求达，求雅：事异理同，两者不无相通之处。以彼证此，他（严复）从文章作法，悟出翻译的道理。"（罗新璋，2009：6）"文章作法"其实就是写作方法，翻译的"文章作法"就是把写作方法运用到翻译实践中去。

林语堂在 1933 年撰写的《论翻译》里就把"能写清顺畅达的中文"（林语堂，引自罗

新璋，2009：491）明确地摆在了第二的位置。他还指出："译文与作文之不同者，即其原有思想非发自译者心中，而出于一使用外国文之作者，然于译者欲以同一思想用本国文表示出来时，其心理应与行文相同。"（林语堂，引自罗新璋，2009：503）林语堂在这篇《论翻译》中用了长长的一节来讨论作文的心理，并表明翻译和作文的心理构思是相同的。

朱生豪在谈到翻译莎士比亚的宗旨时说：

> 第一，在求于最大可能之范围内，保存原作之神韵；必不得已而求其次，亦必以明白晓畅之字句，忠实传达原文之意趣；而于逐字逐句对照式之硬译，则未敢赞同。凡遇原文中与中国语法不合之处，往往再四咀嚼，不惜全部更易原文之结构，务使作者之命意豁然呈露，不为晦涩之字句所掩蔽。每译一段竟，必先自拟为读者，查阅译文中有无暧昧不明之处。又必自拟为舞台上之演员，审辨语调之是否顺口，音节之是否调和。一字一句之未惬，往往苦思累日。

> （朱生豪，引自罗新璋，2009：539）

可见，朱生豪在翻译过程中所实践的，无疑是写作的理念。因此，朱生豪译笔流畅，文词华赡，善于保持原作的神韵，传达莎剧的气派。人民文学出版社的资深编辑苏福忠对朱生豪词汇的丰富赞叹不已，认为这是真实再现莎士比亚多种多样的表达方式的一个重要条件。最重要的还是朱生豪的文学素养。朱生豪之所以能够翻译出不朽的译著，在于他驾驭中文的能力，而不是作为语言学家理解英文的能力（史蒂文，2005）。

傅雷在提出"神似"的观点时，明白无误地说："理想的译文仿佛是原作者的中文写作"（傅雷，引自罗新璋，2009：624），"译文必须为纯粹之中文，无生硬拗口之病；又须能朗朗上口，求音节和谐"（傅雷，引自罗新璋，2009：772）。傅雷认为，文字问题，基本上是个艺术眼光问题；至于形成风格，更有赖于长期的艺术熏陶。他对自己的译笔，曾以"行文流畅，用字丰富，色彩变化"（傅雷，引自罗新璋，2009：772）相要求。他认为译书的标准应当是这样：假使原作者是精通中国语文的，译本就是他使用中文完成的创作。罗新璋得出结论，翻译不光是个运用语言的问题，也得遵循文学创作上一些普遍的规律（罗新璋，2006：4）。

3.1　英汉语言差异概述

语言作为人类表达思想感情和进行交流的工具，具有很大共性。然而，由于不同民族历史背景、地理位置、价值取向等的差异，不同的语言又有各自不同的特点。英汉互译，首先要对这两种语言有深刻认识，这是译文上升到"美"的基础。然而，由于中西思维和语言存在很大的差异性，要深刻把握绝非易事。正如傅雷的翻译体会："鄙人对自己译文从未满意，苦闷之处亦复与先生［罗新璋］同感。传神云云，谈何容易！年岁经验愈增，对原作体会愈深，而传神愈感不足。领悟为一事，用中文表达为又一事。况东方人与西方人之思想方式有基本分歧，我人重综合，重归纳，重暗示，重含蓄；西方人则重分析，细微曲折，挖掘惟恐不尽，描写惟恐不周；此两种 mentalité 殊难彼此融洽交流。同为 metaphore，一经翻译，意义即已晦涩，遑论情趣。不若西欧文字彼此同源，比喻典故大半一致。且我国语体文历史尚浅，句法词汇远不如有两三千年传统之文言；一切皆待文艺工作者长期摸索。"（傅雷，引自罗新璋，2009：772）可见，要做好翻译，使译文"美"，需要对中、英的语言差异有较清晰的了解和把握。

连淑能从英汉对比研究角度总结出了如下几对英汉语对比特征：聚集与流散、形合与意合、繁复与简短、物称与人称、被动与主动、静态与动态、抽象与具体、间接与直接、替换与重复（连淑能，1993）。

3.1.1　聚集与流散

由于英语形合的特点，英语表达具有很强的条理性和逻辑性，英语语言都具有明确的逻辑结构。这个结构通常由名词性短语和动词性短语构成。主语不可或缺，谓语动词是句子的中心，两者协调一致，提纲挈领，聚集各种关系网络（connective-nexus）。因此，英语句子主次分明、层面清楚、严密规范，句式呈"聚集型"（compactness）。但无论英语句子如何变化，其主谓结构都可以归结为五种基本的句型，即 SV，SVP，SVO，SVOO，SVOC。英语的各种长短句子都是这五种基本句型及其变式、扩展、组合、省略或倒装（连淑能，1993：29-36）。

汉语重意合，没有严格的句子结构，主语和谓语多种多样，可有可无，没有主谓形式协调一致的关系，这种句式富于变化，比较生动，呈"流散型"（diffusiveness）。汉语的句子长长短短，不求形式齐整，而求意思通顺。表达方式灵活多变，往往靠约定俗成（连淑能，1993：38-46）。

3.1.2　形合与意合

西方的心理倾向是认知，这是由西方的本体论所决定的。本体论的前提是与人分离的客观世界，这个世界分为现象和本质两界。人生的意义就在于认识客观的本质世界，这种认知是人区别于动物的本质。在对客观世界的认识过程中，人类产生思想，所以思想是对客观世界的描述，而这种描述是通过语言实现的。所以西方哲学强调思想、世界和语言三者具有共同的逻辑结构，这导致西方语言强调符号化和形式化，特别是建构以逻辑为语法的形式化语言（周昌忠，1996：32），即形合，因此英语具有以形统意的特点。这种语言的使用者首先从语言抽象出一定的语法规范，并将其形式化、标准化，然后以这种形式规范严格地统领意义的表达。因此，英语的词、词组与句子的组合通常都受到一定的语法规则的严格限制（肖芳英，2005：201）。英语句子常用各种形式手段，如关系词、连接词、介词、代词、词形变换等来连接词、短语、分句或从句，注重显性衔接（overt cohesion），如以下句子：

[1] It was **what** sentimentalists, **who** deal in very big words, call a yearning after

the ideal, **and** simply means **that** women are not satisfied **until** they have husbands **and** children on **whom** they may centre affections, **which** are spent elsewhere, **as** it were, in small changes.

—W. Thackeray: *Vanity Fair*

[2] He boasts **that** a slave is free the moment **his** feet touch British soil **and** he sells the children of the poor at six years of age to work under the lash in the factories for sixteen hours a day.

——连淑能，1993

周昌忠认为，中国人的心理倾向是情感——伦理的情感与审美的情感（周昌忠，1996：32）。中国人的传统思维讲究天人合一、人法自然、万物皆备于我，重视主体意识对自然、社会乃至人生的认识与感悟。这种心理倾向不依赖于语言，甚至从某种程度上还要力图克服语言造成的障碍（周昌忠，1996：32），所以汉语讲究意合。汉语的词、短语和句子的构成一般都缺少形式上的标志，其组合主要依靠构成成分之间的意义关系，其语法比较简单（肖芳英，2005：201），如元代马致远的散曲小令《天净沙·秋思》：

[3] 枯藤老树昏鸦，小桥流水人家，古道西风瘦马，夕阳西下，断肠人在天涯。

这首元曲没有句子的架构，没有明确的主语，没有连接词，几乎都是名词词组堆叠，其表意却令人回味无穷，这就是汉语意合的特点，这对英语来说简直不可思议。试以相应的几篇译文为例，重点考察译文词句之间的衔接，而不论及其是否忠实准确。

译文一：

Autumn

Crows hovering over rugged trees wreathed with rotten vines—the day is about done. Yonder is a tiny bridge over a sparkling stream, and on the far bank, a pretty little village. But the traveler has to go on down this ancient road, the west wind moaning, his bony horse groaning, trudging towards the sinking sun, farther and farther away from home.

——翁显良译文

译文二：

Tune：Sunny Sand

Autumn Thoughts

Over old trees wreathed with rotten vines fly crows;

Under a small bridge beside a cot a stream flows;

On ancient road in western breeze a lean horse goes.

Westwards declines the setting sun.

Far, far from home is the heart-broken one.

——许渊冲译文

译文三：

TO "Heaven Pure Sand" (Tian jing sha)

Autumn Thoughts

Withered vines, old trees, twilight crows.

Small bridge, flowing water, people's homes.

Ancient road, the west wind, gaunt horse.

The evening sun sinks westward.

A man, broken-hearted, on a far horizon.

——宇文所安译文

译文四：

Tune to "Sand and Sky"

—Autumn Thoughts

Dry vine, old tree, crows at dusk,

Low bridge, stream running, cottages,

Ancient road, west wind, lean nag,

The sun westering

And one with breaking heart at the sky's edge.

——Schlepp 译文

在上述四篇译文中，译文一已经彻底转化为一篇散文体，大量使用衔接词。译文二虽是诗体，也是摆脱不了连词成句。倒是外国汉学家的译文（译文三、译文四）更接近原诗词的格式，是更为成功的汉诗外译。在现代英语诗歌中，美国诗人 Ezra Pound 的意象主义诗歌《诗章》（第 16 章）也以名词词组建行，颇有类似气势：

The grey stone post's,

and the stair of grey stone,

the passage clean-squared in granite

descending

and I through this, and into the earth.

灰色的石柱，

　　灰色的石阶，

整齐的方块花岗石路：

　　往下倾斜

而我也顺着，到土里去。

3.1.3 繁复与简短

英语句式严整、逻辑性强，常以复杂的组合形式出现。英语的各种短语、从句按照一定的语法规则叠加，就可产生繁复的句式结构。从属结构是现代英语重要的特点之一，包孕式的复合句（complex sentences with embedded clauses）十分常见，因此英语句子都有一定的长度（连淑能，1993：64）。

汉语没有严格的逻辑结构，其多散句、流水句和省略句，故汉语句式一般较简短。有人测算汉语的最佳长度为 7　12 字（肖芳英，2005：202）。汉语书面语虽然也用长句，但句中常有标点将其断开，因此，汉语句子还是以简短为主。

以上三对英汉语的对比特征，归纳起来其实是一回事：英语的聚集来自形合，形合造成繁复，这三者实为一体；汉语的流散基于意合，意合促成简短，这也构成一体。英语多抽象、多静态，所以名词化（nominalization）程度高；汉语多具体、多动态，所以少有词性约束。因此，英汉互译的过程往往是静态与动态、抽象与具体、名词性与动词性的相互转换过程。适当运用这一原理，可以使译文较为符合表达习惯。

综合上述可知，连淑能从英汉对比的角度高度概括了其对立统一的特征。高健提出的"语性说"则更直截了当地论述译文如何做到地道的问题。

3.2　高健"语性说"及其运用

高健将语言的特点称为语言个性，简称语性。"语性乃是一个综合体，是由每一语言的许多方面所共同组成的——语音、语法、词汇、搭配方式、修辞、风格等。它还包括语义、语用以及各自文化因素等。语性是指一切最具有本质性、关键性、代表性与典型性的东西，是一种语言在其使用与运行上明显有别于其他语言相关方面的它自己所独具的品性。"（高健，2006：109）

3.2.1　语性的由来

关于"语性"一词的提法，高健在"语性研究理论"（2006：109）中曾说："我的语言个性（下面简称语性）理论或学说……是我近几年来'思谋'出来的。它的初次面世已是 1999 年秋。"又云："我的这个语性说只是近几年才逐渐形成的，具体些说，是在 1994 年秋，更具体些说是在这一年为来年 5 月我院将要召开的林语堂百年诞辰学术研讨会作准备的期间形成的。"（2006：109）这段话明确说出了"语性说"是其本人独创。高健进一步强调，他这个"语性说"形成的时间"可说应往前追溯到大学与中学时期，也即是在半个多世纪以前。这样其整个形成的时间先后盖不下数十年"（2006：110）。高健在该文末尾还有个注释："其实，语性这一概念在我来说，可说早已经有了；这个词在我 80 年代前期的文章里便已经一再出现过，但是较明确地形成一种'理论'，则是迟至 1994 年秋天的事。"（2006：110）

这个自叙已经不言自明地替今后可能出现的高健翻译研究者把"语性"的缘起考据得清清楚楚，不带一点悬念。在《翻译与鉴赏》（2006）论文集中，高健提到"语性"的文章多达 13 篇。

既然高健宣称"语性说"的形成是研究林语堂中英文双重文本的"另一个重要产品"（2006：110），那么林氏的翻译论述想必也是他研究的重点。然而，奇怪的是，他似乎不曾意料到，"语性"一词在林氏《论翻译》（1933）一文第二节里早已赫然在目？比他自己的"思谋"（1994）早了 61 年之多！高氏在其文章中只字未提是否直接受了林氏"语性"的点拨。或许他真的疏忽了林氏《论翻译》中出现过这个词语而恰好与之英雄所见略同呢？这样的可能性或许更大些。作为高健的亲炙弟子，张慧琴在其专论高健翻译思想的博士论文（2009）中恰好引用了林语堂的"一语有一语之语性"之说（张慧琴，2009：55），应该说，她最有希望对林氏"语性说"与高氏"语性说"的渊源和传承做个理清，遗憾的是，并未见到她针对此进行深入探究。留待今后再考。兹将林语堂的"语性"论述摘抄如下：

> 译者应一百分的明白原文意义，然后依译者之笔力，尽量以本国语之语性（画线为本书作者所加，下同），寻最相当之译句表示出来，务必使原文意义大体上满意的准确的逐译出来，至于一二因语性不同不免出入之处，自可不必强求符合（林语堂，引自罗新璋，2009：501）。

> 行文时须完全根据中文心理。翻译者所表之思绪，既本于外国文，则不免多少受外国文之影响，且译者亦不应改其本来面目。虽然，若是译者心中非先将原文思绪译成有意义之中国话，则据字直译，似中国话实非中国话，似通而不通，绝不能达到通顺结果。我们读此译文时之感觉，则其文法或且无疵可摘，然中国人说话决非如此。一语有一语之语性，语法句法如何，皆须跟从一定之习惯，平常所谓"通"与"不通"即其句法是否跟从其习惯。凡与此习惯相反者即所谓"不通"，不必触犯文法上之法律也。……中国学生，每每可作"中国人之英文"，其思绪心理句法，完全为中文的而非英文的，虽其文法上全无错误，而由英人观之，则必曰"不是英文"；犹如西人以"谢谢很多"代"谢谢"者，华人亦必斥之为"外国话"。译文太牢守西洋心理者，其读者之感念，亦以为"非中国话"。……无论何种语体于未经"国化"以前都是不通，不能以其翻译而为例外（林语堂，引自罗新璋，2009：503）。

可以看出，林语堂的"语性"主要指"中文心理"、"思绪心理句法"、"习惯"和"国化"，而未及深入其他。高健的"语性说"则是精心营建，多年思谋。两个"语性"同名同指，或曰：林语堂的"语性说"正是高健的"语性说"之滥觞。

话虽如此，我们仍然高度肯定高健"语性说"的独创性，因为他有高质量的译文、长期不懈的翻译实践与研究作为理论后盾。我们可以这么说："语性"一词最早见诸林语堂的《论翻译》（1933），而"语性说"发扬光大于高健（1994）。

高健的"独自思谋"从另一方面更好地论证了"语性"的客观存在性。正因为如此，我们将"语性说"作为我们翻译写作学的重要基础之一。那么"语性说"具体指什么呢？高健在其"语性研究理论"（2006：109）里集中描述了他的语性理论构成。兹概括其要点如下：

每种语言除了具有共同性外，还有各自独特的个性，亦称语言个性，简称语性。语性是一个综合体，是由每一语言的许多方面所共同组成的，如语音、语法、词汇、搭配方式、修辞、风格等。它还包括语义、语用以及各自的文化因素等。语性是指一切最具有本质性、关键性、代表性与典型性的东西，是一种语言在其使用与运行上明显有别于其他语言相关方面的它自己所独具的品性。语言使用者和翻译者应对这 语言所独具的性格、习性、脾气、癖好，对它独特的倾向、性能、潜力、可能性、优势以及不足等有一个通盘的了解，对它的运行方式、搭配范围、表述习惯、灵活幅度、扩展的条件与限度等做到烂熟于胸，达到了无窒碍的程度。是之谓明白了语性。语性的掌握对翻译有重大作用。不少翻译实践与翻译理论的弱点之一即是忽略了语性这一问题（高健，2006：114）。

我们不妨再以西方语言为例说明：Nida 指出"各语篇类型的语体标准，在不同语言中会存在很大差异。比如，西班牙语中十分得体的语篇按英语的标准说来就会成为不能接受的'华而不实的散文'（purple prose）；而我们所津津乐道的庄重、适切的英语文章用西班牙语的标准来看往往显得平淡无味，缺乏生气。许多西班牙语作家醉心于他们自己语言的华丽多彩，而大部分英语作家则喜欢真实、准确、有力的笔触"（Nida，1964：169）。如此看来，西班牙语似乎和汉语堪可一比！

无独有偶，一位口译员也提到过给美国和法国工会官员做口译时，译者须不断变化语体的问题。法国工会官员总是用一种正式的、受过教育的语气说话，而他们的美国同行却喜欢用大白话。这一来，法译英就要译得口语化些，英译法时则要文一些（李运兴，2001：91）。英法两种如此近亲的语言在翻译时尚且遇到如此问题，英汉互译的语性问题岂能弃之不顾？

因此，高健"语性说"翻译观强调，在对原文的一切给予充分重视的同时，翻译者必须把重点坚决地转移到译文上来。

3.2.2　汉英语性对比

高健根据英汉语性和英汉翻译的特性，列出了如下八大特点（高健，2006：114）：

（1）求雅性——即在表达上力求雅致、整饬、凝练、矜重的一种习性，这在汉语实在极强，而且根深蒂固，牢不可破，可说是汉语语性的第一特性，另外也与悠久的文化与丰富的典籍有关，是带历史性的重大特点。这点只须回顾一下我国历来的楹联、寿屏、婚贴、讣闻、请柬、尺牍、启事、告示，等等，就不难明白。而且即使时至今日，这种情形在我们的新闻标题、景点介绍、商品广告、包装说明乃至电视主持人的各种祝词贺语里面仍旧大量地存在。那么翻译能完全例外吗？

而反观英语，在这方面则比较质实。

（2）对称性——亦即处处趋偶求双，追逐匀称、均衡、排比、对仗的表达习性。这一语性在汉语中也是极强的。这种在音义形体上追求平仄互调、虚实成对的语性心理至今仍具有很强的潜势力与因袭性。

而反观英语，在这方面则不是不明显，就是干脆缺乏，甚至还特意加以避免。

（3）搭配便捷——指汉语语性在词句联合上的那种黏着附合、连属拼接的便捷功能，如，坑蒙拐骗、围追堵截、烧杀掠抢、点勒勾画、挑捻抹挑、爬罗剔抉、攻捕拘系、悲欢离合……而这一切都又既古既今，亦雅亦俗。

而反观英语，则这方面的语性便远不如汉语。

（4）特有的词藻概念——同样极为发达，而这点既有现成的，又可以有无限的重构可能，因而绝对不能一概斥之为陈俗滥套或"陈腐语"。比如，轻重疾徐、抑扬顿挫、粗率简慢、温馨甘美、风花雪月等等便可称之为词藻，但同时又是极正常而有用的实际用语与普通表达。

而反观英语，则无。英语在这方面只有一般性的词语与修辞格。

（5）十分奇特、独一无二的四字结构——而这个同样也既有现成的、半现成的与新构的，因而其滋生繁衍的能力特强，任何人怕也抵御不住。有不少人，依据西方人行文的概念与标准，极力想要铲除消灭它，但只能是徒劳。须知这乃是汉语的基本语性。我们必须清楚，四字结构乃是汉语机制的一个重要部分，是这个大结构中的小结构，是这个大系统中的亚系统。……朱镕基总理在 1997 年答记者问时所表决心就用过四字结构，即"一往无前，义无反顾，鞠躬尽瘁，死而后已"。

而反观英语，则在这方面空缺，甚至绝对空缺。

（6）表述的相对性、直接性——从而避免了过多的名词化句式（至少在口语里），并因此减少了表达上的抽象化。

而反观英语，则英语的抽象化、委婉化的程度均高于汉语。

（7）声韵的要求仍很高——即使时至今日，"花好月圆"也还是不能随意改成"月圆花好"——出于"天然的声韵要求"。

（8）文白混用的程度仍高，甚至相当高——这是不可不知的。这显然与在语言上古今传统不断有关，而且一脉相承、今古融合，并因此而几乎成为中国所独有。其实际结论之一便是今天的汉语表达，至少在书面语上，不可能要求单纯口语化。

而反观英语，则这方面相对弱些。

高健的这部分论述精辟至理，遗憾的是，以上八点总结长短不一、参差不齐，自身并没有很好地体现汉语的语性特征！兹将高健的论述加以浓缩提炼，重新梳理排列，改进其对语性特征的描述：

（1）求雅性

（2）对称性

（3）四字格

　　① 搭配便捷

　　② 词藻丰富

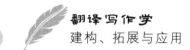

③ 句式简短

④ 声韵铿锵

（4）文白交融

据此，我们可以分项展开如下叙述：

3.2.2.1 求雅性

求"雅"被高健列为八大语性之首，而"雅"在严复的"译事三难"中则排名第三。对"雅"的释义，人言言殊。曹明伦曾考证："雅者，正也；正者，语言规范也；语言规范者，章无疵，句无玷，字不妄也。"（2007：175）无论何种解释，求"雅"，必然是求好、求善。例证：

[4] 书山有路勤为径，学海无涯苦作舟。

[5] 别时杨柳依依，俟届雨雪霏霏。日月于征，良朋悠邈。

[6] 敬备薄酌，恭候光临。

[7] 忆往昔，桃李不言，自有风雨话沧桑；看今朝，厚德载物，更续辉煌誉五洲。

而反观英语，在这方面则比较质实。例证：

[8] There is no royal road to learning.

[9] Should auld acquaintance be forgot, and never brought to mind?

[10] Dear Mr. Harrison,

Our new factory will be commencing production on April 10 and we should like to invite you and your wife to be present at a celebration to mark the occasion.

[11] May the season's joy fill you all the year round.

3.2.2.2 对称性

对称性和求雅性密不可分：求雅催生对称，对称则产生雅。汉语的对称性主要体现在：汉语处处趋偶求双，追求匀称、均衡、排比、对仗的表达结构。汉语有四六骈体的传统，至今活力不减。起源于汉魏、形成于南北朝的骈文讲究双句（以俪句、偶句为主），讲究对仗、声律和藻饰。余光中指出："单音的方块字天造地设地宜于对仗。虽然英文也有讲究对称的所谓 Euphuism，天衣无缝的对仗仍是西洋文学所无能为力的。"（余光中，2002：24）由此可见，汉民族这方面的趋美心理显然胜西方人一筹；此种表达方式，已经成为一种思维模式，根植于人的下意识（毛荣贵，2005：253）。汉语中存在大量叠词，这正是汉语追求对称的体现。汉语叠词，主要形态格式有十类（毛荣贵，2005：195-196）。例证：

（1）AA 式：　天天　看看　样样　红红

（2）AAB 式：毛毛雨　洗洗手　刷刷牙　写写字

（3）ABB 式：眼巴巴　水汪汪　凉丝丝　亮堂堂

（4）AABB 式：高高兴兴　认认真真　三三两两　滴滴答答

（5）ABAB 式：一个一个　雪白雪白　飞快飞快　漆黑漆黑

（6）A 一 A 式：看一看　试一试　热一热　猜一猜

（7）A 了（一）A 式：看了看　试了试　拍了拍　看了一看　试了一试　拍了一拍

（8）A 呀 / 啊 A 式：唱呀唱　游呀游　走呀走　读啊读

（9）A 着 A 着式：说着说着　数着数着　跳着跳着

（10）A 里 AB 式：糊里糊涂　傻里傻气　娇里娇气　啰里啰嗦

此外，汉语还有许多排比、对仗句。例证：

[12] 一片片茫茫的绿色草原，一簇簇色泽晦暗的牧豆树和仙人掌，一群群小巧的木屋，一丛丛轻枝嫩叶的树林——一切都向东奔驰。　　　　　　　　　——毛荣贵，2005: 192

[13] 池莲照晓月，慢锦拂朝风。　　　　　　　　　　　　　　——王融《春游回文诗》

3.2.2.3　四字格

吕叔湘在《现代汉语双单音节问题初探》（1963）中指出："2+2 的四音节是现代汉语里的一种重要的节奏倾向。……四音节的优势特别表现在现代汉语里存在大量四音节成语即'四字格'这一事实上。"

汉语的四字格何止是现代汉语所独有，它原本就是构成中国古代诗词篇章、骈文辞赋的要素。早在西周时期，四字结构在文学作品中的运用已然较为成熟。《诗经》所收集的诗歌句式多是"四言"体或多以"四言"句为基础。二节拍的四言句带有很强的节奏感，是构成《诗经》整齐韵律的基本单位。例证：

[14] 昔我往矣，杨柳依依。今我来思，雨雪霏霏　　　——西周《诗经·小雅·采薇》

春秋到两汉时期，四言句在文学作品中多有运用。例证：

[15] 夫尺有所短，寸有所长，物有所不足，智有所不明，数有所不逮，神有所不通，用君之心，行君之意。龟策诚不能知此事。　　　　　　　　　——战国屈原《卜居》

[16] 司马相如，美丽闲都，游于梁王，梁王悦之。邹阳谮之于王曰："相如美则美矣，然服色容冶，妖丽不忠，将欲媚辞取悦，游王后宫，王不察之乎？"

　　　　　　　　　　　　　　　　　　　　　　　　　　　——汉朝司马相如《美人赋》

两汉以后，"四言"体式进一步得到继承和发展，经典作品有：

[17] 对酒当歌，人生几何？譬如朝露，去日苦多。慨当以慷，忧思难忘。何以解忧？唯有杜康。

——三国曹操《短歌行》

[18] 臣以险衅，夙遭闵凶。生孩六月，慈父见背。行年四岁，舅夺母志。祖母刘愍臣孤弱，躬亲抚养。臣少多疾病，九岁不行，零丁孤苦，至于成立。既无伯叔，终鲜兄弟；门衰祚薄，晚有儿息。

——西晋李密《陈情表》

[19] 豫章故郡，洪都新府。星分翼轸，地接衡庐。襟三江而带五湖，控蛮荆而引瓯越。物华天宝，龙光射牛斗之墟；人杰地灵，徐孺下陈蕃之榻。雄州雾列，俊采星驰。台隍枕夷夏之交，宾主尽东南之美。都督阎公之雅望，棨戟遥临；宇文新州之懿范，襜帷暂驻。十旬休假，胜友如云；千里逢迎，高朋满座。腾蛟起凤，孟学士之词宗；紫电青霜，王将军之武库。家君作宰，路出名区，童子何知，躬逢胜饯。 ——唐朝王勃《滕王阁序》

[20] 山不在高，有仙则名；水不在深，有龙则灵。斯是陋室，惟吾德馨。

——唐朝刘禹锡《陋室铭》

[21] 至若春和景明，波澜不惊；上下天光，一碧万顷；沙鸥翔集，锦鳞游泳；岸芷汀兰，郁郁青青；而或长烟一空，皓月千里；浮光耀金，静影沉璧；渔歌互答，此乐何极！登斯楼也，则有心旷神怡，宠辱皆忘，把酒临风，其喜洋洋者矣。

——北宋范仲淹《岳阳楼记》

[22] 自渡风陵，易车而骑，朝发蒲坂，夕宿盐池。阴云蔽亏，时雨凌厉。自河以东，与关内稍异，土逼若衙，涂危入栈。原林黯惨，疑披谷口之雾；衢歌哀怨，恍聆山阳之笛。 ——清朝洪亮吉《出关与毕侍郎笺》

从以上例证可以看出，经过历朝文人墨客的笔耕，四字结构早已摄入汉语神魄当中，成为现代汉语的语性特征。下面，我们具体从四字格的汉语语性积淀与四字结构的篇章表现两个方面展开讨论。

在四字格的汉语语性积淀方面，陆志韦在《汉语的并立四字格》一文中，首次提出"四字格"的说法（陆志韦，1956：45-82）。马国凡在《四字格论》一文中指出，四字格是由四个音节组成的"语言单位"；它可以避开或调解词素、词、短语等界限的矛盾而只注重其交际效能；它兼有语法和修辞两方面的作用，能使书面语和口语融为一体，有着极强的渗透力（马国凡，1987）。

冯胜利认为，四字格是由四个字组成的一种语言格式，是汉语韵律构词系统的产物，凡是由四个字组成的任何表达形式（无论是重叠还是复合，无论是固化已久的古代成语，还是最新创造的四字整体），只要它们具有以下两种重音形式中的任何一种，即：a. 轻中轻重，b. 中轻轻重，该组合形式在韵律构词学中就获得"复合韵律词"的性质，就可以称其为四字格（冯胜利，1997）。冯胜利运用韵律理论界定四字格，几乎将汉语中所有四音节的组合结构，包括词、固定语和词组（短语）都归入四字格。

周荐认为四字格等同于各种形式的四字组合。在其专著《汉语词汇结构论》的"四字格"一章中，他以专题的形式讨论了四字格："四字组合无论是在现代汉语中还是在古汉语中都是极为重要的一类词汇单位。……古代汉语的四字组合主要是俗词、俗语和成语，而现代汉语的四字组合则既有俗词、俗语和成语，又有专名词语。"（周荐，2004：211）从这段论述可以看出，四字格包括词和固定语中的所有四字组合，甚至包括双四字格，如"千里之行，始于足下""星星之火，可以燎原"等。

孙艳在其博士论文《汉藏语四音格词研究》一文中指出："汉语四音格词是一种由四个音节按一定的结构规则构成的、结构词化、意义词化或准词化的特殊的词汇单位。虽然四音格词在形式上呈现多样性，构成方式不同，但其结构功能都相当于一个词。"（孙艳，2005）因此她将汉语四音格词分为语音词和语法词两大类。语音词指四个音节主要按特定的韵律构成，包括四音格拟声词、四音格拟态词、四音格联绵词等。语法词指四个音节主要由句法结构关系构成，包括四音格聚合词、四音格成语、四音格俗语、四音格典故词等。她认为四音格词专指四音节词中的一个特殊类别，如四音节象声词、四音节状态形容词等，但不包括普通的四音节词，如一般词（"自来水笔"）、专科词（"胡萝卜素"）、四音节专门用语（"绿色食品"）、一般的四字组合单位（"勤劳勇敢"）以及结构松散的重叠形式（"讨论讨论"）。

翻译研究学者则从翻译和翻译研究的角度来论述四字格的使用：

冯树鉴把四字格分为两大类（1995：304）：一类是汉语成语，因袭定型，词序固定，不能随意拆散或组合；另一类是普通词语，结构松散，可以根据一定的语境灵活组合。广义的"四字格"词组包括成语和非成语。从内容上讲，"四字格"词组言简意赅；从形式上讲，它整齐匀称；从语音上讲，它顺口悦耳。由普通词语形成的"四字格"比用五字词语和三字词语要精彩得多，如"振笔疾书""满脸堆笑""洗劫一空"等。

朱星根据成语的出处，将成语分成四类（引自陈志杰，2009：186）：故事类，多出自典故，如"草木皆兵""守株待兔"；哲理类，出自典故、寓言，如"一言丧邦""亡羊补牢"；描绘类，出自文学，如"昂首阔步""春光明媚"；叙述类，出自文学，如"心口如一""十恶不赦"。朱星由此认为：文学翻译中，故事类的成语不能用，而哲理类应慎用，描绘类、叙述类根据需要可以"大胆使用"。

冯庆华认为：四字格用得好，译文读来"抑扬顿挫、起落跌宕、可以享受到语音上的和谐美。这种通过增强音感给人留下深刻印象的效果，是普通二字词组、三字词组或五字词组、六字词组所不能做到的。在重视原文的基础上，发挥译文语言优势，运用四字格是应该加以提倡的"（冯庆华，2002：112）。

综合上述各家观点，我们将四字格定义为：任意四个字按照一定韵律规则和句法结构组合而成的一种特殊的、词化的、稳定的语言单位，并据此确认四字格由四部分组成：准四字格、四字语型、衍生四字格、四字重叠格（王付东，2012）。准四字格包括四字成语、四字惯用语、四字谚语和四字格言，其中四字成语是核心。四字语型指像"爱……不……""半……半……""七……八……"等框架，在嵌入一定成分后组合成的四字格由固定部分和可变部分组成，灵活多变，具有较强的适应性和生成能力（张卫国，1989：9-14）。经过语言的发展，其中一些四字语型已逐渐稳固下来，成了今天的四字成语。本书所讲的四字语型也包括由这种框架组成的四字成语。衍生四字格指现代汉语里，为了表达需要，活用准四字格的结构规律形成的新四字格，如"五官端正""轻快敏捷""百事如意"等；四字叠音格包括像"子子孙孙"之类的四字格。但若把四字专有名词和四字专门用语（"自来水笔""胡萝卜素""绿色食品"）列入四字格则未免显得滑稽，故不在本书所指范围之内。本书之所以要对四字格做详细的分析，是因为我们还将在建构篇第六章6.3.4.4对冯亦代"四字结构"言论展开评判与批判。

在现代汉语写作中，四字句极其活跃。1951年3月13日，周恩来总理在杭州写信给邓颖超，信中有这样一段：

> [23] 桥旁有六和塔，沿桥而行，左右观览，钱江风景，至为壮丽。我们曾冒细雨拜岳坟，登孤山，山顶眺望，全湖在望，殊为大观。湖滨山岭，梅花盛开，红白相映，清香时来，美景良辰，易念远人。

此信大多以四字句写成，不仅通俗易懂，而且文采斐然，这正是四字格在现代汉语的化入。

与写作相同，英汉翻译中使用散文式排列与使用四字格排列有着重大差别，思果为此专门例举了Booker T. Washington所著 *Up from Slavery*（《从奴隶制崛起》）这部书的章节题目的中文译文（思果，2002：17），足见四字格的绝对优势。左边的译文意思清楚准确，虽然无原文参照，也可以揣摩出来，但基本无修辞质量可言。如果以四字格重写，则效果绝佳。（思果，2002：18）

[24]
一、一个奴隶中的奴隶
二、童年时代
三、为了一个教育而挣扎
四、帮助别人
五、重建时期
六、黑种和红种
七、特斯克基的初期
八、在马厩鸡舍中教学
九、焦灼的日，无眠的夜
十、比没有草而造砖更难的事
十一、要先铺床才能睡觉
十二、筹款
十三、为五分钟演说而旅行二千里
十四、亚特兰大展览会的演说
十五、演说的秘密
十六、欧洲

十七、最后的话

[25]

一、奴隶之子

二、童年时代

三、求知心切

四、助人求学

五、重建时期

六、红黑人种

七、办学伊始

八、筚路蓝缕

九、夙夜匪懈

十、无米之炊

十一、发挥自助

十二、集腋成裘

十三、公开演讲

十四、赛会讲词

十五、演讲秘诀

十六、欧洲之游

十七、最后的话

在上述译例中，第十三章的四字格标题和散文式标题意思差别较大，很明显是为了迁就四字格而更改的（不容置疑，这也是四字格的短板），其实可以改为"千里奔波"或"飞行演讲"；第十四章的标题可以改进为"亚城演说"。但无论怎么改，只要是运用了四字，就说明译者意识到了修辞问题。四字格运用胜过散句表达，已是定律。正如陈志杰所言："四字结构在现代汉语中能起到四个作用，即构词、组句、修辞和声律。"（陈志杰，2009：170）如果再加细分，则汉语四字格又具有如下特点：

（1）搭配便捷：体现在词句联合上的那种黏着附合、连属拼接的便捷功能，如：坑蒙拐骗、围追堵截、烧杀掠抢、点勒勾画、拢捻抹挑、爬罗剔抉、攻捕拘系、悲欢离合……而这一切都又既古既今，亦雅亦俗（高健，2006：114）。

（2）词藻丰富：汉语词藻丰富，最集中体现在四字格的运用上，如运用词的重叠（日日夜夜、袅袅婷婷、马马虎虎等），如运用四字对偶词组，使之具有相同或类似的含义（烟消云散、胡思乱想、兴高采烈），或运用两个同义或近义的四字词组（满城风雨人人皆知、从容不迫镇定自若、张口结舌哑口无言）。

相比之下，英语没有许多的词藻，且现代英语更不如早期英语突出。英国18世纪的几个著名作家如 Richard Steele，Joseph Addison，Alexander Pope，Samuel Johnson 等都

有词藻华丽的文风，这就是英语里所谓的"purple passage"，意指"词藻堆砌的散文 / 过于雕饰的段落"，且含有贬义（朗文当代高级词典，2004，第四版）。

（3）句式简短：由于现代汉语的构词已经由单音节为主发展为双音节为主，两个双音节词并置就形成了四字结构；四字结构又可以构句，形成四字句，用于叙述非常有效，例如：

[26] 原文：*On one of those sober and rather melancholy days in the latter part of autumn* when the shadows of morning and evening almost mingle together, and throw a gloom over the decline of the year, I passed several hours in rambling about Westminster Abbey. There was something congenial to the season in the mournful magnificence of the old pile, and as I passed its threshold it seemed like stepping back into the regions of antiquity and losing myself among the shades of former ages.

译文：<u>时方晚秋，气象肃穆，略带忧郁</u>，早晨的阴影和黄昏的阴影，几乎连接在一起，<u>不可分别、岁云将暮、终日昏暗</u>，我就在这么一天，到西敏大寺去信步走了几个钟头。<u>古寺巍巍</u>，森森然似有鬼气，和阴沉沉的季候正好相符；我跨进大门，觉得自己好像已经置身远古世界，忘形于昔日的<u>憧憧鬼影</u>之中了。
　　　　　　　　　　　　　　　　　　　　　　　　　　　——夏济安译文

毛荣贵认为，将英文的 parallelism（平行结构）用四字格来表现，不失为良策（2005：166）：

[27] 原文：It was a day as fresh as grass growing up and clouds going over and butterflies coming down can make it. It was a day compounded from silences of bee and flower and ocean and land.

译文：<u>绿草萋萋，白云冉冉，蝴蝶翩翩</u>，这日子是如此<u>清新怡人</u>；<u>蜜蜂无言，春花不语，海波声咽，大地音沉</u>，这日子是如此<u>静谧安详</u>。

原文中用作主语的三个名词短语构成平行结构，译文将其译成三个四字格结构词语，再现了一幅动态的美丽画面。另外，原文句末还有四个名词构成平行结构，修饰 silences，译文以四个四字格结构对译之，极尽汉语表情抒意之能事。

（4）声韵铿锵："四字格"词组的最大特性是音节清晰、朗朗上口，读起来抑扬顿挫、十分和谐，具有语音上的美感，给人深刻印象。由于汉语是声调语言（tone language），其"拟声叠词"的运用不仅使表达形象生动，而且让读者在阅读时"如有乐感相伴"，意象美不胜收。例如：

[28] 你听着淅淅沥沥的秋雨入睡，在梦里你会捕捉到如寺中木鱼的敲击声。那是一种毋须艰苦修行的禅定，一份灵魂升华的惬意，一次世俗浮躁的提炼，一道挚爱真情的禅机。

[29] 莫干山有"清凉世界、翠绿仙境"之称，山中多云雾，满山遍野的毛竹林，使整个山峦映成簇簇"绿云"，郁郁葱葱。"山中一夜雨，树梢百重泉"，丁丁冬冬、潺潺淙淙

是莫干山多彩的形象写照。

　　[30] 你有没有被一大群麻雀吵醒的经验？天色已亮了，你还贪睡。麻雀们在你窗外的白杨树上唧唧喳喳唧唧喳喳地叫，把你的好梦啄得千疮百孔。你不检讨自己太懒，反而烦它们多管闲事。

——毛荣贵，2005：193

　　以上三句中的"淅淅沥沥""丁丁冬冬、潺潺淙淙""唧唧喳喳唧唧喳喳"充分发挥了汉语的音律之美。

　　四字结构抑扬顿挫的声律可使译文具有音乐美，其声调平仄的变化，能使译文展现出一种音韵和谐美（陈志杰，2009：176）。例如：

　　[31] 原文：The refusal of the locals to accept their fate passively...is virtuous on first principles.

　　译文：当地人不愿俯首帖耳听任别人摆布……是天经地义的事。（平平仄仄）

　　[32] 原文：Oh, it is a matter of no importance, but I don't know why you should be so warm over such a trifle.

　　译文：噢，这是一件无关紧要的事，但是我不明白你为什么会为这件小事而大动肝火。（仄仄平平）

　　[33] 原文：And here I am waiting, while all sorts of doubts and fears are troubling my thoughts.

　　译文：我在这儿等待着，满腹疑惧，心绪不宁。（平仄仄平）

　　[34] 原文：Then as soon as Clara appeared, it all vanished.

　　译文：可是只要克莱拉一露面，这一切就顿时化为乌有。（仄平平仄）

　　而反观英语，则呈现另一种特长。英语是重音语言（stress language），英语单词主要呈多音节，有重音而无四声，因此英语词语往往以其音响的繁复见长；即使短语，也颇具音响效果，如 by hook or by crook 等。英语的音响效果常体现在头韵或双声上，这在广告用语上尤其明显，如：dare to bare（健身广告）、rent and relax（租电视广告）、ring and ride（英国老人专车标示）、mix and match（涂料广告）等。上述这些英文告示语要是用相应中文来表达，则费力得多，可见尺有所短，寸有所长。

　　在四字结构的篇章表现方面，四字格运用得当，文言语体的优势可以发挥得淋漓尽致，例如：

　　[35] 原文：*One can never see too many sunrises on the Mississippi*. They are enchanting. First, there is eloquence of silence; for a deep hush broods everywhere. Next, there is the haunting sense of loneliness, isolation, remoteness from the worry and bustle of the world. *The dawn creeks in stealthily*; the solid walls of the black forest soften to grey, and *vast stretches of the river* open up and *reveal themselves*; the *water is smooth*, gives off spectral little wreaths of white-mist, there is *not the faintest breath of wind, nor stir*

of leaf; the tranquility is profound and infinitely satisfying. Then *a bird pipes up, another follows* and soon the pipings develop into a jubilant riot of music. You see none of the birds, you simply move through an atmosphere of song which seems to sing itself. When the light has become a little stringer you have one of the *fairest and softest* pictures imaginable.

—Mark Twain, *Summer Sunrises on the Mississippi*

　　译文一：密西西比河上夏天的日出，无论看多少次都看不厌。那真是迷人的美景。首先是有寂静的妙趣，万籁无声的气氛笼罩着大地。其次，还有一股寂寞孤零和远离烦嚣的深入心灵的快感。曙光悄悄地升上来；漆黑的树木形成的两道密实的墙渐渐变成柔和的灰色，一片一片的广阔河面在眼前出现，轮廓分明；河水像玻璃似的光滑，水面冒出许多奇形怪状的白雾小圈；一丝微风也没有，树叶一动不动；寂静的境界是深沉的，令人无限快意的。然后有一只鸟儿开始唱起来，另一只又跟着唱，不久就众鸟齐鸣，变成一片欢天喜地、非常热闹的合唱了。你连一只鸟儿也看不见，你只是在一片歌声的境界里移动着，那歌声好像是自行发出的一般。等到光线稍强一点的时候，你就可以看到一幅很难想象得出的、最优美、最柔和的图画。

　　　　　　　　　　　　　　　　　　　　　　　——张友松译文（1996：230）

　　译文二：密西西比河上夏天的日出真是百看不厌，令人神往。日出之前，万籁俱寂，静谧之趣笼罩四野，远离尘嚣的空灵之感不禁油然而生。曙色悄分，郁郁森森的树木绰约朦胧；泱泱涣涣的密西西比河依稀可辨；河面上水波不兴，白雾袅袅，萦纡迷幻；风闲而枝静，恬谧深沉，令人心旷神怡。晨光熹微，一鸟倡而百鸟和，继而，众鸟引吭，高歌一曲欢乐的颂歌。只闻其声而不见其鸟，人仿佛就优游在天籁的妙趣之中。等到昕昀烁夜，展现在眼前的便是一幅至柔至美的画卷。　——译者阙如［转引自：冯国华、吴群（2000：35）］

译文二和译文一相比，有如下优点：
第一，语言精练，形象生动，表现力强。

　　"无论看多少次都看不厌"（译文一）
　　"百看不厌"（译文二）；

　　"那真是迷人的美景"（译文一）
　　"令人神往"（译文二）；

　　"曙光悄悄地升上来"（译文一）
　　"曙色悄分"（译文二）；

　　"河水像玻璃似的光滑"（译文一）
　　"水波不兴"（译文二）；

"等到光线稍强一点的时候"（译文一）

"晨光熹微"（译文二）；

观察得知：译文一囿于原文语言形式，文字过浅，缺乏表达力。相反，译文二在保证"信"的前提下，能省则省，"的"只出现两次，无人称代词；译文一却有23个"的"、三个"你"。一个"的"占半个节奏，再加上不必要的人称代词、连词（如：无论、首先、其次），使得译文明显冗长、拖沓。在谋篇布局上，译文二言之有序：日出前——曙色悄分——晨光熹微——继而——昕昀烁夜。全文行文脉络清晰，略胜一筹，体现出不俗的译文写作功力。

其次，大量使用四字格，能平添不少文采。译文二共用了24个四字格，显得文雅隽秀，意境无穷。不仅用到了偏正结构、主谓结构、动宾结构，还用到了并列结构，而并列结构中含"郁郁森森""泱泱涣涣"，同属叠音四字格，旋律优美。同样是"enchanting"，译文一说"那真是迷人的美景"，正面记录，而译文二说"引人入胜"，注重人的心理诉求；同样描写鸟欢唱之景，译文二说"一鸟倡而百鸟和""只闻鸟声未见其鸟"，让人联想翩浮，仿佛化自"只闻其声未见其人"。而一个"倡"字，道出一鸟先歌，打破静谧，颇有欧阳修《醉翁亭记》的句法气势。末尾"fairest and softest"押尾韵，译文一说"最优美、最柔和的画面"，而译文二说"至柔至美的画卷"。两篇译文都用音韵重复再现尾韵，但用"至"表示最高级是传统语言使用习惯，胜于"最"，"至柔至美"简洁质朴，构成另一个四字结构。

3.2.2.4　文白交融

四字格是文言的一部分，但文言不仅仅是四字格。虽然文言作为主要的文字表达功能已废，但文言的风韵、文言的词句的"散兵游勇"在现代汉语中还如影随形，具有产生美感、庄严、简洁的点缀作用。周汝昌认为这是汉语天生的"文言性"（引自毛荣贵，2005：260），堪为至理。

关于写作与翻译中的文白交融，实践者极多，但从理论上论述的则少。郑克鲁指出文言在文学翻译中的适用性问题值得深思。他困惑"文言在文学翻译中到底可不可以用？如何来用"（引自陈志杰，2009：Ⅲ）。

然而这对傅雷、余光中等人来说早已不是问题：

翻译时，有时要用文言，如果纯用普通话则索然无味，如何使文言与白话水乳交融，的确是个大学问（怒安［傅雷］，2006：167）。

白话不足，则济之以文言：这是好办法，我在写散文或翻译时，就是如此（余光中，2002：92）。

其实西文中译，并不限于现代作品，更没有十足的理由非用白话不可；如果所译是古典，至少去今日远，也未尝不可动用文言，一则联想较富，意味更浓，一则语法较有弹性，也更简洁，乐得摆脱英文文法的许多"虚字"（余光中，2002：189）。

在白话文的译文里，正如在白话文的创作里一样，遇到紧张关头，需要非常句法、压缩字词、工整对仗等等，则用文言文来加强、扭紧、调配，当更具功效。这种白以为常、文以应变的综合语法，我自己在诗和散文的创作里，行之已久，而在翻译时也随机运用，以求逼近原文之老练浑成（余光中，2002：190）。

我们应该读些文言，当代人并没有摆脱文言，因为它具有言简意赅，切中意要的效果。如庄子说：君子之交淡如水。文字明了，含意深幽。一位好的作家在诗中从头到尾不用成语是难以想象的。我写诗，写散文或搞翻译用了不少文言。文言用得好，可以使白话文多样化，如同平面中出现了浮雕，引我们产生美妙的回味，有一种追忆、回忆的情感。……我主张：白以为常，文以应变，俚以见真（余光中，2002年10月20日在北京文学馆的演讲）。

很多人以为白话取代了文言之后，文言就全废了，其实文言并未作废，而是以成语的身份留了下来，其简练工整可补白话的不足，可在白话的基调上适时将句法或节奏收紧，如此一紧一松，骈散互济，文章才有变化，才能起波澜（余光中，转引自《傅雷谈翻译》，2006：182）。

自五四以来，随着现代白话文的发展，人们的读书写作再也不用像清代以前那样讲究"之乎者也"。白话文以其平白如话的语体风格成为现代人们交流感情、传递思想的工具。但是，我们祖先的语言文化又岂是随意可以抛弃掉的？虽然真正懂古文、能用古文写作的现代人已不多见且不必要，但只要细加观察，就会发现许多优秀的白话文作品蕴涵着古文的笔法。那些夹杂着文言文的只言片语点缀着平白、朴实无华的白话文，使得文章更加庄重典雅、多姿多彩。可见文言文仍具有很强的生命力，我们应该珍惜并妥善利用（杨士焯，2002：23）。

文言是现代汉语的源流。残留在现代汉语中的文言，总是星星点点地散布在现当代文学作品和非文学作品中。现代汉语中的很多词汇都是从文言发展而来的，尤其是现代汉语中的成语，几乎承自文言文学传统；另外还有一些特殊的句型、词语搭配和修辞手法等，也与文言典籍存在很深的渊源。文言的介入使得现代汉语更为简洁、雅化，更具文采，如："言者谆谆，听者藐藐"演变自《诗经·大雅·抑》"诲而谆谆，听我藐藐"，在当代著述中屡见引用：

[36] 如果教师意识不到学生听力的差别，就难免会产生"言者谆谆，听者藐藐"的现象。教师要想取得良好的教学效果，就必须注意对学生语文听力的培养。　　——杨娅妮

再比如下面的句子：

[37] 这是何等的气度，何等磊落胸怀，千载而下，犹令人感奋不已！

"千载而下，犹令人感奋不已"是文言中"四字＋七字"的常见句法，表达浓缩、酣畅而富有节奏感（毛荣贵，2005：205）。

[38] 中国的诗文里，颂赞秋的文字特别的多。但外国的诗人，又何尝不然？……秋之于人，何尝有国别，更何尝有人种阶级的区别呢？

"何尝不然""秋之于人"等文言句式的使用，给句子平添了几分韵味。

然而，由于"文言传统受到否定，译者的文化根基被掏空了，部分地失去了目标语文化的依托"（陈志杰，2009：19）。"成语的衰退正显示文言的淡忘，文化意识的萎缩"（余光中，2002：152）。这一来，在翻译活动中，译文语言只能完全倒向源发语文本，一味地迁就西方的言语方式，翻译成了纯粹的语言摹仿活动，如：

[39] 原文：People who value their privileges above their principle soon lose both.

生硬译文：把利益看得比原则高的人很快就会把两者都失掉。

自然译文：置利益与原则之上，利益与原则皆失。

地道译文：重利轻义，利义皆失。

上面第一个译文不能算错，但表达拖沓散漫，顺着英文的句法按部就班。第二、第三译文则按照汉语的句法炼句，干脆利索，字意明朗。总之，失去文言传统文学的滋养，译者的汉语能力就会受到极大的限制，译者就不能自如地运用文言与白话表情传意，当然也就无法有效地发挥汉语的优势。"文言修养不够的译者，碰上盘根错节的长句，当然也会不知所措，无法化繁为简，缩冗为浓。至于原文如有对仗，译文恐怕也只好任其参差不齐。"（余光中，2002：177）

如果说，"汉语之文采来自文言，那么，英语则经常'采'出大词"（毛荣贵，2005：145）。所谓大词，"泛指语言中的大词、长词、难词、生僻词，其正式程度及语域皆高出一般词汇"（毛荣贵，2005：144）。这是英语特有的现象。反观英语里的"文言"成分，相较于汉语则大为减弱，主要是以词语的形式出现在法律、公文等文字中，而在一般文学作品乃至文章中则很少使用。关于文言文在现代汉语中的使用，后面章节再加详述。

3.2.3 语性说在翻译实践中的运用

语性说强调在翻译中尊重目标语的语言特性，一方面要克服翻译的种种局限，另一方面还要取得写作上的重大优势。这里面首先就有一个翻译者的水平问题。下面的例子充分证明了"真正的翻译"，即高健所言"一般翻译"（2006：159），可以既尊重汉语语性，又不至于天马行空地改写、扩写译文。

[40] 原文：What is wealth? It passes me in an hour.　　　　　——拜伦诗句

源发语倾向：什么是财富？它一小时就从我这儿过去了。

目标语倾向：财富又何贵，转眼已成空。

[41] 原文：Maid of Athens, I am gone.

Think of me, sweet, when alone.　　　　　　　　　　——拜伦诗句

源发语倾向：

　　雅典女儿，我走了。

　　一个人的时候，甜蜜的，想着点儿我。

目标语倾向：

　　雅典女郎，现即辞行，

　　闲来且莫忘旧情。

[42] 原文：But the beasts and birds of a higher spirit, of a mounting ambition

　　　　　　　　　　　　　　　　　　　　　　　　　　—E. V. Lucas

源发语倾向：但是对于那些具有更高级精神和膨胀的野心的鸟兽

目标语倾向：但对那些心气高傲、不可一世的鸟兽

[43] 原文：Perhaps the golden mediocrity of my fortune has contributed to fortify my application.

源发语倾向：也许我的财产的黄金般的中等状况曾有助于增强巩固我的勤奋努力。

目标语倾向：或许我之薄有家私这一优点，对我之尚能安心著书，颇不无其助益作用。

　　　　　　　　　　　　　　　　　　　——引自《英汉翻译写作学》（2012：96）

[44] 原文：Some fishing boats were becalmed just in front of us. Their shadows slept, or almost slept, upon the water, a gentle quivering alone showing that it was not complete *sleep*, or if sleep, that it was *sleep* with dreams. —*Mark Rutherford*

源发语倾向：一些渔船静静地停在我们的前面。它们的影子在水上睡着了，或者，几乎睡着了，只是一阵轻微的颤动表面那不是完全的睡眠，而且即使是睡眠，那也是有梦的梦眠。

目标语倾向：眼前不远，渔舟三五，凝滞不前，樯影斜映水上，仿佛睡去，偶尔微见颤动，似又未尝熟睡，恍若惊梦。

　　　　　　　　　　　　　　　　　　　　　　　　　——高健，2006：118

[45] 原文：In the sum of his life he finds this to be the thing ... manifest to him; —this, the piece of true knowledge, or sight, which his share of sunshine and earth has permit-

ted him to seize ... "This is the best of me; for the rest, I ate, and drank, and slept, loved and hated, like another."

　　源发语倾向：在他一生当中，他发现这个正是那东西，对他非常明白；——这个，这一件知识或景观，正是他的那份阳光与土地允许他掌握的⋯⋯"这是我的最好的，至于其他嘛，我吃了，喝了，睡了，爱了和恨了，正像另一个人一样。"

　　目标语倾向：终其一生当中，他往往发现，某件事在他特别了然于胸；——这件事物，不论是某种真知灼见或是某处动人景观，恰是他的世间福分机缘所允许他把握的⋯⋯"这才是我的精华所在；至于其余，无论饮食起居，喜乐爱憎，我和他人都并无不同。"

　　以上每个例句的后一种译文——目标语倾向译文，比起它们各自的源发语倾向译文和原文，都在不同程度上显得不够忠实、不够准确；形式上的酷似性也差，存在着某些添加改动的迹象。但从整体表达效果上看，每一例句的源发语倾向译文都不如目标语倾向译文来得好。我们不禁要问：为什么源发语倾向的译文各个方面都更为准确、更为忠实，甚至连形式也更加贴切一致，但整体效果却比不上目标语倾向的译文呢？答案的关键在于：在翻译实践中，译文的忠实、准确是必要的，也是正确的；但一切的忠实与准确只有在一种情形下才是合理的，那就是取得目标语读者的认可与接受，否则再忠实、准确的译文也只能是索然无味的翻译。

　　然而，这种目标语倾向的译文对于一般的翻译者来说难以实现，初学者更是不得要领。他们只能先从源发语倾向的译文入手，逐渐把对语性的充分认识融入到译文中去，否则只会弄巧成拙，欲速不达。

3.3　林语堂"特殊的翻译"：语性之写

　　阅读《林语堂自传》（林语堂，2010）和《林语堂传》（林太乙，1990），我们了解到林语堂从小受到良好的教育，早年求学于厦门寻源书院和上海圣约翰大学，先后留学美国和德国。多年留学与海外生活的经历，让林语堂获得了高学历。他对中西方文化有着切身的体会与深刻的了解，在中文和英文的掌握与运用方面造诣颇深。称林语堂为翻译家，他是当之无愧的。林语堂的译作数量颇多，也撰写过关于翻译理论的文章。

　　前文中，我们介绍了高健的"语性说"。高健对林语堂英汉两种文字作品做了深入的研究，他得出结论：西文较多注意实质，而我们则更重文采。所以同样表达一件事物，当西方人仅知以质实为尚，以达意为足的时候，我们常常考虑的是如何让笔下的语句更华丽优美、音韵铿锵。我们总是不太满足于太清淡的本色语言。林语堂平生最痛恶新的骈四俪六体，而一再强调作文应如说话，模仿西洋人的路子。但在实际的写作和翻译过程中，根深蒂固的重文习尚却似乎又处处在逼着人们去走一条与上述主张截然相反的途径（高健，2006：163）。

　　正如高健的研究所发现的，林语堂对自己部分英文著述的"自译实际上是一种极特殊的翻译，性质与写作接近"（高健，2006：148）。"这些翻译已经很像改写，甚至趋近

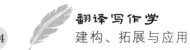

于独立写作……既是翻译，又不是翻译。"（高健，2006：162）高健感叹林语堂同一内容的汉语译文总是比英文原文更加漂亮和讲究，其原因不是语性又是什么？高健虽然对林语堂的中文译文推崇备至，但他清醒地认识到林氏的"这些中文文本作为译作的确是一批不全同于一般的翻译的很特殊的翻译"（高健，2006：173）。如果能充分运用其中的有益成分于"一般翻译"，那将使译文不同凡响。那么，林语堂"特殊的翻译"到底是什么样子呢？前文（3.2.1）已述，语性研究理论的确为高健"思谋"多年而独创，而这一词林语堂在《论翻译》也有明确提及并阐述。林语堂的"语性"主要指"中文心理"、"思绪心理句法"、"习惯"和"国化"。高健进一步将语性说拓展与深化。二者定义虽不尽相同，但却有着沿承与发展。我们认为，林语堂通过对语言语性的透彻理解与把握，将其翻译思想精髓凝结于"传神"与"美"，集中体现在为吴曙天编选的《翻译论》（1937年1月，光华书局）一书所作的序——《论翻译》中。在此，我们将其中论述重新解读为以下三点：四等之辩、两译之论、"神""美"精髓。

3.3.1　四等之辩

"直译"与"意译"之争由来已久，林语堂也就此问提出自己的观点。首先，林语堂提出忠实的标准有四等程度：直译、死译、意译、胡译。他认为"直译"与"意译"二名称不妥，其原因是："直译者以为须一味株守，意译者以为不妨自由"，其结果是："使一切死译之徒可以'直译'之名自居，而终不悟其实为'死译'。……自己做出胡译的妙文来，方且自美其名为'意译'。"（林语堂，引自罗新璋，2009：495）林语堂幽默地用"过激党"一词来形容"死译"与"胡译"，指出"死译可以说是直译派极端的结果……其态度就是对于原文字句务必敬拜崇奉，不敢擅越一步……胡译也可以说是意译的'过激党'"（林语堂，引自罗新璋，2009：494）。有关"直译"与"死译"的区别，林语堂认为："恐怕就是最高明的直译主义家，亦将无辞以对。"然而，茅盾早于其10年之前写下《"直译"与"死译"》一文，其中对直译与死译的区别论述如下："我们以为直译的东西看起来较为吃力，或者有之，却决不会看不懂。看不懂的译文是'死译'的文字，不是直译的。……直译时必须就其在文中的意义觅一个相当的字来翻译，方才对；结果把字典里的解释直用在译文里，那便是'死译'。"（茅盾，引自罗新璋，2009：415）如此，对于直译与死译，当不是"无辞以对"。本书也将在本篇第五章5.1中对"直译、意译、异化、归化"做进一步的讨论，以厘清此二分之争，并提出本书的见解。

3.3.2　两译之论

林语堂认为"直译"与"意译"容易激化为"死译"与"胡译"，故而提出两种新的标准："字译"与"句译"。他指出，字译"是以字解字及以字译字的方法"，而句译"是认一句为结构有组织的东西，是有集中的句义为全句的命脉"（林语堂，引自罗新璋，2009：496）。然而，林语堂随即阐述了字译方法不可行，不可字字对译，因为字义"须当做活的，有连贯的，不可强为分裂的东西"（同上，2009：498）。因此，林语堂倡导句译，译者应当"先把原文整句的意义明白准确的体会，然后依此总意义，据本国语言之语法习惯重新表示出来"（同上，2009：496）。一般理解，句译是以句子为单位，但林的翻译看来不是这样的。他的译文，按照高健的研究，前面一半比较忠实，后面一半常常就跑马了，或谓自由发挥。看来他这个句译只是理想而已。

3.3.3 "神""美"精髓

《论翻译》一文中的惊艳之笔当属"神"与"美"二字。林语堂将"忠实"解于三义，其中第二义指出，字必定有其神，即"一字之暗示力"，忠实就是"译者不但须求达意，并且须以传神为目的。译成须忠实于原文之字神句气与言外之意"（林语堂，引自罗新璋，2009：500）。此外，"翻译于用之外，还有美一方面须兼顾的"（同上，2009：504），这是极有影响力的一个观点，推动了翻译美学的发展。一个"美"字，涵盖了远胜于"雅"的内容，是林语堂"翻译是一种美的艺术"（同上，2009：491）一语的精练总结，也是其翻译思想的精髓。

3.3.4 林语堂笔下的"特殊的翻译"

翻译的定义广泛，涉及两种不同语符的对等信息，落实到实践中，就是把一种语言文字所表达的意义用另一种语言文字表达出来。翻译写作学概念的提出给翻译这一实践活动和过程以全新的见解和阐释。从写作的角度来理解和分析翻译，翻译是一种翻译写作的过程。翻译写作是以另一种文字重新再现原文精神产品的活动和过程，是将一种文字的思维成果转化为另一种文字符号的能动过程，即翻译写作主体在翻译写作实践活动中，综合利用自身多方面的素质、修养和能力，去感知、运思、表述，最后形成译文。周旭（2014）则进一步启发了翻译写作学的研究领域，即从翻译的角度来看二语写作，在其硕士论文《二语写作中思维与行为过程的翻译因素介入——翻译写作学视角下的二语写作研究》（2014）中详细分析和图解了二语写作过程，揭示二语写作中表述阶段隐性的翻译思维和行为。我们认为，无论翻译或是二语写作，都有着从译到写的过程。每篇译文或文章都与"作者/译者—感知—运思—表述—检视—读者"构成翻译写作系统。

翻译即是写作，写作也隐含翻译。如果译入母语，即为母语写作，如果译入译者的外语，则为二语写作。林语堂旅居海外多年，熟谙中西文化，对中文与英文的运用驾轻就熟，又有着独特的风格和见解。他翻译了许多作品，也用英语撰写了小说、散文，并自译其中一部分作品。正如林语堂在自传中所提及，他的一位好友评论他的最大长处是"对外国人讲中国文化，而对中国人讲外国文化"（林语堂，2010：27）。的确，林语堂一支巧笔，满腹学识，其作品既是汉译英，也是二语写作，向外国人讲述了中国文化，也同时让中国人从中学习到英语语言的质实，了解外国语言文化。这也是我们今天需要向林语堂学习的地方。

3.3.4.1 林语堂的二语写作

近年来，关于二语写作中的翻译现象的研究不少。在王宏印（2015：3）对"无本回译"的研究与论述中，他认为无本回译的原始文本（即二语写作文本）在创作过程中"无法摆脱和本族语文化的复杂关系，因此也无法不用潜在的翻译作为写作的必要补充，甚

至在某些局部要以此种翻译为主，也即是说，无本回译的原始创作，在本质上是潜在的翻译的，而在逻辑上，是异语写作的。"我们之所在此谈及林语堂的二语写作，正是源于二语写作中存在翻译现象这一客观事实。林语堂承认自己在创作 *Moment in Peking*（《瞬息京华》①）的过程中"写会话必先形容白话口吻而后写成英文，例如迪人受银屏错怪，喊那真冤枉，冤枉本不易译，勉强译为英文之 unjust。"（引自郁飞，1991：790）。也就是说，其二语写作，或者称二语创作中，是有着翻译行为的。恰如王宏印所述："异语写作中，还有大量的翻译，属于隐性的翻译，例如林语堂的中国文化写作中关于中国习俗的若干词语，其英文实际上并不完全是写作，而是把储藏在头脑中的汉语说法翻译出来，或者半翻译半创作，译写出一段语言来。"（王宏印，2015：6）因此，在我们看来，在某些层面上，林语堂的二语写作也是其自译的一种形式，也属于其"特殊的翻译"。

对于林语堂来说，英语毕竟不是母语。他所写的作品内容多数与中国文化相关，因此，在其英文作品中毫无疑问具有隐性的翻译痕迹。如果说"互文性"体现的是不同语篇的相互为文，我们或许可以把林语堂这种写作加翻译称为"互译性"或"译写性"。

在用英语的译写创作中，林语堂的英语语句表达能做到地道和规范，尤其是其作品中一些中文诗词、文言文的完美译写获得了英语母语读者的高度赞赏。纽约艾迈拉（Elmira）学院的校长曾赞扬林语堂："您以深具艺术技巧的笔锋向英语世界阐释伟大中华民族的精神，获致前人未能取得的效果。您的英文极其美妙，使以英文为母语的人既羡慕钦佩又深自惭愧。"（林太乙，1990：210）书评家 Peter Prescott 在读过林语堂的《生活的艺术》之后，在接受《纽约时报》访谈时说："读完这本书之后，我想跑到唐人街，遇见一个中国人便向他深鞠躬。"（林太乙，1990：176）如此高的评价，可见其英文功底之好。这也体现了林语堂翻译思想中的"通顺"，而在自译中，林语堂则更多地追求了"美"——中文表达之美。

3.3.4.2 林语堂"特殊的翻译"——互译

必须承认，林语堂的诸多作品中，最为让人印象深刻的是其英文作品。林语堂的许多散文都有中英两版，即先用英文写作，再自译为中文。高健对林语堂英汉两种文字作品曾做透彻的研究，他发现，林语堂对自己部分英文著述的"自译实际上是一种极特殊的翻译，性质与写作接近"（高健，2006：148）、"这些翻译已经很像改写，甚至趋近于独立写作……既是翻译，又不是翻译"（高健，2006：162）。林语堂，既是作者，又是译者，当然，在翻译自己的作品时，他可以享有最高的自由度，实践他所提倡的"翻译艺术文的人，须把翻译自身事业也当作一种艺术。这就是 Croce 所谓翻译即创作，not reproduction，but production 之义"（林语堂，引自罗新璋，2009：507）。

试读 *Between Tears and Laughter* 中的一句：

---

① 瞬息京华：此名为林语堂自译，见《瞬息京华》（郁飞译，1991）附录（第783-785页）《关于〈瞬息京华〉——给郁达夫的信》一文最后一句，"书名 *Moment in Peking* 似可译为《瞬息京华》，唯吾兄裁之"。

[46] 原文：One could wish that Athenian and modern parallels were less exact. On the basis that human chicanery, the play of power politics, and the emotions of jealousy and fear are the same in all ages, Theucydides was quite right in his predictions.

—Lin Yutang: *Between Tears and Laughter*

林自译文：如果古今类似之点，不这样吻合，倒也罢了。然人情狡黠，妒忌猜疑，强权倾轧，舞弄是非，古今无别，正如修氏所假定。　　　　——林语堂《啼笑皆非》

[47] 原文：There is a pattern of things invisible, of karmatic currents in human history, that can be seen only with the eyes of the mind. Sometimes it is given to poets to foretell the future, not by astrology, but by acquaintance with the laws of the spirit.

—Lin Yutang: *Between Tears and Laughter*

林自译文：天下本有阴阳消长之象可证，兴亡离合之迹可寻，惟在一点灵犀鉴照出来。有时天赋诗人以这种先知先觉的聪明，不用星相，惟洞明历史兴亡之迹，便可预卜将来。　　　　　　　　　　　　　　　　　——林语堂《啼笑皆非》

细读以上原文与自译文，"改写""创作"已然印证。例 [46] 中，"human chicanery, the play of power politics, and the emotions of jealousy and fear"译为"人情狡黠，妒忌猜疑，强权倾轧，舞弄是非"这样朗朗上口的四字格，其中"舞弄是非"是增译。例 [47] 中将"a pattern of things invisible, of karmatic currents"译为"阴阳消长之象、兴亡离合之迹"，译文读来有对称之美。若非林语堂，谁人能为之？"只要方法技巧得当，人在翻译上也会慢慢灵起来。"（贾文浩，1996：8）很显然，林语堂的自译文是有着无可比拟的灵气，带着一种独特的"美"，宛若中文原文。可以说，这不仅是翻译上的方法技巧，更是写作上的方法技巧。林氏把"忠实译"与"放开写"合二而一，这个"放开写"并非乱写胡写，而是受制于汉语语言语性的。

试读 *Moment in Peking* 中的一段：

[48] 原文："Mother, " said Coral, "all things are determined from above; no one can be sure whether they will turn out good or bad. It's better that you do not grieve so much as to injure your health. The journey is still far ahead, and all these lives depend upon you. If you are in good health, the burden of all us children will be made lighter to bear. We don't know yet surely that Mulan is lost; we are going to search for her. "

—Lin Yutang: *Moment in Peking*, 1994：794-795

上述这段，虽然是林氏用英文写就，但可以肯定的是林语堂这段描写中国故事的描述隐藏着隐性的翻译成分在内。

在《谈郑译〈瞬息京华〉》一文中，林语堂将例 [48] 自译：

译文一："妈"，珊姐劝道，"凡事都由天定，是吉是凶，谁也保不定。请妈快别这样，

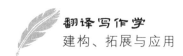
保重些好，前途要赶的路还远着呢。这一家大小都靠你一人。你母亲身体平安，也减少我们做儿女的罪戾。况且现在还不准知木兰可真失踪没有，还正在想法去找呢。"

——林语堂自译（林语堂，引自郁飞，1994：794-795）

该译文是林语堂自译而来，也必是符合他写作时的构思的。所以，如同所有的二语写作一样，林语堂的二语写作也经历过"感知—中文运思—隐性的翻译—英文表述"，是实实在在的翻译写作过程。而他在英文表述成文之后再进行自译，这便产生了我们上文提出的"互译"这一特殊现象。

我们再来看看郑译本与郁飞译本：

译文二："妈妈"，珊姐劝着道，"甚么事情都是上面注定的，没有人可以确定他们的前途是祸是福。你还是莫要这样伤心，致妨碍身体。要赶的路程有长长一段呢，许多人的生命都还依靠着你。假使你身体健康，吾们子女的肩头负担减轻不少。吾们现在还确不定到底木兰可真失踪了没有，吾们还要想法去搜寻她呢。"

——郑陀、应元杰译（林语堂，引自郁飞，1994：794）

译文三："妈"，珊瑚说，"凡事都由天命，是吉是凶，谁也保不定，请妈快别这样，保重些好，前面要赶的路还远着呢，这一家大小都靠你一人。母亲你身子平安，也减少我们做儿女的罪戾。何况现在还不准知木兰当真丢了没有，还正要想法去找呐。"

——郁飞译（1994：30-31）

译文二，郑陀与应元杰倒是勉强将原文的语句逐字译了出来，但是在中文措辞上显然缺乏美，读来真真是"佶倔聱牙之怪洋话"（林语堂，引自郁飞，1994：790）。

译文三与译文一非常接近，只对"If you are in good health"与"We don't know yet surely that Mulan is lost; we are going to search for her."两处的措辞处理略有不同。"If you are in good health"一句，林译为"你母亲身体平安"读来似有些绕口，郁飞译为"母亲你身体平安"则更通顺些。"We don't know yet surely that Mulan is lost; we are going to search for her."一句中，郁飞译的"当真丢了没有"要比林译的"可真失踪没有"来得更贴近原文的前文情节（姚家在搬迁路途中因遇到官兵抢劫，混乱中没有注意到木兰，在姚父姚母心中当是认为是自己的疏忽才把木兰弄丢了）。而"we are going to search for her"一句，林语堂译为"还正在想法去找呢"与郁飞译"还正要想法去找呐"没有太大区别。想是因为郁飞曾拜读过《谈郑译〈瞬息京华〉》一文[①]。如此译文，也是充分尊重了林语堂的本意。

让我们再从译文角度来看林语堂的自译。林语堂为了追求传神与美并忠实于原文所要传达的中国文化思想，他不仅将原文翻译，而且进行了一定的"改写"。林语堂在自己的译文中发挥了汉语优势，译而写，体现了翻译写作的特点。需要特别注意的是，林氏

---

① 详见《瞬息京华》（郁飞译，1994年）一书的"译者后记"（郁飞，1994：777-781），第778页，原句是"因而他在1941年元旦写于洛杉矶的《谈郑译〈瞬息京华〉》一文（我去年方知有此文）"。

的译写不是胡乱增减，而翻译写作学也不允许译者对译文胡乱添加。前文已提及，林语堂的翻译是特殊的翻译，是一种自译，享有更多的自由度，与一般译者的翻译不同。

3.3.4.3 林语堂"特殊的翻译"译文笔法图解

基于以上的论述，我们试将林语堂"特殊的翻译"简单图解（图3-1）如下：

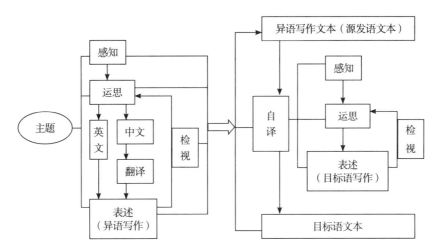

图 3-1 林语堂"特殊的翻译"译文笔法

林语堂提出忠实、通顺和美，其中，通顺和美都需要通过高超的写作技巧和能力才能达成。林语堂正是以其写作与翻译之实践来成就翻译这门艺术，而他的这种翻译写作过程是翻译写作学理论可作为实现精美译文指导的最佳例证。

3.3.4.4 "特殊的翻译"中的特殊译文笔法之美

在中国传统的文章作法中，"笔法"是一个重要的写作概念。写作有笔法，翻译亦然。刘绍铭指出："写文章有神来之笔，翻译也一样有神来之笔。"（刘绍铭，1999：21）王宏印更是直接提出了"翻译笔法"（2009：184）这一重要的概念。然而，"翻译笔法"虽然提法新颖，但略显松散，不易把握。如果我们加以提炼，它其实就是一些经过长期实践得来的翻译写作技巧。

译文笔法之美，即是目标语之美。在1.3中，我们谈过，林语堂明确提出"语性"一说，而高健则是系统地构建了语性研究理论，二人可谓英雄所见略同。语性，亦称语言个性。高健指出，语性的掌握对翻译有重大作用。语性乃是一个综合体，是由每一语言的许多方面所共同组成的——语音、语法、词汇、搭配方式、修辞、风格等。它还包括语义、语用以及各自的文化因素等。语言使用者和翻译者应对这一语言所独具的性格、习性、脾气、癖好，对它独特的倾向、性能、潜力、可能性以及优势不足等有一个通盘的了解，对它的运行方式、搭配范围、表述习惯、灵活幅度、扩展的条件与限度等做到烂熟于胸，了无窒碍的程度。（高健，2006：114）可见，译者必须尊重目标语的语性，具备出色的文笔，擅长发挥目标语优势，才能得到理想译文。

林语堂的汉语译文确实总是比他的英文原文更加漂亮和讲究一些，这主要得益于他对汉语语性的深刻把握。我们欣赏林语堂的精妙译文，但是，我们也应冷静地认识和理

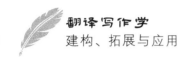

解林语堂特殊的翻译方式和运笔技巧，即翻译加扩写。如果能充分运用其中的有益成分于"一般翻译"，那将使译文不同凡响。翻译写作实践能使这种有益成分得以最有效地运用。我们在 3.3.4.3 图解了林语堂笔下的翻译写作过程（图 3-1），那么，林语堂的"特殊的翻译"到底是什么样子呢？其译文笔法究竟如何之美呢？兹举数例说明之。

[49] 原文：I had come back from the trip to Anhwei to find spring in my garden. Her steps had lightly tripped over the lawn, her fingers had caressed the hedgerows, and her breath had touched the willow branches and the young peach trees. Therefore, although I had not seen her coming, I knew she was there.

—Lin Yutang: *Spring in My Garden*

林自译文：我未到浙西以前，尚是乍寒乍暖时候，及天目回来，已是满园春色了。篱间阶上，有春的踪影，窗前檐下，有春的淑气，"桃含可怜紫，柳发断肠青"，树上枝头，红苞绿叶，恍惚受过春的抚摩温存，都在由凉冬惊醒起来，教人几乎认不得。所以我虽未见春之来临，我已知春到园中了。 ——林语堂《记春园琐事》

[50] 原文：Furthermore, all the scholars, thinkers, bankers and people who made good in China either have never worn a foreign dress, or have swiftly come back to their native dress the moment they have "arrived" politically, financially or socially. They have swiftly come back because they are sure of themselves and no longer feel the need for a coat of foreign appearance to hide their bad English or their inferior mental outfit.

—Lin Yutang, *On Chinese and Foreign Dress*

林自译文：然一人的年事渐长，素养渐深，事理渐达，心气渐平，也必断然弃其洋装，还我初服无疑。或是社会上已经取得相当身份，事业上已经有相当成就的人，不必再服洋装以掩饰其不通英语及其童之气时，也必然卸了他的一身洋服。——林语堂《论西装》

正如前面所述，林语堂的译文不能算是真正意义上的翻译，因为作者对原文作了一些增减，这是他身兼作者和自译者的特权。根据公认的翻译标准，算不得忠实，因而更像是写作。即便如此，林语堂的这些中文文稿也还是具有翻译的性质，因为其基本精神和总体效果与原文是一致的。这种具有翻译性质的写作给了我们一些启示。由于传统的翻译受到原文的思想、结构、语言、风格甚至最微不足道的细枝末节的限制，译者在追求翻译的自由度时心存顾忌，不多争取，"这样译出的文句也就往往不够活泼，质实有余，而生气不足，符合忠信，而略欠达雅"（高健，2006：176）。

相比之下，"林语堂的翻译享受的自由度未免太高，但不可忘记，他因此而取得的艺术效果也同样高"（高健，2006：175），"它们已经自由活泼得就像写作——已经逼近或者说融入写作，而且从外貌上已快看不出来"（高健，2006：176）。高健因此认为，林语堂的"翻译至此确实可说已达到了它的最高境界"（高健，2006：176）。可见，在忠实原文的前提下，尽量追求翻译的自由度，发挥写作才能，进行适当的译文写作，这对于实现译文的达雅，使译文达到更高的艺术价值具有重要的意义。

尽管如此，林语堂的"译文"终归不是高健所认同的"一般翻译"（高健，2006：159）。不幸的是，这一点被个别研究者误解，以下面例证为据：

[51] 原文：Now I have had many conversations with these gentlemen. Invariably, the more educated my interlocutionist was, the longer we had to bandy about compliments and beat about the bush. For the Chinese conversation with a stranger of the educated class is an art. There are rules about such a formal call. The conversation should have not only style, but also "composition", in the technical sense of the word. A perfectly conducted conversation runs from the beginning to the end like a Beethoven symphony. It has four movements. Unlike a Beethoven symphony, however, the theme or the real business, does not come in the first movement, but at the end.

译文：凡读书人初次相会，必有读书人的身份，把做八股的功夫，或是桐城派起承转伏的义法拿出来。这样谈话起来，叫作话里有文章，文章不但应有风格，而且应有结构。大概分为四段。不过谈话并不像文章的做法，下笔便破题承题；入题的话是要留在最后。

该研究者评论道："调整后的译文，用语考究，凝练简洁，有意将贝多芬的交响乐及其四个乐章还有主题等换成了八股功夫或是桐城义法的起承转伏，蕴意清楚，表达生动有力，使人有亲聆教诲之感。"（张慧琴，2009：101）

试问：为了所谓的"协调"，能在译文里"有意将贝多芬的交响乐及其四个乐章还有主题等换成了八股功夫或是桐城义法的起承转伏"吗？任何一个有基本翻译知识的人都可以断定这样的译文是错误的、滑稽的！其次，这果真是高健的意思吗？非也！该研究者在这里犯了两个错误：其一，不恰当地把上段译文当作高健"协调论"的范例；其二，上段译文的译者乃至原文的作者是林语堂（《冬至之晨杀人记》，引自高健，2006：155），而非高健！高健早就一再声明：林语堂的翻译是"不全同于一般的翻译的很特殊的翻译"（高健，2006：173）：

特殊翻译中的一些做法是不适合我们的一般翻译的，尤其不可能搬来替代这种翻译。如果能够的话，我们迄今所辛辛苦苦撰写的一切翻译论文，一切翻译教科书和讲义手册便全部付之一炬罢了，还再提什么翻译科学翻译理论？所以当然不能强用上面那些办法来简单地指导我们的实践，而且今后的一切恐怕也还得基本上按照我们以往的那种踏踏实实的办法去做。总之，它的方法是不能简单搬用的（高健，2006：175）。

且不说"林冠高戴"的笑话，如果把[51]译文当作高健"协调论"①的范例，从而认定"将贝多芬的交响乐及其四个乐章还有主题等换成了八股功夫或是桐城义法的起承转伏"是正确的、"协调"的译法，那将陷高健于何等不堪！白纸黑字，岂能"假传圣旨"？若如此，翻译危矣！有道是："少年不识愁滋味，爱上层楼。爱上层楼，为赋新词强说愁。"

_____

① 顺带说明：根据所阅读到的高健翻译论述，本书作者认为其核心思想是"语性论"，而不是"协调论"。这从其论述重点就看得出来。秦建华（2003）、王玉英（2003）都与本书作者持相同看法。

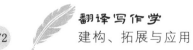

高健在《翻译与鉴赏》（2006：175）中言之凿凿，不能把林语堂的译文当真，只宜借鉴！我们从林语堂那里所能吸收的，应是那种种的"情趣、意趣、诗趣、活趣、谐趣、天趣、逸趣、雅趣与野趣"（高健，2006：176），兹感受如下：

[52] 原文：She is just one of those charming women one sometimes sees in the homes of one's friends, so happy with their husbands that one cannot fall in love them.

林自译文：她只是在我们朋友家中有时遇见的有风韵的丽人，因与其夫伉俪情笃，令人尽绝倾慕之念。

评析："so happy with their husbands that one cannot fall in love with them"译成"因与其夫伉俪情笃，令人尽绝倾慕之念"，说明林语堂的水平之高和汉语之美。由于这是林的自译，因而才能享受到很高的灵活幅度，效果也就更好一些。

[53] 原文：For who would not like to go out secretly with her against her parents' wish to the Taihu Lake and her elated at the sight of the wide expanse of water, or watch the moon with her by the Bridge of Ten Thousand Years?

林自译文：你想谁不愿意和她夫妇，背着翁姑，偷往太湖，看她观玩洋洋万顷湖水，而叹天地之宽，或者同她到万年桥去赏月？

评析："with her"译作"和她夫妇"，也是只有自译才会有的。"wide expanse of water"译成"洋洋万顷湖水，而叹天地之宽"，确实极好，这许是林语堂在用英语写作时已有的词句原形，自译时作些较为灵活的处理而成，通常人们不太会这么做。

[54] 原文：A Diogenes in the storybook may exhale a certain spiritual fragrance, but a Diogenes as a bedfellow would be a different story.　　　　　—What I Want

林自译文：在书上的代阿今尼斯，也许好像一身仙骨，传出异香来，而在实际上，与代阿今尼斯同床共被，便不怎样神爽了。　　　　　　　——《言志篇》

评析："一身仙骨，传出异香来"显然比 exhale a certain spiritual fragrance 来得更具体更生动（试比较直译文：发出某种精神的芳香）；"与……同床共被"也比 as a bedfellow 具体生动；"便不怎样神爽了"与那段英文相比也是如此，而且更明朗。而这些都与英汉的语性有关。

[55] 原文：Furthermore, the banker, after having made enough money himself, proceeds to love and admire his wife who abhors all thoughts of money, and the gold digger will eventually marry a poet and bestow her caress on him gratis.

—In Defense of Gold Diggers

林自译文：况且富贾豪商，自己积了万金之后，固然或能钟爱一不治生产能诗画的美妾，而挖金姑娘积了家私之后，也可嫁给一位落魄诗人，倒贴而奉事之。——《摩登女子》

评析：这两句话确实译得太好了，多么符合汉语的表达习惯和语性！试想如果我们把 abhors all thoughts of money 与 bestow her caress on him gratis 译成"恐惧一切有关金钱的思想"与"不取报酬地把她的爱抚施予在他的身上"，那效果又当如何？这说明，在翻译中尽可能地去争取自由度对做好翻译将是何等的必要。

[56] 原文：As such remarks passed round, and it seemed to me the very atmosphere was laden with wicked, fugitive thoughts.

林自译文：在这种扯谈之时，室内的烟气一层一层地浓厚起来，正是暗香浮动，奇思涌发之时。

[57] 原文：I like woman as they are, without any romanticizing and without any bitter disillusionment.

林自译文：我喜欢女人，就如她们平常的模样，用不着因迷恋而神魂颠倒，比之天仙，也用不着因失恋而满腹辛酸，比之蛇蝎。

[58] 原文：Yes, wasn't he sweet boy? Marvellous force in his writing. I fully agree.

林自译文：是的，这位先生确是雄才，胸中有光芒万丈，笔锋甚健，我完全同意。

[59] 原文：The example of Friedrich Hebbel is worth imitating: how his Muse prospered and his genius expanded when he had been delivered from poverty and dire want by marrying a rich Viennese actress!

林自译文：奥国诗人及大戏剧家黑贝尔起初文章做不出，后来娶了一位有钱的维也纳明星才文章大进，著作等身，这足证明余说之不谬。

[60] 原文：What could be more spiritually satisfying than to be able to write to your friends in town that you came across huge snake last night on your way back?

—The Necessity of Summer Resorts

林自译文：你想，在给朋友的信中，你可以说"昨晚归途中，遇见一条大蛇，相觑而过"。这是多么称心的乐事？

——《说避暑之益》

评析：中文部分多了"相觑而过"，显得更为生动有味。

从以上例子我们看出，在这些内容大致相等的中英文表达里，汉语都偏文。那么可否这样理解，即在表达上更偏文些，才像汉语？所以上面那些平实自然的英语句子一旦采用汉语表达，便句句成了考究的叙述。一般而言，在表达上总是详于中而简于英，一句相当充实饱满的中文到了英国人的嘴里"恐怕也就只会剩下三分话了"（高健，2006：167）。比之英语，汉语表达常有明朗、爽快和直截了当的特点。参透此点，也就参透了

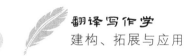

汉英写作与英汉互译的奥秘。

高健的研究得出结论（2006：157），林语堂的译文在"达"与"雅"上达到了通常的译文难以企及的高度。这种成就的取得显然与其对"信"的要求有所降低分不开，与其对原文的内容、形式（包括表达与艺术表现手法等）要求的全面放宽分不开，甚至与其大胆脱离原文语言表达方式的束缚分不开。过度拘守英文语句的表达方式不大可能产生真正活泼、自然甚至优美的中文译文。林语堂在使用中文时确实是最充分地利用了中文的性能，发挥了它的优势，另外对翻译自由度的索求也是极高的。此时翻译与写作已经浑然一体，这是通常的翻译无法达到的境界。

我们希望通过对林语堂这种特殊翻译的研究来提高人们对"信、达、雅"中"达"与"雅"的重要性的认识。长期以来，人们对"信"的认识不成问题，但对"达"与"雅"的认识则相当不足，屡屡有用"信"取代"达"与"雅"的想法，认为只需一个"信"字，似乎于义已足，对于"雅"，根本看不入眼。事实上，译文如果离开"达"与"雅"，翻译实则无艺术可言。这是对过去关于"信、达、雅"的误解及歪曲的驳斥，也是对一般翻译的启发与借鉴。

如果我们把语性的道理运用到翻译上，这时我们考虑的重心便不应当只是如何传达原作的内容，以便尽量符合原作；而是原作的内容最终将以什么形式在目标语中出现，以及如何以目标语为依归来提高译文的文采。不论译入或译出，目标语的语性是标准；有了这个，翻译就一定能做好。高健认为，在翻译的认识上，这也许是一场"革命"（高健，2006：116），至少是"翻译思想或认识上的一个重大转折或改变"（高健，2006：116）。因此，什么是理想的翻译和翻译的理想呢？那就是"以语性学说为指导，努力把翻译做得非常自然和优美，像好的写作一样的自然和优美，另外使所译足堪与其原作相媲美"（高健，2006：336）。自20世纪80年代以来，我国以严复"信、达、雅"为代表的传统翻译理论逐渐被以Nida"对等""功能翻译"为代表的西方翻译理论所取代，从"言必称严复"逐步发展为"言必称Nida"，当前，以"语性说"为代表的中国译论有助于我们重新认识和建立中国的翻译实践体系。这也是我们推崇，并将"语性说"纳入翻译写作学建构的原因。

3.4　一脉相承：中国传统译论之"写"

在中国自远古时期，传译就已开始，翻译思想与论点在从先秦时期的诗歌翻译至汉唐时期的佛经翻译发展中就已产生，这些论点论述以只言片语的形式散见于各序文跋语中。进入近代，尤其是五四运动之后，诸多品质成熟的译论如雨后春笋般涌现。这些译论融合了中国古典文论与哲学美学思想，其中以严复提出的"信达雅"为典型代表。王宏印认为："从古至今出现在中国这片土地上的翻译理论，无论何人所写，只要不是以现代语言学为基础的翻译理论，都可以划归传统译论的范围。"（王宏印，2003：4）罗新璋亦指出中国传统译论与古典文论的关联："我国的译论，原作为古典文论和传统美学的一股支流……一千多年来，经过无数知名和不知名的翻译家、理论家的努力，已经形成我国独具特色的翻译理论体系。"（罗新璋，2009：19）2006 年杨士焯在《英汉翻译教程》中首次提出"翻译写作学"这一构想和名称，探究翻译中的写作、翻译与写作的关系。他指出，翻译的精妙之处在于译者传情达意的功力，也即运笔行文之力。译者的译文写作能力是译者能力和译文质量的关键。当然，"写"并不一味追求所谓的华言美句，而应当审时有度，讲究文字质量。"写"之于"译"的认识与研究习之久远。在本章节，我们将再次梳理中国传统译论中的"写"，进一步夯实翻译写作学理论研究与拓展的基础。

3.4.1　承古启今：信达雅之"写"

综观中国翻译理论，"影响最大的，当推严复的信达雅"（罗新璋，2009：5）。"译事三难，信、达、雅"（严复，转引自罗新璋，2009：202），引国内译学界讨论至今。在《天演论》译例言》有这样一段话："《易》曰：'修辞立诚。'子曰：'辞达而已。'又曰：'言之无文，行之不远。'三者乃文章正轨，亦即为译事楷模。故信、达而外，求其尔雅。"王宏印认为"信达雅"是"取自中国传统的写作原理"（王宏印，2003：100）。他对此做出详细考证：（1）修辞立诚，"原出《易经·乾卦》"，指"写文章要真诚可信，符合中国文章学正轨"；（2）辞达而已，"原出孔子《论语·卫灵公第十五》"，指"说话和写文章的要求"；（3）言之无文，行之不远，"原出《左传·襄公二十五年》"，主要意思是"强调文采，以助言传"（王宏印，2003：101）。对于"求其尔雅"，王宏印引据《释名》中对"尔雅"的解释，认为"尔雅"指的是"要运用纯正的汉语进行写作和翻译"（王宏印，2003：101）。曹明伦也考证过严复的"信达雅"，指出："雅者，正也；正者，语言规范也；语言规范者，章无疵，句无玷，字不妄也。"（2007：175）

可见，严复将翻译一事视如写作，"从文章作法，悟出翻译的道理"（罗新璋，2009：6），"把写作标准理所当然地作为翻译标准"（王宏印，2003：106）。或者可以说，严复已然在"信、达、雅"三字中意指翻译过程中译文写作的重要性，否则，他不会感叹："求其信，已大难矣！顾信矣不达，虽译犹不译也，则达尚焉。"（严复，转引自罗新璋，2009：202）

康有为尝言："译才并世数严林。"因而，中国近代另一位必须提及的翻译家就是林纾。林纾译作百余，未曾有明确谈及翻译的理论阐述，但有学者将林纾在各译作序言中的翻译之谈归纳为"意译说"（秦莉等，2007：135）林纾虽然不懂外文，其译文却大受读者欢迎，这在极大程度上得益于林纾深厚的古文写作功底和文学素养。严复曾作诗《赠林畏庐》，"其中最后四句是：'尽有高词媲汉始，更搜重译续《虞初》。饶他短后成齐俗，佩玉居然利走趋。'大意是说林纾喜爱汉朝初年司马迁的文章，自己的写作可以与之媲美，他更用这种文体去翻译外国小说。现在提倡白话文成为一种风气，林纾仍然运用文言译作，居然译得很不错"（马祖毅，1984：304）。因此，我们认为，林纾的翻译实践与翻译思想形象说明了译者的写作能力的重要性。

追溯"信、达、雅"三字源起，我们感知其承古之思；研读"信、达、雅"三字后

世之说，我们运思其启今之论。中国翻译活动发展至现当代，译论业已百家争鸣。虽未言译必提及"写"，然所言所行几乎不出彀中。雄厚的翻译实践基础，深刻的翻译理论研究，"写"之于译，玉圭金臬，似寸辖而制轮，在中国传统译论中传承。

3.4.2　译论古今续：地道之写、优势之写

在中国翻译史上，古有佛经翻译的"序""跋"——感悟和经验总结，今有理论实践相结合的著述立说，所探究的都是翻译的本质，所追求的都是更好的译文。

回望古时，支谦一句："将炎虽善天竺语，未备晓汉。"他告诫译者，要想将外族语译为汉语就应通晓汉语。《宋高僧传》记载，唐代译场职司有"译主、笔受、缀文、度语、证文、润文、刊定、证义、梵呗、校勘、监护大使"（赞宁，转引自范祥雍，2014：51）共11种，其中，"缀文"一职便是要"整理译文，使之符合汉语习惯"（马祖毅，1984：56）。"晓汉""缀文"说的正是运用汉语流利表述与写作的能力，此为翻译能力的重点。

现以古人之论，续今人之论。

3.4.2.1　古论"失本""文质"，今谈"语性""地道"

"五失本、三不易"是我国翻译史上重要的翻译论述，出自释道安所撰写的《摩诃钵罗若波罗蜜经抄序》（罗新璋，2009：25）。释道安不通梵语，却博览众经，主持佛经翻译，整理并参与翻译。"五失本"虽然没有明确指出"写"之于"译"，但"写"仍存在于前四个与原文及译文语言处理有关的"失本"中。

"一者胡语尽倒，而使从秦，一失本也。"（罗新璋，2009：25）"胡语尽倒"这一语言特点与汉语有极大不同，为了"从秦"而"失本"，使经文能为读者所理解，释道安提出："时改倒句""唯有言倒时，从顺耳"（罗新璋，2009：27-28），也就是为了顺合汉语的语序而不得不修改梵语的倒装语序。试问，若无汉语写作能力，即使知晓梵语倒装句意，又如何写出能让我国读者读懂的目标语经文呢？

"二者胡经尚质，秦人好文，传可众心，非文不合，斯二失本也。"（罗新璋，2009：25）从此句可知，至少从秦开始，秦人便有"好文"的特点与传统，故要使译文符合汉语的行文方式。并且此"失本"提出了"文""质"问题。道安尝言："言少事约，删削复重，事事显炳，焕然易观也，而从约必有所遗，于天竺辞及腾，每大简焉。"（同上）又曰："言准天竺，事不加饰，悉则悉矣，而辞质胜文也。"（同上）可见，道安是主张要充分融合文、质来进行佛典翻译。无论"文"或"质"，译者若无汉语写作能力，如何融合？

"三者胡经委悉，至于叹咏，叮咛反覆，或三或四，不嫌其烦，而今裁斥，三失本也。四者胡有义说，正似乱辞，寻说向语，文无以异，或千五百，刈而不存，四失本也。"（罗新璋，2009：25）此二"失本"都主张对于原文的"叹咏"、"义说"和"乱辞"，"裁斥"并"刈而不存"，以符合汉语的表达习惯。译者若无汉语写作能力，如何懂得"裁斥"与"刈"的方式和尺度？

道安的"失本"，字面上只谈及如何让译文符合汉语语序、汉语行文方式和表达习

惯，其深层旨意却是扎扎实实地落在了"写"上，而这一旨意在张谷若的"地道说"中传续。

"用地道的译文，翻译地道的原文"是张谷若作为纲领性声明提出来的（1980）。他认为好的译文必须顺乎两种语言的行文习惯。

张谷若的这种"地道译文"可以从他的译文中看出：

[61] 原文：儿子拉洋车　　　　　　　　　　　　　　　　　——《柳家大院》

译文：My son is a rickshaw-boy.　　　　　　　　　　　　——张谷若译文

张谷若认为，这一句的原文主要含义是"以拉洋车为生"，如果直接译为 My son pulls the rickshaw 则缺乏这一含义；如果译为 My son is a rickshaw man by trade 又太过"文"。此一例可见，张谷若是真正做到"用地道的译文翻译地道的原文"。

再看一例：

[62] 原文：... a day which lay sly and unseen among all the other days of the year, giving no sign or sound when she annually passed over it; but not the less surely there.

译文：……这一天，偷偷地藏在三百六十五日里面，年年岁岁，都要遇见她一次，却又总是不声不响的，一点表示都没有，但是又不能说一年里头没有那一天。

——张谷若译文（1984）

以上译文，一读便知，张谷若运用 15 处与原文节奏相似的停顿传达原文风格特征。其中，"年年岁岁"一语，地道的中文表达，道尽原文主人公 ...unseen among all the other days of the year，...when she annually passed over it 中的心境。

孙迎春指出："张先生的译法中，归化的成分虽然很多，但该异化时他是必然要异化的，形式上的对等他从来都没有完全不顾，两种方法基本均衡，与那种极端、变形的归化法存在着明显的差异。"（2004：55）可见，张谷若所谓的"地道"并非极端"归化"，也并非抛开原文形式与意味将译文随意写作。

而道安的"文""质"之说可谓最早的"语性说"。传续至今，先有林语堂的"一语有一语之语性"（罗新璋，2009：503），后有高健深入研究语言特点，提出"语性说"。语性即语言个性，"是一种语言在其使用与运行上明显有别于其他语言相关方面的它自己所独具的品性"（高健，2006：109）。语性说翻译观强调充分重视原文，同时，译者必须把重点坚决地转移到译文上来。这其实也印证了思果所提出的："一国语言自有一国语言天生的情况，本国人应用起来，自有天然的用法，顾到方便、语音、文字结构等等。"（2002：132）这些理论都与道安的论述相呼应。

3.4.2.2　古论"工缀典词"，今谈"汉语三美优势"

彦琮"十岁出家，通梵语"（马祖毅，1984：46）。他"肯定道安的'五失本，三不易'翻译理论所体现的远见卓识，并在一定程度上继承和进一步阐述了道安的本体论思想"（王宏印，2003：31）。彦琮著有《辩正论》，提出"八备"说。原文如下：

> 诚心爱法，志愿益人，不惮久时，其备一也；
>
> 将践觉场，先牢戒足，不染讥恶，其备二也；
>
> 筌晓三藏，义贯两乘，不苦暗滞，其备三也；
>
> 旁涉坟史，工缀典词，不过鲁拙，其备四也；
>
> 襟抱平恕，器量虚融，不好专执，其备五也；
>
> 耽于道术，淡于名利，不欲高衒，其备六也；
>
> 要识梵言，乃闲正译，不坠彼学，其备七也；
>
> 薄阅苍雅，粗谙篆隶，不昧此文，其备八也。　　　　——罗新璋，2009：62

以上"八备"，既是对译者提出要求，也是翻译过程甘苦的总结之语。其中，本书特别注意到第四条与第八条，"工缀典词，不过鲁拙；薄阅苍雅，粗谙篆隶，不昧此文"，白纸黑字，清楚写明，译者应当"工于诗词典赋，不使译笔生硬呆滞……掌握中文规律，了解训诂之法，成就自如自然译笔"（王宏印，2003：34）。对译者的写作能力要求以及"写"之于译的重要性跃然字句间，何需赘述？这样的"写"传续至现代，遂有翁显良的"因汉语之宜，用汉语之长"（1983）、劳陇的"发挥译文的语言优势"（1983）、许渊冲的"优势论、三美说"（1984）。非常具有意义与巧合的是上述这三大家几乎都是前后年提出，且翻译观点非常相近。

翁显良对翻译写作能力有其独到见解，他指出："真正得原著之味，才能因汉语之宜，用汉语之长；译文确能因汉语之宜，用汉语之长，才可以使读者得原著之味。"（翁显良，1983：29）在具体翻译过程中，翁显良正是依照先考虑词语的处理，再考虑译文的章法句法这一写作学的法则来操作的。现以下面一段文字为例，看翁显良是怎么从词语和章法句法上运笔书写译文的：

[63] 原文：In elective monarchies, the vacancy of the throne is a moment big with danger and mischief. The Roman emperors, desirous to spare the legions that interval of suspense, and the temptation of an irregular choice, invested their designed successor with so large a share of present power as should enable him, after their decease, to assume the remainder without suffering the empire to perceive the changes of masters.—*The History of the Decline and Fall of the Roman Empire*, by Edward Gibbon

译文：实行选举君主的国家，帝位一旦出缺就危机四伏，祸患滋生。历任罗马皇帝为使军队不至在大局未定之际遭受诱惑而选择不当，生前即授予预定继位者以很大实权，务求自己去世后新君能在国人不知不觉中取得全权，为天下主。

——翁显良译文

这段译文打破原文许多句子结构，特别是第二句译文整体调整了结构，意思清楚，表达顺畅，符合汉语习惯。倘若译为"罗马皇帝为意欲使各军团免除这一悬而未决的间歇以及不正当选择的诱惑，授予他们的预定继位者以如此大的一份现行权力，以致他应能在他们去世后取得其余而无须让帝国察觉主要的更替"，必显得诘屈聱牙。而译文第一句很好地运用了成语，将 a moment big with danger and mischief 译为"危机四伏、祸患滋生"，而没有译为"是充满危险与祸害的时刻"。这些恰如其分地体现"求信与达，往往是宁可化繁为简的"（翁显良，1983：7），这是翻译中的写作技巧，并逐步升华到原创写作的高度。

劳陇在"怎样发挥译文的语言优势"（1983）一文中对"发挥译文优势"做了阐述，成为一种明确的观点。其核心是"充分发挥汉语所特有的、与英语不同的表达方式，才能使译文运转自如，流畅生动，消除翻译腔的痕迹，而达到纯粹汉语化的效果"（劳陇，1983：74），具体表现在："（1）'意合'句法的运用和（2）成语和俗语的运用。"（劳陇，1983：74）汉语语句在各个成分之间通常没有连接词，依靠意思衔接，通过语序表明逻辑，这便是"意合"。所以汉语句子结构中没有多层复合句，多为层面分明的并列句和单句。此外，劳陇也提出运用成语和俗语是"提高译文质量、加强修辞效果的一个有效的手段"（劳陇，1983：76），但他也强调："成语的运用必须经过精心考虑，力求切合于原文的含意与格调，才能使译文达到忠实与流畅相结合的效果。"（劳陇，1983：76）

试以下面译文为例：

[64] 原文：I'm glad to say, nothing has actually broken as yet　　　—touchwood.

译文一：我高兴地说，到目前为止确实还没有发生过什么裂痕——但是危机是存在的，一触即发。（误用成语）

译文二：……我很高兴地说，到目前为止，确定还没有发生过什么裂痕——天保佑，无灾无难。（妙用成语）

——劳陇译文

以上译例中，原文是《纽约时报》记者 C. L. Sulzberger 回忆美国前国务卿杜勒斯于1957年谈美国与各国结盟问题时的一小段话。第一个译文将 touchwood 译为一触即发，意思上能说通，但却与原文事实完全不符。因为当时美国与其盟国并不存在一触即发的危机之势。这里使用的 touchwood 延用了英国的一种迷信习俗，即碰触木制东西可以消灾解难，因此第二个译文译为"天保佑，无灾无难"，更为合适。故而，成语的使用要切合原文的含意与格调。

[65] 原文：Chilly gusts of wind with a taste of rain in them had well nigh deispeopled the streets.

译文一：带着雨意的阵阵寒风使得街道上几乎没有什么行人了。（形合译法）

译文二：阵阵寒风，带着雨意，街上冷清清地，几乎没有什么人了。（意合译法）

——译者阙如

[66] 原文: When the great filigree iron gates are once closed on her, she and her awful sister will never issue therefrom into this little world of history.

译文一: 当那镂花的大铁门对她一关上之后, 她和她那可怕的姐姐再也不会从那里跑到我们这个历史小天地里来了。(形合译法) ——译者阙如

译文二: 那镂花的大铁门一关上, 她和她那可怕的姐姐就永远不会再回到我们这个小天地里来了。(意合译法) ——译者阙如

以上译例足见译文的质量主要依靠译者对汉语语言特点的掌握、"对原文领会的深度、对汉语写作技巧的运用和表达能力的高低"(劳陇, 1983: 74-77)。优秀译者的译文确实能做到画龙点睛, 一步到位。

与此同道的是许渊冲, 他也提出要发挥目标语优势, 用最好的目标语表达方式, 使读者"知之, 好之, 乐之"。他还提出了"三美说", 即"意美、音美、形美"(1984: 52)。

在翻译毛泽东诗词的过程中, 许渊冲提出"借用英美诗人喜见乐闻的词汇"(1984: 55), "借用英美诗人喜见乐用的格律, 选择和原文音似的韵脚"(1984: 57)。这不正是写作中的修辞吗?

试读以下译例:

[67] 原文: 一年一度秋风劲, 不似春光。胜似春光, 寥廓江天万里霜。

译文: Autumn reigns with heavy winds once every year,

Different from springtime.

More splendid than springtime,

The boundless sky and waters blend with endless rime. ——许渊冲译文 (1984: 57)

对上例中重复的"春光", 为求传达原文音美与精练, 许渊冲依英文修辞又作了修改, 译为"unlike springtime 和 far more sublime"(1984: 57)。

尽管许渊冲积极提倡发挥译文优势, 但他也提出"忠实通顺是翻译的必需条件……发挥译文优势是翻译的充分条件, 也就是说, 译者越能发挥译文的语言优势, 译作就越好"(1984: 93)。这一总结告诫所有译者, 要"能发挥译文的语言优势", 但"能"不是无限制的"能", 是要以"忠实通顺"为条件。

如果没有正确发挥译文优势、没有正确运用目标语译写, 何来"意美、音美、形美"且让读者"知之、乐之、好之"的译文? 这是许氏对译文质量、译文境界的孜孜追求, 也是对彦琮"工缀典词, 不过鲁拙; 薄阅苍雅, 粗谙篆隶, 不昧此文"(罗新璋, 2009: 62)中"写"的思想的承续。

3.4.2.3 古论"求真喻俗", 今谈"译而作"

玄奘是最为杰出的佛经翻译家, 一生专于佛经传译事业, 组织并主持译场。玄奘从

认真严谨的翻译实践中逐渐得出了自己的翻译标准——"既须求真，又须喻俗"以及著名的翻译规则——"五不翻"。何谓"喻俗"？"'喻俗'，就是通俗易懂。"（马祖毅，1984：58）试想，一篇译文，如果文字表述毫无汉语规律，要如何"喻俗"？诚然，玄奘的翻译观点与论述中并没有直接说明译者应具有写作能力或翻译中应该如何进行译文写作。然而，无论是"五不翻"，还是"又须喻俗"，都是希望译文有高质量，译文语句既要传达佛经的意旨，又要符合汉语表达逻辑，使读者容易读懂。

玄奘是十分注意译文是否符合汉语语法规则的。这一点，我们可以从他所主持的译场工作及其所用的翻译技巧中看出。"玄奘所主持的译场，与前一阶段的译场相比，在组织方面更为健全。"（马祖毅，1984：56）许敬宗在《瑜伽师地论新译序》中描述了玄奘译场的阵容："三藏法师玄奘敬执梵文，译为唐语；弘福寺沙门灵会……玄昌寺沙门明觉、承义笔受；弘福寺沙门玄謩证梵语；大总持寺沙门玄应正字；大总持寺沙门道法……廓州法讲寺沙门道深详证大义。本地分中：五识身相应地……无寻无伺地凡十卷，普光寺沙门智道受旨缀文"（许敬宗，转引自马祖毅，2006：99），此阵容正如《宋高僧传》所记。然而，"有人据《开元释教录》统计，在玄奘译场内任'证文'的有12人，充'缀文'的有9人"（马祖毅，2006：99）。"道宣有过这样的评价：'今所翻传，都由奘旨，意思独断，出语成章，词人随写，即可披玩'"（马祖毅，2006：99），足见玄奘梵语精通，汉语优秀。故，倘若玄奘不讲究译文是否符合汉语习惯，何需"缀文"者？而玄奘译经时所用技巧有："第一，补充法；第二，省略法；第三，变位法；第四，分合法；第五，译名假借法；第六，代词还原法。"（马祖毅，2006：100-101）其中，"变位法"是指"有时改变梵文字的次序"（马祖毅，2006：100），正是为了使译文符合汉语习惯。"正如柏乐天所说，他'是把原文读熟了，嚼烂了，然后用适当的汉文表达出来'。"（马祖毅，1984：60）

综观古代中国翻译发展历程，除了以上道安、彦琮、玄奘的译论和翻译思想以"写"助译之外，还有部分译者对翻译的实践与研究虽未成系统的论述，但却不乏在谈及翻译经历与感受时表达出对"写"的重视。释慧恺就曾讲述自己做"笔受"的经历："恺谨笔受，随出随书，一章一句，备尽研核。释意若竟，方乃著文。"（慧恺，转引自罗新璋，2009：57）隋代行矩在翻译时提及"一言出口，三覆乃书"，即"当第一个人（译主）先口译出来之后，笔受的人反复斟酌，要翻覆三次之后，再下笔写下来"（王向远，2016：145）。若非重视翻译过程的写作环节，何必"备尽研核"？何必"三覆"？

玄奘翻译思想中的"写"可谓落到了翻译实践的具体当中，其后续者更有罗新璋的"译而作"与之相呼应。

罗新璋明确提出了"译而作"一说。他指出，译者"是根据原作进行中文写作的作者。……译而作，译者以操目标语的原作者自命，把文学翻译当作一种中文写作来做，带有一定的创造性"（罗新璋，转引自金圣华，1998：141）。"翻译作品的好坏，可读不可读，往往也取决于是否'作'，取决于'作'的含金量，取决于'作'的含金量的精粗高低。"（罗新璋，转引自金圣华，1998：142）这一说可谓明确了"写"与"译"的相辅相合的关系。"译而作"与"译而不作"更体现出"译"与"作（写）"的关系。这可以从

罗新璋所研究的穆木天与傅雷的译文中看出端倪。

[68] 原文: Il est temps que ce qui a servi au vice soit aux mains de la vertu! ... car il est, malheureusement, de la nature humaine de faire plus une Pompadour que pour une vertueuse reine!

英译文: It is high time that having served Vice should now be in the hands of Virture! ... for unfortunately human nature is so constituted that it does more for a Madame de Pompadour than for a virtuous queen.

——译者阙如

现在是到了时候了，曾经是仕奉恶德的这件东西，要到了德行的手里了！……因为，不幸地，在人间的天性里，是愿意多了为了一个庞巴杜尔尽力，而不愿意多为了一位有德行的王妃尽力的。

——穆木天译文

宠姬荡妇之物，早该入于大贤大德之手了……可叹古往今来，大家只为篷巴杜夫人一流的女人卖力，而忘了足为懿范的母后！

——傅雷译文

上述译例中，穆木天十足的"译文体"，顺原文而显生硬。作为诗人的他，把翻译与写作分隔开，认为"译者永远地是感到像一个小孩子跟着巨人赛跑一样"（金圣华，1998: 141），由此使其在翻译中放下了写作的笔。再看傅雷的译文，其虽非作家，但行文运笔，不出作文之道，正如傅雷所云："理想的译文仿佛是原作者的中文写作。"（罗新璋，2009: 624）在词语的处理上，"宠姬荡妇、大贤大德、古往今来、卖力、足为懿范"，雅俗兼有，而句法上的短句与分段结合使得文理清晰。堪称准确翻译，精彩文笔。

对此，罗新璋指出："这是一种翻译观，束缚住作者神思的骏发，损及于所译文字的质量。"（金圣华，1998: 142）这正是在告诉译者，在手执译笔时，莫忘写作之法。"译作之美需要翻译家去进行艺术创造……译者的创作，不同于作家的创作，是一种二度创作。不是拜倒在原作前，无所作为，也不是甩开原作，随意挥洒，而是在两种语言交汇的有限空间里自由驰骋。这是一个非常重要的限定。"（罗新璋，2009: 143）因此，诸君当谨记，译者只是代笔，而不是抢夺作者之笔，"把翻译变成借体寄生、东鳞西爪的写作"（钱钟书，转引自罗新璋，2009: 783）。可以进一步得出，译者的目标语文字功底更重要，否则何以解释一些并非翻译的文字，其文笔也如此拙劣？

除上述几位外，中国现当代还有众多翻译家与学者，秉持传统译论的核心思想与意旨，投身翻译实践、展开理论论述。余光中用大量篇幅论述了翻译中译文写作能力的重要性，并且赞赏文言文在翻译中的运用，指出："翻译，也是一种创作，一种'有限的创作'。译者不必兼为作家，但是心中不能不了然于创作的某些原理，手中也不能没有一枝作家的笔。"（余光中，2002: 40）辜正坤提出的"外汉翻译中的归化还原增色—减色翻译对策"虽未提及"发挥译文优势"，也未直击"写"，却与上述诸家论述异曲同工。辜正坤指出："华丽本身正是汉语言文字的长处"，译者"须把握好增色的度，使之能大体还原到英国读者印象中的华丽程度就行"（辜正坤，2003: 432）。林语堂也曾指出译者应当"能写清顺畅达的中文"（罗新璋，2009: 491）。本书作者曾撰文专门论述林语堂的译文笔法（2016），虽然特殊，但以"写"足以美"译"。此处所言之"美"，不是随意美化译文，而是强调忠实于原文这一基本准则之上的"美"。

通过对以上各家精彩理论与实践的分析得出：中国传统翻译思想不但自成体系，而且一脉相承，各种理论观点互补互助。"翻译写作学"也正是在这样的翻译思想中孕育而创新而成的。

3.5　本章小结

受到中国传统翻译思想与理论及西方译论的启发，本书作者首次在编著《英汉翻译教程》（2006）时独辟一章节——翻译写作篇，提出"翻译写作学"概念。此后展开深入研究，尝试建立翻译写作学。

翻译写作学首次将写作学引入翻译研究，意在运用写作学基本原理，以西方翻译理论，特别是语言学翻译理论为参照，将指导翻译实践的中国传统译论加以整合、扬弃，采纳并运用汉语写作学"感知—运思—表述"的基本原理，结合西方写作学理论与模式，探讨翻译行为中写作能力的发挥，从而明确翻译写作过程，完善它的基本建构。其创新点也正在于此。

由于将"翻译"与"写作"并用，不少人产生误解，以为翻译写作学是要让译者脱离翻译范畴进行自由写作，或是翻译写作等同于翻译文化学派所认为的"改写"，甚至有人会提出疑问：翻译写作学，究竟是谈翻译还是谈写作？因此，本书必须强调，把写作学引入翻译研究并不是要把翻译学变成写作学，也不是要让译者自由改写译文，关于此点前文已多次强调。如曹明伦所说："把翻译置于任何视域下审视翻译也依然是翻译，而把翻译视为（或作为）任何现象来研究都并不排除把翻译视为（或作为）翻译来研究。"（曹明伦，2007：109）同时，翻译写作学对译者提出的一大准则即是"从心所欲不逾矩"。因此，援引写作学，尤其是汉语写作学的理论来研究翻译，目的是探索翻译过程中的目标语表述，探讨如何写出优秀的译文，丰富和发展传统的翻译理论，更好地指导翻译实践。此外，翻译写作学还提出翻译教学新思考—翻译写作教学模式，开启国内翻译课程教学新思路。

翻译写作学是当前翻译研究的一个创新思维，明确了培养译者的译文写作能力的重要性。这一理论的建立和研究，是对中国传统译论中"写"的继承、发扬与创新，也是对翻译研究领域的扩展。

中国翻译史上一直有着"文""质"之辩，中国传统译论实现了本文作者所总结出的"译得好、译得妙"的目标，有助于"文""质"结合，这也是翻译写作学的终极目标。欲达目标，先析其理。翻译写作要如何促进"文""质"结合呢？下面的章节中我们将对翻译写作学与翻译写作过程展开全面的探讨。

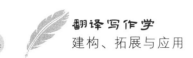

第四章
翻译写作学的写作学模式借鉴

翻译写作学作为当前翻译研究的新理论、新领域、新路径，其概念及理论依据已在前面的章节中做了明确的界定与梳理。

翻译写作学借鉴汉语写作学相关论述，从新的视角审视翻译过程，重点关注译者的译文写作能力，认为译者的译文写作能力是译文质量高低的关键点。这一观点是对西方翻译理论中关于写作的论述、以写促译、重写等观点的延伸思考，更是对中国传统译论中失本、工缀、求真、喻俗、语性思考、地道之写、优势之写、信达雅之写的传承与拓展。

那么，翻译写作学的写作学基础具体为何？翻译写作过程具体包含哪些层面？本章中，我们将对翻译过程做出全新、详细且独特的阐释。

4.1 翻译写作学的写作学基础

正如我们在绪论中所言，翻译写作学在写作方面的理论依据是周姬昌的《写作学高级教程》（1989）。周姬昌提出写作的"感知—运思—表述"过程（1989：5），受此启示，我们决定将这一过程运用于翻译行为。与写作相同，翻译写作不仅与译者的生活、经历、智力、素质有关，而且与读者的心理需求、资历、文化水平有关。翻译写作也是一个从感知到运思再到表述的系统过程。三者是翻译写作过程中的三个重要环节，也是以思维活动为主线来重新制作精神产品的关键。感知就是了解原作者的创作心理，洞悉其遣词造句的用心。运思揭示翻译写作中思路和思维运动的规律，了解信息和符号在译文孕育过程中的作用。运思就是运用心思，构思译文，是一种高级的思维活动；而表述就是将感知、运思的结果付诸文字，形成译文。对于一篇译文来说，感知、运思、表述是相互联系的翻译写作行为，它们随着翻译过程发展，并以运思内容的文字符号化（表述）而终结。翻译写作主体在翻译写作实践活动中，综合利用自身多方面的素质、修养和能力，去感知、运思、表述，最后形成译文。

翻译写作学的宗旨是指导人们的翻译写作实践，增强译者的译写能力，提高译者的翻译写作水平。翻译写作是以另一种文字再现原文精神产品的活动和过程，是将一种文字的思维成果转化为另一种文字符号的能动过程。翻译写作学的研究任务之一就在于阐明翻译写作规律，指导翻译写作实践，去掉盲目性，增强自觉性。

4.2 写作的感知、运思与表述

4.2.1 写作的感知

作者在动笔写文章之前，需要进行大量的准备工作，其中最重要的工作是积累素材，而积累素材就要靠感知。这种素材不是作者无意识获得的，而是要经过理性的选择，写作的这种选材便是感知，"感知是获取文章素材的唯一途径"（周姬昌，1989：66）。以准确感知为前提写出来的文章，总有震撼读者心灵的力量。写作文章中所写的一般是特定对象在特定时空范围内、特定环境中的特定情形，如新闻报道和一般的记叙文等，所以写作者对特定对象、特定情形的感知要特别周详。写作的感知还可以细分如下。

4.2.1.1 情感感知

作者在对客观事物的感知过程中，总会融入自己的主观情感。情感是作者动笔写作的内驱力（周姬昌，1989：65）。唐代诗人杜甫的诗句最切此题：

[69] 感时花溅泪，恨别鸟惊心。

唐代诗人刘禹锡的《秋词》：

[70] 自古逢秋悲寂寥，我言秋日胜春朝。
晴空一鹤排云上，便引诗情到碧霄。

《秋词》虽写于刘禹锡官场生活失意、政治抱负难以施展之时，但诗人却无丝毫的沮丧和气馁，而是用"晴空一鹤排云上，便引诗情到碧霄"这幅开阔辽远而又富有生气的画面，营造了一种昂扬向上、奋发进取的气氛。这不仅是现实秋景的客观描绘，更融入了作者的豪迈情怀。

唐代诗人白居易说过："感人心者，莫先乎情。"同样，亡国之痛使南唐后主李煜无法排解内心的无限惆怅与悲凉，他写下了如下的词句：

[71] 春花秋月何时了，往事知多少。小楼昨夜又东风，故国不堪回首月明中。雕栏玉砌应犹在，只是朱颜改。问君能有几多愁，恰似一江春水向东流。

——李煜《虞美人》

可见，作者的写作应该带有情感，富于情感的文章才能吸引读者。

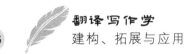

4.2.1.2　理性感知

作者要把自己的所见所感赋予文笔，还需要理性感知。在感知客观事物的过程中，作者融入理性，运用分析、判断与整理等能力，对客观世界形成理性的认识。作者的感知通常要比普通人更为敏锐。他们不但能感知到常人所能感知到的东西，还能感知到普通人所忽略的事物或细节。作家丁玲说："在生活中，即使是在极平凡的生活中，作家一定要看见旁人能见到的东西，还要看见旁人看不见的东西。"（丁玲，1981：34）可见，作家要对生活有独特的发现和见解，只有这样才能写出优秀的文章。

4.2.1.3　直接感知

直接感知是作者运用自己的感官和理性对客观世界进行直接的认识，这是作者写作素材的直接来源。作者总是主动去观察和体验生活，运用自己的各种感官能力去提取写作所需要的信息。朱自清在散文《春》中对春天景物所作的描绘，正是作者直接感知的结果：

> [72] 桃树、杏树、梨树，你不让我，我不让你，都开满了花赶趟儿。红的像火，粉的像霞，白的像雪。花里带着甜味儿；闭了眼，树上仿佛已经满是桃儿、杏儿、梨儿。花下成千成百的蜜蜂嗡嗡地闹着，大小的蝴蝶飞来飞去。野花遍地是：杂样儿，有名字的，没名字的，散在草丛里，像眼睛，像星星，还眨呀眨的。
>
> "吹面不寒杨柳风"，不错的，像母亲的手抚摸着你。

在这段引文中，作者充分发挥了自己的感知，描绘出了一幅姹紫嫣红的美妙图景。作者写到了花的颜色，"红的像火，粉的像霞，白的像雪"，这是用视觉感受来的；作者写到花的香气，"花里带着甜味儿"，这是用嗅觉感受来的；作者写到了蜜蜂嬉闹的声音，"花下成千成百的蜜蜂嗡嗡地闹着"，这是作者听觉的感受；同时，作者还用比喻描写了风的感觉，"吹面不寒杨柳风"，这是作者的触觉。正是因为作者对客观世界观察细致，才能写出这样美丽的景色。

4.2.1.4　间接感知

除了从客观世界中直接感知、获取写作素材外，作者还需要间接感知。间接感知是作者从书刊典籍中获取的感知。为了对直接感知进行理性整合与分析，作者需要查阅历史资料和相关学科知识来丰富自己的认识，从而使认识系统化。当代作家要撰写历史小说，唯一的办法就是阅读历史文献资料，间接感知当时的社会，并发挥自己的想象力加以创作。当然他还需要有自己的生活体验作为直接感知的基础。

如果说作者以直接感知为主、间接感知为辅，那么译者则以间接感知为主、以直接感知为辅。

4.2.2　写作的运思

写作的运思是沟通感知与表述的桥梁。鲁迅说："静观默察，烂熟于心，凝思结想，一挥而就。"（引自周姬昌，1989：89）在静观默察（感知）与一挥而就（表述）之间，是"烂熟于心，凝思结想"（运思）架起了一座沟通的桥梁。写作中的运思是客体主体化和主体客体化的过程。社会生活作用于作者的思想，制约着作者对客观世界的认识；同时，作者在认识客观世界时又融入了自己的主观情感和思想。作者的运思，是客体和主体相互融合、双向运动的过程。具体来说，写作的运思分为整体运思与局部运思两个方面。

4.2.2.1　整体运思

整体运思是作者从总体上对语篇进行思考和把握，包括立意定体、选材取事、构架谋篇的具体内容。

（1）立意

运思过程中的"意"是个十分活跃的因素，在没有认准和确定之前，它处于一种变化、发展的状态。它不同于文章的主题或思想。"意"可能是作者寻找和企图深化的对事物的认识和看法；也可能是头脑里翻腾着的某种愿望、意图和意念；还可能是一种萦绕胸怀的思绪、情致和理趣，以及一时说不清又似有所悟的情感、感受和意境等。运思首先要思考、揣摩和认识的就是这种"意"（周姬昌，1989：102）。随着作者认识的不断加深，"意"逐渐由表层、浅层向深层发展；"意"的深化过程，是对事物本质特征的发掘过程。随着对事物由感性到理性的认识，作者的"意"也越来越明朗。

就翻译而言，译者在运思阶段首先要确定的，也是原文作者的"意"。作者在写作时总是或多或少带有某种需要倾吐、萦绕于心的意念，而译者要做的，就是在原文的字里行间找到作者的这种"意"，这也是译者在译文中要表达的"意"。

（2）定体

"体"即"体制""体裁"，是文章的样式或"模式"。定体并非指固定的体裁本身，而是为文章选定模式的过程。这一过程受制于发想和深化中的"意"，不能随心所欲，肆意而为。政治见解的发表，一般采取议论的模式；情感的抒发，往往选择诗歌或者散文，这就是选择适合作者"意"的体裁。

定体具有"合模"的趋向。"合模"是一种自觉的文体意识。所谓文体意识，是指作者对文章体裁的敏感，也即对文体分类及文体特点的心理把握程度。定体就是对文体的辨析和选定，它是以文体意识为基础的。当然，文体也是动态变化的。作者可能会根据自己的意念以及表达的目的，变化先前选定的文体，或者在既定文体中穿插使用其他文体，例如，小说中会穿插诗词歌赋、应用文等，如《红楼梦》。无论如何，只要选定的文体达到表达思想的目的，就是可取的。

（3）选材取事

信息是进入运思领域的对象性客体和被激活的各种心理因素，它是写作运思的"物质"材料。运思过程中的选材取事，就是筛选行文需要的信息。作者按照一定的原则，如横向或纵向的顺序将信息进行一定的归类和记录，然后根据写作的"意"和"体"确定文章的主信息和次信息。主信息处于主导地位，起着导向、定型的作用；次信息处于辅助地位，起着补充、完善和衬托的作用。正是主信息与次信息的相互融合，加上作者的情感倾注，文章的雏形才得以孕育并不断成熟。

（4）谋篇布局

① 定基调

基调是一种情绪。"调"的高低、强弱、曲直、隐显，反映着一种主观情绪。当作者的真切感受在胸中弥漫，需寄情于文字时，文字就带上了作者的情绪，这就是文章的基调。基调往往从文章的第一句话就体现出来，所以作者对文章的第一句话都要反复推敲。高尔基在《我的创作经验》中说："开头第一句话是最困难的，好像音乐里定调子一样，往往费了好长时间才能找到它。"（宇清、信德，1980：275）可见，写文章必须找准基调，重视基调的使用。

② 理线索

线索就是文章的内在逻辑性。犹如人身上的经脉、衣服上的针线一样，文章也有一定的脉络，行文总是按照一条线索甚至是多条线索交错进行的。常见的线索有时空交错线、情理结合线、人事物交织线等。确定好文章的线索，才能使行文条理清晰，便于读者理解和感受。

③ 搭骨架

骨架是与文体相适应的，不同的文体对骨架有不同的要求。学术论文的骨架一般包括八个部分：标题、摘要、引言、本论、结论、说明、致谢、参考文献；论说文的骨架一般为三段式：提出问题、分析问题、解决问题等。当然，文章的骨架也不是一成不变的，作者要根据写作的意图灵活地选择、变化文章的骨架。

4.2.2.2 局部运思

局部运思就是对文章的枝节进行进一步详细的思考，层层细化，层层深入。它既包括对文章各个段落层面的揣摩，也包括对细节材料的取舍。在局部运思中，最重要的是生成句子。

语言是思维的物质外衣。作者丰富的思维活动最终要通过语言，即各个句子外化出来，所以运思过程必然包含生成句子的心理过程。诗人臧克家在写"黄昏还没溶尽归鸦的翅膀"这句诗时，先想到的句子是"黄昏里扇动着归鸦的翅膀"，又改成"黄昏里还辨得出归鸦的翅膀"。"扇动"和"辨得出"都显得过于平乏，无法表达黄昏时分天色渐晚而乌鸦还隐约可见的美好意境。于是作者闭上眼睛，仔细回想黄昏时分的那些景色，终于想出了"溶尽"这个词，表现了黄昏时分安静美好的自然景象（周姬昌，1989：120）。无论是词序还是意义，这三个句子都没有很大的改动，但是与"扇动"或"辨得出"相比，动词"溶尽"含有一个意象，生动而富有意蕴，让人进入天色渐晚那种动态的安谧适意的恬静气氛。可见，有时一个简单的词或词组足以提升一首诗或是一段话的艺术价值。因此，作者在运思阶段要反复推敲句子的用词，并生成句子来形成字面文句。由于文章具有一定的线索，所以在生成句子时也要考虑各个句子之间的逻辑联系。只有把握了一定的顺序（并列、递进、总分等），句子才能前后贯通，意思分明。

4.2.3 写作的表述

写作的表述是运用语言文字符号对运思成果进行外化的行为，是由内部心理言语向外部心理言语实施定型的过程。只有表述，能够通过对运思成果进行能动的检索，使一切精思、巧思和滚滚而来的激情、妙论得到具体的展现，留下生动的面容（王泽龙，2007：121）。

然而，表述并不意味着作者可以随心所欲，他必须注意这一过程中的各个环节，遵循一定的准则。

4.2.3.1　确定并协调视角

视角原指观察事物的角度，这里指的是写作者表述所采取的角度，也是表述选定的立足点，其中最重要的是人称视角的选定和转换的协调问题。人称有三种，表述视角有两种，人称和表述视角之间存在必然的联系。第一人称带来的是主观视角，也叫内视角。这时作者把"我"置于事件之中，不管表述的对象是不是自己，都以"我"的口吻出现，这种人称能够细致入微地刻画主人公的内心活动。第二人称虽然采用"你"的说法，但是，这时的写作者并不是从"你"的立足点来看问题、作表述，他自己仍然若隐若现地介入事件之中，所以此时还是一种主观视角（内视角）的表述。第三人称表述的都是别人的事情，作者从不把"我"放入事件之中，即使需要表述自己的东西，也要将自己"装扮成别人"，这种表述具有极大的自由性和灵活性，带来的是客观视角，也叫外视角（王泽龙，2007：121）。

可见，不同的人称带来不同的视角，具有不同的写作效果。在表述时，作者首先要确定自己的写作视角。有时同一文章会出现两种不同的视角，这就需要作者运用过渡句、空行等手法来协调。

4.2.3.2　贯通文气

文气有大有小。孟子曰："我善养吾浩然之气"，此是大气。在写作中，"文气"指贯穿在文章里的气势，也指文章表现上的连贯性（王泽龙，2007：122）。有学者认为所谓"文气"，包含两个方面的意义，一方面——也是它最重要的一个内容，是其内在的那种逻辑的力量；另一方面，即'气'的外在的表现形式，即所谓自然音节、语气的问题（刘锡庆，1985：208）。

从内在方面来说，要贯通文气，就要使文章存在打动人的气势，凝聚折服人的力量，而这有赖于严密的逻辑。这种逻辑既产生于运思阶段的思路轨迹，也依赖于表述阶段的文字展现。因此，表述需要有顺序，无论是由浅入深、由低到高，还是从原因到结果，从正面到反面，都要有条不紊，符合人们认识事物的规律。这种表述不仅要求连贯，也要求周密，需要全面地看待事物，涉及其正面和反面、局部和整体。只有这样，才能形成文气所需要的逻辑性。

从外在方面来说，要贯通文气，需要使用适当的音节和语气，讲究形式美。这在诗歌中尤为突出，作者要重视对偶、对比、排比等修辞手段的使用。当然，所有音节和语气的使用都要符合作者所要表达的思想感情和意义，切不可矫揉造作（王泽龙，2007：122）。

4.2.3.3　控制偏好

每位作者都有自己的写作偏好，皆力求将表达发挥到极致。然而，在具体的表述过程中，作者的写作受到许多限制，不可信马由缰。

首先，作者在表述时要考虑写作意图。凡是不符合写作意图的事物，即使很美好，也不应该表述出来。正如梁实秋所说："散文的艺术中之最根本的原则，就是'割爱'。一句有趣的俏皮话，若与题旨无关，只得割爱；一段题外的枝节，与全文不生密切关系，也只得割爱；一个美丽的典故，一个漂亮的字眼，凡是与原意不甚洽合者，都要割爱。散文的美，不在乎你能写出多少旁征博引的故事穿插，亦不在多少典丽的辞句，而在能把心中的情思干干净净直截了当地表现出来。散文的美，美在适当。不肯割爱的人，在文章的大体上是要失败的。"（梁实秋，1928：25）

其次，表述要受到文体的限制。不同的文体对于文章的结构、语言、句式都有特定的要求，作者应尽量遵循这些要求。

最后，表述要受到读者的限制。不同的读者拥有不同的文化水平、知识储存、理解能力、审美情趣，这些都是作者在表述时要考虑的因素。否则，即使作者的表述再好，也无异于对牛弹琴。

4.2.3.4 力求文采

在表述阶段，作者还应当具有文采。两千多年前，孔子就曾指出："言之无文，行之不远。"（春秋·鲁·左丘明《左传·襄公二十五年》）这里的"文"，指的就是文采。一篇文章没有文采，也就失去了感染力，就无法与读者产生共鸣，也就算不上是优秀的作品。所以，在表述阶段，作者除了把构思的内容用文字表达出来，还要对语言进行反复锤炼，使文章富于艺术价值和美学价值，只有这样，作品才能"行远"。如以下例子，同是对眼睛的描写，是否具有文采在很大程度上影响了句子的表达效果：

[73] 一双丹凤三角眼，两弯柳叶吊梢眉。

——曹雪芹《红楼梦》第三回

[74] 那两汪清水似的凤眼，虽然总是淡淡的看人，却有说不出的明澈。

——姜滇《清水湾，淡水湾》

[75] 在她浓黑的眉毛下，眼神如柔美的月光一样欢乐，又略见清烟一般的惆怅。

——谢璞《流蜜曲》

4.3 翻译写作的感知、运思与表述

在《英汉翻译写作学》（2012：31-52）中，我们已经详细论述了翻译写作过程的四大步骤：感知、运思、表述、检视。译前，译者阅读原文、结合与原文相关的信息来了解原文文意与原作者所思所想，是为感知；译中，译者运思源发语文本语句、结构如何准确转换为目标语，选择恰当的词、句表述译文；译后，译者要认真检视译文，大至全文结构、语句，小至词、标点等。这四个环节的每一环都是产出好译文的重要环节，其中以感知与运思最为繁复。在本章节，我们将深入阐释感知与运思两大步骤。

4.3.1 感知

由于时间、空间等因素的影响，翻译的感知犹如作家的间接感知。翻译过程中的感知包括原文材料的选择和对原文的理解两个方面，这是翻译的前提和基础。译者要进行翻译，首先要选取合适的翻译文本。正所谓"术业有专攻"（韩愈），由于自己的专业知识、语言能力、审美兴趣、意识形态等的限制，译者可能只擅长于翻译某一学科、文体或者某几种学科、文体的文本。文学翻译家可能只擅长翻译文学作品，而不可能同时擅长翻译物理学著作。因此，译者在翻译前应量力而行，要先对文本进行浏览判别，即初步感知，确认文本是否在自己的能力范围之内。

在选取合适的翻译文本后，译者开始对原文进行进一步的感知，即理解。理解是忠实翻译的前提。如果是文学文本，译者就要对原文文本的人物、性格、情节、主题、表层含义、深层含义进行准确透彻的感知，同时还要恰当地把握原文的感情色彩、语言风格等，才能忠实地在目标语中再现原文的内容与风格。译者在翻译之前，要对原文进行深入感知。正如傅雷的翻译心得：

> 任何作品，不精读四五遍决不动笔，是为译事基本法门。　　——傅雷，2006：8-9
> 译者不深刻的理解、体会与感受原作，决不可能叫读者理解、体会与感受……想译一部喜欢的作品要读到四遍五遍，才能把情节、故事记得烂熟，分析彻底，人物历历如在目前，隐藏在字里行间的微言大义也能慢慢咂摸出来。　　——傅雷，2006：57

傅雷将原文比作朋友，有些人与他格格不入，那就不必勉强；有些朋友一见如故，甚至相见恨晚。但即使是一见如故的朋友，也非一朝一夕所能真切了解。1922年，郭沫若在《雪莱的诗》一文中写道："译雪莱的诗，是要使我成为雪莱，是要使雪莱成为我自己……我译他的诗，便如像我自己在创作一样。"此时的他，已经完完全全与雪莱融为一体。与其说是他翻译出了雪莱的诗，倒不如说是他以雪莱的气质创作出了自己的诗。当然这只是一种特例，一般的译者难以达到这样的境界。瑞典汉学家马悦然在回顾其翻译《水浒传》的过程时，曾说自己就像"真的生活在梁山泊英雄中：鲁智深、武松和杨志都是我的好友"（郑延国，2009：260）。

一位外国翻译家也曾这样表达他在下笔开译前的真实心态（毛荣贵，2005：74）：

[76] 原文：There is something I admire so much, something I find so profound, so beautiful, so piercing that I must make you understand and admire it too, even though you, through some inadvertence, have neglected to learn the language in which it is written. Let me show you how it goes.

译文：这作品是多么深刻、美丽、扣人心弦，令我赞叹不已，恨不得能让你们大家一起享受，虽然不巧你们不懂原文无以欣赏原作。让我来告诉你们原作是怎么回事吧！

——毛荣贵译文

这字里行间所表现出的激情简直不亚于作家准备挥袖创作时的激情！其心理与作家写作时的心理状态无异。细分之下，翻译写作的感知包括：

4.3.1.1 阅读感知

（1）对原文作品体裁和结构的感知

文章的体裁是文章的种类和样式，一般包括记叙文、说明文、议论文、应用文、诗歌、散文、小说和戏剧。译者在感知原文时，首先可以确定原文的体裁，以便在译文中采取同样的体裁进行表达。同时，对于具体的文章体裁，译者还要进一步分析其结构。如记叙文可以以人物、物品、感情或者事件等不同标准为线索，采取顺叙、倒叙、插叙等叙述结构；说明义可以按照空间、时间或者逻辑顺序，采取总分、分总、总分总等结构；小说可以分为开端、发展、高潮、结局等层面。译者在感知原文时，首先要了解原文的体裁和行文结构，这是文章的基本框架，也是进一步感知原文、运思和表达的基础。

（2）对原文写作风格的感知

写作风格是作家在创作中由于融入了自己的思想修养、审美意识、艺术情趣、艺术素养和语言特质等所形成的写作特色和创作个性，它贯穿于题材的选择、主题的提炼、形象的塑造、情节结构的安排、表现手法和语言技巧的运用等各方面。风格的传达是翻译中十分重要且复杂的问题。风格从大的方面讲，有时代的风格、民族的风格、阶级的风格；从小的方面看，作家笔下选择的每一个音节、每一个词、每一个句式，无不标志着风格的特征。总之，风格体现在文章内容和形式的各种要素之中。所以，翻译中风格的传达是不容忽视的。再现原作的风格，即保存了原作的生命；反之，无异于断其生命之源（吉学萍，2008：141）。正因为如此，译者在感知原文时，十分重要的一个方面就是感知其风格，包括语言、句式、修辞等。试看下例：

[77] 原文：Some books are to be tasted, others to be swallowed, and some few to be chewed and digested; that is some books are to be read only in parts; others to be read, but not curiously and some few to be read wholly, and with diligence and attention. Some books also may be read by deputy, and extracts made of them by others; but that would be only in the less important arguments, and the meaner sort of books; else distilled books are, like common distilled waters, flashy things.

—Bacon, *Of Studies*

以上例句语言古朴，运用多个排比句，句式简短灵活，译者应充分感知这种古朴的风格，以便在译文中再现这种风格。

译文：书有可浅尝者，有可吞食者，少数则须咀嚼消化。换言之，有只须读其部分者，有只须大体涉猎者，少数则须全读。读时须全神贯注，孜孜不倦。书亦可请人代读，取其所做摘要，但只限题材较次或价值不高者，否则书经提炼犹如水经蒸馏，淡而无味矣。

——王佐良译文

总之，任何作品都有其风格，译者在翻译前，应该认真地感知原作的风格，包括语言风格、句式风格、修辞风格等，这是忠实翻译的基础，也是高质量译文的要求。

（3）对原文内容的感知

翻译的感知中最重要的，无非就是对原文内容的感知，即感知原文所要传递的信息，既包括表层信息，也包括作者要传达的"言外之意"。表层信息可以通过语言直接感知，而言外之意是理解话语篇章时应该补充到语言中的内容，其最简单且最有效的感知方法是如傅雷所言："要读到四遍五遍，才能把情节、故事记得烂熟，分析彻底，人物历历如在目前，隐藏在字里行间的微言大义也能慢慢琢磨出来。"（傅雷，引自罗新璋，2009：693）

所以，在翻译前，译者应当准确感知原文的内容，包括字面意思、言外之意、作者的意图等，只有这样，才能完整而准确地传达出原文的信息（刘淑娟，2010：25）。

翻译是以对应的语言风格把对原文的理性感知转入目标语的创造性活动。因此，译者切不可对原文缺少理解而盲目翻译。若译者对原文缺乏恰当的理解，译文读者亦不可能理解原文要表达的信息，那么翻译也就丧失了其意义。译者对于原文进行透彻的感知，是翻译活动的前提和基础。当然，由于译者本身的专业知识、意识形态、审美兴趣等的限制，译者在对原文的理性感知过程中必然融入自己的主观情感，这是不可避免的。只要译者的主观情感有助于其感知原文，便是可取的。

（4）目标语文化环境的感知移情

移情，也即感情移入，指想象自己处于他人境地，并理解他人的情感、欲望、思想和活动的能力。（夏征农，1999：2246）在论述寒山诗歌的翻译时，翻译家斯奈德说：

> 在译寒山诗时，我曾数次对原诗的字面意义有强烈的感受和深刻的理解，并且能深切地体验到诗人本人的创作心理。……寒山世界纯物理的一面——寒冷、高峻、疏离、巍峨——对我们而言仍然是熟悉的。我在山中待过很长时间，因此对寒山这一地理环境了如指掌。相反，要我对中国诗中的妻妾、官宇或者战场同样熟悉几乎是不可能的。我的翻译有一部分几乎是对我在西埃拉·内华达善所历所感的一种身体感应。……我的译诗中山的意象与华南那低矮、湿润的、青黛的山脉类似。
>
> ——Snyder, 2000: 138

由此可见，译者与作者相似的生活环境使斯奈德的寒山译诗承载了译者太多的个人经验。有了对原作的透彻理解，然后将诗中所见直接诉诸诗人的实际经验和丰富的感性世界，这样译出来的诗"不是字对字的翻译，而是用另一种语言写成的一模一样的诗"（Snyder，1980：178）。感知移情无疑在翻译中起了巨大作用，其准确程度姑且不论。

译者的感知是一种间接的感知，主要是感知原文作者的思想情感、写作意图、写作风格、表层含义和深层含义，是建立在原文作者感知基础上的。译者在感知原文时，要充分发挥自己的感知能力，切身感受作者的情感；运用理性感知来整合和分析作者所要传递的思想；运用自己对客观世界的直接感知体验作者的意念，与作者形成共鸣；同时发挥间接感知的作用，查阅相关资料，感知作者的时代背景、所处环境、人生经历等，

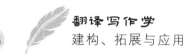

从而更深刻地了解作者的写作情感和写作意图。然而，仅有这些感知仍是不尽完善的。结合翻译实践，本书将进一步补充以下三种"感知"：实境感知、视听感知与仿写感知。

4.3.1.2　实境感知

实境感知，顾名思义，就是译者们应当亲身实地接触作者生活过的地方或作品人物身处的地方，体验作者、作品人物的体验，这能让译者更好地感知原文的写作背景与作者感受、作品意境。如果说，感知移情是译者以己之感代入作者之感，是一种思维与情感层面上的感知代入，那么，实境感知则是更加真实、立体、多维的感知。这一感知强调实地考察。

吕同六提出，要想吃透文学作品中的异域色彩，除了多读书之外，就是"多掌握第一手材料"。他在翻译意大利文学作品时，曾十余次前往意大利，参观但丁流放期的居住地，前往诗作《无限》描写的田野与山岗，在亚宁半岛追踪诗人邓南遮的足迹，等等。他认为只有感性认识和理性认识积累充足了，在翻译中才"不至于隔靴搔痒"（吕同六，引自许钧，2010：77-78）；在翻译《福尔摩斯探案全集》（2012）时，中华书局的译者团队"查阅了大量资料并到英国实地考察"，这才能在书中翔实注释译文细节，让中国读者彻底弄清与案件相关的背景知识、人物、地名等。（余瑾，2013：24）

再以中国古诗词英译为例，试想，当一位译者要译"飞流直下三千尺，疑似银河落九天"，他若能实地观赏庐山瀑布，会否与诗人有相同的感受？会否在运思时能找到更适合表达"飞流直下"的词汇或语句？当译者要翻译"会当凌绝顶，一览众山小"时，若能亲自登顶泰山，会否更好地感受与理解"小"字，从而找到更合适的表述？答案是肯定的。试看下例：

[78] 原文：采菊东篱下，悠然见南山。　　　　　　　　　　——陶渊明《饮酒（其五）》

译文：I pluck hedge-side chrysanthemums with pleasure

And see the tranquil Southern Mount in leisure.　　　　——汪榕培译文（2012：3）

例 78 的译文语句自然流畅，"pleasure"与"leisure"押韵，能让读者深切感受到诗人在田园风光中悠然自得的心境。而这一译文得益于汪榕培（2012）专门前往陶渊明故乡，进行为期一周的考察体验。这种直接体验为翻译带来的显著益处，促使汪榕培在翻译汤显祖戏剧时，走访了汤显祖的故乡临川、为官之地遂昌，以及戏剧故事的发生地，如《牡丹亭》中的南安和《邯郸记》里的邯郸。他认为，译者要翻译一部作品，应当"有一定的亲身感受，才能翻译出比较传神的作品"（2012：3）。

实境感知让译者有更近似于作者的感知，这不仅对于文学翻译重要，对非文学翻译亦重要，例如旅游景点介绍词，若能实境感知，想必译文能让游客更能欣赏到景点之美。当然，并非所有的译文原文都有实地考察的必要和可能，例如翻译科幻小说，那就更多地需要译者有与作者同样丰富的想象力，并且能够进行感知移情。

4.3.1.3　视听感知

从传统意义上说，视听感知的一种常见形式便是交谈或访谈。译者若能在译前或是翻译过程中多与原作者或其亲友，或自己身边的朋友交谈，便能更为直观地理解原文，从而得出更准确的译文。葛浩文在一次访谈中提及遇到不知如何准确翻译的新词或句子，就会向作者了解具体意思（闫怡恂、葛浩文，2014：199），例如，毕飞宇的《青衣》第一句："乔炳璋参加宴会完全是个糊涂账"，葛浩文对此处的"糊涂账"一词不太理解，询问毕飞宇之后才与妻子共同得出译文"like a blind date"；狄星在翻译欣然的小说《筷子姑娘》时，尽管丈夫是中国人，而她自己也曾在中国生活过 4 年，但遇到作品中的双关语、文化常识问题，她仍需要与欣然交流（朱振武，2017：89）；此外，狄星为了翻译《于丹〈论语〉心得》，多次到北京同于丹沟通交流，揣摩体会原文的精髓与神韵（朱振武，2017：90）。

另外，在 AI（Artificial Intelligence，人工智能）高速发展的时代背景下，多模态资源愈发丰富多元。在阅读不便时，译者可以借助丰富网络音频和视频资料获取所需信息，甚至还能通过 VR（Virtual Reality，虚拟现实）或 AR（Augmented Reality，增强现实）程序，辅助实现实境感知。只要译者加以理性分析，其感知维度就能更加丰满，有助于后续的运思与表述。

4.3.1.4 仿写感知

翻译写作学理论指明了译者写作能力的重要性，并提出译者应进行译前的目标语写作训练。杨士焯（2012）倡议翻译学习者在译前广泛阅读并了解作者的写作手法，在此基础上练笔，通过观察、体验、多读、多写来提高写作技巧，有助于译文表述。同理，译者在翻译前若对原文作仿模写作（源发语写作），会否带来更多的感知体验？甘雨泽曾说明："译者在从事文学翻译之前，如果自己也试着写点东西，也许能更深地体会到作家创作的甘苦和写作上的特点。"（王寿兰，1989：107）他认为，只有这样，译者才能在翻译中"时时想到作家的风格和语言特色，力求传达出原文的神韵来"（同上）。就此，我们认为，译者在译前可以仿模原文进行写作练笔，借此感知原文作者的创作风格与特点，本书称之为"仿写感知"，也就是说，译者在选定了原文材料之后，所进行的写作练笔应当是围绕原文材料主题、参照原文语句风格的。当然，译者并不是非得对任何体裁的原文进行仿写感知，毕竟不是所有文学作品都能轻松仿写的，但是，译者在能力培养阶段进行双语写作训练是很有必要的，聊胜于无。

翻译写作学中的"感知"借鉴自汉语写作学中的"感知"，那么，译者在沿着原文作者的思路下笔仿模写作时，恰好又返回到写作的"感知"过程中。而在英译汉时，译者的仿写感知正是英语写作感知。根据周旭（2015；2017）的研究，二语写作过程中存在翻译行为，是翻译与写作的结合点，与翻译紧密关联。因此，译者对英语原文的仿写感知又隐含翻译感知。这对于译者的感知完善是有益的。通过仿写感知，译者既训练了自己的写作能力，又能更好地感知原文，何虑译文之不信与达？

4.3.1.5 翻译写作感知过程新解

论述至此，我们对翻译写作的感知有了更清晰的了解与阐释。我们认为，感知移情会发生在上述四个感知过程中，与四个感知过程相互交融，详见图 4-1。

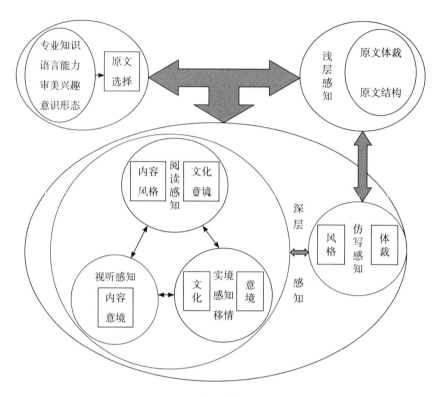

图 4-1　翻译写作感知新图解

4.3.2　运思

在获得一定的素材与想法之后，运笔行文之前，无论是作者还是译者，都需要一个琢磨、思考的运筹阶段，这个阶段就是运思。运思，简言之，就是运用心思，就是想。想，或运思，以感知为基础，为表述创造条件。它与感知、表述相互渗透，交错进行，贯穿于写作或翻译的全过程，这是在写作或翻译过程中不可缺少的重要环节。译者的运思阶段是译者运用目标语对原文的信息进行思维的过程。此时，理解阶段的"语言符号通过具体描写的对象在译者头脑中引起联想和想象，间接作用于人的感官。而译者头脑中必须产生相应的形象和意境才能进行转换翻译"（贺晓丽，2007：49），因此译者必须充分发挥他的思维能力。

4.3.2.1　从整体到局部

在感知阶段之后，译者需要对原文语篇从总体上进行思考和把握，包括立意、定体、构架谋篇，这便是整体运思。此外，还需要局部运思，琢磨原文语篇的枝节，层层细化、层层深入，从而生成句子。

就翻译的立意而言，译者在运思阶段首先要确定的，也是原文作者的"意"。作者在写作时总是或多或少带有某种萦绕于心、需要倾吐的意念，而译者要做的，就是在原文的字里行间找到作者的这种"意"，这也是译者在译文中要表达的"意"。

就翻译的定体而言，译文不仅要准确地传达原文的信息，也要传递原文的行文风格，包括文体。所以，译者在译前确定原文的文体也是很关键的。所不同的是，译者对体裁的确定受制于原文，一般不能根据主观意愿擅自修改。不过诗歌翻译是个例外。诗歌翻译是所有文学翻译中最为困难的。理想的诗歌翻译应达到音美、形美、意美的统一；然而，音、形、意在诗歌翻译中几乎不可兼得。在此情况下，有些译者认为传神是最重要的。翁显良是我国著名的诗歌翻译家，他认为：“译诗不是临摹，似或不似，在神不在貌。更不必受传统形式的束缚，押韵不押韵，分行不分行，一概无所谓。”（1983：45）这似乎不合常理，但细读翁显良的翻译，便可发现其观点有一定的可取之处：

[79] 原文：枯藤老树昏鸦，小桥流水人家，古道西风瘦马。夕阳西下，断肠人在天涯。

——马致远《天净沙·秋思》

译文：Crows hovering over rugged trees wreathed with rotten vine—the day is about done. Yonder is a tiny bridge over a sparkling stream, and on the far bank, a pretty little village. But the traveler has to go on down this ancient road, the west wind moaning, his bony horse groaning, trudging towards the sinking sun, farther and farther away from home.

——翁显良译文

翁译作品虽然改变了原文的风格，但是准确地传达了信息，也是可取的。可见，在适当的时候变换风格，能起到良好的效果，当然这种变换应当慎重。在绝大多数情况下，译者还是应当遵循原文的体裁和风格，以诗译诗。

就翻译的基调而言，译者也要找准原文的基调，是严肃庄重、轻松活泼、幽默诙谐、明白晓畅还是婉约朦胧。只有找准了原文的基调，才能确定译文的基调，并且只有用恰当的语言表现这些基调，才能做好翻译。

同样的，译者也应找出原文的线索，并按这条线索来书写译文。原文的骨架如何，译文的骨架也应如何；译者所要做的，就是遵循原文的组织结构。当然，由于不同语言的表达习惯不同，译者应根据目标语的语言特点进行适当的调整。

4.3.2.2　从形象到抽象

“形象思维是一种始终不脱离形象、始终贯注着情感、始终借助于想象力的富于个性和创造性的思维形式。”（龚光明，2004：6）原文的形象和概念所依附的语言符号在译者头脑中形成的意象会引发想象和联想，从而使译者在头脑中产生再造意象。译者同时通过联想搜索目标语中的对等词句并进行选择，为表达做好准备。

抽象运思包括概念、判断和推理三种基本形式。概念是反映对象本质或特有属性的思维形态，有内涵和外延两方面。（龚光明，2004：5）在翻译中，译者需要对原文词语的内涵和外延有准确的判断，否则就会造成翻译错误。龚光明在《翻译思维学》一书中指出，许渊冲把杜甫诗句“却看妻子愁何在”翻译错了，就是缘于对原文词语的概念理解失误造成的。许渊冲的译文是：“Staring at my wife's face, of grief I find no trace.”

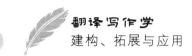

许氏忽略了妻子一词古今概念的差异，原指妻子儿女或家人，而非单指妻。判断就是对思维的对象进行一定的判定。"推理是从一个或几个已知的判断推出另一个新的判断的思维形式"，如对格言的理解和表达都需要进行推理。如 Sweep before your own door，译者在头脑中建立意象后，需要进行推理，判断出其深层含义，使之富含哲理：正人先正己（龚光明，2004：5-6）。

4.3.2.3　灵感运思

"灵感是在一定的抽象思维和形象思维基础上，显意识与潜意识相互作用，产生前所未有的新概念或新意象的一种突发性思维形式。"（龚光明，2004：9）灵感的产生是人的全部精神力量和高度的积极性集中的结果，是在人的注意和兴趣全神贯注、思维活动排除一切干扰、情绪状态为思考提供最佳背景的情况下出现的。（孟昭兰，1994：327）译者杨苡对 *Wuthering Heights* 这一书名的精妙翻译，就是灵感运思之下的成果。她说："我看到了梁实秋译的《咆哮山庄》，我总觉得一个房主人不会把自己的山庄形容成'咆哮'。当然我也不想采用 30 年代电影《魂归离恨天》为书名……有一夜，窗外风雨交加，一阵阵疾风呼啸而过，雨点洒落在玻璃窗上，宛如凯瑟琳在窗外哭泣着叫我开窗。我所住的房子外面本来就是一片荒凉的花园，这时我几乎感到我也是在当年约克郡旷野附近的那所古老房子里。我嘴里不知不觉地念叨着 Wuthering Heights……，苦苦地想着该怎么译出它的意义，又能基本上接近它的声音……忽然灵感自天而降，我兴奋地写下了'呼啸山庄'四个字！"（王寿兰，1989：312）。这与创作过程的灵感迸发如出一辙，再没有比这更能如此典范地说明翻译过程中灵感思维的作用。

需要提出的是，在运思阶段，译者的思维必然会受到自己的背景知识、情感、价值观、审美观和学术观等的影响，只是程度有所不同而已。

在翻译时，同样需要对句子进行认真的推敲。如《傲慢与偏见》的第一句：

[80] 原文：It is a truth universally acknowledged that a single man in possession of a good fortune must be in want of a wife.

译文一：凡有产业的单身汉，总要娶位太太，这已经成了一条举世公认的真理。

——王科一译文

译文二：有钱的单身汉总要娶位太太，这是一条举世公认的真理。

——孙致礼译文

译文三：饶有家资的单身男子必定想要娶妻室，这是举世公认的真情实理。

——张玲、张扬译文

译文四：世间有这样一条公认的真理——凡财产丰厚的单身男人势必想娶个太太。

——马红军译文

从句法上看，英语原文可视为"圆周句"。读者开始以为作者将郑重其事地宣告一个举世公认的真理，读到最后一个词却发现，所谓"举世公认"的真理，只不过是市侩的庸俗意识而已。作者独具匠心，以庄重高雅的形式把读者的期待引向高峰，而最后一个词所代表的庸俗内容，却又将读者的期待降到谷底，产生强烈的讽刺效果，这和传统相声里的"抖包袱"极为相似。所以，此句的翻译应当"先庄后谐"（马红军，2002：98）。译文一至三都只考虑到普通情况下中文流畅的表达方式，来个前后大挪位；而译文四顺着译下去，除了和原文保持相同的句式外，也最大可能地体现了原文的喜剧效果。

　　从上面的评述可以看出，翻译同样需要整体运思和局部运思，需要根据原文进行立意、定体、选材取事、构架谋篇，也需要对具体的词句进行推敲。翻译的运思过程就是脱离源发语外壳，根据目标语重建原文意义的过程。在这个阶段，译者已经通过感知得到了原文作者所要传递的信息、语言风格、思想感情等，并已内化为自己的思维。因此，译者就能够脱离源发语的语言外壳（deverbalization），尽量减少源发语语言形式的束缚，从而关注如何用目标语来传达原文的信息。

　　不同的译者对于同一篇原文会有不同的翻译；译者一旦剥去源发语的外壳，就会用自己认为合适的方式来传达原文的信息。试看以下对李白的《静夜思》的翻译：

[81] 原文：

静夜思

床前明月光，

疑是地上霜。

举头望明月，

低头思故乡。

译文一：　　　　　　In the Still of the Night

I descry bright moonlight in front of my bed.

I suspect it to be hoary frost on the floor.

I watch the bright moon, as I tilt back my head.

I yearn, while stooping, for my homeland more.

——徐忠杰译文

译文二：　　　　　　A Tranquil Night

Abed, I see a silver light,

I wonder if it's frost aground.

Looking up, I find the moon bright;

Bowing, in homesickness I'm drowned.

——许渊冲译文

译文三：　　　　　　In the Quiet Night

So bright a gleam on the foot of my bed.

Could there have been a frost already?

Lifting my head to look, I found that it was moonlight.

Sinking back again, I thought suddenly of home.

——Witter Bynner 译文

以上三篇译文都较好地传达了原文的信息，表达了作者的思乡之情。三位译者已经通过感知获得了原文的信息并脱离了语言外壳，他们通过运思建立起他们认为合理的意义传达方式，因此这种对原文意义的重建过程就是运思。

翻译的运思同样是原文与翻译主体（译者）双向转化的运动，即原文主体化和主体原文化的过程。原文主体化是从翻译运思主体的角度考察。运思主体在接受原文的思想时，不是被动、机械的，而是作为一个有机整体，伴随着自己已有的思想、情感去感受、思考原文。没有对泰戈尔诗歌的强烈感受和深层思考，冰心就不能翻译出《繁星》《春水》等著名的诗集；没有对高老头悲惨遭遇的同情和对资本主义社会人与人之间虚伪、狡诈关系的深刻体会，傅雷便不能将《高老头》翻译得淋漓尽致。由此可见译者主体意识的重要性。原文主体化实际上是一种思想内化的过程。主体原文化，是从运思对象的角度考察，是原文制约主体。原文是怎样的观点、思想和情感，主体就应产生怎样的观点、思想和情感。当原文与翻译主体互相渗透、转化，完全融合为一体时，主体的认知运动才基本完成。因此，概括来说，翻译的运思就是原文与主体双向运动的过程。这是一种创造性的思维过程，是升华认识、疏通思路、理清材料、设计文章蓝图的必由之路。

总而言之，在运思阶段，写作与翻译基本上遵循一样的程序。所不同的是，译者的运思基于原文、受制于原文，而作者的运思则比较随性，尽管作者也有许多"前文"作为依据，包括其文化背景的影响和作用。

4.3.3　表述

表述是使思维成果外化的手段，它既是贯穿写作始终的一种心理要求，又是与思维相互依存的言语活动。它与感知、运思交叉起来，共时同生。无论是作者还是译者，其感知、运思的目的都是为了表述，从写作或者翻译活动开始，作者或译者就带着表述的心理目标。表述不是被动、机械地复制头脑中的语言文字，也不是为了单纯给运思成果套上一个语言外壳，而是运用语言体现思维活动。表述始终与感知、运思一起融合着向前发展。当需要将运思内容和内部言语外化为文字符号时，表述就进入到一个新的层面。这时候的表述，仍然是一种活跃的思维活动，是创造性地把想好的东西进行符号化和文体化的过程（周姬昌，1989：123-124）。因此，表述作为一种行为，始于翻译或者写作欲望的发生，并以运思的内容在一定文体框架中实现语言符号化而终结。

如前文所述，在文字表述阶段，由于中西的思维和语言存在显著差异，译者应当遵循语言的语性，写出符合目标语表达习惯的文章；同时要努力使语言文字优美。惟其如此，译文才能吸引读者。

翻译的表述分为两个方面：用目标语表述和使译文完美。

范存忠在"翻译漫谈"一文中谈到表述上的困难，他说："我们写作或讲话，无非是把自己的思想、感情等等表达出来，至于翻译中的表达，那是把一种语言里已经表达出来的东西用另一种语言准确而完全地重新表达出来。一种语言和另一种语言之间，总有差距——词汇上的差距、结构上的差距等。这就增加译者在表达上的困难。"（罗新璋，

2009：869）可见，在表述阶段，译者要选择合适的语句来表达原文的思想并非易事。正如严复所说，"一名之立，旬月踟蹰"，足见选择合适译文的不易。

首先，翻译的表述虽然不需要像写作的表述那样，需要确定人称和视角，但是译者也需要遵循原文的人称和视角，并加以协调。其次，原文的"文气"应在译文中得到继承，即译文要像原文那样讲究逻辑性，注重音节和语气。再次，译者也需要控制偏好，不可信手翻译，而要根据原文的信息、文体、目标读者来表述译文。如果译文的读者缺乏相关背景知识，译者还需增加相关的注释，以尽量保证译文读者能做出与原文读者相似的反应。与此同时，不同的译者具有不同的翻译风格。因此，在不影响原作思想内容和整体文风的前提下，译者可以略微彰显自己的翻译风格，以增添译文独有的魅力。我国翻译史上有许多著名的译者，他们的翻译明显有他们自己的风格。林纾的译文行文流畅，易于理解；严复的译文措词典雅，文韵悠扬；鲁迅的译文则富于异国情调，并吸收了许多新的表达方式。（邓笛，2002：94）正如张今所言：作者风格加上若隐若现的译者风格才是上乘译品的境界。（张今，1987：89）

在译文产生之后，译者还要对之做多次修改核对，使译文既能如实传达原文的信息，又能保持语言的自然流畅甚至优美。《译事参考手册》（*ECCE Translator's Manual*）引言中提到："有职业责任感的翻译工作者花在文字加工上的力气会三倍于初译。"（周兆祥、李达三，1980：278）在对原文理解一致的情况下，目标语表述的正确、优美与否是衡量译文优劣的关键。18世纪的英国诗人格雷（Thomas Gray）的名诗《墓园挽歌》（"Elegy Written in a Country Churchyard"）首章有三种不同的译本（劳陇，1989：3-6）：

[82] 原文：The curfew tolls the knell of parting day,

The lowing herd wind slowly o'er the lea,

The plowman homeward plods his weary way,

And leaves the world to darkness and to me.

译文一：晚钟响起来一阵阵给白昼报丧，

牛群在草原上迂回，吼声起落。

耕地人累了，回家走，脚步踉跄，

把整个世界给了黄昏与我。

——卞之琳译文

译文二：暮钟鸣，昼已暝

牛羊相呼，迂回草径

农人荷锄归，蹒跚而行

把全盘世界剩给我与黄昏。

——郭沫若译文

译文三：晚钟殷殷响，夕阳已西沉，

群牛呼叫归，迂回走草径，

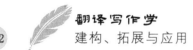

农人荷锄犁，倦倦回家门，

惟我立旷野，独自对黄昏。

——丰华瞻译文

卞之琳译文采用了英诗的格律，以汉语的停顿代替英诗中的音步，再现了原诗的节奏。郭沫若译文不拘格律，采用了自由体诗的形式。丰华瞻译文采用中国传统诗歌的形式，译成汉语的五言诗，句式工整，音韵协和，且是在卞之琳、郭沫若译文之后很久才翻译的。这三种译法虽各有千秋，但共同点是由译者透彻理解原文、充分考虑诗歌的语言、节奏、韵律和句式，并经过修改润饰而得来的，都具有艺术价值和美学价值，这也是成功的译文所必经的过程。

至此，本书已从写作的"感知、运思、表述"发展出翻译写作学的"感知、运思、表述"三大步骤模式，这再次证明写作与翻译间的相似性与互鉴性。值得注意的是，翻译写作的感知、运思、表述这三个阶段并不是相互独立的，而是相互联系、融会贯通的。翻译写作的运思总是反复穿插着对原文的感知，翻译写作的表述阶段也总是贯穿着作者的感知和运思，三者是相互联系的统一整体。

郑琳（2011）进一步研究了西方写作过程模式——海耶斯（Hayes）- 弗劳尔（Flower）写作过程模式，她从 Hayes & Flower 写作过程模式——计划（planning）、传译（translating）和检视（reviewing）的第三点"写作的检视"上得到启发，提出在翻译的"感知、运思、表述"之外增加第四维——翻译的"检视"。

4.3.4　检视

检视指作者对已经形成的文章进行重新审视，并依据某种标准对文本进行评价和修改，使文本最大限度地满足读者的期待。

将翻译的检视从表述过程中独立出来作为一个重要的过程，这是对前文翻译写作三过程，即感知、运思、表述，所作的补充。

与写作的检视相同，一篇好的译文也离不开修改。在翻译的表述阶段，当译文产生之后，译者还要多次修改、核对译文，使译文既能如实传达原文的信息，又能保持语言的自然流畅甚至优美。在对原文理解一致的情况下，目标语表述正确、优美与否是衡量译文优劣的关键。

翻译写作的检视，是译者对已经译写出来的文章进行重新审视，并依据某种标准对译文做出修正，使译文臻于完善。翻译的检视不仅仅是翻译过程的一个重要步骤或环节，更准确地说，它是译者基于对修辞环境（包括原文内容、风格、读者、目的）的清醒认识，运用评判思维对内容和形式重新评价和改正，也包括译者对文体和遣词造句的熟练把握。

翻译的检视包含评价和改正两个子过程，即评价译文是否恰当传达了原文的内容、形式和风格，并改正其不合适的部分。检视的内容大体上包括调整结构、锤炼语言、检查文面等方面。检视的方法有宏观检视、微观检视和校读检视三个层面。宏观检视着重于重新审视和修正译文的内容和结构，包括改换译文的角度、结构、焦点、风格、文体等方面；微观检视主要是在词语、句子和段落三个层面对译文进行修改，包括词语的准确、句子的简洁以及段落的完整与连贯等；校读检视则注重于纠正文字与标点符号等技术方面的错误，使文面干净利落。译文形成之后，译者还要进一步修改润色，不断完善其句法和语义，从而生成优秀的语篇。在修改过程中，译者会根据目标及任务规划来评价已经完成的翻译内容。如果目标语表达不准确或有违既定目标和计划，译者会重新对原文进行感知和运思，并对译文重新表达处理。

翻译写作的感知、运思、表述及检视等四个阶段并不是相互独立的，而是相互联系、融会贯通。翻译写作的运思总是反复穿插着对原文的感知，翻译写作的表述阶段也总是贯穿着译者的感知和运思，而检视则贯穿于翻译的整个过程。总之，翻译写作的感知、运思、表述和检视是相互联系的统一整体。至此，翻译写作学的感知、运思、表述和检视这四个过程建构完成。

4.4　翻译写作思维过程新解

翻译写作学理论旨在从异同之间寻借鉴，梳理笔法求规范，"感知—运思—表述—检视"这一翻译写作过程是翻译写作学对翻译过程的创新分析和诠释。无论是翻译还是写作，都是运用语言的活动，是人类思维活动的表现。"思维产生言语，言语是思维的工具，又是思维的载体。"（唐秀丽等，2000：108）不同的民族，语言各异。然而，"语言形式具有相对稳定的生成原则，内在的脉动与运作显然是思维的凭借"（龚光明，2004：121）。

不同民族的人们通过听与读来获取信息，理解和吸收信息，并设法将外语转化为本族语言，或将本族语言转化为外语，以便能进行说与写，达到传递交流思想文化的目的。这是语言转换的过程，也是思维转换的过程，即翻译的过程。翻译使得不同的思维和不同的语言相互融合。"这种融合指语言和逻辑思维的结合，两种语言的转换实际上是逻辑思维结构上的转换。"（陆国强，2012：9）施志贤与陈德民也认为翻译是"运用概念、判断、推理等逻辑思维形式的过程"（施志贤等，2006：87）。

译者的思维活动是多元的。刘宓庆曾深入研究翻译的思维活动过程，认为翻译的思维活动与一般的抽象思维活动相反，其第一阶段为"翻译思维的逆向运动"（刘宓庆，1985：10），第二阶段为表达阶段。我们认为，"翻译思维的逆向运动"是指译者首先进入思维表层活动，即感知源发语的语言信息，而后进入思维浅层活动（运思）——理解源发语语义进而达到思维深层活动，即透彻理解原文，而后继续运思——将原文逻辑转换为目标语逻辑，从而进入表述——用目标语表达原文思想内容。简言之，译者要翻译，首先就要运用逻辑思维透彻理解和分析原文，弄清源发语中原文作者的逻辑思维，将自己带入到原文语境中，感作者之感，思作者之思。此时，译者的思维活动主要依托源发语语言。之后，译者才能开始翻译。在翻译时，译者的思维活动则要继续运用逻

辑，依托目标语，寻求准确、恰当的目标语来组织译文。至此，**本书试将翻译写作过程与翻译逻辑思维转换融合，尝试得出以下图示（图 4-2）：**

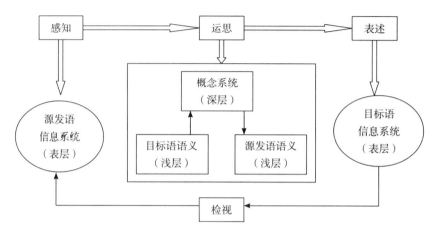

图 4-2　翻译写作思维过程图

4.5　本章小结

在本章中我们首先引入汉语写作学的"感知、运思、表述"（周姬昌，1989）原理，由此构建翻译写作学的"感知、运思、表述"模式。我们进一步借鉴 Hayes & Flower 写作学模式，发展了更为完整的翻译写作学过程模式。

从行为过程上看，写作和翻译存在很多共性。写作和翻译都始于感知，作者感知客观世界，而译者感知原文。无论是作者还是译者，其感知都受到主观情感、知识结构等因素的限制；在感知完成后，作者与译者都进入运思阶段。在这一阶段，作者和译者表现出很大的相似性。作者和译者都开始立意、定体、选材、构架谋篇并进一步构思语言；在表述阶段，作者和译者都在活跃的思维过程中实现运思结果的符号化和文本化，并充分考虑目标语的语性，追求语言的晓畅与优美。在检视阶段，作者和译者都会从内容和表达两方面对已形成的表述加以评价、改进。

至此，我们已从写作学机制上完成了对翻译写作学过程的建构。

第五章
翻译写作学笔法梳理
——兼论翻译研究术语的互通与归结

辨异求同、删繁就简是人类思维活动的重要特征，更是中国优秀的学术传统。其滥觞者莫若孔子之"诗三百，一言以蔽之，曰'思无邪'"（《论语·为政第二》），此即为去芜存菁，高度浓缩。然而，由于世上万物纷繁复杂，新理踵出，名目纷繁，致使揭示同一基本活动的理论形成多种解释，衍生出多个似是而非的术语，让人眼花缭乱。就翻译理论研究而言，这种现象也非常明显。因此翻译术语和译名的推敲与选择值得我们深入探讨。从支谦的"名物不同，传实不易"到严复的"一名之立，旬月踟蹰"，我们体会到了术语和译名统一的重要性。"为了学术研究本身的精密性和准确性，我们的首要工作就是对所有的学术术语（尤其是经过翻译而来的术语）进行甄别、校正，否则，根本就谈不到在学术和理论建设上有什么贡献"（辜正坤，2003：482），徒乱人耳！

许多情况下"道虽同而称法异"，这样就会产生互通与归结的问题。互通就是指互相连通。归结则是指"将错综复杂的现象归结为核心的、本质的东西。比如将分析与综合、演绎与归纳等方法归结为更高层面的整合观念，将翻译的种种表现形态归结到翻译过程，将翻译的主体因素归结到翻译的客体，将人文学科的某些因素归结到正题法则体系。总之，将翻译中一切的一切归结到翻译的核心问题上来"（赵彦春，2005：93）。

既然翻译写作学是对翻译理论研究的继承、梳理和发展，就要对其中一些有争议、意思上交叉重叠的术语重新解说。本章首先讨论"直译、意译"与"异化、归化"的整合，其次讨论 Catford 的有限翻译 /Nida 的异质同构 / 科勒（Werner Koller）的形式对等的归结问题。

5.1 "直译、意译"与"异化、归化"

直译与意译、异化与归化是翻译理论研究和翻译实践中常见的术语；从翻译写作学的角度看，它们可称为翻译笔法和翻译原则。本节研究力求表明直译和异化无论在指导思想还是具体操作上都是一致的，而意译和归化却不能混为一谈，二者各为一种指导原则或翻译方法。本研究旨在将直译与意译、异化与归化整合为"直译、意译与归译"，并重新定义这些概念，尽可能消除这两个对子的纷争与困扰。本章尤其要对历来被视为理所当然、实则语焉不详的"意译"给予明确阐述和定位。

5.1.1 "直译、意译"与"异化、归化"定义之辨

直译与意译问题可说是 3000 年来一直悬而不决的问题（辜正坤，2005：89）。在中国的翻译史上，赞成直译者有之，赞成意译者亦有之。初期佛典翻译中的"文质"说、唐代玄奘的"求真"与"喻俗"、近代严复的"信达雅"、现代鲁迅的"宁信而不顺"与赵景深的"宁顺而不信"等，都是从直译和意译的角度来探讨翻译的原则。当代翻译研究者郭建中（2004：206）、辜正坤（2005：89）、高健（2006：68）、曹明伦（2007：35-37）等都论述过直译与意译问题。

在西方，直译、意译之争也是由来已久。17 世纪的英国翻译理论家德莱顿（John Dryden，1956）提出"翻译三分法"，即逐字译（metaphrase）、意译（paraphrase）和拟译（imitation），这是对西方传统上直译、意译两分法的突破。到了现代，翻译二分法仍然影响深远；Nida 的形式对应与功能对等（formal correspondence/functional equivalence，1964）、Catford 的形式对应与语篇对等（formal correspondence/ textual equivalence，1965）、豪斯（Juliane House）的隐性翻译与显性翻译（covert translation/overt translation，1977）、Newmark 的语义翻译与交际翻译（semantic translation/communicative translation，1981）、诺德（Christiane Nord）的文献型翻译与工具型翻译（documentary translation/instrumental translation，1997）、古特（Emst-August Gutt）的直接翻译与间接翻译（direct translation/indirect translation，1995）乃至韦努蒂（Lawrence Venuti）的异化与归化（foreignization/domestication，1995），无一不是以二分法的形式出现。即便塞弗瑞（1957）的翻译原则有六对之多，也不过是翻译二分法的延伸，兹列如下：

（1）A translation must give the words of the original.

译文必须保留原文的措词。

A translation must give the ideas of the original.

译文必须传达原文的思想。

（2）A translation should read like an original work.

译文读起来应该像原创作品。

A translation should read like a translation.

译文读起来应该像译文。

（3）A translation should reflect the style of the original.

译文应该反映原文的风格。

A translation should possess the style of the translator.

译文应该具有译者的风格。

（4）A translation should read as a contemporary of the original.

译文读起来应该像原文同时代的作品。

A translation should read as a contemporary of the translator.

译文读起来应该像译者同时代的作品。

（5）A translation may add to or omit from the original.

译文可以对原文有所增减。

A translation may never add to or omit from the original.

译文不能对原文有所增减。

（6）A translation of verse should be in prose.

诗歌应当译成散文。

A translation of verse should be in verse.

诗歌应当译成诗歌。

　　以上这六对原则或相互对立，或互为补充，由此形成对立统一关系，我们依然可以从中找到直译与意译、异化与归化的二元论影子。可见历来的翻译实践和研究基本不离这种二分法。这些翻译二分法中影响最大的，仍然要属直译与意译、异化与归化。这两对概念称呼不同，含义近似，由此引发的纷争未有穷期。有新编翻译教程则干脆以"异化与归化"来取代"直译与意译"（孙致礼，2003：33）。直译与意译、异化与归化果真可以平行替换吗？有鉴于此，有必要重启关于这两对翻译术语的讨论。

　　首先我们先考察一下直译与意译的英文定义：

　　A literal translation can be defined in linguistic terms as a translation "made on a level lower than is sufficient to convey the content unchanged while observing TL norms". Nabokov describes it as "rendering, as closely as the associative and syntactical capacities of another language allow, the exact contextual meaning of the original".

—Shuttleworth，2004：96

　　A free translation can be defined in linguistic terms as a translation "made on a level higher than is necessary to convey the content unchanged while observing TL norms." Free translations are thus generally more "TL-oriented" than literal translations.

—Shuttleworth，2004：63

　　在上述定义中，直译与意译只是就语言表达而言。用 Nida 的话来说，直译相当于"形式对应"，意译相当于"功能对等"（郭建中，2004：208）。

　　方梦之的《译学辞典》对直译和意译的定义是："一般认为，译文形式和内容都与原文一致谓之直译。译文内容一致而形式不同谓之意译。"（方梦之，2004：90）

　　林煌天的《中国翻译辞典》（1997：111）认为，凡是能够保存原文意义、形象和语法结构（例如 SV、SVO、SVA 等主要句型）而译文又明白通顺的，才称得上正当的直译，例如，把"Strike while the iron is hot"译为"趁热打铁"；凡是脱离原文形象或

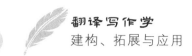

语法结构但对原文意义无所损益的，才称得上正当的意译，例如把"Every dog has his day"译为"人人都有得意的时候"，把"Practice makes perfect"译为"熟能生巧"。

孙迎春的《译学大辞典》（1999：57）认为，所谓直译，就是在译文语言条件许可时，在译文中既保持原文的内容，又保持原文的形式——特别指保持原文的比喻、形象和民族、地方色彩等。每一种民族语言都有它自己的词汇、句法结构和表达方式。当原文的思想与译文的表达方式有矛盾、不宜采用直译法处理时，就应采用意译法。

这几个定义都谈及了形式与内容，对直译的看法比较一致，但对意译皆语焉不详，或谓"译文内容一致而形式不同谓之意译"（方梦之，2004：90），或谓"当原文的思想与译义的表达方式有矛盾不宜采用直译法处理时，就应采用意译法"（孙迎春，1999：57）。曹明伦在他那部明辨翻译研究种种是非的《翻译之道：理论与实践》中，虽然有大段文字论及"直译意译之争"（2007：35-37），但只是围绕"文质说"，始终未能从现代意义上对直译、意译（尤其是后者）加以分辨。高健则将"意译"定义为"放弃原来的形式而另觅其他形式"（2006：68）。

试问："更换原文的比喻、形象，或放弃原来的形式而另觅其他形式"，这能叫意译吗？我们暂且对这个问题存疑，且看另一对翻译二分法——异化与归化的英文定义：

Foreignizing Translation (or Minoritizing Translation): A term used by Venuti (1955) to designate the type of translation in which a TT is produced which deliberately breaks target convention by relating something of the foreignness of the original. Venuti sees the origin of such a concept in Schleiermacher, who discusses the type of translation in which "the translator leaves the author in peace, as much as possible, and moves the reader towards him".

—Shuttleworth，2004：59

Domesticating Translation (or Domestication): A term used by Venuti (1955) to describe the translation strategy in which a transparent, fluent style is adopted in order to minimize the strangeness of the foreign text for TL-readers. Venuti traced the roots of the term back to Schleiermacher's famous notion of the translation which "leaves the reader in peace, as much as possible, and moves the author towards him".

—Shuttleworth，2004：43

上述定义，都包含语言和文化两个方面。归化的翻译，就语言而言，要通顺易懂，要符合目标语的语言规范；就文化而言，要把源发语的文化观念和价值观念加以改变，使之符合目标语的文化规范和禁忌，符合目标语文化的伦理道德和意识形态。也就是说，归化的翻译有效地弥合了外国文本中语言和文化的差异，使译文对目标语读者来说既通顺又易懂。异化的翻译，就语言而言，要有意打破目标语的原有规范以保留源发语的语言规范，这就难免会造成译文与目标语文化不协调；就文化而言，则要求保留源发语文化的观念和价值观，甚至对目标语文化提出挑战，以使读者了解源发语文本与目标语文本在语言表达和文化交流上的差异。Venuti把这种翻译称为"抵抗式翻译"，即抵抗目标语文化的种族中心主义。

关于异化、归化概念的定位，罗选民（2004）认为二者首先是一种文学批评和哲学范畴意义的异化和归化，表现为文化的思考，是从翻译的意识形态看其对文学乃至文化产生的影响。西方学者讨论的"异化、归化"并非是互补的，而是相互排斥的。Venuti对归化翻译的策略作出了描述：遵守目标语文化当前的主流价值观，公然对原文采用保守的同化手段，从而达到让译文符合本土典律、出版潮流和政治的需求。在这类翻译中，翻译者的努力被流畅的译文所掩盖，译者为之隐形，不同文化之间的差异也被掩盖，目标语主流文化价值观取代了源发语文化价值观。从后殖民理论吸取营养的异化翻译策略则将归化翻译视为帝国主义的殖民和征服的共谋，是文化霸权主义的表现。所以，Venuti 提倡异化的翻译策略，译者和目标语读者在翻译过程中努力摆脱来自强势文化（目标语文化）的羁绊。Venuti 在一次访谈（郭建中，2010：300）中一再声明：不要把异化翻译与特定的话语翻译策略等同起来。异化不是一种策略，它并不能提高译文的忠实性。不要把"归化翻译"和"异化翻译"看成是对立的概念，也不要把"归化和异化的概念与 Newmark、Nida、House 使用的术语等同起来"。

但不管 Venuti 情愿与否，"异化、归化"无可避免地被看成与"直译、意译"一样的"绝配"，更成为一些学者的"直译、意译"的"升级版"！国外人士就不乏这种看法。Douglas Robinson 在为 *Routledge Encyclopedia of Translation Studies* 撰写 literal translation 这一条目时指出：

> In the twentieth century, this Romantic foreignizing conception of translation has been picked up and passed on by a succession of brilliant theorists, from Walter Benjamin (1892-1940, "*The Task of the Translator*", 1923) through Martin Heidegger (1889-1976, *The Principle of Ground*, 1957), to George Steiner *(After Babel,* 1975), Antoine Berman (*The Experience of the Foreign*, 1984), Lawrence Venuti (*The Translator's Invisibility*, 1995), and others. Like most of their Romantic precursors, these later theorists typically dualize translation and assign overtly moral charges to the two choices: either you domesticate the SL text, cravenly assimilate it to the flat denatured ordinary language of TL culture, or you foreignize it, retain some of its alterity through literalism, and so heroically resist the flattening pressures of commodity capitalism. There are no other alternatives, no middles excluded by the dualism; and the moral imperatives behind the choice, if not always practical in the real world (a translator might be forced to domesticate in some circumstances, to make a living), are nevertheless irrevocable.
>
> —Mona Baker, 1998

我们从 Douglas Robinson 的上述论述中得出这样的结论：

（1）异化、归化的内涵与直译、意译的内涵并无实质的区别；关于异化、归化的争论，实际上是直译、意译争论的继续和延伸。

（2）论者对异化、归化赋予较强的意识形态色彩，而在论及直译、意译时，仅涉及方法论的问题。

在西方学者看来，异化与归化翻译强调的是政治意识形态的问题。传统意义上的异化与归化和现代意义上的异化与归化具有不同的功能与目的；在汉语中我们用同样的词语来表示它们，在英语中，我们可以采用罗选民的建议，即用首字母大写的 Foreignizing 和 Domesticating 来指作为文化策略的异化和归化，用首字母小写的 domesticating 和 foreignizing 来指当今文化层面上的意译和直译。因此，小写字母的异化（foreignizing）和归化（domesticating）是直译和意译的延伸与发展，而大写字母的异化（Foreignizing）和归化（Domesticating）是直译和意译的革命，开拓了翻译研究的新领域（罗选民，2004）。本文重点关注的是小写的异化（foreignizing）归化（domesticating）与直译意译的关系差异。

5.1.2　对"直译意译"与"异化归化"的批判整合

鉴于直译意译和异化归化有这么多说不清理更乱的问题，郭建中建议，我们应该把语言与文化、形式与内容分开来处理，把直译和意译的定义限定在语言形式的处理范围，把异化和归化的定义限定在文化内容的处理范围，同时撇开意识形态问题，只就方法论问题进行探讨，并对如下四个概念重新定义（郭建中，2004：211）：

　　直译（literal translation）：译文的语言表达形式，在目标语规范容许的范围内，基本上遵循源发语表达的形式而又忠实于原文的意思。
　　意译（free translation）：译文的语言表达形式，完全遵循目标语的规范而不考虑源发语的表达形式，但又忠于原文的意思。
　　异化（foreignization）：在译文中保留源发语的文化观念和价值观，特别是保留原文的比喻、形象和民族、地方色彩等。
　　归化（domestication）：在译文中把源发语中的文化观念和价值观，用目标语中的文化观念和价值观来替代，特别是把原文的比喻、形象和民族、地方色彩等用相应的目标语中的比喻、形象和民族、地方色彩来替代。

以上概念仍然保持二分法，只是定义更显规范和清晰，有阅此而再无需他顾之功效。郭建中把这两对翻译术语合并而用之：

　　直译+异化：All the world is a stage.　整个世界是个大舞台。
　　直译+归化：the center of our Milky Way Galaxy　我们所说的银河系的中心
　　意译+异化：Computer technology may make the car a Smithsonian antique.
　　计算机技术在汽车上的应用会使汽车成为史密森博物馆里的一件古董。
　　意译+归化：Where love's the case,　心病尚需心药医，
　　　　　　　　the Doctor is an ass.　名医难治相思病。

　　这样的界定当然够清楚，但显得繁琐和重叠。仔细分析这四个定义和所举例子，就会发现，这两对概念明显有重复和各异的地方。直译是原文形式（主要体现在修辞结构

和句构）和内容都加以传递，而意译"不考虑源发语表达形式"（郭建中，2004：211），那么它到底是怎么传递原文意义的呢？之前的说法多有不详：或谓"译文内容一致而形式不同谓之意译"（方梦之，2004：90）；或谓"当原文的思想与译文的表达方式有矛盾，不宜采用直译法处理时，就应采用意译法"（孙迎春，1999：57）；或谓"放弃原来的形式而另觅其他形式"（高健，2006：68）。这些见解都把意译视为想当然耳！此之谓"獐边者是鹿，鹿边者是獐"是也。辜正坤是这样区分意译的（2005：90）：

[83] 原文：Birds of a feather flock together.
意译：物以类聚，人以群分。
直译：同毛鸟，飞一道。

[84] 原文：Laugh off one's head.
意译：笑掉大牙；捧腹大笑。
直译：笑掉脑袋。

　　可以看出，辜氏用目标语中原有修辞表达替换源发语的修辞表达，并以此当作"意译"的例证，他也认为这"极为归化"（2005：90）。如果这样，意译的范围就太宽泛了。那么意译到底是何所指呢？在 Nida 的一段论述里，我们发现了其中的奥秘，悟出了意译的真正所在！

　　Nida 认为，由于表达同一概念的两种语言的比喻表达（figurative expression）不够贴切对应，源发语里的一些比喻用法就要译成目标语里的非比喻表达（nonfigurative expression），或称普通表达（general expression），例如英语中 as white as snow 可以直译成"雪白"这种比喻表达语，也可以用"白极了"这种非比喻表达语，后者只传递原文的基本义，而原文的表达修辞特征"snow"丢失（1991：124），这正是对"意译"的最佳诠释。

　　直译和异化虽称法不同，但做法一致。直译既然遵循源发语表达的形式，而又传达原文的意思，不正如"异化"，强调把原文的比喻、形象和民族、地方色彩等传递过去了吗？倒是意译和归化不能简单替换和对应，而这正是相当多人误以为可以的。意译重在传意，既不沿用源发语也不改用目标语的修辞表达结构，它使用的是非比喻语言（nonfigurative language）！归化则是把原文的比喻、形象和民族、地方色彩等用目标语中相应的比喻、形象和民族、地方色彩来替代，这不可能只是意译，而是彻头彻尾的"归化"，或曰"归译"！可以看出，无论使用直译还是意译，异化还是归化，都无法单独概括翻译的最基本方法和思想，因为他们互为交叉、重叠、互补。本着事情宜简不宜繁的原则，我们将两对翻译方法整合如下：

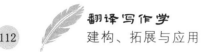

直译、意译、归译

直译（literal translation）：译文的语言表达形式，在目标语规范容许范围内，遵循源发语表达的形式，而又忠实于原文的意思。也即在译文中保留源发语的文化观念和价值观，特别是保留原文的比喻、形象和民族、地方色彩等。

意译（free translation）：译文忠于原文的意思，译文的语言表达形式遵循目标语的规范，但它既舍弃原文的比喻、形象和民族、地方色彩，又不采用目标语中相应的比喻、形象和民族、地方色彩来替代。它采用的是非比喻表达方式。

归译（domesticating translation）：在译文中把源发语中的文化观念和价值观，用目标语中的文化观念和价值观来替代，特别是把原文的比喻、形象和民族、地方色彩等用目标语中相应的比喻、形象和民族、地方色彩来替代。

这样整合的好处是：从此摆脱直译与意译、异化与归化的纠缠，把语言层面操作和文化取向统一起来，从二分法发展成三分法。我们对"意译"的解读更是对其以往语焉不详或错误所指的一大修正。举例而言，kill two birds with one stone 译成"一石二鸟"是直译；译成"一箭双雕"是归译，译成"做一件事，同时得到两种好处"则是意译。翻译时究竟采用直译、意译或归译，必须根据翻译的目的、译者的价值取向、译文语言的接纳容许度和读者的接受能力来决定，因此，同一原文可以衍生出多种不同的译文。按照功能目的论的观点，如果能够满足译文的目的要求，哪怕做到逐词翻译也是可以的。（Nord，2001：36）这就是翻译可以有多种译文的依据。我们提出在翻译目的指导方针下的"直译、意译、归译"的新分类，既符合功能翻译理论的要求，也最大限度地发挥了传统翻译方法的优势。

5.1.3 "直译、意译、归译"的应用范围

历来对直译与意译的讨论，一般都侧重在原文的句法结构和修辞结构上。翻译时，原文的句法结构能够照搬当然最好，因为这样能充分体现原文的行文风格。例如，

[85] 原文：It is a truth universally acknowledged that a single man in possession of a good fortune must be in want of a wife.

译文一：凡有产业的单身汉，总要娶位太太，这已经成了一条举世公认的真理。

——王科一译文

译文二：世间有这样一条公认的真理——凡财产丰厚的单身男人势必想娶个太太。

——译者阙如

译文一采用倒译法，这符合翻译技巧运用。但从句法上看，英语原文乃"圆周句"（periodic sentence）。"读者开始以为作者将郑重其事地宣告一个举世公认的真理，然而读到最后一个词却出乎意料地发现，所谓'举世公认'的真理，只不过是市侩的庸俗意识而已。作者以庄重高雅的形式把读者的期待引向高峰，而最后一个词所代表的庸俗内容，却又将读者的期待降到谷底，产生强烈的讽刺效果，耐人寻味，使人难忘。"（马红

军，2002：98）翻译 Austen 这句名言时，我们应充分考虑原文的这些特征，即"先庄后谐"，尽力顺着原文的主结构来翻译，而不是只考虑中文读者的阅读习惯，任意改变句法结构（如译文一），形成"先谐后庄"。相比之下，译文二保留了原文"先庄后谐"的表达结构，其效果有如原文。

然而，英汉语之间的天然差异使得大多数句法结构的直译极其艰难或根本不可能。这里且不说长句的翻译，就某些英语短句而言，其难度可见一斑：

[86] 原文：*This season saw* an ominous dawning of the tenth of November.
译文一：<u>这一季节看见（目睹、见证）</u>十一月十日不祥的破晓。*[①]
译文二：<u>在这个季节</u>，十一月十日黎明时分的景象是个不祥之兆。

在这里，无论译者如何具有直译观念，都不可能把原文译成译文一那样，而只能是译文二。关于句式上的翻译问题，Newmark 的语义翻译与交际翻译可资借鉴。

Newmark 的语义与交际翻译从语义学和语用学的角度来论述形式与内容的关系。他把语义翻译（semantic translation）定义为"在目标语的语义和句法结构尽可能容许的情况下，译出原文确切的上下文义"（Newmark，2001：39）。语义翻译力求再现原作的风格，词语中的思维过程（表达形式）和词语后面的意图同样重要。语义翻译是以作者为中心的，为了保留作者的个性语言，译者不仅需要特别关注语篇的每一个词语，而且需要关注组合这些词语的句法，关注语篇特有的节奏。Newmark 在其后期著述中更进一步提出"原作或源发语文本的语言越重要，就越要紧贴翻译出来"（Newmark，1991：5）。下面这个法、英例句取自 Newmark 著作，典型地体现了语义翻译的特征：

[87] 原文：Car la France n'est pas seule! Elle n'est pas seule! Elle n'est pas seule!（法）
英译文：For France is not alone! She is not alone! She is not alone !（英）
中译文：因为法国并不孤单！她不孤单！她不孤单！（中）

在这里，三种不同语言的语句序列、结构、语气基本相同。如果英译文写成："For remember this，France does not stand alone! She is not isolated."（Newmark，1981：45），或中译文改写为："因为法国并不孤单！她有国际支持，她并不孤立"，表达虽然丰富了，但原句的结构模式变化了，原文的气势也就走样了。由此可知，语义翻译要求译文尽可能在词、句法及语气上都逼似原作，以求得各层面的对等或贴切。

尽管 Newmark 极力澄清他的语义翻译与直译的差别（Newmark，2001：46），我们觉得语义翻译和直译就是一回事。Newmark 本人也承认，语义翻译源于俄国学者纳波科夫对他的影响。语义翻译是对纳波科夫"直译"定义的改编。（杨士焯，1998）Newmark 还提到，语义翻译之所以重要的另一个原因是它对目标语的贡献和影响。它丰富发展了

---

① 星号表示该译文不可接受。

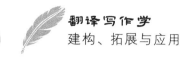
目标语，常能造出目标语作家所不能或想像不出的异域表达方式。语义翻译提供了新译词、外来"奇异的"翻译习语、谚语、隐喻、句法等，这些表达语潜移默化地影响了译文的语言和文化。本书重新定义的"直译"吸取语义翻译的优点，使"直译"概念更具有语言学意义。

Newmark 的交际翻译（communicative translation）"试图使读者阅读译文所得到的效果尽可能接近原文读者阅读原文得到的效果"（Newmark，2001：39）。

从 Newmark 引用的交际翻译的例句来看（Newmark，2001：54），交际翻译基本属于归译范畴。

[88] 原文：Défense de marcher sur le gazon（法）

交际翻译：Keep off the grass （英）

勿踏草坪（中）

语义翻译：Walking on the turf is forbidden（英）*[1]

It is forbidden to walk on the turf（英）*

在草坪上走是禁止的（中）*

[89] 原文：Frisch angestrichen!（德）

交际翻译：Wet paint!（英）

油漆未干，请勿触摸！ （中）

语义翻译：Recently painted!（英）*[2]

刚刷了油漆！（中）（根据德文翻译）*

湿的油漆！（中）（根据英文 Wet paint 翻译）*

[88][89] 里的法文、英文和德文例证都出自 Newmark 书中。从这些例句可以看出，在具有交流、警示意义的祈使句（景观语）中，只宜采用交际翻译，也就是寻找出目标语中相应的惯用语对译，而不是如语义翻译那样，只如实地译出原文的内容乃至词、句子的语义结构。因此，我们可以把交际翻译归结到归译方法上来。

如果说 Newmark 的语义翻译与交际翻译关注更多的是语篇类型下句式的直译和归译，那么 Nida 翻译理论的核心，尤其是其后期研究的主要成果，一言以蔽之，主要是关注比喻语言（figurative language）的功能对等翻译。所谓比喻语言，指的是隐喻、转喻、明喻、夸张等一系列修辞表达（Nida，1991：86-88）。比喻语言通过比喻用法（figurative expression）体现。围绕比喻语言的形式应该采取直译还是其他译法的问题，Nida 提出：为了使译文"灵活对等"（dynamic equivalence），可以不惜更改原文比喻结构。如此一来，《圣经》原文特有的含义丧失殆尽。这其实是归译思想在作祟。难怪

---

① 星号表示该译文不可接受。

② 星号表示该译文不可接受。

Nida 的翻译观点会遭到宗教界人士和翻译界人士的共同批评（Munday，2001：43）。鉴于此，Nida 将 dynamic equivalence（1964）修正为 functional equivalence，并提出决定是否改变比喻形式的五个原则（1986：38）：

（1）直译原文会使意义发生错误。

heap coals of fire on his head 源自闪语（Semitic），其字面意义是"堆煤炭火团在他头上"，引申义为"使人羞愧交加"，这个闪语短语无论直译成英文或中文，都难免被人严重曲解为"某种折磨人致死的酷刑"。因此这里只好取其意译。

（2）借用语会构成语义空白，从而可能使读者填入错误意义。

（3）形式对应会引起严重的意义不明。

（4）形式对应会产生不为原作者有意安排的歧义表达法。

（5）形式对应会引起译文语法错误、语体不合。

以上五条原则总结起来就是：当形式对应容易使译文产生误解时，就应该改变形式。但 Nida 也提出：有些重要的宗教（如基督教）象征标志，其含义往往隐晦难懂，但为了保持《圣经》文化信息的完整统一，不可随意变换（Nida，1986：39）。这些原则同样可适用于《圣经》以外的其他题材，尤其是文学题材。比喻语言的翻译处理最能展现直译、意译和归译的区别所在。为使这个新"翻译三分法"更加形象，我们以图解展示比喻语言在直译、意译和归译上的处理。

我们以内圆表示比喻语言的基本义，以外圆表示该语言的表达形式，而以三角形表示改变、替换后的比喻表达形式；那么，同一比喻语言的翻译过程就有可能出现以下五种模式：

（1）直译模式 ①：

图 5-1　直译模式①图

[90] Birds of a feather flock together. 同毛鸟，飞一道。（对比归译：物以类聚，人以群分。）

[91] Laugh off one's head. 笑掉脑袋。（对比归译：笑掉大牙；捧腹大笑。）

（2）直译模式 ②

图 5-2　直译模式②图

[92] To carry coals to Newcastle　运煤上纽卡索——多此一举

[93] A skeleton in the cupboard　衣柜里的骷髅——见不得人

原文的比喻形式和其基本义都得到如实传递，并采用汉语歇后语方式进一步揭示基本义。

（3）意译模式：

图 5-3　意译模式图

[94] As cool as a cucumber　极为冷静

[95] A wet blanket　令人扫兴的人

在以上二例中，原文的比喻形式"a cucumber""wet blanket"实在无法保留，因为它们的英汉两语或两文化中的"喻体共知性"（刘法公，2007）和兼容性太低；译成中文时只能舍弃原喻体，而以非比喻形式传递其基本义。同样，"Every dog has his day"也必须舍弃"dog"这一形象词，故只能译成"凡人皆有得意日"。

（4）归译模式①：

图 5-4　归译模式①图

[96] What you lose on the swings you get back on the roundabouts.　失之东隅，收之桑榆。

[97] An idle youth, a needy age.　少壮不努力，老大徒伤悲。

[98] Faith will move mountains.　精诚所至，金石为开。

原文的比喻形式被目标语里的传统比喻表达形式所取代，恰到好处地传递了原文的含义。

（5）归译模式②：

图 5-5　归译模式②图

[99] They had been *inseparable* for years.　两人<u>耳鬓厮磨</u>已有多年。

[100] Vietnam was his <u>entrée</u> to the new Administration, his third incarnation as a foreign policy consultant.

越南战争成了他进入新政府的<u>敲门砖</u>。他担任政府的对外政策顾问，那是第三次了。

[99] 的原文中，"inseparable"本身不具有比喻形式，但根据上下文，译文处理成了"耳鬓厮磨"，以比喻的方式形容两人经常相处在一起，关系密切。例 [100] 中的"entrée"译成"敲门砖"，其形象也比原文的非比喻形式来得生动。这同时印证了 Nida 的说法：如果原文太多的比喻表达译成了非比喻表达，那么该语篇的影响力就会丧失。为了弥补这种损失，原文非比喻表达可以译成目标语的比喻表达。（Nida，1991：124）

以上我们对翻译笔法中最具争议的两对术语加以论证。其中，意译在本书作者编著的《英汉翻译教程》（2011）第三章"翻译的技巧篇"里进一步归纳成"虚译"，即指"由于原文的修辞表达结构直译过来会造成误解或牵强，译文只好取其基本义而弃其喻体"（杨士焯，2011：61）；而归译模式②则通常体现为"实译"，即原文没有明显的喻体表达方式，而译文中出现了喻体表达方式。这正好和"虚译"形成一个对子。

对原有翻译基本笔法（直译、意译；异化、归化）的综合整理，目的在于简化手续，使翻译笔法更趋简洁实用。我们以同样的方法继续审视不同翻译研究流派所使用的一些术语，就会进一步发现更多重叠或赘述之处，这里不妨再加以归纳和整合。

5.2　语言学派翻译研究术语的互通与归结

语言学翻译研究学派是翻译研究里最大的派别，成果丰硕。Catford、Nida 和 Koller 是该学派的代表人物。他们的对等理论虽然解说各有不同，但许多地方不乏相通之处。Catford 对翻译下的定义是：replacement of textual material in one language（SL）by equivalent textual material in another language（TL）（Catford，1965：20）。此定义从另一个角度揭示了对等词不对等这个道理。在 Catford 看来，text 作为一个整体是无法从一种语言翻译到另一种语言中去的，其中的 textual material（语篇材料）才可以。他把 textual material 分为四个层面，即音位、字位、语法、词汇。在翻译过程中，只能做到一个层面上的对等（equivalent），而同时在其他层面上只能做到对应（correspondent）。他把这称为有限翻译（restricted translation），即翻译应该分为几个层面实施，译文无法做到各个层面同时完全对等。

Nida 从异质同构现象（isomorphism）的角度论述了这一原理。首先，异质同构涉及异同特征，是语言交际研究中必须处理的主要问题。同构现象可分为两种基本类型：一是保留信息的同构，二是改变信息的同构。所谓保留信息的同构，是指两个复杂结构之间尽管在形式上存在着某些差异，但它们可以彼此重叠。所谓改变信息的同构，是指彼此间存在着某些重大差别，因而在功能上出现不对等的同构。在语法中，一个层面可能存在同构关系，而另一层面又可能不存在。例如，John hit Bill（约翰打了比尔）和 John heard Bill（约翰听见了比尔），这两个句子在一个句法层面，即"名词—动词—名词"结构和主谓结构的层面上彼此同构，但是在施事和受事的功能关系上，两者却发生了逆转。修辞格之间的某些同构关系可能在形式上互不一样，但在功能上却极为近似。英语中可以说 kill two birds with one stone（一块石头打死两只鸟），但在汉语里，功能对等的表达法可以是"一箭双雕"。

正如 Nida 所言，翻译是一个在不同语言间的各个层面上发现同构体的持续过程，即发现那些在功能上同构的符号或符号系列。（Translating involves a constant process of discovering valid functional isomorphs between languages on all levels, in other words, signs and series of signs which will be functionally isomorphic.）（Nida, 1986: 68）译者必须时刻注意寻找所谓的"对等"词汇、"对等"语法结构和"对等"修辞特征；同构体的意义不在于形式上的相似，而在于求得某一层面的功能对等。这一点其实和 Catford 的"有限翻译"说极其相通，为了实现某一层面的对等，我们必须寻求这样的同构体，这就使得谐音、双关语等的翻译从理论上得到了很好的解释。

同样，德国翻译理论家 Koller 也认为"对等"并非笼统只有一个，而是有多种层面或类型，因此他将对等区分成：

(1) 外延（所指）对等（denotative equivalence）：保留话语的实物内容。

(2) 内涵对等（connotative equivalence）：选择同义语言手段传递话语的内涵。

(3) 语言规范对等（text-normative equivalence）：强调各种文体应有相应的特征，遵循一定的语言规范。

(4) 语用对等（pragmatic equivalence）：把译文读者放在中心位置，即 Nida 的"动态对等"。

(5) 形式—审美对等（formal aesthetic equivalence）：传递原文具有的艺术、审美及作者风格个性等形式特征。

较之 Catford 和 Nida，Koller 对翻译对等概念的五分法在内容上显得更加具体和明确。他认为翻译不可能保持全部层面的价值对等，而只能达到某个层面上的对等。翻译就是选择，要建立保留翻译价值的层面，就要了解对等需求的层面。以"形式—审美对等"为例，要在此层面建立对等，就需要在目标语语篇里构建一个"形式类比"（analogy of form），调动目标语里的所有可能形式，必要时还需创造出新形式，使译文里的美学效果类似于源发语文本里的表达效果。（Koller，引自 Chesterman, 1989: 104）

从上述三位翻译论者的观点来看，他们的理论要点其实是相通的，都是为了解释一个问题：翻译不可能完全对等，但译者可以根据文本翻译目的在某个层面上造出对等效果。这就使得翻译，尤其是谐音、节奏、韵脚、双关语等的翻译成为可能。试以下面例证说明：上述各家的解释术语虽然有异，但体现在译文里的技法基本相同。

5.2.1 谐音翻译

[101] 原文：...till upon my looking grave, it desisted—the best dancer, I was say-ing, in the county, till a cruel disease, called *cancer*, came, and bowed her down with pain; but it could never bend her good spirits, or make them stoop, but they were still upright, because she was so good and religious.

译文一：在全郡里，<u>数她跳舞跳得最好</u>：可是，一种叫做<u>癌症</u>的残酷疾病袭来，使她痛苦得弯下了腰；可是它并不能把她那愉快的心情也压下去，不能使她屈服，她在精神上仍然屹然挺立，因为她是一个善良而虔诚的人。 —协调前的译文

译文二：（她）一直是整个郡里最会跳舞的人，可后来大祸临头，<u>舞女（dancer）碰上了癌魔（cancer）</u>，才使她受尽痛苦，跳不成了；但是疾病并没有使她颓唐下来，使她一蹶不振，她依旧心气健旺，精神不垮，这主要是因为她太虔敬善良了。

——协调后的译文；高健译文

论者张慧琴运用高健的"协调论"（2009：17）来考察上述译文，认为译文一看不出任何文字游戏的痕迹，而高健的译文则是符合"协调论"的翻译典范。张慧琴赏析道："原文中的'dancer'与'cancer'两个单词是谐音，但汉语译文无法将其音节传译，只好采用译文加注的方式，将二者协调统一。"（张慧琴，2009：98）

呜呼！译文加注（且还是照抄原文）的方式，能算是二者协调统一吗？任何译者无需借助此"协调论"，皆可率然采取"译文加注"这种最朴直、最笨拙的翻译法，此等译文毫无技术含量可言！倘若要达到"协调统一"之效，我们可以运用上述语言学翻译理论中任何一家的论说（Catford 的有限翻译、Nida 的异质同构或 Koller 的形式对等），进行如下改译：

译文三：她一直是整个郡里最会跳舞的人，可后来大祸临头，舞星碰上了克星，她患上了癌症，这使她受尽痛苦，舞跳不成了；但是疾病并没有使她颓唐下来，使她一蹶不振，她依旧心气健旺，精神不垮，这主要是因为她太虔敬善良了。

在译文三里，"舞星碰上了克星，她患上了癌症"妥善地再现了"dancer"与"cancer"的谐音关系，基本做到了把原文的语言机关（dancer/cancer）协调统一在译文里面。须知：此非高健"协调论"之不济，乃是该论者引用之不当，郢书燕说，穿凿附会！以下例证再次证明：只要翻译观点和方法选用得当，原文中的双关语等修辞表达同样可以在译文中精彩再现。

[102] 原文：*Doe*, a deer, a female deer/*Ray*, a drop of golden sun.
译文一：<u>Doe</u> 是鹿，是一头母鹿 /<u>Ray</u> 是金色阳光。
译文二："哆"是一只小母鹿 /"来"，一金色阳光

译文三：哆，我的朋友多 / 来，大家来唱歌。

译文四：朵，美丽的花朵 / 来呀，大家都快来！

原文：*Me*, a name I call myself, *Far*/a long long way to run.

译文一：<u>Me</u> 是我，是我自己 /<u>Far</u> 是奔向远方。

译文二："咪"是称呼我自己 /"发"前面道路远又长

译文三："咪"呀，大家笑咪咪 / 发呀，发出光和热

译文四：密，你们来猜秘密 / 发，猜中我把奖发。

原文：*Sew*, a needle pulling thread/*La*, a note to follow Sew.

译文一：<u>Sew</u> 是穿针引线 /<u>La</u> 跟在 Sew 后面走。

译文二："索"是穿针又引线 /"拉"是音符跟着"索"。

译文三："索"能拴住门和窗 / 拉呀，大家来拉车。

译文四：索，大家用心思索 / 拉，快点猜莫拖拉。

原文：*Tea*, a drink with jam and bread. That will bring us back to *Doe*.

译文一：<u>Tea</u> 是喝茶加点心 / 那就重又回到 <u>Doe</u>。

译文二："梯"是饮料茶点 / 然后我们来唱"哆"。

译文三："西"太阳已归西 / 然后我们来唱"哆"。

译文四：体，怎样练好身体 / 做茁壮成长的花朵。

评析：在这首歌曲中，押韵是原文的主要特征，目的是增强趣味性。译文一、二基本都是死译原文的字、词，不能传递原文的妙处。译文三、四虽然有差异，但思路是对的，都是大胆抛弃原文的后半部，并根据关键词改造表达结构。这才是真正忠实于原文的功能和目的的译法，较完美地体现了许渊冲所说的"意美、音美、形美"。

[103] 原文：It was a splendid population—for all the *slow, sleepy, sluggish-brained sloths stayed* at home.

译文一：这是一批卓越能干的人民——因为所有这些<u>行动迟缓、瞌睡稀稀、呆如树獭</u>的人都留在家乡了。　　　　　　　　　　　　　　——余立三译文

译文二：那是一批卓越的人——因为那<u>些慢慢吞吞、昏昏沉沉、反应迟钝、形如树獭</u>的人留在了家乡。　　　　　　　　　　　　　——杨莉藜译文

译文三：这是一批卓越能干的人民——因为那些<u>行动迟缓、头脑迟钝、睡眠惺忪、呆如树獭</u>的人留在了家乡。　　　　　　　　　——章和升译文

译文四：(出来的)这帮人个个出类拔萃——因为凡是<u>呆板、呆滞、呆头呆脑的呆子都呆在</u>了家里。　　　　　　　　　　　　——马红军译文

评析：在原句中，作者连续用了五个头韵词（alliteration）与前面的 splendid 呼应，词义色彩则正好相反，产生了强烈的诙谐和幽默的效果。一般说来，谐音押韵，如头

韵、尾韵等修辞效果是"不可译"的，因为翻译时常会因照顾词义而破坏韵律与声调；虽然汉语有双声和叠韵，但要把这句中的 slow，sleepy，sluggish-brained, sloths, stayed 等五个词的头韵翻译出来，着实不易。前三个译文采用四字格，已经做得很好，但作为一句名言，在音、形、意、神方面还有很大差距，马红军比较精彩地传递了这点，用五个"呆"字，彻底翻译出了五个押 s 字母的头韵词，此之谓得翻译之法。

[104] 原文：The *ballot* is stronger than the *bullet*.

译文一：<u>选举权</u>比<u>子弹</u>更具威力。

译文二：<u>选票</u>比<u>大炮</u>更具威力。

译文三：<u>选票</u>胜于<u>枪炮</u>。

译文四：<u>选单</u>胜过<u>子弹</u>。

评析：这是一句林肯的名言。林肯之所以用 bullet 和 ballot 相比，是由于两者既音似又形似。译文一里"选举权"和"子弹"之间缺乏音韵及字形上的对称关系，因此译文不理想。译文二、三较好地传达了原文的音韵特征，而译文四在音韵和字形上和原文最为贴近。

[105] 原文："Did you say '*pig*' or '*fig*'?" said the cat.

"I said '*pig*' ", replied Alice.

译文："你刚才是说'<u>猪</u>'还是'<u>鼠</u>'？"那只猫问道。

"我说的是'<u>猪</u>'"，爱丽丝说。

评析：这是英语儿童读物《爱丽丝漫游仙境》中爱丽丝与猫的对话。句中 fig 的出现因与 pig 同韵，才使"猫"听不明白。如果将 fig 译成"无花果"，只是照搬了原文的词义，不能体现原文的韵味。因此，为了配合"猪"的音韵，译者大胆地将 fig（无花果）转译成"鼠"。举一反三，我们同样也可以用"虎""兔"或其他任何谐音字来替换。知此，知翻译也。

5.2.2 双关语翻译

[106] 原文："Why is the river rich?"

"Because it has two *banks*."

"为什么说河水富有？"

译文一："因为它总向<u>前（钱）流</u>。"

译文二："因为它<u>年年有余（鱼）</u>呀。"

译文三："因为<u>有（油）水</u>呀。"

翻译写作学
建构、拓展与应用

评析：原文 bank 是双关语，一指河岸（法语词 rive），二指银行（法语词 banque）。法语词尚且无法做到如英语词那样一词兼二义，何况汉语词？中译文的谐音双关虽然和原文的一词多义在表面上不同，但在修辞效果上却是一致无二的。

[107] 原文：The professor tapped on his desk and shouted："Young men, *Order*!"

—The entire class yelled："Beer!"

译文一：教授敲击桌子喊道：年轻人，<u>请安静</u>！——学生：啤酒。[原注：英语的 order 含歧义：请安静；点菜，要饮料]

译文二：教授敲击桌子喊道：你们这些年轻人<u>吆喝（要喝）</u>什么？——学生：啤酒。

译文三：教授敲击桌子喊道："小伙子们，你们<u>叫什么叫</u>？"

学生："叫啤酒！"

评析：译文一完全无法传递原文的妙处，只能通过注释来使读者明白其中的机关，这样的译文本身是不成功的，或谓此即张慧琴之"协调翻译"是也？译文二以汉语谐音词来再现原文的机关，属实妙趣横生。译文三亦如是。

[108] 原文：If we don't *hang together*, we shall most assuredly *hang separately*. — Franklin

译文一：咱们要不<u>摞到一块儿</u>，保准会<u>吊到一块儿</u>。

译文二：我们不紧紧<u>抱在一起</u>，准保会<u>吊在一起</u>。

译文三：如果我们不能紧密地<u>团结在一起</u>，那就必然<u>分散地走上绞刑台</u>。

译文四：我们不紧紧<u>团结一致</u>，必然<u>一个个被人绞死</u>。

译文五：我们必须<u>共同上战场</u>，否则就得<u>分别上刑场</u>。

译文六：我们必须<u>共赴沙场</u>，否则就得<u>分赴法场</u>。

译文七：如果我们<u>不抱成一团</u>，就会被<u>吊成一串</u>。

译文八：我们若<u>不心手相连</u>，必将<u>身首异处</u>。

评析：这是富兰克林在《独立宣言》上签名时说的话，英文句子妙用两个 hang。前一个 hang together 意为"团结在一起"，后一个 hang separately 意为"分头吊死"。玩笑的口吻中透着严肃，具有名言警句的特征。七个译文各有千秋：译文一、二较为简洁；译文三啰嗦累赘；译文四太白；译文五用两个"场"体现原句的两个 hang，译文六如出一辙；"共同上战场""分别赴刑场"与"共赴沙场""分赴法场"虽有尾韵，但给人以大义凛然的感觉，和原文的诙谐幽默不吻合；译文七用"抱成一团"对应"hang together"，用"吊成一串"对应"hang separately"，"一团"和"一串"谐音；译文八抛开原文的语义结构进行重构，"心手相连"与"身首异处"四字对应，"心手"和"身首"谐音，亦是妙译。

5.3 本章小结

本章首先对"直译意译"与"异化归化"进行了批判分析，顺带梳理了 Nida 和 Newmark 的相关翻译论述，最后整合出翻译三分法：直译、意译和归译。我们认为，直译、意译和归译不但体现在句法上，更体现在比喻语言的翻译上；而比喻语言是语言（特别是文学语言）的重要特征。直译是语篇翻译的整体指导思想，我们应坚持把直译当作翻译的基调，当涉及语篇内具体词语的操作时，能直译尽量直译，不能则取意译或归译。其次，我们还对翻译研究中出现的一些术语的互通加以识别和归结，并据此证明：Catford 的有限翻译、Nida 的异质同构及 Koller 的功能翻译法虽然提法各异，实则一致，都是力图解决一个根本问题，即如何在纷繁复杂的翻译现象中把握问题的关键，找出有效的翻译方法。殊途同归，万变不离其宗。

第六章
翻译写作学译文规范

前面几章的研究表明，译文规范问题在传统翻译研究中未得到深入的探讨。我们在第五章中对翻译写作学笔法做了梳理，重点探讨了翻译研究术语的互通与归结，也对直译、意译与异化、归化做了全新的定义之辩与批判整合。

对翻译写作笔法的探讨落实到翻译实践中便是对目标语译文规范问题的探究。长久以来，汉语在一定程度上受到英语的干扰，呈现欧化现象，其中的恶性欧化给汉语译文表达与译文质量带来了较大的负面影响，译者的汉语基本功，特别是汉语的写作能力若有欠缺，其所译的译文质量难以保障。任何拙劣的汉语表达或是译者表述思维的混乱，都会影响译文质量。这也正是翻译写作学探讨的核心问题。

那么，译写规范的落脚点究竟为何？汉语欧化的根源何在？英语对汉语的干扰体现在哪些层面？有哪些方法可以有效减少译文中的欧化汉语表达？本章中，我们将就如何肃清恶性欧化与伪劣汉语问题展开讨论。

我们的研究发现：传统的翻译研究一般不把目标语译文规范问题纳入研究范畴，唯有思果的《翻译研究》（2001）、《翻译新究》（2001）和余光中的《余光中谈翻译》（2002）较集中地论述了这个问题。翻译写作学的创新之处就是把注重翻译实践的传统翻译研究与目标语写作规范问题结合起来，因为我们认为，高品质的译文离不开高品质的目标语写作规范，翻译最终要落实到译文的撰写上。译者文笔的优劣极大地影响了译文的接受程度。作家刘心武甚至断定，译作的文风其实就是汉译者的文风。他说：

> 正因为我不懂外文，所以，我读外国专家的译本，等于是读了两个人的著作——外国专家给了我人物、场面、故事、氛围……或许还有思想，翻译家则给了我中文的语感。读译著，可以吸收的营养是很多的，却不大可能吸收到原著在语言上的精华。

> ——刘心武，1999：218

杨晓荣也认为：

> 在大多数情况下，读者都是在无意识中吸收着译者提供的语言营养……同一作品，经不同译者译出的文字不会完全一样……对译者来说，代原作者立言，下笔前三思绝不为

过；对研究者来说，读者这种"不分青红皂白"的接受对文学名著生存状况的震撼作用是不可忽视的。

——杨晓荣，2005：49-50

这些论述表明了译者所肩负的重担。在这一点上，单语写作能力与翻译写作能力是基本一致的。如果译者能够运笔不拙，译文的质量当可保证；如果译者的文理欠通，或文字敏感力和鉴赏力欠缺，则译文必然遭殃。

语言本无优劣之分，但语言使用者的水平有高低之别。特别是在英汉翻译方面，影响译者笔力的不良因素主要有如下两种：欧化汉语和伪劣汉语。所谓欧化汉语，是指在词法、句法等方面受到欧洲语言（尤其是英语）的影响。这是一种外来影响，有良性欧化和恶性欧化之分。所谓伪劣汉语，是指当前社会上的俚俗用语对已相对定型的书面语体的侵袭；这是一种内部影响，犹如伪劣商品一样令人厌恶。对欧化汉语和伪劣汉语加以认识有助于提高翻译写作能力。兹分两部分叙述之。

6.1　汉语欧化问题

汉语受外化影响自古有之，这也是文化交流之必然。中国历史上汉民族王朝两度亡于异族，但中文的"蒙古化"和"满化"却是极其有限的。（余光中，2002：86）印度文化凭借宗教的力量影响了我们近两千年，涉及哲学、文学、艺术等方面，但梵文对中文的影响非常有限，主要体现在大量佛教词汇的传入和汉语一些特殊表达句式的出现。佛经中的一些词汇通过文化传承，现在已然成为汉语词汇的组成部分，如"菩萨""阎罗王""世界""刹那""五体投地""因缘""意识""解脱""一尘不染"等等。受佛经翻译的影响，汉语的语法结构也出现了一些用法上的变化，比如：汉语助词"于"在先秦两汉书籍中从来不用在动宾之间；魏晋六朝时译经，为了凑韵文字数，才有了这种用法，如鸠摩罗什译的《法华经》中就有"击于大法鼓""供养于诸佛"等句子。此种用法，后来传到皮簧戏词里，就出现了"打骂于他""取笑于我"的说法。（马祖毅，1984：75）今天我们见怪不怪，还把这些当作我们的古语了。

佛经的翻译对我国的文言文体也产生了一些影响。昙无谶译《大涅盘经》，以清和流美的笔调，演回旋萦纡的胜义，使人读后如饮醍醐，如饮醇醪。玄奘的译文运用六朝以来"偶正奇变"的文体，参酌梵文钩锁连环的方式，融合成一种"整严凝重"的风格。关于佛经译文的语言特色，梁启超总结归纳了十条（引自马祖毅，1984：76）：

(1) 普通文章中所用"之乎也者矣焉哉"，佛经一概不用（除支谦流之译本）；

(2) 既不用骈文家之绮词丽句，亦不采古文家之绳墨格调；

(3) 倒装句法极多；

(4) 提挈句法极多；

(5) 一句中或一段落中含解释语；

（6）多复牒前文语；

（7）有连缀十余字乃至数字而成之名词——一句词中含形容格的名词——无数；

（8）同格的语句，铺排叙列，动致数十；

（9）一篇之中，散文诗歌交错；

（10）其诗歌之译本为无韵的。

凡此皆文章构造形式上，画然辟一新国土。　　　——《饮冰室合集专集》（第十四册）

佛教传入中国之初，中国文化正当盛期，中文的生命力厚实稳固，自有足够的力量加以吸收改良。但清末民国初期以来，中国文化式微，文言的生命已经僵化，白话犹在牙牙学语的稚龄，力气不足；而此时西方文化借英、法文等及翻译大量输入，汉语遂有消化不良的现象，以致欧化严重、流毒甚广。正如余光中所言，不但翻译者使用这种欧化语言，连作家等也受浸染。（余光中，2002：86）

汉语欧化现象开始的具体时间难以考证，但五四新文化运动中明确主张"欧化"。胡适和傅斯年都是新文化运动的领军人物。傅斯年曾撰文《怎样做白话文》（1935），明确指出：

要想成独到的白话，超于说话的白话文又创造精神的白话，与西洋文同流的白话文，就要在乞灵说话以外，再找出一宗高等凭借物。这高等凭借物是什么，照我回答，就是用西洋文的款式，文法，句法，章法，词枝……一切修辞学上的方法，造成一种超于现在的国语，欧化的国语，因而成就一种欧化国语的文学。

此诚所谓欧化汉语之宣言！

白话文运动明确提出"欧化"汉语，以西洋语言改造汉语，甚至提出汉语字母化，生硬主张"汉字不灭，中国必亡"（鲁迅，2005），是何居心！然而，斩断文言，新生白话孱弱不堪，不得已西化，翻译成为西化之源。在西学翻译高潮中，"异化"大行其道，其结果有三种。第一，汉语欧化是白话文运动、汉语自身发展趋势的综合产物，影响有好坏之分：一方面汉语"白话""欧化"利于开启民智、传播新思想；另一方面，受英语的影响，某些延续了成百上千年之久的汉语习惯被打破，汉语沦为文学革命的"工具"，从"意合"向"意合形合"兼顾发展，变得冗长拖沓，语言审美价值锐减。第二，汉语欧化呈现方向性、过渡性、文体性、扩散性，即主要是英语影响汉语，欧化汉语集中在书面语中，具有扩散性。第三，汉英语言差异巨大，英语对汉语的影响主要集中在词汇、语法层面。语法层面主要包括：名词、动词、介词、连词、助动词、"被动式"等欧化。本来汉语是极不擅长被动式的，近些年来，汉语被动式出现急性膨胀，"被"搭配"不及物动词""名词""形容词"等一切词，表达一种被迫与无奈。

张星烺评价欧化时说："兹不论其高下，与夫结果之善恶，但凡欧洲人所创造，直接或间接传来，使中国人学之，除旧布新，在将来历史上留有纪念痕迹者，皆谓之欧化。"（2000：4）该定义宽泛，不单论语言文化，更泛指欧洲文明对中国的影响。

王力指出，"最近二三十年来，中国受西洋文化的影响太深了，于是语法也发生了不少的变化。这种受西洋语法影响而产生的中国新语法，我们叫它做欧化的语法"（1944：334）。

1996年版的《汉语知识词典》这样定义欧化语法：

> 在运用汉语时，因受到印欧语言的影响而产生的与印欧语言用语习惯相同或相近、与汉民族用语习惯不同的特殊的语法现象。如，汉语的因果复句一般习惯是表示原因的分句在前，表示结果的分句在后；受印欧语果在前、因在后的表达格式的影响，有人使用因果复句时常常把表示结果的分句放在前，表示原因的分句放在后，这种现象便属于欧化的语法现象。

王力认为，"（欧化语法）往往只在文章中出现，还不大看见它在口语里出现……一般民众并没有用惯"，而且，欧化"大致就是英化"（1985：334），因为中国懂外语的人，以懂英语者居多。欧化语法既指在英语的影响下产生的全新语法形式，也指在汉语中萌芽、但在"西风"吹拂下蓬勃发展的语法形式。

思果说："中文经过的欧化，有两种，一种是良性的，值得鼓励；一种是恶性的，必须避免。"（2002：83）余光中将之区分为"善性欧化"和"恶性欧化"（2002：124），乃至"畸形欧化"（2002：61），并认为"畸形欧化"是目前中译最严重的"疵境"（2002：61），究其病源，竟是中文不济，而不是英文不解。

贺阳也区分了"良性的欧化"和"恶性的欧化"，但他认为：

> 一种外来影响能够融入受影响的语言，能够得到社会公众的普遍认同，那么这种影响就是积极的，就是良性的。从这个意义上说，汉语系统中并不存在真正的所谓"恶性欧化"现象，因为这类现象只可能在个人言语中昙花一现，而不能进入全民语言（2008：308）。

这论述很值得商榷。现在有那么多"个人"在群众性地犯恶性欧化的错误（"当……""如此……以至于"都是典型的恶例），难道还不算"进入全民语言"？果真那么形势大好，思果和余光中何必费劲去撰文批判恶性欧化呢？如此一部论述现代汉语欧化语法现象的著作只谈良性欧化而不涉及恶性欧化，是不是失之片面？其论断本身就犯了学术研究之大忌。那还不如在书名"欧化语法"前加上"良性"二字为妥。

6.1.1　汉语欧化之因果

汉语欧化现象可追溯到19世纪，最早见诸传教士翻译和书写的汉语文本当中，而后又出现在晚清民初浅近文言和白话的翻译作品中（朱一凡，2011：7）；其成因既来自汉语内在的缺陷，也有社会文化因素的推动。

五四运动前后提倡"废文言，兴白话"，但当时的白话还处在"学步"阶段，所以当白话文的倡导者们推倒了文言的正统地位，实现从文言到白话的转变之时，他们发现白

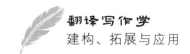

话不但表现能力很低，而且具有严重的缺陷。（张彦群，2008：148）傅斯年认为：与西方语言相比，汉语"只多单句，很少复句，层次极浅"，很难圆满地传达意思；而西文"层次极深，一句话的意思，一层一层的剥进，一层一层的露出，精密的思想，非这样复杂的文句组织，不能表现"（傅斯年，转引自张彦群，2008：148）。此乃语言方面之"因"。

白话文运动发生在中国积贫积弱、洋为中用的年代，中国当时的政治、经济、军事力量一蹶不振；随着西方列强的殖民入侵，西方语言及其文化体系也得到了扩张，中国社会进入近代化的过程中，汉语也逐步进入了西方语言的框架。（李丽明，1997：63-64）洋务运动、维新运动的开展引起了社会现实与文化意识的转变，"观念的更新借助语言的表达，同时也改造着语言的表达方式"。近代中国致力于吸收西方以科学主义精神为核心的理性主义风格，促进了汉语"人文性"逐步向西语"逻辑化""科学化"的发展。（李丽明，1997：64）此乃社会历史条件之"因"。

所有西方语言中，英语对汉语的影响最深，主要原因是英语是一种全球性的语言；而汉语虽使用者众多，但大多集中在中国和新加坡等地，区域特征较明显。此外，中国经济是外向型经济，和世界接轨不得不用英文；掌握英语就意味着更多的发展机会，这也影响了中国相关语言政策的制定。基础教育领域影响深远，目前已经对英语教育开放，英语教育和汉语教育并驾齐趋，中国汉英双语者越来越多；随之而来的是对母语（汉语）忠诚度的降低：在日常交流中，中国的年轻一代汉英夹杂的现象并不鲜见，能用汉语表达的地方，偏要求新立异用英文替代。这些都为"汉语欧化"起了推波助澜的作用。此乃由社会经济因素（"因"）逐渐过渡到汉语欧化的表现（"果"）。

正如思果、余光中所言，欧化汉语有"善性"的一面（余光中，2002：124），表现为促进汉语的发展和多样化。以代词性化为例，钱玄同、吕叔湘、王力都曾指出在英文文法的影响下，为求精密，创造了"她"。（贺阳，2008：64-65）五四运动前后有的文学作品中用"伊"专指女性，也跟着改用"她"。现在，"她"已经广为接受，融入现代标准汉语。可惜革命还不够彻底，"他""她""它"虽字面上可辨，但还是无法像英语的 he，she，it 那样可以听音知性（若"她"改成"梯"音；"它"改成"特"音，这样也许就不会乱了）。英语还增强了汉语的能产性，主要表现在：第一，词类活用增多，不及物动词加宾语，例如"挑战"本只作不及物动词，现在却可加上宾语，如"挑战主持人"。第二，出现了大量的词缀。郭鸿杰（2005：107）说"现代汉语的词缀化倾向是英语的词缀化倾向所致"，"非－、反－、－性"等都有对应的英文词缀。第三，汉语原有词素意义增加，如"－吧、－门"等词素可以和其他词素灵活搭配，构成新词。例如：酒吧、话吧、迪吧、氧吧、网吧、股吧、贴吧、冰吧、说吧（百度社交产品，类似"微博"）、图吧、（阅）读吧；艳照门、艳舞门、轮胎门、行贿门、家暴门、山寨门、泼墨门。此乃"果"之具体体现。

6.1.2 英语对汉语的干扰

伴随着英语强势文化的侵入，汉语所受的干扰以词汇首当其冲，其次是语音、语法。本章主要从翻译的角度谈英语如何干扰汉语的词汇和语法。语法干扰着重探讨汉语的动词、介词、名词、结构助词、连词、被动式、语序等的欧化问题。

一般而言，谈英语对汉语的影响多从词法、句法、形态入手。王力独辟一章谈论欧化汉语，着眼六大方面（1944：335-373）：复音词的创造、主语和系词的增加、句子的延长、"可能式，记号式，记号的欧化"、连接成分的欧化、新替代法和新称数法；内容包括：词类转换（词性变更，1944：335）、"次品、末品"（形容词、副词）欧化、被动式语义色彩中性化、记号欧化等。"记号欧化"主要谈原有记号用途扩大（们、的、着）和新记号词（借自动词的"化"、借自形容词的"上"、借自名词的"性、品、度、家"以及借自副词的"者"）（王力，1944：335-373）。但是，王力的研究侧重于比较传统白话文和现代作品中词句的用法，旨在区分哪些是舶来品。

余光中（2002：109-124）对比"西而不化"和"西而化之"的词、句、篇章，具体涉及：代名词和介词的滥用；连词"和"的滥用（包办"而、且、又"）、"一＋量词"和"……之一"的滥用；"们"和抽象名词的滥用[1]、被动语气西化以及定语过长等。余光中痛批以上现象，认为这些违背了汉语传统的语言使用习惯；在论述中，他亲自示范，重点讲怎么改正、什么是善性西化。

贺阳（2008）主要论述欧化语法问题：动词和形容词、区别词和数量词、代词、介词、连词和助词、"被"字句、语序、共用格式[2]。贺阳侧重于把传统文学作品和现代作品相比较，用统计数据论证欧化。本书在上述学者研究的基础上，重点考察以上提及的欧化现象在近几年文学作品中的反映，指出汉语欧化发展的最新动向，比如：被动式构成更为多样，"们"字滥用等。

6.1.2.1　词汇层面

源自英语的汉语词汇众多，有些已被广为接受，几乎丧失了英语的影子。中国自然科技的绝大部分词汇，如"重力""斜面"等耳熟能详的词语均来自英语。胡兆云指出，汉语中的英语借词涉及方方面面（2001：157），自然、科技、艺术、文学、政治、哲学、经济、法律、医学、战争、建筑以及日常生活各个方面都能看到英语借词。

（1）外来词定义

外来词也称借词，在定义上，众说纷纭。

吕叔湘（1942：13）称之为"外来语"，即"一个语言常常从别的语言里输入许多的词语，尤其是事物的名称……译意的词，因为利用源发语里固有的词或词根去凑合，应归入合义复词，而且也不能算是严格的外来语。译音的词，浑然一体，不可分离，属于衍声的一类"。

罗常培（1950：18）称之为"借字"。

孙长叙（1956：309）称之为"外来语词"，即"语言中的一种借用"。孙长叙认为外来语词有两种，直接借用的，谓之借词；经翻译加工的，谓之目标语。

---

①　抽象名词标志有度、率、感、性、比，和王力所谈的记号词类似。参见余光中（2002，116）。
②　"共用格式"主要包括两个动词共用一个宾语、两个时间副词（或情态助词）共用一个动词。参见贺阳（2008：193-218）。

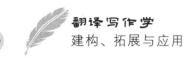

高名凯、刘正埮（1958：13）称之为"外来词"，即"外语来源的本语言的词，而借词是借用外语的词，词还是外语的，只是借来用用而已"。

符淮青（1997：184）指出："从外国语言和本国其他民族语言中连音带义吸收过来的词叫外来词……译词只用其义，不用其音……外来词也叫借词，它不仅用别的词语的义，也借用其音。"

胡晓清（1998：17）称之为"外来语"，指"外国语言和本国其他民族语言中连音带义吸收的词语"或"从日语中连形带义借用过来的词语"。

以上各家定义争论的焦点在于：外来词是否连音带义都要借用。如果是，那么意译词和纯音译词都要排除在外。"五·四"时期"democracy"译成"德谟克拉西"，简称"德先生"；"science"译成"赛恩斯"，简称"赛先生"；"violin"译成"梵娥铃"；"inspiration"译成"烟士披里纯"。这些词语刚开始全部采用音译，现在，倒是其意译"民主""科学""小提琴""灵感"尘埃落定，成不二之选。用汉语的词素改造原词语，消化吸收，使之符合汉语的习惯，所以意译才在汉语词汇中扎下根。

这些音译词和意译词在汉语里原本没有，都是借自他族的语言文化而在汉语里落地开花结果。再者，如果把意译词排除在外，必定不能反映语言接触的全貌。高名凯说："在吸收外来词语的过程中，我们是先借用外语的词，再慢慢地把它改为外来词的；只有等到把外语的词安放在本语言的语音、语法、词汇体系里的时候，才有外来词的存在。"（1958：13）高名凯区分借词和外来词，实际上是区分了外来词的两个阶段：第一阶段，外来词没有完全融入汉语（汉化），存在不符合汉语语音、词法、语法规则的地方；第二阶段，外来语完全符合汉语习惯，流传甚广，成为汉语词汇的一部分。

综上所述，意译词也是外来词的一部分，外来词即借词，和外来词语（foreign words，foreignism）有所不同。姑且可以把外来词定义为：借自他族语言文化的词语，借用的可以是语音、语义或词形。

（2）借词类型

借词分类尚无定论。郭鸿杰根据借词和源词的关系，将借词划分为两类：典型外来词（typical loan word）、边缘外来词（peripheral loan word），其中典型外来词包括：纯音译词（phonetic loans）、音译加义标词（hybrid forms）、音译加谐义词（loan blends）；而边缘外来词包括：意译词（semantic loans）、英语词（English letters）（2005：70）。郭鸿杰认为中国读者根据借词和英语的相似度，能更快辨认出典型外来词。然而，借词和源词的相似度可以随时间、地点变化。一个英语单词可能存在两种甚至多种汉语译法，相似度自然不同，同一个借词可能同时采用音译、意译两种手法，比如，"fans"可以音译成"粉丝"或意译成"……迷"，但"粉丝"是借音，不是借词。

郭鸿杰进而把 semantic loans 分为两类，一类指利用汉语中已有的词素重新组合，形成新词，赋予新义；一类指"仿译词"（loan translation），在原词词素、句法机构的模型上，采用直译、词素对词素翻译形成的词语（2005：70-72）。郭鸿杰指出，通过复合得到的仿译词占到汉语新词的七成以上。其实，loan translation 也叫 calque，把源发语分解成词素，根据源发语的模型（model）得到借入语的仿模（replica）。"semantic loan"的意义和单纯的"语义借用"有所出入。维基百科认为，"semantic loan"指语义借用的过程，与"仿译"相似，然而，前者指借入语中已有完整的词，在语言接触中，该词语的语法范围扩大，涵盖借出语中的意思。由此可见，"semantic loan"的意义和平时所讲的"旧词新意"类似。借词分类中，不妨把通过汉语已有词素重新组合构成的新词称为意译词，把词素对词素翻译得来的词语称为仿译词，把含英文的词叫原文输入词。

综上所述，按照借用成分，可以把借词划分为：音译词、意译词、音译加注词、音义兼顾词、原文输入词。

6.1.2.2　语法层面

语言体系中，词汇最容易受影响，语法则最为稳定。然而，一旦汉语语法受到外来语的影响，其后果则比词法层面所受的影响更为严重。语料显示，英语等西方语言对汉语的影响使得汉语的一些语法在短时间内形成语法突变，这在汉语动词、名词、形容词、介词、助词、连词、被动句以及语序方面尤为突出。

（1）动词欧化

动词欧化其实就是动词名词化。由于英语中的动词含义可以包藏在名词形式下，译者在英汉翻译时极易被牵着鼻子走，要么词性照搬，要么词性转换不当，造成汉语动词名词化的严重后果。我们将英语动词名词化的翻译处理区分为"非转不可"和"不转也可"两类。（杨士焯，2011：48）

① 非转不可

> [109] 原文：Indo-China is a *drain* on French resources.
> 硬译：印度支那战争是对法国资源的<u>一种消耗</u>。
> 改译：印度支那战争不断地<u>消耗</u>法国的资源。

评析：原句中 a drain 若直译成名词"一种消耗"，立显僵化；改译以动词"不断地消耗"应之，符合汉语的语言习惯。这种名词化动词较不容易生搬硬套，原因在于其造成的语言僵硬超乎汉语读者的接受度，因此非转不可。

> [110] 原文：It's mighty to make him work Saturdays, when all the boys is having holiday, but he hates work more than anything else, and I've got to do some of duty by him, or I'll be the *ruination* of the child.
> 硬译：要说星期六别的孩子都在过假日你让他干活儿很难倒还罢了，可他压根儿就恨透了干活儿，比什么都恨，我真的是看不过去，非尽些责任不可，要不我会<u>成了这孩子的毁灭</u>。
> 改译：要说星期六别的孩子都在过假日你让他干活儿很难倒还罢了，可他压根儿就恨透了干活儿，比什么都恨，我真的是看不过去，非<u>尽</u>些责任不可，要不我非把这孩子<u>毁了</u>不可。

评析：很难想象在马克·吐温俚语充斥的口语体小说《汤姆·索亚历险记》中会出

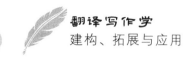

现如此文绉绉的名词用法！他为什么不写成："or I'll ruin the child"? 在这种情况下，英语名词一定要译成汉语动词！

② 不转也可

[111] 原文：My *admiration* for him grew more.

译文一：我<u>对他的敬佩</u>与日俱增。

译文二：我对他越来越<u>敬佩</u>。

评析：admiration 的词性如果照直翻译，未尝不可，这样也更省事。但如果把这个名词和后面动词 grew more 结合在一起，转化成动词，亦佳。

[112] 原文：The international food shortage *had a direct impact on* Kuwait and other barren desert countries.

直译：国际粮食的缺乏对科威特和其他不毛的沙漠国家<u>产生了一种直接的影响</u>。

改译：全球性食品短缺现象<u>直接影响了</u>科威特等贫瘠的沙漠国家。

评析：直译按照原词性翻译，显得生硬，但还说得过去。改译后的译文则将 a direct impact on 动词化，显得简洁，更符合汉语语言规范。

[113] 原文：Rockets have found *application* for the *exploration* of the universe.

直译：火箭已经在<u>对宇宙的探索上得到了应用</u>。

改译：火箭已经<u>用来探索宇宙</u>。

评析：直译的译文也还说得过去，但终不如改译的译文那样顺畅自然。

不幸的是，正是这种"不转也可"的直译方法在英译汉中大行其道，不仅汉语动词出现了名词化倾向，动名词之间的界限也变得模糊，导致汉语动词经常出现在主语、宾语的位置上，这种现象连中文原创（非翻译）作品也不能幸免，例如：

[114] 赵顾一行喘息未定，校长就给予<u>迎头痛击</u>。　　　　　　——文峰，2002：73

[115] 赵顾突然感到一股 PH 值小于 7 的气息，使劲眨眼<u>阻挡泪的滑落</u>。

　　　　　　　　　　　　　　　　　　　　　　　　　　——文峰，2002：79

[116] 过去的五年，在党中央、国务院和中共上海市委<u>的领导下</u>……

　　　　　　　　　　　　　　　——2003 年上海市人代会《政府工作报告》

[117] 事实上，<u>沈的有钱</u>让我们的交往过程像机场的跑道一样平坦宽敞。

　　　　　　　　　　　　　　　　　　　　　　　　——任晓雯，2002：104

　　评析：例 [114] 的"迎头痛击"可以直接作动词，却沦为"给予"的宾语。例 [115] 的"阻挡泪的滑落"中，"滑落"名词化，沦为"阻挡"的宾语，构成"N+（的）+V"结构。贺阳考证指出（2008：53），"NV"结构已在汉语中萌芽，原本只用于表示机构或官职，如"牛羊供应所"，然而这一限制不复存在。例 [116] 中，"在……的领导下"是动词用作名词的典型例子，实际上构成"P（介词）+N+ 的 +V"的结构，已成定式。贺阳曾统计过该结构每万字出现的频率，中国四大古典名著，尤其汉语口语中，词频为零；20 世纪 20 年代，该结构出现。到 20 世纪末，词频高达每万字 12.5。中国四大古典名著横跨四个世纪，汉语口语中词频为零，由此可见，"P+N+ 的 +V"在短短几十年便完成了萌芽、蓬勃发展和成型的全部历程（2008：60）。

　　政论文章中，动词作名词，出现"N+（的）+V""P+N+ 的 +V"结构，并不鲜见，譬如：

[118]

科技进步、体制改革、社区管理	（促进）	多种业务的融合发展
机构改革、工程建设、资产管理	（加强）	信息化环境建设
产业升级、产业转移、执法监督	（普及）	城市地理信息系统应用
职能转变、人的全面发展	（推动）	电子政务建设
投资环境改善、城市功能的培育	（加强）	人口综合调控
城市文化和精神的提高	（实现）	信息资源共享

　　余光中提到"英文好用抽象名词，其结果是软化了动词，也可以说是架空了动词"（余光中，2002：153），如不说"press"而说"apply pressure"；不说"permit"，而说"give authorization"。这种情况随着欧化 / 英化早就蔓延到当代中文里，喜欢把简单明了的动词分解成"万能动词 + 抽象名词"的片语。这些万能动词包括"作出"和"进行"，"恶势力之大，几乎要吃掉一半的正规动词"（余光中，2002：154）。

　　中山大学哲学系教授、近代史学家袁伟时准确地把这种欧化称之为"新华体"，盖新华社语体于社会、于文化之功莫大焉！

　　"发生交火""举行会面""进行座谈"……这些新华体，盛行多年，流毒很广，连正式的新闻公报都是这样写的。不必要的重复，与汉字讲究简洁、准确的传统背道而驰！许多年轻人跟在你们后面仿效，太惨了！ ①

　　但是，从该微博的读者回帖来看，一些人茫茫然不知问题出在哪里！甚至有人与批

　　① 凤凰网历史频道访谈：《袁伟时谈语言腐败》，http：//news.ifeng.com/history/special/ yuanweishi，访问日期：2013 年 10 月 2 日。

评人袁伟时较真、抬杠，令人汗颜。

（2）介词欧化

汉语是"意合"语言，所以依靠逻辑关系、语义关系联系词语、分句，彰显句子语义；英语是"形合"语言，所以依靠各种连接成分联系各词语、分句、主从句，包括介词、连词、关系代词、关系副词。汉语把主要词语堆砌在一起，靠隐性的语法关系联系起来，形散神不散；英语语法形式紧凑、严密，靠显性的语法关系联系起来。余光中指出"（中文）介系词用得太多，文句的关节就不灵活"（2002：111）。受英文影响，汉语介词使用频率大幅提高，为追求所谓形式上的"精密"，不惜牺牲"简洁"，无需使用介词的地方，介词不断，典型的例子有"当""关于""在"。

介词"当"在古文中早已有之，表示时间，如：

[119] 当尧之时，天下犹未平，洪水横流，泛滥于天下。 ——孟子

[120] 当帝尧之时，鸿水滔天，浩浩怀山襄陵，下民其忧。——司马迁《史记·夏本纪》

[121] 当是时，秦嘉已立景驹为楚王，军彭城东，欲距项梁。

——司马迁《史记·项羽本纪》

[122] 当尧之时，皋陶为士。 ——苏轼《刑赏忠厚之至论》

然而，时间成分不加介词是汉语的常态和习惯。贺阳（2008：140）研究了介词"当"的使用频率，他发现，18世纪的白话文《红楼梦》，时间成分不加介词的比率占99.3%，时间介词加"当"的比率不足1%。部分现代作家的作品中，时间加"当"与否，个体差异较大。但可以肯定，同一作家在不同时间段的用法也会有所不同，如鲁迅在20世纪20年代和30年代用"当"标记时间的比率从4.4%激增到20%（贺阳，2008：140）；而这段时间，时值西学翻译高潮，欧化汉语风头正劲。另外，翻译作品中"当"的频率远远高于原创汉语作品。如今，"当"大行其道，遍布纯中文写作，这种不良表达难道还不算"进入全民语言"？却待怎地？兹举数例。

[123] 更糟糕的是当我好不容易在拥挤不堪的食堂里找到一个有电风扇吹着的座位时，香蕉像从地底下冒出来的一样。 ——张凝，2002：7

[124] 我想，当这个秋天过去的时候，他会变得很强壮，但从这一点上说，我应该向他表示祝贺。 ——张凝，2002：14

[125] 一般来说，当我们对爱情的本质发生兴趣时，我们一定是失去了它。

——张凝，2002：16

[126] 我突然发现大学是一个悖论，当你身在其中的时候，你永远不会理解你所必须去面对的一切，比如说学年论文，比如爱情，再比如我很少提及的英语四级。

——张凝，2002：16

[127] 当我意识到自己是个知识分子的时候，会莫名地清高起来。

——任晓雯，2002：92

[128] 他们是永远无法完成的了，当写到一半的时候，我突然会没有由来地恐惧，我害怕有人读到它们以后会问我：文字里面写的是你自己吗？

——任晓雯，2002：91

[129] 当我缓过神来的时候，发现那两个家伙还在辩论。　　——任晓雯，2002：93

[130] 当月亮出来霓虹闪烁整个城市在我身边开始闹腾的时候，我又彻底反悔了。

——粲然，2002：131

[131] 当然更多的时候，当宁宁的男朋友们出现，我无处可去的时候，我就沿着街道走，到海滩上去。　　——粲然，2002：135

[132] 我蓦然有一种预感：当这个城市被一场台风惊动，我大概也会被一个消息惊讶得跳起来。　　——粲然，2002：136

[133] 当一篇小说进行到一定的字数，比如一万到两万之间，这个问号就会突然从我搭错了的神经里跳出来，于是我就无法再写下去了，我觉得额头出汗、两颊发烧，并缺乏安全感。　　——任晓雯，2002：91

[134] 那个清晨——我记得是五月最末的时候，当我迷迷糊糊睁开眼睛，有那么一刹那，我突然不确定自己身处何方。　　——粲然，2002：120

　　以上 12 个例子均取自当代文学作品《2001 年大学生最佳小说选》，前 9 个例子，介词"当"纯属多余，"中间夹了一长串字后，两头远得简直要害相思"（余光中，2002：39）。去掉"当……时""当……的时候"，丝毫不会有损原文意思，反而有助疏通文气。后三个例子，"当"后面接了小句，表明"当"的连词化倾向。

　　此外，"关于""对于""至于"也泛滥成灾，原本可以不用，偏要画蛇添足。王力（1944：363-364）认为"关于""就……说"表明修饰范围，"对于"也表示范围，用于"事物对某人某物"怎么样，汉语本没有如此用法。余光中（2002：111）认为，"关于""有关"等介词活跃，应归咎于"about""concerning""with regard to"等"阴影在捣鬼"。而"对于"刚好对应英文的介词"to""for"，"至于"对应"as for"。

　　"关"是动词，比如"事不关己"，"于"则是介词，"关于"从汉到清，早已有之，但都是把"关于"用作动词，比如"利害关于天下，是非公于人心"（《宋史·陈贵谊传》）。五·四以来，在对译英语介词 about，on，over，to 等的过程中，动介词组"关于"跳过词化和语法化的过程，在一个很短的时间内直接转化为一个介词。（贺阳，2008）

　　现在，"关于"作介词用的现象非常普遍。

[135]（关于）南方。　　——张凝，2002：3

[136]（关于）我和香蕉的约会，情况大致就是这样。　　——张凝，2002：18

[137]（关于）沈，情况太复杂了，现实太残酷了。　　——任晓雯，2002：98

[138] 他像全能的上帝一样，可以准确无误地回答海云（关于）世界、（关于）中国、（关于）人生、（关于）党史、（关于）苏联、（关于）青年团支部的工作的一切问题。

——王蒙《蝴蝶》（1980）

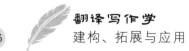

以上例子，删掉括弧中的字，可以改用其他表达，无需事必"关于"。例[135]原本是文章的第一段，汉语中的"南方"本身代表方位，范围确定，在有上下文的情况下，完全可以不用"关于"这种套语。

余光中对此深恶痛绝地批评道：

> "关于李商隐的《锦瑟》这一首诗，不同的学者们是具有着很不相同的理解方式。""陆游的作品里存在着极高度的爱国主义的精神。"类此的赘文冗句，在今日大学生的笔下，早已见惯。简单明了的中文，似乎已经失传。上文的两句话，原可分别写作："李商隐《锦瑟》一诗，众说纷纭。""陆游的作品富于爱国精神。"中文式微的结果，是舍简就繁，舍平易而就艰拗。
>
> （余光中，2002：82）

《2001年大学生最佳小说选》（2002）也集中体现了介词"在"滥用的问题。根据汉语传统习惯，时间前面一般不加介词；相反，英语中表示时间，通常要加介词 in、on 等。在英语的影响下，汉语不需要加介词的时间、地点状语中，出现了"在"，而且"在"和抽象名词搭配，"在……的时候/时"结构经常出现。

> [139] 在这间离上帝很远但离厕所很近的房间里，住着个正直青春妙龄的 FELLOW。
> ——张凝，2002：4
> [140] 在我的想象中，南方应该有蔚蓝的天空、幽雅的公园和盛开的花朵。
> ——张凝，2002：7
> [141] 在拿到录取通知书的那天晚上我骑着摩托载她上公路兜风。　——张凝，2002：13
> [142] 在她喊这句话时，小天已经拐过了一座楼房。　　　——乐颜，2002：53
> [143] 在还有夕阳的时候，我们在雁荡路口等她。　　　——徐敏霞，2002：81
> [144] 在写自己的文章的时候，我也是很谨慎，时刻牢记杜老前辈的教诲。
> ——任晓雯，2002：88
> [145] 在他长篇大论之后，我小心翼翼地告诉他，我的小说发表在了那本很有名的杂志上。
> ——任晓雯，2002：90
> [146] 在开篇的时候，我已经把话都说出来了。　　　——任晓雯，2002：96

上述八个例子中，介词"在"并非不可或缺。此外，第一个例子中出现了中英夹杂的现象。其实，《2001年大学生最佳小说选》每一篇文章都存在中英夹杂的现象，归纳起来，主要有如下特点：

首先，夹杂的英文并不符合英文的习惯和规则，大小写、时态、词尾曲折变化、词性均不予考虑；

其次，夹杂的英文略微遵循"经济原则"，科技术语、人名、英语日常生活短语等居多，如：MTV、VCD、CD、IP、URL、E-mail、Hello、Bye、A piece of cake、AA；

最后，夹杂的英文常常又因人而异，如有作者随意缩写，"考托福"被简称为"考T"，闻所未闻。

（3）名词欧化

汉语名词欧化主要表现在三个方面：第一，出现了代词复数、性分化[1]，而且代词复数使用范围扩大，有违汉语传统的语言习惯；第二，人称代词前面加定语，使得汉语句子延长[2]；第三，人称代词使用频率提高[3]，打破了汉语以往主要依靠"零形回指"、名词重复的语言习惯。

汉语中原本存在"们"，但是主要用于人伦的称呼，例如："丫头们""婆子们""姑娘们"。五四运动后，"少年们""诗人们""人们"大行其道，仿佛表示复数概念的人就需要加上"们"。其实，表示复数的人，汉语有"众人、人人、世人、人群、大家，不用舶来的"人们"（余光中，2002：115）。例如，"世人都晓神仙好，唯有功名忘不了""众人皆醉我独醒""人人自危""众卿家"。王力（1944：355）说："'们'的用途虽然扩大了；但只以人伦为限。多数的苹果不能称为'苹果们'；多数的椅子不能称为'椅子们'。"现在，"们"的用法早已突破了王力所说的限制，例如：

[147] <u>亲们</u>　　　　　　　　　　　　　　　　　　　　　　——网络用语

[148] <u>纸儿们</u>的专用通道　　　　　　　　　　——厦门大学 2011 年环卫宣传

[149] 丰厚的<u>稿费们</u>在我的口袋里赚不多三个晚上，它们变成了一堆书，或者一个晚上和狐朋狗友们在酒吧化成了一杯或黄或白的液体。　　——任晓雯，2002：104

正如 6.1.1 所言，汉语本没有"她"，有的只是"他"；古文中，"他"兼具"她""它（们）""他"的功能[4]。此外，《古汉语常用字字典》（王力，1979：418）认为，古汉语第二人称代词用汝、尔；第三人称则用"之"或"其"，分别表示"他（们）、她（们）、它（们）"和"他的、她的、它的"。王力（1944：365）指出"她""他""它"分开使用是在1918 年之后。"她"是追求汉语精密，仿译英语的"she"才诞生的。汉语曾造"伊"，但"她"在读音上更适合口语读音，因此取代了"伊"，而"她"是受了英语词性的影响（王力，1944：476），但"她"在发音上却无法像英语 he，she 那样听音辨性，可谓学了个半拉子，两不像！

贺阳（2008：88）利用语料库检索 1000 万字的传统白话文，发现了 19 个人称代词受定语修饰的例子。贺阳援引太田辰夫，认为这 19 个例子是例外，例中"定语＋人称代

---

① 首先提出"代词复数、性分化"的当属王力（1944），此后探讨该问题的还有钱玄同、太田辰夫、吕叔湘、赵元任等人，参见贺阳（2008：64-66）。

② 首次明确提出欧化使得句子变长的是王力（2008：346），王力主要谈"次品、末品"欧化，其中包括多个形容词连用、状语过长。

③ 按照王力（1944：341-343）的观点，"因为欧化的缘故，主语的数量逐渐增加"，主要有两点原因：其一，"可省而不省主语"；其二，"可无而欲有其主语"。贺阳统计传统文学作品和当代文学作品，用数据证实代词使用频率增加，参见贺阳（2008：72）。

④ 例如："这些粗夯货要他无用，还叫人看着。（《红楼梦》六十一回）"参见（贺阳，2008：78）。

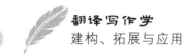

词"的结构是一种修辞技巧，但并未详细说明个中缘由。

兹举贺阳检索到的几个例子（贺阳，2008：87），略谈传统白话文中"定语 + 人称代词"的意义：

[150] 我成日和家人说笑，<u>有个唐僧取经</u>，<u>就有个白马来驮他</u>；刘智远打天下，<u>就有个瓜精来送盔甲</u>；<u>有个凤丫头</u>，<u>就有个你</u>。你就是你奶奶的一把总钥匙。

——《红楼梦》三十九回

[151] 一样的人，一样的事，你<u>还是当日的你</u>，<u>我还是当日的我</u>，<u>他还是当日的他</u>，怎么又当别论呢？　　　　　　　　　　　　　《儿女英雄传》二十六回

[152] 偏偏儿守着<u>这么个模样的你</u>，又来了<u>照你这个模样儿的我</u>。

——《儿女英雄传》三十回

[153] 若果然是照行乐图儿上的<u>那等一个不言不语的说不清道不明的你</u>，或者像长生牌儿似的<u>那等一个无知无识推不动揪不动的我</u>。　　——《儿女英雄传》三十回

观察上述四个例子，可以发现："定语 + 人称代词"结构一般至少两个连用，形式整齐、节奏优美。例 [150] 中，一连出现了几个"有个 ×× 就有个 ××"。例 [151] 类似，有三个"×× 还是当日的 ××"，语势蓄积，加强反问语气，且同一个结构反复循环，节奏感强，有助于增强感染力。例 [152] 中，有两个"×× 个模样的 ×"，"守着"对"来了"，"这么个"对"照你个"，形式相当，语义相反，形成对偶，因而形式整齐，读来朗朗上口。例 [153] 类似，出现了两个"×× 的 ×"结构，该结构所有成分相对，特别是"不言不语说不清道不明"对应"无知无识推不动揪不动"，不仅形式整齐，而且语言精练，人物形象跃然纸上，两相比较，形式整齐，音律和谐。可见欧化有良性与恶性之分，不能一概而论。

汉语中人称代词使用频率增加，有两个原因：其一，回避"零形回指""名词重复"，代之以相应的人称代词；其二，画蛇添足，可以省略人称代词的地方使用人称代词，得形式之精密，失行文之简洁。汉语中，需要指代前面提到的人或事物，一般采用"零形回指""名词重复"。"零形回指"指在同一个句子中，如果前面出现了某人或某物，后面需要指代时，可以省略某人某物，通过语境、逻辑关系连接前后部分。比如："流苏吃惊地朝他望望，蓦地里悟到他这人多么恶毒。"（张爱玲，2003：74）两个小句的主语都是"流苏"，第二个小句可以有一个指称"流苏"的主语，但是省略了主语，用"零形式"回指"流苏"。"名词回指"指需要回指时，重复名词，而不使用代词或者省略名词。目前，利用人称代词回指，已经相当普遍，例如：

[154] 艾艾的理想是成为一个中国的电子音乐大师，为此<u>他</u>做好了贫穷和独身的准备。<u>艾艾</u>和我同岁，在我继续留读研究生的时候，<u>他</u>工作了。<u>他</u>背一个硕大的黑色书包，在大太阳底下很辛苦地跑来跑去。<u>他</u>很快地黑瘦下去，面容憔悴神情沧桑。

——任晓雯，2002：108

上述例子中，凡是回指"艾艾"，均采用了人称代词回指，只有一处用到了名词重复，另外，"句内回指"并不鲜见，如：

[155] <u>他</u>附在我的耳朵边轻轻地问我，<u>他</u>说帐篷里感觉好么？我曾经打了个盹。<u>我</u>一字一顿地说，<u>我</u>睁开眼睛的时候，四处都是晃动的人影，很多的声音。

——任晓雯，2002：116

在例 [155] 中，"句内回指"频繁，两个小句共用一个主语，实属多余，且每个句子开头都用人称代词，行文啰啰嗦嗦。可以改成：

他附在我耳边细问："帐篷里感觉好么？""打了个盹，睁开眼，人多、嘈杂。"

26 个字足矣，何劳 58 个字。

（4）助词欧化

汉语助动词欧化主要表现在动态助词"着"、结构助词"的"使用频率增加，为追求形式严密，矫枉过正，使用过频。

① 动态助词"着"表示"持续""进行"之状

一般认为，"着"由"附着"变来，必须附在动作性较强的动词后面（王力，1944：466）。然而，现代汉语中，"着"不再单纯表示"进行状态"，某些情况下，它已经沦为动词的附着体。例如：

[156] 我一直小心翼翼<u>藏匿</u>着我的手稿，以防它们不幸被哪个文学爱好者瞧见。

——任晓雯，2002：96

[157] 在这一刻，我真正感觉到了自己是一个女人，一个被人<u>关心着、疼爱着</u>的女人。
——任晓雯，2002：101

[158] 然后工作，找一个很好的外资企业，拿一份高薪，<u>过着</u>舒舒服服的生活。一个稳定的社会，中产阶级应该是占据了人口的大多数，他们<u>连接着</u>社会顶层和底层，成为这个社会的中流砥柱。
——任晓雯，2002：103

以上三个实例中，"着"可以省略。"着"的用法其实已经突破了只能加"动作性强的动词"这一限制，它可以跟抽象动词相连，尤其是完全没有动作性的动词"有"。

[159] 拉丁美洲的生物多样性<u>面临着</u>气候威胁。　　　　——国家林业局网站

[160] 第一次出国踢球，黄博文称自己只要出场，就<u>是代表着</u>中国。　　——网易

[161] 沈的心<u>有着</u>一个文学爱好者所有的敏感和脆弱。他像空气一样把我包围住。
——任晓雯，2002：96

[162] 在全国政协委员冯骥才眼里，文化产业和文化产业化有着根本的区别。

——引自《英汉翻译写作学》（2012：140）

[163] 由于新加坡版 iPhone 4 有着美版的价格，同时有着港版无锁的特性，倍受果粉们喜爱。 ——引自《英汉翻译写作学》（2012：140）

[164] 大学生农民工，一个拥有着双重身份，现实中却处境"尴尬"的群体，他们有着怎样的诉求。 ——引自《英汉翻译写作学》（2012：140）

② "的"可用于一般形容词、判断句、领属形容词、身份形容词、名词、副词之后

汉语中本有"的""底""地"，三者出现的时间、用法并不相同。唐宋时，"地""底"已见诸白话文，然用法有异。"的"用于区别性的修饰语之后，而"底"用于描写性的区别语之后（贺阳，2008：169）。后来"底""地"读音趋同，书面语中统写为"的"，《红楼梦》中，"地""得"均由"的"代劳。例如：

[165] 贾珍哭的泪人一般。 ——《红楼梦》第十三回

[166] 凤姐贾蓉等也遥遥的闻得，便都装作没听见。 ——《红楼梦》第八回

[167] 冬天是荒谬的坏，逢着连绵的雾茫茫天你一定不迟疑的甘愿进地狱本身去试试；春天（英国是几乎没有夏天的）是更荒谬的可爱，尤其是它那四五月间最渐缓最艳丽的黄昏，那才真是寸寸黄金。 ——徐志摩《我所知道的康桥》

在印欧语言的影响下，"的"开始出现分化。英语形容词结尾并无定数，-ish、-tic、-tive、-like、-ful、-y 等都可能是形容词的结尾，而副词绝大部分都是通过形容词变来的。形容词和副词结尾一般不同。为了形式和语义上的精密，同时模仿印欧语言，汉语的结构助词"的"出现分化。值得注意的是，"的"字分化是书面语行为，在口语中"的""地""得"发音极其相近。"的"在书面语中分化，可以区别歧义。例如：

[168] 抗议者粗暴的让人难以置信。

抗议者粗暴得让人难以置信。 ——引自《英汉翻译写作学》（2012：140）

现在，"的"用于一般形容词、领属形容词，作定语；而"地"用于状语，修饰动词或者形容词；"得"用作补述结构，已列入汉语书面用语规范。无论是"五·四"时期的作家还是现代人，说出话来，总是"的的不休"（余光中，2002：178），且看例子：

[169] 要知道，工作人员是要花钱的，摄影棚（是）要花钱的，住宿吃饭一切都是要花钱的，而且又是这么庞大的剧组。 ——杨冥的博客

[170] 豆豆，以她的才华，探问一个有机的、无定形的、陌生的、暧昧的和未曾臻达的世界。 ——百度百科

[171] 就是因为我们所有的人都做一样的试卷，我们只凭一个分数，甚至这个小孩高

的矮的胖的瘦的，都不了解，我们怎么能够谈以人为本？

——人民网

[172] 远近的炊烟，<u>成丝的、成缕的、成卷的、轻快的、迟重的、浓灰的、淡青的、惨白的</u>，在静定的朝气里渐渐的上腾，渐渐的不见，仿佛是朝来人们的祈祷，参差的羼入了天听。朝阳是难得见的，这初春的天气。

——徐志摩《我所知道的康桥》

评析：例 [169] 内含三个判断句，清一色"……是……的"结构，虽然构成排比句，加强语气，但是"的"在节奏上占半拍，显得拖沓，远不如："要知道，工作人员要花钱，摄影棚要花钱，吃住要花钱，一切都要花钱，何况剧组如此庞大。"不用一个"的"，语言更简洁，表达更有力。当然，有了"的"字，也许可以表达一种无奈。例 [170] 中，中心词"世界"放在句尾，前面叠加了五个带"的"的形容词，不知所状何物，令人倍感疑惑、紧张。例 [171] 中，"高的矮的胖的瘦的"可精简为"高矮胖瘦"。例 [172] 中，"炊烟"后面出现了八个带"的"的形容词，标点符号之间均有一个"的"，行文纷繁；而且，"的""地"（渐渐的上腾，渐渐的不见）不分。

（5）连词欧化

英语讲究"形合"，连词使用相当频繁；然汉语讲究"意合"，凭借逻辑、语境联系句子，用语简短，一气呵成。汉语连词使用过多，会适得其反。受印欧语言影响，汉语出现了明显的"形合"倾向，这正是连接词引起的，如："虽然……但是……""如果……就……""倘若……那么……""而且、和"，且看实例：

[173] <u>实事求是地说</u>，我的建议是带着某种私心的。我是这样想的：<u>如果</u>桃子答应土豆（当然这是不太可能发生的），<u>那么</u>这个假设就被证明了；<u>如果</u>桃子拒绝了土豆（那简直是一定的），<u>那么</u>这个假设也被伪证了。证明和伪证对于土豆来说天差地别，<u>但</u>于我似乎关系不大。<u>在前一种情况下</u>我也许会感到嫉妒，<u>而</u>在后一种情况下则可能需要花费一些时间和金钱来安慰情场失意者，<u>但是</u>不管怎么说，我<u>都</u>会为问题的终结而欢欣鼓舞。

——张凝，2002：4

上述例子中，每个短句都有连接词，可谓"连接词"泛滥成灾。汉语前后因果关系、条件假设、语义转折不一定要借助"关系词"。"实事求是地说"对应英语中"As a matter of fact""Frankly speaking""Honestly""To tell you the truth"，"在前一种情况下"对应英语中"In the first situation"。这段话姑且可以改成：

[174] 说实话，我有私心，心想：桃子答应土豆也好，不答应也罢，于我无谓。万一答应，假设成真，我嫉妒，倒也宽慰；不答应，似成定局，可怜土豆情场失意，我费点钱和时间，陪陪他。

汉语中本有"如果……那么……"的结构，但是意义与当代的有所出入。古时用法单一，只表假设，如：

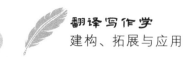

[175] 如果用得着我，我就陪你走一趟。

——《儿女英雄传》十六回

王力（1944：362）说：汉语条件式不用"若""倘""如"等词语，才是汉语常态，并撷取《红楼梦》的例子予以证明：

[176] 姨妈不打他，我不依。

——《红楼梦》第 57 回

传统白话文，语义逻辑关系不言自明；现代口语，亦是如此。例如父亲教训孩子挑食，可能会说"不听话，打你屁股"，绝少义绉绉，拖拖拉拉，说"如果 / 倘若你不听话，我就打你屁股"。现在，"如果"成了"充分条件"，在此基础上推理出"就"所引导的内容，两者更多的是逻辑推理关系。

连词"和""或"都比以前更为常用。依汉语传统，"和"多接名词，绝少连接形容词、动词、状语、小句。现代口语保持了这一习惯，然而在书面语中，"和"的用法突破了这一限制，连接动词、名词、形容词、副词，甚至小句，并不鲜见，例如：

[177] 审议和讨论政府工作报告

[178] 办微博和转作风

[179] 在消灭了剥削，消灭了压迫，消灭了一切自私、落后和不义之后，我们失去的只有锁链，我们得到了全世界。
——王蒙《蝴蝶》（1980）

[180] 风言风语。好心的，恶意的和居心叵测的。
——王蒙《蝴蝶》（1980）

[181] 眼前闪过村庄、房屋、自动列成一队向他们鼓掌欢呼的穿得五颜六色的女孩子，顽皮的、敌意的、眯着一只眼睛向小车投掷石块的男孩子，喜悦地和漠然地看着他们的农民。
——王蒙《蝴蝶》（1980）

[182] 本想告诉他，马来巡警是什么样子，和他自己怎么愿当巡警
——老舍《小坡的生日》（2000）

但是，"和"泛滥成灾，且看下面一个判断句（是……的），洋洋洒洒 111 个字，用了七个"和"，冗长拖沓，这与作家在刻意营造一种气氛有关：

[183] 白茎绿叶的韭菜，是和阔别好几个月的和暖的风，和小鸟的啁啾，和融化着的一道一道的雪水，和愈来愈长了的明亮的白天，和返青的小麦，和愈来愈频繁的马与驴的嘶鸣，和大自然的每个角落里所孕育着、萌动着的那种雄浑而又微妙的爱的力量不可分离地扭结在一起的。
——王蒙《蝴蝶》（1980）

"或"在古汉语中用于平行的动词或谓词形式，且要两个及以上才用"或"并列。现代汉语中，"或"更为常用，可以连接名词，而且不用两个及以上平行排列。

[184] 兴建于上世纪初、中叶之开平碉楼和居庐，凡数千余座，其楼、庐名号，林林总总，五彩缤纷，<u>或</u>隐喻希冀，<u>或</u>散发怀抱，<u>或</u>念祖怀宗，<u>或</u>尊贤重道，<u>或</u>攀亲引戚；<u>或</u>中庸，<u>或</u>自傲，<u>或</u>浅明，<u>或</u>隐晦，<u>或</u>典雅，<u>或</u>趋时，<u>或</u>乖巧，<u>或</u>持重。

——阚延鑫，2004：55

[185] 山西近百名儿童注射疫苗后<u>或死或残</u>。　　　　　　——凤凰网资讯

[186] 那么，这么多<u>或死</u>、<u>或残</u>、<u>或病</u>的山西孩子，他们的病因与疫苗到底有无关系？　　　　　　　　　　　　　　　　　　　　　——搜狐新闻

[187] 在街上，<u>或海岸上</u>，玩耍够了，再偷偷的溜回来，和哥哥一块儿回家去吃饭。

——老舍《小坡的生日》（2000）

例 [184]、[185] 中，"或" 完全符合汉语传统语言习惯，数个 "或" 平行排列，词形、字数严格对应；例 [186] 中，"或" 实际上加了形容词，作定语；例 [185] 和 [186] 相比，例 [186] 才是汉语的常态；例 [187] 表明，"或" 可以连接状语，无需平行排列，"或" 充当选择连词。

（6）被动式欧化

一般的翻译教程在谈到被动式翻译时，总要说明：较之英语，汉语中的被动式使用较少。然而，目前来看，汉语中的被动式泛滥成灾，甚至是 "恶搞" 的对象。谈被动式欧化，首先谈怎么区分被动式与被动句。张延俊（2001：42）援引王力指出，"passive voice" 意味着用曲折形式表示被动，不符合汉语实际，可以直接采纳被动式 "passive form"，该词最早见于黎锦熙在 1924 年版的《新著国语文法》。严格来讲，"被动式" 属于短语，而 "被动句" 属于句子，是以 "被动式" 为主干的句子。例如：

[188] 非法经营快递企业被取缔。　　　　　　——《北京青年报》，北青网

[189] C 罗受伤称不怕被行刺。　　　　　　　　——搜狐体育

例 [188] 属于被动句，但是例 [189] 属于主动句，两例都用了被动式。

汉语的被动式分为有标记被动式、无标记被动式。是否 "标记" 取决于是否有明确表示被动的标记词，如："被""蒙""遭" 等。有标记被动式、无标记被动式的发展历程可分成三段：远古、中古、近古（张延俊，2001：97-290）。被动式的发展脉络可用下表（表 6-1）表示：

表 6-1　被动式发展脉络图

时间	有标记被动式	无标记被动式
远古 公元前 17—8 殷商—西周	"于" 字式起于殷商，发于西周 "见" 字式萌芽	被动式的绝对主流高度完备、复杂 主要为祭祀类动词 主语绝大多数表示人，动植物极少 独立成句，不用作主语、宾语或其他

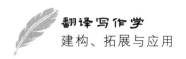
续表

时间	有标记被动式	无标记被动式
上古 公元前8—公元25 春秋—西汉	使用频率提高，类型增加： "于"字式兴盛 "为"字式迅速兴起，趋于成熟 "见"字式发展 "受""得""遇"字式出现 "被"字式出现，如"泽被生民"	语法功能扩大，使用频率提高 能作句子主干、主语、宾语、定语
中古 公元25—618 东汉—隋唐	"为"字式高度繁荣 "被"字式发展强劲 "受""得"字式有所发展 "遭""蒙"字式兴起 "见"字式频率不断下滑 "于"字式频率逐步降低	大量使用有标记被动式 汉语受到了梵语影响 自身也要求语言变明晰 因此，无标记被动式使用频率下降
近古 公元618—1911 李唐—满清	"被"字式取代"为"字式 "为"字式使用频率骤减 "教""吃""给"字式登场 "受""得""或""遇"字式减少 "蒙"字式使用范围缩小 "遭"字式有一定发展 "吃""着""叫""给""与""把" "因""让"字式出现	地位依旧重要 大部分文献中，无标记被动式居多

古汉语中被动式的用法如下：

（1）无标记被动式

[190] 飞鸟尽，良弓藏；狡兔死，走狗烹。 ——《史记·越王勾践世家》

[191] 廉贞之行成，而君上之法犯矣。 ——《韩非子·五蠹》

（2）有标记被动式

叫：叫人说得一文不值。

吃／挨：吃笑、吃拳、吃惊受怕、吃板子、挨打、挨板子。

给／让：良心给狗吃了

由：由人宰割

见：盆成括见杀。 ——《孟子·尽心下》

吾常见笑于大方之家。 ——《庄子·秋水》

于：臣诚恐见欺于王而负赵。 ——《史记·廉颇蔺相如传》

获：获准、获释、获救、获罪

遭：遭罪、遭殃、遭难

蒙：申生蒙无罪之辜。 ——《汉书·杜钦传》

为：茅屋为秋风所破。 ——杜甫《茅屋为秋风所破歌》

被：信而见疑，忠而被谤。 ——《史记·屈原传》

"被"字式已有超过两千年的历史（张延俊，2001：194），后来者居上，取代了中古时期风行一时的"为"字式。尽管有标记被动式的类型林林总总，但在各种类型的竞争中，"被"字式占据了主导地位。究其原因：首先，"被"字式语义完备，使用灵活；"被"字式带施事和受事，信息充分，语义明晰；"被"字式不带受事，描述实际情况，显得客观，也有助于防止泄露相关信息。其次，论语言色彩，"被"字式相对柔和，"蒙"带有积极意义，"遭"带有消极意义（张延俊，2001：315）。当然，古代"被"字式也主要用于"不企望""不乐见"（王力，1944：353）的事件，但是，"被"在发展时期曾经用于中性、积极的场合。因此，"被"的语义色彩并不固定。最后，汉语受英语等印欧语言影响，一方面语义明晰的要求更为强烈，另一方面，间接语言接触中，英语被动式并无语义色彩限制；翻译时，汉语要表达中性、积极的被动意义的情况增多，客观上要求有专门的标记词。而众多有标记被动式类型中，"被"的用法相对单一，未身兼数职，适合这一客观要求。可以说，印欧语言对汉语的影响，刺激了"被"迅猛发展，最终成为现代汉语被动式的主导形式。

一般而言，"受事＋被＋（施事）＋动词"是汉语"被"字式被动式的常态。然而，在"被"时代，"被"字式出现了"变态"，体现了当今社会的无奈与不由自主，比如：

"被"＋不及物动词：被自杀、被结婚、被离婚、被就业、被捐款、被失踪、被自愿、被怀孕、被增长、被死亡、被竞争、被消失、被"喝茶"、被去世、被过节。

"被"＋名词：被小康、被精神病、被"五毛"、被劳模、被代表、被全勤、被出版、被潜（规则）、被英雄（搜狐新闻：东京电力公司隐瞒辐射量，福岛死士被英雄）、被离婚（指夫妻被谣传离婚）。

"被"＋形容词：被繁荣、被和谐、被强大、被开心。

以上三种用法，不仅突破了"被"加及物动词的限制，而且增加了被动句语义色彩的判断标准。界定"被"字句的语义色彩，是否要考虑说话人？考虑进去，采用双层标准，句子就会有多重语义色彩。如：贪官污吏终于被正法了。对说话人是好事，对句子主语是坏事。因此，有人认为判定"被"字句感情色彩，不需要考虑说话人。上述例子中，"被"字式混搭，实际上代表不同的个体事件，将弱势群体中个人的遭遇放大到整

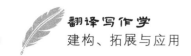

个社会，凸显公权利和集体意识觉醒的矛盾。在社会新闻评论中，以上"被"字短语带有批评色彩，一般不指出施事。相反，真正受事者的感情色彩反而不那么重要。因此，"被"字句感情色彩应该考虑说话人的主观色彩。

（7）语序欧化

连淑能认为："汉语的时间顺序和逻辑关系常常按照由先到后、由因到果、由假设到推论、由假设到结论这样的次序排列，而英语可以借助形态变化和丰富的连接词语，根据句子的意思和结构的需要灵活排列，顺序与汉语往往不同。"（1993：12）受英语影响，汉语主从句的排列更为灵活，充满弹性，主要体现在因果从句、转折从句和假设从句中从句后置。贺阳（2008：272-276）统计分析指出转折从句和假设从句中，从句后置在原创小说和论著中出现的频率远远低于翻译小说和翻译论集；他对比五部传统白话文作品和现代作品中以上两种从句后置的频率，认为汉语从句后置并不是一种基于汉语口语的"追加语"，而是受到了英文连词的影响[①]。陈兰认为，因果从句、转折从句和假设从句中从句后置不仅是受了英语连词的影响，也和英语主从句顺序所暗含的意义和追求新奇有关（陈兰，2011：35）。兹举数例如下：

[192] 自从大一时报考电台被枪毙以来，我和他之间的关系一直比较紧张，尤其是我的一篇反应宿舍生活的文章发表之后，因为其中涉及了一些对电台的褒贬而引起不小的争议。

——张凝，2002：8

[193] 他写戏获过市奖但写小说则明显惨淡经营，因为他的小说写得太像小说，就是小小的事大大说。

——文峰，2002：35

[194] 所以他一直觉得自己很穷，甚至比做学生的时候还穷。因为做学生时毕竟还是吃皇粮的，如果实在没钱，还可以厚着脸皮向爸爸妈妈开口。

——任晓雯，2002：109

[195] 后来我又碰到几个与阿飞有某一点或者几点相似的男人，虽然我始终认为阿飞是最优秀的，虽然这些男人也足以令我心动。

——任晓雯，2002：99

[196] 我愿意听这个陌生人说话来消磨一个上午，虽然我并不把他的话放在心上。

——粲然，2002：124

以上五个例子均选自《2001年中国大学生最佳小说》（肖飞，徐强，2002）。汉语主导的习惯是先因后果、先条件后结论，但这五个例子所反应的语序变化在英语中很常见。英语的主从句顺序非常灵活，一般来讲，主句和从句主要有两种组合方式：S+M、M+S，其中M代表主句，S代表从句。"S+M"结构和"M+S"结构意义略微不同。

[197] He is angry because she cheated on him.

Because she cheated on him, he is angry.

---

① 连淑能认为英语从句放置位置灵活的重要原因包括英文连词的存在，因此贺阳和连淑能的观点相通。

前一个例子是松散结构（loose structure），更为自然、口语化；后一个句子是尾重结构/圆周结构（periodic structure），主句后置，起强调作用。汉语中先因后果，历行已久，如，"因为此人性急，人皆呼他为'急先锋'"（《水浒传》第六十三回）。汉语出现"（之所以）……是因为……"则往往强调原因。在翻译中，如果囿于英文原有的语序，往往导致原因从句后置。果在前因在后，虽不符合汉语原有的顺序，但更为新奇，从句放置位置更为灵活，凸显主句，从句更像是对主句的补充、修正。

综上所述，汉语"从句在前，主句在后"依旧占主导地位，转折从句、原因从句和条件从句中从句常后置。其中，转折从句、原因从句比条件从句出现的频率更高一些。

要克服可烦可怕的恶性欧化汉语，唯一的办法只有多读中国古代典籍，阅读书目可以涵盖四书五经以远，明清《古文观止》、四大名著以近，避开"五•四"以来各种作家写就的文字。当然，作为历史学习，这段时期的作品还是必须了解的，但仅就文字质量而言，实不宜揣摩模仿。余光中曾在书中历数周作人、朱自清、艾青、曹禺、何其芳的病态语句（余光中，2002：101-108）。何其芳自己就检讨道："我当学生的时候没有学过汉语语法，有很长一段时期，我不大了解汉语句法的一些特点，常常以外国语的某些观念来讲求汉语句法的完整变化。这样就产生了语言上有些不恰当的欧化。"（引自郑海凌，2005：61）其态度还算诚恳，但这仅仅是学习汉语语法就能解决的问题吗？

这种欧化的句法愈演愈烈，后患无穷。20 世纪 80 年代出版的《历代游记选》的序言，正是这种繁硬文体的延续：

> [198] 优秀的游记作者，在再现这样或那样的自然景象时，往往把自然"拟人化"，以他自己对于现实的认识和态度去丰富这种描写，去发现并且美学地评价它的典型的、本质的方面，使得这个被包含在社会实践中的描写，在社会意义上凝固起来。

以这种文笔去给《历代游记选》作引，无异于抹黑。余光中评曰："目前的现象是：句长语繁，文法几已全盘西化，文气笔势，扣得刻刻板板，绷得紧紧张张，几乎不留一点余地给弹性。"（2002：140）

面对这样的语境，翻译家和翻译研究者怎能"出淤泥而不染"？于是恶性欧化文字不断炮制！例 [199] 是一个完整段落，摘自一部出版的博士论文：

> [199] "翻译之王"阿米欧可以<u>被称作</u>是一个独具特色的翻译家。他把古希腊古罗马的文学名著译为法语，其影响<u>是如此之大，以至于</u>同时代著名的法国作家蒙田认为如果没有他的译作，法国人<u>将</u>不懂写作。阿米欧在<u>进行</u>文学翻译时，主张与原文比美，追求忠实于原作和使用纯洁标准的翻译文字。他在翻译中借希腊语和拉丁语创造词汇，翻译风格自成一体，<u>以至于</u>他翻译的古罗马作品《名人传》变成了阿米欧的《名人传》。他的翻译<u>被认为</u>是创作性意译，他<u>也被看作</u>是作家译者。①

---

① 下画线为本文作者所加。

短短一段文字，"被"（三见）、"以至于"（两见）等字横飞，还出现"如此……以至于……"（so...that...）的典型英语句型，好像是故意把这些词语放在一段里做批判样板，显得刺眼、别扭。可以看出，该作者深受恶性西化的戕害而不自知，其句法给人"一根筋"之感。如果没有猜错的话，这估计是直接从英语翻译过来的！这些无疑都是思果、余光中引为批判的好语料。君不见余光中的《余光中论翻译》和思果的《翻译研究》、《翻译新究》与《译道探微》是如何批判种种恶性欧化之弊端的：

> 所有恶性欧化中，以"一个""一种"为最可恶。把通顺、明白、干净的中文弄糟了，叫作家变成没有思想的人。　　　　　　　　　　　　——思果，2002：92

> In many people 有人译成"在许多人身上"，我看了就以为下文要提这些人都有虱子，或者生了疥疮。原来原文是说"许多人"。我早已发现 in 是个可恶的字，译者不小心就掉到它陷阱里去了。　　　　　　　　　　　　　　　　　——思果，2002：111

> 英文里 try、attempt 往往给人译成"企图""试图"。按这两个词都有点贬义。企图行骗，试图打劫等等。而原文并不含褒贬，无非指打算做什么。　　——思果，2002：115

> He is a member of the family 不就是"他是那个家庭的一个成员"吗？是的，可是有哪个中国人说这句话的？也许不太费力我们就可以找到中国人有这个意思的说法。"他是这个人家的人。"什么成员不成员，这全是垃圾！　　　　　　——思果，2002：107

> 就以英文的 when 一字为例。公式化了的译文体中，千篇一律，在近似反射作用（reflex）的情形下，总是用"当……的时候"一代就代了上去。　　——余光中，2002：38

> 在白话文中，尤其自五四来，这小小"的"字竟然独挑大梁，几乎如影随形，变成一切形容词的语尾。时至今日，不但一般学生，就连某些知名学者，对于无孔不入的小小"的"字，也无法摆脱……中文的译者如果偷懒，或者根本无力应变，就只好因简就陋，一律交给"的"去发落，下场当然就是的的不休了。　　——余光中，2002：178+180

仔细审视形形色色的著述（拙著势必难逃此列），我们有多少人能够幸免这样的欧化垃圾？作文如此写，翻译中必然也如此写。

6.1.3　欧化语句翻译举凡

我们在前文一再声称——翻译写作必须发挥语性优势，但现代汉语的语性优势常常被欧化汉语所蒙蔽。无论是纯写作还是译文写作，语言表达的恶性西化现象比比皆是。专业作家尚且写出那样的词句，作为学习者的翻译硕士生如果以此等文字为榜样，那么译出的文字就可想而知。

以下是本书作者受客户（client）委托的翻译任务，采自一家美国报纸对某华裔女钢琴家的采访报道。我们组织了几位翻译硕士生开展翻译工作。第一位译者翻译成中文后交稿。客户是一位懂音乐人士，她觉得首译的部分译文不理想，于是我们重新安排第二位有翻译经验的译者做了改译，最后经由第三位终审译者在改译基础上加以润饰、重写，形成定稿，最终获得翻译委托人认可。兹举数例如下：

[200] 原文: Her competition performances displayed a crisp, clean technique, great sensitivity in lyrical passages and quite a bit of razzle-dazzle when that was called for. Friday night's *Emperor* showed off the same characteristics. There was drama in the opening movement, wit in the finale and gorgeous playing in the slow movement.

首译: 比赛演出时, 抒情的乐章处她婉转清扬, 高度敏感, 而必要时她又激烈炫目, 令人眼花缭乱。这一点在她周五晚上演奏的《皇帝》协奏曲中展露无遗。在开幕活动中有戏剧表演, 终曲诙谐, 慢乐章的演奏也相当出色。

客户留言: 这段译文字表达得有些不太通顺, 可能在翻译时, 需要将英文的语句前后按照中文方式做些调整。

改译: 她在比赛中的表演展现出清新纯净的技巧, 抒情篇章中的细腻情感和必要时狂欢的氛围也都恰如其分。周五晚的《皇帝》协奏曲具备同样的特点, 开场乐章如戏剧般恢弘, 终曲才情洋溢, 慢板乐章的演奏华丽出色。

终译: 她在比赛中的表演是那么清新纯净, 抒情篇章中的情感是那么细腻幽深, 狂欢时则那么浓墨重彩。周五晚的《皇帝》协奏曲不乏这样的特色: 开场乐章如戏剧般恢宏, 终曲则才情洋溢, 慢板乐章的演奏尤其华丽出色。

[201] 原文: The second movement almost sounded like Chopin, and the transition to the last movement held its breath before moving forward. The finale had all the jocularity of a peasant folk dance. While it also had movement, it was not rushed, as we sometimes hear it, to make it showier.

首译: 第二乐章听起来很有肖邦的感觉, 并且转移到最后一个乐章时扣人心弦。最后一段展现农民跳舞场景的欢快舞曲。虽然它也有自己的节奏, 但不似我们有时候听到的那样仓促, 反而更加华丽。

客户留言: 好像不是这个意思, 我复制了关于最后一段乐章的资料给你: 第三乐章回旋曲, 快板, 降 E 大调, 6/8 拍子。在第二乐章逐渐减弱之时, 主奏钢琴就开始反复轻轻提示出第三乐章的主题, 突然主奏钢琴以爆发般的, 以无比猛烈的威力奏出辉煌的主题, 标志着全曲进入了第三乐章。旋即由管弦乐对这一主题予以反复。主奏钢琴继而导出曲折的新主题, 交响乐和协奏曲交相辉映, 手法精妙绝伦, 充分反映出贝多芬超人的写作技巧。乐章结尾时速度再度转快, 作最后冲刺的主奏钢琴猛然跃起, 最后由管弦乐部分强而有力地结束全曲。

改译: 第二乐章听上去几乎带着肖邦的诗意, 在过渡到最后乐章之前埋下婉转的伏笔。终章所表现的农家民间舞蹈, 将其中的滑稽表现得分毫不差。时常能听到它的乐而不淫, 疾而不慌, 并非单纯追求华丽的效果。

终译: 第二乐章听上去几乎带着肖邦的诗意, 在过渡到最后乐章之前婉转隐约。终章所表现的农家民间舞蹈, 将其中的滑稽表现得分毫不差, 充分体现出乐章的乐而不淫, 疾而不慌, 绝非单纯追求华丽的效果。

[202] 原文: Her impressive technique aside, Wu shines with her sheer youthful enjoyment at making great music, and it's this quality that most enchants. She eschews making a profound statement on the human condition, as some soloists are wont to do, and

just enjoys playing the concerto. That "great statement" may come someday from Wu, but here's hoping that it doesn't arrive at the cost of the ephemeral quality that was on display Friday.

首译：除了拥有高超的技术，吴迪在演奏时展现出了无比绚烂的青春色彩，这是她最吸引人的地方。她避开了一些独奏家惯常的那样煞有介事地反映人类状况，而仅仅享受演奏协奏曲的乐趣。也许有一天，吴迪也会"煞有介事"地演奏，但是我们希望代价不是周五晚上那不可多得的品质。

改译：除了引人入胜的技巧之外，吴迪在弹奏传世名曲时，展示出年轻的心灵对音乐的欣赏，这让她的魅力大放异彩。和一些惯于煞有介事地表现自身素质的独奏家不同，她避开浮华的技巧，只专注于享受弹奏乐曲。也许有 天，吴迪也会"煞有介事"地演奏，但我们希望，她在周五表现出的那种难能可贵的品质不会被取代。

终译：除了令人赞叹的技巧之外，吴迪在弹奏传世名曲时，一显年轻心灵对音乐的欣赏，足使她的魅力大放异彩。和一些惯于煞有介事地表现自身素质的独奏家不同，她摒弃浮华的技巧，只专注于享受弹奏乐曲的愉悦。也许有一天，吴迪也会"煞有介事"地演奏，但我们希望，她在周五表现出的那种难能可贵的品质依然纤尘不染。

[203] 原文：Schulhoff's studies for solo piano include a Charleston, blues, tango and a powerful toccata based on the shimmy Kitten on the Keys by the Illinois-born pianist and composer Zez Confrey. Di Wu dispatched these inventive pieces with a winning combination of immense technical control and jazzy freedom.

首译：苏尔霍夫的钢琴组曲包括查尔斯顿、蓝调、探戈以及一种强有力的托塔卡曲，这种曲目源自伊利诺伊州出生的钢琴家、作曲家康福雷创作的西迷舞曲《键盘上的小猫》。吴迪以娴熟的技术控制和奔放的自由成功地调和了这些独出心裁的作品。

客户留言：这段也麻烦看看是否准确。

改译：舒尔霍夫以泽兹·康弗里（生于伊利诺伊的钢琴家兼作曲家）所作的西迷舞曲《琴键上的小猫》为蓝本，改编出一系列练习曲，包括查尔斯顿、蓝调、探戈和铿锵有力的托卡塔等风格。吴迪游刃有余地驾驭着高超的技术，结合爵士乐式的自由，创造性地诠释了这些作品。

终译：舒尔霍夫以泽兹·康弗里（生于伊利诺伊的钢琴家兼作曲家）所作的西迷舞曲《琴键上的小猫》为蓝本，改编出一系列练习曲，包括查尔斯顿、蓝调、探戈和铿锵有力的托卡塔等风格。吴迪表现得游刃有余，深得爵士乐的奔放无拘，创造性地诠释了这些作品。

[204] 原文：Ms. Wu made her debut with the Cincinnati Symphony Orchestra and Maestro James Conlon at the May Festival in Cincinnati Music Hall, performing Beethoven's Choral Fantasy, Op. 80.

首译：吴与世界指挥大师詹姆斯·康隆和辛辛那提交响乐团的首演于五一劳动节在辛辛那提音乐厅举行，演奏了贝多芬的《合唱幻想曲》作品第 80 号。

客户留言：这段译文是什么意思？

改译：五月一日当天，吴女士在辛辛那提音乐厅首次与辛辛那提交响乐团同台演出，在米斯特罗·詹姆士·康伦的指挥下，演奏贝多芬的《合唱幻想曲》作品 80 号。

终译：在五月艺术节上，吴迪在辛辛那提音乐厅与辛辛那提交响乐团举行首演，指挥是米斯特罗·詹姆士·康伦，演奏的曲目是贝多芬的《合唱幻想曲》作品 80 号。

[205] 原文：Another significant event on Ms. Wu's current itinerary, which once again comprises numerous debuts and re-engagements, is a return to Philadelphia's Verizon Hall as soloist, under the baton of Christopher Eschenbach, in the famed but rarely-performed (and entire-concert-length) Turangalîla-Symphonie of Messaien.

首译：吴最近的行程依然排满了无数场到各地的首演和续约问题，其中一个重要行程是以独奏者的身份回到费城的威利森音乐厅，在克里斯多夫·艾森巴赫的指挥下演奏梅西安非常有名，但是很少人为人演奏（时间长达一个音乐会）的《图伦加利交响曲》。

客户留言：这段语句？

改译：吴女士目前的行程表，依然排满了多场演出和续约，其中一件引人注目的事件是，她将作为独奏者再次来到费城威利森音乐厅，在克里斯托弗·艾森巴赫的指挥下，演奏大名鼎鼎却极少登台演奏的梅西昂作品《图伦加利亚交响曲》（完整版）。

终译：吴女士目前的行程表，可谓演出不断，续约满满。最值得一提的是，她将作为独奏者再次光临费城威利森音乐厅，与指挥家克里斯托弗·艾森巴赫联袂登台，奏响梅西昂作品《图伦加利亚交响曲》（全曲），此作品虽然声名显赫，但得以全曲演奏者极少。

经过首译、改译和终译，上述译文在忠实于原文的基础上，显得灵逸生气，机动活泼，宛如原创。

然而翻译何其难！死译、硬译在一些权威出版物里比比皆是，并非翻译学生所独有。曹明伦曾对罗素《西方哲学史》部分生硬译文做出批判（曹明伦，2007：242）。

[206] 原文：We ought to obey God rather than Man. (Russell, 1945: xvi)

商务版译文：我们应该服从神甚于服从人。

曹明伦译文：我们该服从的是神，而不是人。

[207] 原文：That is why the modern Russian does not think that we ought to obey dialectical materialism rather than Stalin.

商务版译文：这就是为什么现代的俄国人认为我们不应该服从唯物辩证主义有甚于我们应该服从斯大林。

曹明伦译文：因此现在的俄国人认为我们不该服从辩证唯物主义，而该服从斯大林。

[208] 原文：There can be nothing more dreadful than the actions of a man should be subject to the will of another.

商务版译文：再没有任何事情会比人的行为要服从他人的意志更可怕了。

曹明伦译文：天下最可怕之事莫过于一个人的行为得服从另一个人的意志。

[209] 原文：... but took only a few months to write his whole long book after his theory had taken shape.

商务版译文：但是在他的理论既然成了形之后，只用几个月就把他的整个一部大书写成了。

曹明伦译文：在其理论成形后，他只用几个月时间便完成了那部巨作。

[210] 原文：Act only according to a maxim by which you can at the same time will that it shall become a general law.

商务版译文：只按照那样一个准则去行动，凭借这个准则，你同时能够要它成为普遍规律。

曹明伦译文：只按你同时也希望它成为普遍法则的准则行事。

曹明伦评曰：商务版这五句译文完全被原文捆住手脚，译文没有自己的灵魂。这五句译文之所以词不达意（或词不尽意），是因为其行文或冗赘，或拙涩，或文理不通，或措辞失当，说到底就是对 target language 尚不能运用自如，而这亦是当今外译汉文本的通病。（2007：242）

6.2　伪劣汉语问题

在克服恶性欧化汉语影响的同时，我们还要防范伪劣汉语的侵袭。所谓"伪劣汉语"，乃是本书提出的一个新词语，意指社会上的俚俗用语侵袭已相对定型的书面语或口头语，宜称之为"疙瘩语""疙语"。形象点说，伪劣汉语犹如伪劣商品，其危害性并不比恶性欧化汉语小。随着网络时代的推波助澜，汉语在经历新一轮变革以便更快捷地反映时代风貌的同时，也在走向俚俗化、疙语化、恶搞化。网络、报纸、电视等传媒登载的"神马"、"浮云"、"给力"、"打酱油"、"雷"、"囧"、"杯具"（悲剧）、"洗具"（喜剧）、"酱紫"（这样子）、"童鞋"（同学）、"油墨"（幽默）、"稀饭"（喜欢）、"鸭梨"（压力）、"有木有"（有没有）、HOLD 住（控制住）、"芭比 Q"（完了）、"尊嘟假嘟"（真的假的）、"舔狗"（深情）等恶俗词语成为全民使用语。需要指出的是，恶性欧化与伪劣汉语常常相互杂糅，狼狈为奸。这些词语大多只有插科打诨的效果，实无新奇可言。

根据"中国语言生活状况报告：微博推动热词传播"①报道：教育部、国家语委发布了 2010 年中国语言生活状况报告。报告指出，微博的兴盛，推动了一大批新词的产生和传播。微博、新词语、热词语成为新的信息传递方式。报告同时指出，学生汉语能力下降，词语使用不规范、不严肃，引起社会忧虑。部分高校在自主招生中取消语文考试、中学语文教材篇目更换、学生汉语能力下降、汉字书写能力退化等现象，以及 2010

---

① 《北京晚报》：《中国语言生活状况报告：微博推动热词传播》，https://www.edu.cn/edu/yu_yan_wen_zi/yu_wen_dong_tai/201105/t20110512-614939.shtml，访问日期：2011 年 5 月 13 日。

年广州"撑粤语"、上海传媒使用方言等事件，都引起了社会关注。

这种滥用、玩弄词语的恶俗之风与当代部分不良文学风气可谓"交相辉映"，试以下面几首原创现代汉语诗歌为例：

[211]
新年辞（全诗）
作者名略

这样的日子里，有没有刺刀
因为人们沉浸在欢乐里
因为人们像约好的一样沉浸在欢乐里

这样的日子里，有没有刺刀

——纯真年代，2010: 111[①]

[212]
都市稻草人（前四节）
作者名略

用记忆的抹布
将陈旧的日子擦亮——

发黄的历史层层重叠。那年冬天
一个叫任峻的稻草人，带着《诗经》，从三麦
来到既有岳飞又有苏小小的杭州
来到了正在洗澡的西子面前。白浪滔滔

西子说：任峻，你是个喜欢小说的稻草人
快过来帮我一把！我趁机告诉她
曾经，我用诗歌的语言
吟诵魔鬼的笑容

曾经，我用杀人的手

---

① 《纯真年代》系杭州一书吧（主办人：朱锦秀）于2010年编撰的诗集，属内部刊物，非正式出版物。

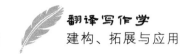
抚摸天使的乳房

风流的西子听懂了。多年来

成群的稻草人光着身子从她的门前跑过

——纯真年代，2010：160

我们还可以在这本现代诗歌集里读到这样的词句：

[213]

就是要不断跟自己过不去才会欢乐。

摸老虎屁股，要从句号身上拔出牛角，

……

你对自己仍大为不满，好比说西湖在西，

等于没收了句号的不可动摇的权威。

而美，就是我们的天堂，

就是要光明正大地把界标移近历史的领地。

——纯真年代，2010：151

上面这些诗句，要么意思游离，阴阳怪气；要么所指晦涩，玩弄深沉。但共同点都是语言粗鄙鲁莽。现代汉语在他们的手里，简直就是"光着身子"，形同裸奔！也许他们要的就是这个效果！与诗经、秦文、汉赋、唐诗、宋词、元曲、明清小说相比，可知某些现代汉语的文学表达沦落到什么样的地步！九斤老太不幸而言中！不要辩解说这是现代派诗歌，如果现代派诗歌果真是这样，我们宁可不要！

余光中曾举郭璞的游仙诗句："灵妃顾我笑，粲然启玉齿。"假设把它译成"灵妃看我笑，明亮露白牙"，说的还是那件事，但已面目全非了。文言译为白话，已经大走其样，一国文字要译成他国文字，可见更难（余光中，2002：175）。

面对当代汉语的境地，潘文国百感交集：

传统中国式表达的含蓄、严谨和精致也正在离我们而去。那种"枯藤老树昏鸦，小桥流水人家""晓耕翻露草，夜榜响溪石""暮从碧山下，山月随人归""荷风送香气，竹露滴清响"的严整对仗、简练深刻、沉郁含蓄、坦诚流露、耐人寻味的意蕴表达似乎离我们的生活越来越远，取而代之的是"我好好开心呵""我好好感动呵"这样苍白无力的表达。

——潘文国，引自杨全红，2009：62

6.3　文言的作用

鉴于恶性欧化和伪劣汉语的泛滥，我们有何应对策略？不少有识之士不约而同地把眼光转到了文言上来，提出"中文进补"（杨全红，2009：59），他们看法如下：

　　夫白话诚难做，病在浅易平凡，少精到语，少警惕语，令人读了索然无味。今人欲娇
之，乃在白话中放入文言，始得幽深之气。　　　　　——林语堂，引自杨全红，2009：66

　　白话不足，则济之以文言：这是好办法，我在写散文或翻译时，就是如此。问题在
于，今日的大学生和不少作家，文言读得太少，中文底子脆薄，写起白话文来，逢到笔下
周转不灵、山穷水尽之际，胸中哪有文言的词汇和句法可以乞援？倒是英文读过几年，翻
译看过多本，于是西化的词汇和句法，或以"折合"，或以"现金"的姿态，一齐奔赴腕底
来了。　　　　　　　　　　　　　　　　　　　　　　　　　　——余光中，2002：92

　　如果所译是古典，至少去今日远，也未始不可动用文言，一则联想较富，意味更浓，
一则语法较有弹性，也更简洁，乐得摆脱英文文法的许多"虚字"。
　　　　　　　　　　　　　　　　　　　　　　　　　　　　　——余光中，2002：189

　　在白话文的译文里，正如在白话文的创作里一样，遇到紧张关头，需要非常句法、压
缩字词、工整对仗等等，则用文言来加强、扭紧、调配，当更具功效。这种白以为常、文
以应变的综合语法，我自己在诗和散文的创作里，行之已久，而在翻译时也随机运用，以
求逼近原文之老练浑成。　　　　　　　　　　　　　　　　　——余光中，2002：190

　　我们应该读些文言，当代人并没有摆脱文言，因为它具有言简意赅，切中意要的效
果。如庄子说：君子之交淡如水。文字明了，含意深幽。一位好的作家在诗中从头到尾不
用成语是难以想象的。我写诗，写散文或搞翻译用了不少文言。文言用得好，可以使白话
文多样化，如同平面中出现了浮雕，引我们产生美妙的回味，有一种追忆、回忆的情感。
　　　　　　　　　　　　　　　　　　　　　　　　　　——余光中，2002 年北京演讲

　　灵活运用成语或文言色彩较浓的四字词能为译文增色不少。翻译家梁锡华曾经说过，
文言虽处弱势地位，但"文章求雅洁劲健，缺文言不行"。
　　　　　　　　　　　　　　　　　　　　　　——李洁、陆谷孙，引自杨全红，2009：68

　　欧化汉语几乎全部集中在书面语，口语中甚为少见，因此，肃清欧化汉语，系指涤
荡书面汉语中的恶性欧化成分与伪劣汉语。翻译乃欧化汉语之源头，本节主要谈文言在翻
译中的适用性。纵然废除文言至今九十余载，白话文大行其道，文言文并未销声匿迹，相
反，文言文在现代汉语夹缝中顽强生存了下来。尤其是在庄严场合，白话文根本上不了台
面，还得是文言文撑场。谓予不信，例证如下：

[214] 第十一批在韩中国人民志愿军烈士遗骸安葬祭文
　　维公元二零二四年十一月二十九日，中华军民谨以鲜花雅乐，致祭于志愿军烈士之灵曰：

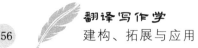

夫明道正德，不计功利；况亡唇寒齿，必罹祸殃。溯彼庚寅，虎贲东助。举国后盾，赳赳昂昂。移檄吊民，惟仁惟义；摧坚陷阵，克勇克谋。云山对决，敌魄震慑；长津鏖斗，我武惟扬。突破临津，似迅雷之难掩耳；阻击芝浦，若熊貔之怒搏逐。上甘坚守如金汤，长夏反击赛鹰隼。雪原冻沍，岂寒壮士赤忱之心；沙场焰腾，不移英雄磐石之志。浴血百战，捷报频传。终靖劫波，再致安泰。

呜呼将士，华夏凤麟。未尽梁栋构厦之才，竟酬以身报国之愿。一朝殂谢，万户失声。云山苍苍以默哀，江水汤汤而衔恨。岁月流迈，怆怀常新。孰不欲生，志士取义。精神耿耿，千载扬光。

领袖夙愿，忠骨还乡。礼遵国典，情溢四方。鲲鹏迎卫，"水门"洗尘。菊芳松翠，雅乐盛陈。魂兮归来，云旗飘扬。报功劝善，令德扎彰。

魂兮归来，增耀国华。佑启世人，踔厉奋发。敬业精进，勇毅是崇。孜孜明体，赫赫建功。中华复兴，国泰运通。

中国人民志愿军烈士永垂不朽！

——中华人民共和国退役军人事务部网 [①]

另外，现代汉语中的成语绝大部分来自文言文；古代文言文动词中单字居多，意义多样、搭配灵活，很多文言的单字和其他语素结合，构成了新词。总之，文言并未绝于白话文。"文言"这种语体有独特的审美价值。鉴于文言本身的特点，文言文在翻译、尤其是文学翻译中颇为适用，这对涤荡恶性汉语欧化与伪劣汉语，意义重大。

6.3.1　文言之语法特征

"文言"有别于"文言文"，"文言"属于语法范畴，而"文言文"属于文学的范畴（陈志杰，2009：41）。程雨民（2004：1）指出，"语体是指同一语言品种（标准语、方言、社会方言等）的使用者在不同的场合中所典型地使用的该语言品种的变体"（程雨民，2004：48）；语体是语体学的基本概念，语体学研究的是"在某场合典型地选择哪些语言成分来说话"（程雨民，2004：49）。语体的实质是对使用场合上有所区别的同义变体的选择。"文言文"是一种文体，而"文言"则是一种语体。"语体"不同于"文体、文风、风格"，"区别在于对某些语言成分的选择或者选择的频率"，"语体"往往为某个语言社团遵守，是使用语言时的现象，属于语言学的范畴，而后三者取决于使用者的主观标准，尤其是美学标准，同时也受到时代风尚的影响，属于艺术的范畴（程雨民，2004：4）。

李熙宗指出"语体概念"有四个特征：第一，具备完整的语音、词汇、句法、修辞系统；第二，具备一定的语言功能风格；第三，语体是根据社会交际功能不同而对语言材料、表达手段重新选择、组合的结果；第四，"语体是语言功能的变体，具有相对稳定性。"（引自陈志杰，2009：41）文言文历行久远，具备系统的词法、句法、修辞，并广泛用于政治、经济、军事、教育等领域，适用于不同的社会交际场合，与现代汉语相

---

① 中华人民共和国退役军人事务部，《裴金佳致第十一批在韩中国人民志愿军烈士遗骸安葬祭文》，https://www.mva.gov.cn/sy/xx/bnxx/202411/t20241129_456074.html，访问时间：2024年11月30日。

比，具有鲜明的特点，如，凝练、典雅、庄重。因此，"文言"乃是一种"语体"，是汉语在发展历程中的一种自然发展，经由本民族长期笔耕而成。

文言和现代汉语的区别，首先在于词汇，其次在于句法。

第一，汉语多单音节词，其形式和功能灵活多样，非常有弹性，很容易和其他语素结合构成双 / 多音节词，如：诺（许诺）、危（危机）、温（温习）、忧（忧愁）、畏（敬畏）。

文言文中，汉语往往一词多义，或多词一义，具备多个语法范畴，名词、动词、形容词常可以互相转换，搭配使用相当灵活。例证（郭著章等，2008：7）：

[215] 夫兵，犹火也。（兵：战争）

[216] 故上兵伐谋。（兵：战争策略）

[217] 兵其从兄，不养亲也。（兵：作动词，砍杀）

[218] 其王之与乐也，若冰之于炎日，反以自兵。（自兵：作动词，伤害自己）

为了语义精密、固定，汉语出现了"复音化"趋势。现代汉语中，大部分复音节词都是重新创造的，将意义相同或者相近的词组合起来，构成新词，占到了复音节词的"七八成"（王力，1944：336）。

第二，汉语词汇，一字一义，一字一音，语音可以"孳化"，主要有四种途径：其一，"单音重复"；其二，"单音附加成为附加语词的相属连语"；其三，形成合音或双声叠韵；其四，形成平仄（申小龙，2003：167）。例如，单音词构成叠音词，用来描形摹状，表示人物声音、形态、动作、颜色，而这些词一般极富音乐美，如，"杨柳依依""雨雪霏霏""行道迟迟""寻寻觅觅，冷冷清清，凄凄惨惨戚戚"。

第三，文言和白话的句子结构亦有所不同，主要表现在词序、句型的差异。郭著章（2008：3-6）总结了九大句型差异："何以……为""不亦……乎""无乃……乎""乃（若）……何""……之谓……""何……之……也""得无……乎""……孰与……""……者……也"。

此外，文言存在其他不太明显的差异，比如，判断句不用"是"，最常用的句型是"……者……也"。例如，"韩子卢者，天下之疾犬也；东郭逡者，海内之狡兔也"（《战国策·齐策三》）。

文言中省略较多，可以省略主语、宾语、谓语、介词等，"永州之野产异蛇，（蛇）黑质而白章"（《捕蛇者说》）、"择其善者而从之，（择）其不善者而改之"（《论语》六则）、"竖子不足与（之）谋"（《鸿门宴》）、"赐之（以）彘肩"（《史记·项羽本纪》）。

文言有倒装句，宾语前置，如"沛公欲王关中，使子婴为相，珍宝尽有之"（《鸿门宴》）、"古之人不余欺也"（《石钟山记》）。

6.3.2　文言之风格特点

文言语体有自己独特的风格：简洁凝练、典雅古朴、文雅隽秀、庄重严肃、富于美感。

简洁凝练：常言道"文贵简洁"。文言文趋精简，主要有三个原因：其一，古代记

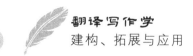

文，采用竹木，编册传抄，为节约资源，不得不采用较少的字传情达意，能省就省，连主语、谓语、宾语、介词也不例外。其二，文言词汇绝大部分为单音节，一词多义，搭配灵活；而现代汉语，以多双音节词居多，纵然文意更为精密，字数不免增多。其三，历代文人讲求炼字，简洁凝炼备受推崇；"两字三年得，一吟双泪流"（贾岛）、"吟安一个字，捻断数茎须"（卢延让）、"一词之立，旬月踟蹰"（严复）等做法并不鲜见。

典雅古朴：古代诗文典籍中，不乏词句化用，引用古籍，旁征博引，示己渊博，在古代被称为"掉书袋"（宋马令《南唐书·彭利用传》）。"掉书袋"实为中性词，并非坏事，水平有高下之分。引征古籍，证明熟悉古典，一方面显得有教养，另一方面以示脱俗。如此，文言内涵深刻，意义深远，今人读古人，当有时空穿梭之感，文言愈显古色古香。

文雅隽秀：古代通文墨之人委实不多，"学而优则仕"，文言往往象征社会地位、受教育程度，所谓"惟有读书高"是也。再者，文言文也是传统文化的载体，以"敬称""谦称"为例，令郎、令尊、高堂、贤侄、仁兄、尊夫人、贵府、犬子、拙荆、寒荆、荆妻、家父、小弟、寒舍、拙见……以上称呼，适用于特定场合，你来我往，文雅谦逊，尊敬之情，溢于言表。

庄重严肃：文言和白话相对立，无白话就无所谓文言。文言属书面用语，而白话属口头用语，文言天然比白话正式。另外，文言精练，信息多，字数少，结构稳定，音韵相对，如四字结构"严禁入内""违法必究""谢绝拍照"等，短小精练庄重，警示作用明显，换作白话，便没有这种效果。

富于美感：郭绍虞认为，汉语单音节语素居多，单音节语素组合灵活，"组合中有较强的音节作用、语气作用和修辞性质"（申小龙，2003：165）。这种特质在双音节、词组中更为明显，很容易组成形式整齐的词组。郭氏还提出了"名词重点"（申小龙，2003：160），认为汉语以名词为重点，造句时，甚至可以忽略动词，铺陈名词；而名词比动词更具体、更形象，更适合描情状景，如温庭筠的"鸡声茅店月，人迹板桥霜"，简练、含蓄。"鸡声""茅店月""人迹""板桥霜"四个名词铺成，意象清晰：五更时分，月照茅店旅社，板桥结霜，但人的脚印清晰可见，早行赶路之落寞与凄凉，读来如亲临其境。又如李白的"长安一片月，万户捣衣声；秋风吹不尽，总是玉关情"。"长安月色""捣衣声""秋风"意象鲜明，一派忧愁，"玉关"更是点出"良人远征"，一个"情"字，情深意长，思念跃然纸上。上述例句均利用名词组合意象、形象，充满美感。

6.3.3　文言章法举凡

正如傅雷所言："白话文跟外国语文，在丰富、变化上面差得太远，文言在这一点上比白话就占便宜。……文言有它的规律，有它的体制，任何人也不能胡来，词汇也丰富。白话文……一无规则，二无体制，个人摸索个人的……只能达意，不能传情。故生动、灵秀、隽永等等，一概谈不上。"（傅雷，转自杨全红，2009：66）余光中评判道："今人的白话文不但难追古文的凝练，甚至也不如旧小说的白话文简洁。"（2002：186）本书认为还应该加上难追古文的"气势"或"阵势"。试以《古文观止》中部分例句说明文言章法大大不同于现代文的妙处：

[219] 且夫贱妨贵，少陵长，远间亲，新间旧，小加大，淫破义，所谓"六逆"也；君义，臣行，父慈，子孝，兄爱，弟敬，所谓"六顺"也。去顺效逆，所以速祸也。

——【石碏谏宠州吁】（隐公三年《左传》）

（评：以"六逆"对"六顺"，前面均三字，后面均两字，极尽对称。）

[220] 昭文章，明贵贱，辨等列，顺少长，习威仪也。鸟兽之肉，不登于俎，皮革齿牙、骨角毛羽，不登于器，则君不射，古之制也。

——【臧僖伯谏观鱼】（隐公五年《左传》）

（评：前三字，动宾结构；后四字，排列极有阵势。）

[221] 礼，经国家，定社稷，序人民，利后嗣者也。

——【郑庄公戒饬守臣】（隐公十一年《左传》）

（评：以"礼"一字，后拖四个动宾结构，句意可无限扩展。）

[222] 是以清庙茅屋，大路越席，大羹不致，粢食不凿，昭其俭也。衮、冕、黻、珽，带、裳、幅、舄，衡、紞、纮、綖，昭其度也。藻、率、鞞、鞛，鞶、厉、游、缨，昭其数也。火、龙、黼、黻，昭其文也。五色比象，昭其物也。锡、鸾、和铃，昭其声也。三辰旂旗，昭其明也。

——【臧哀伯谏纳郜鼎】（桓公二年《左传》）

（评：句法结构：是以……，也。段落虽长，不出句式之外。）

[223] 因人之力而敝之，不仁；失其所与，不知；以乱易整，不武。

——【烛之武退秦师】（僖公三十年《左传》）

（评：多重否定，加深含义。）

[224] 至矣哉！直而不倨，曲而不屈；迩而不逼，远而不携；迁而不淫，复而不厌；哀而不愁，乐而不荒；用而不匮，广而不宣；施而不费，取而不贪；处而不底，行而不流。五声和，八风平；节有度，守有序。盛德之所同也。

——【季札观周乐】（襄公二十九年《左传》）

（评：四字结构，其中"而不"是固定用词，前四字，后三字，真所谓"五声和，八风平；节有度，守有序"也。）

[225] 围闻国之宝，六而已：圣能制议百物，以辅相国家，则宝之；玉足以庇荫嘉谷，使无水旱之灾，则宝之；龟足以宪臧否，则宝之；珠足以御火灾，则宝之；金足以御兵乱，则宝之；山林薮泽，足以备财用，则宝之。若夫哗嚣之美，楚虽蛮夷，不能宝也。

——【王孙围论楚宝】（楚语下《国语》）

（评：极似英语主题句，以"国之宝，六而已"开句，接着以"则宝之"反复强调。）

[226]"大王之国，西有巴、蜀、汉中之利，北有胡貉代马之用，南有巫山、黔中之限，东有殽、函之固。田肥美，民殷富，战车万乘，奋击百万，沃野千里，蓄积饶多，地势形便，此所谓天府，天下之雄国也。以大王之贤，士民之众，车骑之用，兵法之教，可以并诸侯，吞天下，称帝而治。愿大王少留意，臣请奏其效。"秦王曰："寡人闻之，毛羽不丰满者，不可以高飞；文章不成者，不可以诛罚；道德不厚者，不可以使民；政教不顺者，不可以烦大臣。今先生俨然不远千里而庭教之，愿以异日。……宽则两军相攻，迫则杖戟相撞，然后可建大功。是故兵胜於外，义强於内，威立於上，民服於下。今欲并天下，凌万乘，诎敌国，制海内，子元元，臣诸侯，非兵不可。今之嗣主，忽於至道，皆惛於教，乱於治，迷於言，惑於语，沉於辩，溺於辞。以此论之，王固不能行也。

—— 【苏秦以连横说秦】（《国策》）

（评：此段以"西、北、南、东"四个方位展开，继之以数个并列句、排比句。排比中夹缠比喻，或三字，或四字，或五字，对称优雅。）

[227]世混浊而不清：蝉翼为重，千钧为轻；黄钟毁弃，瓦釜雷鸣；谗人高张，贤士无名……夫尺有所短，寸有所长；物有所不足，智有所不明；数有所不逮，神有所不通。用君之心，行君之意，龟策诚不能知此事！

—— 【卜居】（《楚辞》）

（评：使用了比喻、夸张、反说、对仗、排比。）

[228]其文约，其辞微，其志洁，其行廉。其称文小而其指极大，举类迩而见义远。其志洁，故其称物芳。其行廉，故死而不容。

—— 【屈原列传】（《史记》）

（评："其"是文言中使用量极大的字，含义广远。）

[229]亲贤臣，远小人，此先汉所以兴隆也；亲小人，远贤臣，此后汉所以倾颓也。

—— 【诸葛亮前出师表】（《后汉文》）

（评：分别用两个动宾结构做主语。"亲贤臣"与"远小人"对称，共同做第一句的主语；"亲贤臣，远小人"又与"亲小人，远贤臣"对称，两个分句再对称。）

[230]求木之长者，必固其根本；欲流之远者，必浚其泉源；思国之安者，必积其德义。源不深而望流之远，根不固而求木之长，德不厚而思国之安，臣虽下愚，知其不可，而况於明哲乎？……诚能见可欲，则思知足以自戒；将有作，则思知止以安人；念高危，则思谦冲而自牧；惧满盈，则思江海下百川；乐盘游，则思三驱以为度；忧懈怠，则思慎始而敬终；虑壅蔽，则思虚心以纳下；惧谗邪，则思正身以黜恶；恩所加，则思无因喜以谬赏；罚所及，则思无以怒而滥刑。总此十思，弘兹九德。简能而任之，择善而从之，则智者尽其谋，勇者竭其力，仁者播其惠，信者效其忠。文武并用，垂拱而治。

—— 【谏太宗十思疏】（魏征）

（评：此段综合上面各段之长，有条件句，有排比句；句法多变，对称和谐。）

以上这些是典型的古文句法、章法，讲究对仗、和谐、气势、阵势，排山倒海，层层递进，步步为营，进退有据，前呼后应，擅长论说、批驳、反诘。此于白话文皆丢失不能传。白话文几无章法可言。文言文经"五四"以来被白话文拦腰一击，已被边缘化、隐蔽化，并逐渐形成"新文言"（罗维扬，2000：1），或"现代文言"（罗维扬，2008：1）。试以下列文章为例：

[231]

经国吾弟：

咫尺之隔，竟成海天之遥。南京匆匆一晤，瞬逾三十六载。幼时同袍，苏京把晤，往事历历在目。惟长年未通音问，此诚憾事。近闻政躬违和，深为悬念。人过七旬，多有病痛，至盼善自珍摄……人到高年，愈加怀旧，如弟方便，余当束装就道，前往台北探望，并面聆诸长辈教益。"度尽劫波兄弟在，相逢一笑泯恩仇。"遥望南天，不禁神驰，书不尽言，诸希珍重，伫候复音。

——1982 年廖承志致蒋经国书信摘录

[232]

蒋夫人美龄先生大鉴：

庐山初识，忽忽五十年矣。山城之聚，金陵之晤，犹历历如昨。别后音问阔绝四十余年，诚属憾事。幸友谊犹存，两心相通。每遇客从远方来，道及夫人起居，更引起怀旧之情。近闻夫人康健如常，颇感欣慰……我与夫人交往，数十载矣。历时弥久，相知愈深。直率陈言，尚祈谅察。海天遥隔，诸希珍重。临颖神驰，期待回音。

——1988 年邓颖超致宋美龄公开信摘录

上面两封信虽用文言句法，然清浅晓畅，丝丝入扣，滴水不漏，先谈私谊，后谈公务，使用这种有别于现代白话文的"浅文言"显得正规、委婉、客套。如果纯用白话，不知会平淡成什么样子？

6.3.4 文言在翻译中的应用

文言适用于翻译，已经被大量的翻译实践所证实，严复、林纾的译作就是典范。近现代名家翻译，不乏文言的身影。翻译中适当应用文言，有助于还原文本信息，再现文学翻译的某些风格，增加译文的文采。当然，由于文言的词汇、句法深浅不一，不宜用生硬晦涩、深奥难懂的文言文。用清浅晓畅的文言，还原汉语本色，能有效涤荡欧化汉语的影响。朱光潜把文言划分为三类：其一，专用某一时代的语言；其二，杂合各个时代的语文，选词造句，随意而为；其三，浅近文言，便于当代人理解，无冷僻深奥之句法，无过俗口语（引自陈志杰，2009：40）。用于肃清欧化汉语与伪劣汉语的文言当为清浅晓畅的第三类文言。鉴于这些风格特征，文言较适合书面语翻译，或正式场合的口语翻译。以下展示如何巧用中国古代诗文典籍词语、句法和章法于翻译艺术之中。

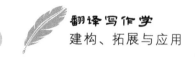

6.3.4.1 巧用古代诗文典籍词语

[233] 原文: But today, re-reading the passages in his lectures, it is impossible not to see that he himself was the *unnamed* hero.

译文: 但是今天重读他讲演中的这些段落, 不难看出, 那没有说破的英雄就是他自己。

评析: 这句话参照《三国演义》中评论曹操、刘备煮酒论英雄一节中的话: "说破英雄惊煞人", 将 unnamed 译成 "没有说破", 颇能传神, 意味浓郁。译成 "未指明的" 则显平淡。

[234] 原文: We are going to try to *run the same by* forging a cynical alliance with the very members of Congress who tried to destroy him a year ago.

译文: 我们打算以其道还治其人, 与国会中一年前力求打倒他的议员结成联盟, 不再讲什么道义。

评析: 非常简单的 run the same by (做相同的事) 译成了 "以其道还治其人"。宋·朱熹《中庸集注》第十三章: "故君子之治人也, 即以其人之道, 还治其人之身。" 这里的转用精彩绝伦, 其内含义远比英文深刻, 充分发挥了译文语言的优势!

[235] 原文: The bomb "is the greatest thing in history," Truman boasted. Nor was he sorry he had used it. Noting the "unwarranted attack on Pearl Harbor," the President explained to a journalist, "when you deal with a beast you have *to treat him as a beast*."

—*America, Russia and the Cold War*

译文: 杜鲁门大言不惭地说, 原子弹是 "历史上最伟大的东西"。他并不因为使用了原子弹而感到内疚。总统对一位记者解释说: "请注意偷袭珍珠港这件事。对付一头野兽, 唯一的办法是以其道还治其身。"

——《美苏与冷战》

评析: 译文也是套用改造了朱熹的 "以其人之道, 还治其人之身", 这是根据上下文锻造出来的。

[236] 原文: Some cautions must be mentioned—for example *good tools are essential to do the job well.*

—*Advanced Learner's English-Chinese Dictionary*

译文: 有些警句必须提及, 如: 工欲善其事, 必先利其器。

——《牛津高阶英汉双解词典》

评析: good tools are essential to do the job well 用典雅的古文词句表达显得不同凡响。这样的译法有何不可?

[237] 原文: The first requisite of an English translation is that it shall be English, or that a translation should be able *to pass itself off* as an original and show all the freshness of original composition.　　　　　　　*—The Art of Translation*

译文：用英文翻译，首先要做到译文地道；译作应<u>出落</u>得像原作，就像是创作出来的，清新生动。　　　　　　　　　　　　　　　　　　——《翻译的艺术》

评析："出落"是中国古典文学作品中常用来比喻少女体态容貌变化、成长的词语，元·王实甫《西厢记》第四本第二折中有"出落得精神，别样的风流"。这里用来翻译 pass itself off 可谓妙绝。

[238] 原文: She was more like her father than her younger sisters, for Carreen, who had been born Caroline Irene, *was delicate and dreamy*, and Suellen, christened Susan Elinor, prided herself on her elegance and ladylike deportment.　　*—Gone with the Wind*

译文：比起两个妹妹，她更有乃父之风，因为悄玲是生就一个<u>多愁多病身</u>，苏纶又是硬要学文雅，都跟她自己的脾气不能融洽。　　　　　　——《飘》，傅东华译文

评析：delicate and dreamy 译成"多愁多病身"，这恰好又是元·王实甫《西厢记》第一本第四折《雁儿落》里的词语。《红楼梦》中也用在主要人物的描写上。

[239] 原文: When I was as young as you are now, *towering* in confidence of twenty-one, little did I suspect that I should be at forty-nine, what I now am.

译文：我在你这个年纪的时候，二十出头，<u>小荷尖尖</u>，意气风发，哪里会想到49岁今天的我呢？　　　　　　　　　　　　　　　　　　　　——毛荣贵译文

评析："小荷尖尖"四字，把 towering 一词的"精、气、神"一并译出。"小荷尖尖"四字，借自宋代诗人杨万里《小池》："泉眼无声惜细流，树阴照水爱晴柔。小荷才露尖尖角，早有蜻蜓立上头"，这使得译文具有了丰富的联想意味。当然，如果觉得"小荷尖尖，意气风发"作为此处的译文过头了，也不妨译成"雄姿英发，信心满满"。"雄姿英发"语出苏轼"遥想公瑾当年，小乔初嫁了，雄姿英发"（《念奴娇·赤壁怀古》）。

[240] 原文: The *shadows are lengthening* for me. The twilight is here. My days of old have *vanished tone and tint*; they have gone glimmering through the dreams of things that were.

译文一：我的<u>影子在延伸</u>。黄昏来到了这里。我的往日已<u>经消失</u>了；它们只是在<u>过去事情的梦中闪烁</u>而去。　　　　　　　　　　　　　　　　——译者阙如

译文二：我已是<u>日薄西山</u>的人了。黄昏已然来临。往日早已<u>烟消云散</u>，只是在梦回往事时，它还<u>闪闪烁烁</u>。　　　　　　　　　　　　　　　——译者阙如

评析："日薄西山"最早见于《汉书·扬雄传上》："临汨罗尔自陨兮，恐日薄于西山。"此词语多见于古文中，以晋·李密《陈情表》中的表达最为有名："但以刘日薄西山，气息奄奄，人命危浅，朝不虑夕……是以区区不能废远。"译者不读书，何以写出这样的句子？

[241] 原文：but then a sudden *fit of anger seized* him

译文一：突然，一阵愤怒攫住了他 ——译者阙如

译文二：他忽然怒从心上起 ——吕叔湘译文

评析：吕叔湘译文语出《五代史平话》："朱温未听得万事俱休，才听得后，怒从心上起，恶向胆边生。"《水浒传》等古典小说中常见使用。

[242] 原文：In 1931, he *failed* to reach it in the submarine Nautilus.

——*The Macmillan Encyclopaedia*

译文：1931 年他驾驶"鹦鹉螺号"潜艇前往斯匹次卑而根群岛，未果。 ——译者阙如

评析：晋·陶潜《桃花源记》："南阳刘子骥，高尚士也，闻之，欣然规往。未果，寻病终。"宋·欧阳修《与程文简公书》："某自病起，益疲，不能复旧，岂遂衰邪？碌碌处此，思去未果。"清·纪昀《阅微草堂笔记·如是我闻一》："拟请刘石庵补书，而代葺此屋……因循未果，不识何日偿此愿也。"

6.3.4.2 巧用古文笔法

[243] 原文：The land did not move, but moved. The sea was not still, yet was still.

——R. Bradbury, *The Vacation*

译文：大地止而亦行，大海动而亦静。 ——晓兰译文

[244] 原文：Great is the art of beginning, but greater is the art of ending.

——Henry W. Longfellow

译文：善始固然不易，善终尤为难得。 ——朗费罗

评析：若译成"善始固然伟大，善终更为伟大"则太直，意蕴未出。

[245] 原文：Our birth is nothing but our death begun. — Edward Young, *Night Thoughts*

译文：我辈之生，无非死之发端而已，岂有他哉。 ——爱德华·扬《夜思》

[246] 原文：He that is not handsome at twenty, nor strong at thirty, nor rich at forty, nor wise at fifty, will never be handsome, strong, rich, or wise. —George Herbert

译文：人而二十不英俊，三十不健壮，四十不富有，五十不明智，则永无英俊、健壮、富有、明智之日矣。

——乔治·赫伯特

评析：其行文意气与金圣叹所言"人生三十而未娶，不应更娶；四十而未仕，不应更仕；五十不应为家；六十不应出游"遥相呼应。

[247] 原文：He is fool who can not be angry, but he is really a wise man who will not.

译文一：常言道：愚者不会怒，智者而不怒。

——译者阙如

译文二：常言道：愚者不知怒，智者能制怒。

——马红军译文

评析：原文很容易理解，但要用恰当的汉语表达出来颇为不易。译文一不具备"常言"应有的特征，而译文二的习语警句效果显著。

[248] 原文：Isabella is one of the most beautiful characters in the pages of history. She was well formed, of middle size, with great dignity and gracefulness of deportment and a mingled gravity and sweetness of demeanour. Her complexion was fair; her hair auburn, inclining to red; her eyes were clear blue, with a benign expression, and there was a singular modesty in her countenance, gracing as it did, a wonderful firmness of purpose and earnestness of spirit. —Washington Irving

译文：伊莎贝拉是史篇中的绝代佳人之一。她修短合度，纤秾得体，举止端庄而不失优雅，仪态严肃而不乏温馨。肌肤白皙，秀发金褐，碧眸明彻，目光祥和。她既有温和而谦逊的外表，又具有坚强的意志与执著的精神。

——华盛顿·欧文

评析：这一段译文用词典雅，运用了古文词句以增强时代感；结构对称，增强端庄的效果，给人一种仪态万方的古典美人的意象，又营造出一种可望而不可及的令人敬畏感。

[249] 原文：After that, he kept looking out his window for her, *mourning the decade they had let slip by while married to other people.*

译文：打那以后，他总是透过窗户意欲寻觅她的身影，<u>哀叹十年光阴瞬息过，却与旁人共枕席。</u>

——译者阙如

评析："哀叹十年光阴瞬息过，却与旁人共枕席"铿锵有力，不受原句形式束缚，它浸润着浓厚的古汉语行文神韵。

[250] 原文：*Their skill as horsemen and archers halted Persian and Macedonian invasion* but they remained a nomadic people until their disappearance during the Gothic onslaughts of the 3rd century AD. —*The Macmillan Encyclopaedia*

译文：<u>他们（西徐亚人）善骑术、精弓箭，故能拒敌波斯人和马其顿人。</u>他们一直是游牧民族。公元前三世纪遭哥特人屠杀后消亡。

——《麦克米伦百科全书》

评析：译文运用了拆译、词性转换、对仗、文言笔法等技巧。两个动词句"善骑术、精弓箭"或可再精简为"精于骑射"。原文的谓语短语在翻译后，以"故能"和前面译句构成因果关系。"拒敌"一词见于《水浒传》（多达七次）："据着我胸襟胆气，焉敢拒敌

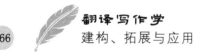
官军，剪除君侧元凶首恶？"（第二十回）"宋江又题起拒敌官军一事。"（第四十一回）

6.3.4.3 巧用古文篇章

文言文长于庄重肃穆、古朴典雅的风格特征，英文若是原本年代久远，则不妨以文言文对应之，这方面不乏成功例子，如：

[251] 原文: On one of those sober and rather melancholy days in the latter part of autumn, when the shadows of morning and evening almost mingle together, and throw a gloom over the decline of the year, I passed several hours in rambling about Westminster Abbey. There was something congenial to the season in the mournful magnificence of the old pile; and, as I passed its threshold, it seemed like stepping back into the regions of antiquity, and losing myself among the shades of former ages.

译文一：时方晚秋，气象肃穆，略带忧悒，朝霭和暮色，几乎相接。一年将息，终日阴暗。此时的我，到西敏寺去独步半日。古寺巍巍，森森然似有贵气，和阴沉沉的季候正好相吻；踏入门槛，仿佛我已经置身于远古，相忘于旧时的冥府之中。　　——夏济安译文

译文二：这是晚秋的清冷而又有点难受的日子，早晨的影子和黄昏的影子，几乎接在一起，一年即将过去，天色晦暗。我就在这么一天，到西敏寺去散步了几个钟头，古老的高大建筑的悲哀的华丽，和这个季节似乎一致。我踏入大门，似乎回到了那古老的地域，在古代的黑暗里失去了我自己。　　——译者阙如

评析：这是 Washington Irving 所写的小品文 Westminster Abbey，原文非常典雅，译文一也具有那种韵味。译文二虽然译出其意，但仍显得平淡无味。

[252] 原文: Studies serve for delight, for ornament, and for ability. Their chief use for delight is in privateness and retiring; for ornament, is in discourse; and for ability, is in the judgment ...

Reading makes a full man; conference a ready man; and writing an exact man ... Histories make men wise; poets witty; the mathematics subtitle; natural philosophy deep; moral grave; logic and rhetoric able to contend. Abeunt studia in mores.

— *Of Study*, Francis Bacon

译文一：读书足以<u>怡情</u>，足以<u>傅彩</u>，足以<u>长才</u>。其怡情也，最见于独处幽居<u>之时</u>；其傅彩也，最见于<u>高谈阔论之中</u>；其长才也，最见于处世判事之际。

读书使人充实，讨论使人机智，笔记使人准确……读史使人明智，读诗<u>使人灵秀</u>，数学使人周密，科学使人深刻，伦理学使人庄重，逻辑修辞之学使人善辩：凡有所学，皆成性格。　　——王佐良译文

译文二：读书为学的用途是<u>娱乐</u>、<u>装饰</u>和<u>增长才识</u>。在娱乐上学问的主要的用处是幽居养静；在装饰上学问的用处是辞令；在长才上学问的用处是对于事务的判断和处理。

阅读使人充实，会谈使人敏捷，写作与笔记使人精确……史鉴使人明智；诗歌<u>使人巧慧</u>；数学使人精细；博物使人深沉；伦理之学使人庄重；逻辑与修辞使人善辩。<u>学问变化气质</u>。　　——水天同译文

评析：培根的散文风格古朴、说理透彻、言简意赅。1902 年，梁启超撰写了中国第一篇专论培根的论文。迄今为止，培根的译介已有百年历史，培根的散文也不断重译。（罗选民，2003：98）王佐良用文言语体翻译"谈读书"，古风拂面，语言精简，"词无定译"，形式上灵活多变。第一句话"serve for"翻译成三个"足以"，形式整齐；接下来三个"in"则翻译成"……之时""……之中""……之际"，灵活多变，毫不单调。王氏采用文言翻译，能省就省，连接词、介词绝少，靠逻辑关系、语境联系全文，简洁清爽。水氏译文，行文拖沓、结构单一，如，第二个句子三个介词"in"短语，全部翻译为"在 XX 上的用处是 XX"。文中的拉丁语警句，王氏译成"凡有所学，皆成性格"，而水氏译成"学问变化气质"，"变化"作及物动词，不合汉语习惯。

用文言语体翻译培根笔下的古朴散文者，不止王佐良一人。翻译家杨自伍就曾用文言语体翻译培根的 Narcissus，兹援引一段：

[253] 原文：Narcissus is said to have been a young man *of wonderful beauty*, but *intolerably proud, fastidious*, and *disdainful. Pleased with himself and despising all others,* he led a solitary life in *the woods and hunting grounds; with a few companions* to whom he was all in all; followed also wherever he went by a nymph called Echo.

—*Narcissus*, Francis Bacon

译文：那喀索斯，人称风度翩翩美少年，惟心性高傲锱铢必较蔑视一切，令人不堪。自我陶醉，目无余子，常年出没于林泉猎场，优游岁月，与世人不相往来；有铸侣二三，如鱼得水；行踪所至，仙女跬步不离，芳名厄科。　　　　——杨自伍译文

评析：原文共 85 个音节，译文共 83 个音节，旗鼓相当，形似且神似。译文共出现 16 个"四字格"，且结构多样，含偏正结构、主谓结构、动宾结构、并列结构，结构多变，异彩纷呈。译文结构精简，只用了"那喀索斯"一个主语，后面全部采用"零形回指"，而原文则四次用代词"he"和"himself"回指主语"Narcissus"；译文的介词、连接词只用了"于""与"两个，这也与原文形成鲜明反差。译文主要靠逻辑、语义等隐性语法关系连接全篇，倘若用白话文翻译，代词、介词、连词必不可少，译文必当冗长拖沓。同时，采用文言语体，整个译文优雅、古朴、富于乐感，很好地再现了原文的风格。

必须强调的是，我们并不提倡全用文言文翻译，这在今天已不可能，但"能不能做到是功力问题，要不要做到是策略问题"（杨士焯，2011：91）。毛荣贵批评道："多少年来，在许多人的意识里，似乎只有用纯粹的白话才是翻译之正道，而'半文半白''文白夹杂'的译文则多遭贬斥。"（毛荣贵，2005：204）对那些反对在译文里使用文言成分的人，笔者的忠告是：若用不来，何苦用之？

6.3.4.4　冯亦代论四字格——理论与实践批判

正如我们在 3.2.2.3 所言，四字格是文言的一部分，又是现代汉语的语性特征。汉语译文里使用"四字格"本无需饶舌，遗憾的是，反对者竟有其人。冯亦代针对许渊冲"发挥译文优势"及运用四字格于翻译的言论而批判道：

> 四字结构是古代语言的遗留，是种濒临死亡的东西，我们没有理由再去恢复死掉的语言……如果今天我们的语言中还有四字结构，那是一部分被现代普通话所吸收了的，不能再说是"四字结构"的遗物。在翻译中偶有四字结构的出现，那是现代普通话所吸收的，而不是原封不动的四字结构。翻译外国文学中的现代作品，就很难运用四字结构。
>
> ——冯亦代，引自金圣华，1998：52

根据我们的判断，冯亦代所言之"四字结构"即是我们前文所论述之"四字格"（3.2.2.3）。

冯氏上述说法无一句没有问题。首先，他一口认定"四字结构是古代语言的遗留，是种濒临死亡的东西，我们没有理由再去恢复死掉的语言"就是根本性错误，这与四字格在现代汉语中的使用现实相违背；其次，既然承认今天的语言中还有"四字结构"，为什么还要说这不是"原封不动的四字结构"？这是什么逻辑？莫非是现代版的"白马非马"？再次，冯亦代说："在翻译中偶有四字结构的出现，那是现代普通话所吸收的，而不是原封不动的四字结构"，这又是什么意思？难道是要玩"人不能两次踏进同一条河流"（赫拉克利特）的玄学把戏吗？好，假使我们全盘同意冯亦代的"四字结构死亡论"，让我们以他本人的译文来印证他是否知行合一。

《萨柯和樊塞蒂的受难》（冯亦代，1994）是中国翻译名家自选集中的冯亦代卷。既然是翻译名家自选集，必然就是译者的得意之作，最能反映译者的翻译水准。打开该书，还没读译文，我们就在其自选集中的序言部分发现不少"四字结构"成语，这还不包括疑似四字结构（冯亦代，1994：35），兹按原文分段排列如下：

> [254] 这篇义正词严的政论，由于我的译笔幼稚拙劣……　　　　——1994：序言
>
> [255] 但因为我的知识和经验的浅陋，外文也欠修养，所以总有不少鱼目混杂的痕迹。但是目前书市疲软，既然有出版的机会，便也不敢敝帚自珍了，聊作点缀。
>
> 　　　　——1994：序言
>
> [256] ……所以译文堪可一读；为使读者得窥全豹，特全部刊出。　　——1994：序言
>
> [257] ……而使读者读得莫名其妙，便只能割爱了。　　　　——1994：序言

笔者惭愧得很，实在无法分辨哪些四字结构"是古代语言的遗留，是种濒临死亡的东西"，哪些是"现代普通话所吸收的，而不是原封不动的四字结构"！

冯氏还说"翻译外国文学中的现代作品，就很难运用四字结构"（冯亦代，引自金圣华，1998：52），果真是这样吗？最好的办法还是取其本人的译文来印证。我们暂且抽取其自选集三篇中短篇小说中每篇的前六页译文，以此统计冯氏使用"四字结构"的频率。

《亚瑟·萨维尔勋爵的罪行》——王尔德，前六页（根据原文的段落分行）：

[258] 深负时望的传教士和著名的无神论者<u>衣履相接</u>。一群<u>道貌岸然</u>的主教……餐厅里挤满了<u>一时俊杰</u>。

（评：同一段中连用 3 个四字结构。）

[259] 那儿一位<u>赫赫有名</u>的政治经济学家正在严肃地对另一位<u>怒气冲冲</u>的匈牙利歌唱家解释音乐的科学原理。　　　　　　　　　　　　　　　　　　——1994：1

（评：同一句中连用两个四字结构）

[260] 温得美尔夫人显得<u>无比美丽</u>，<u>雍容华贵</u>的象牙般的颈子……最最与<u>天真烂漫</u>相似的莫过于<u>放荡不羁</u>了……社会上早已不再对她<u>风言风语</u>了。她如今年已四十，没有儿女，而那种<u>寻欢作乐</u>的非凡的激情就是使她保持<u>青春常在</u>的秘密。

（评：同一段中连用 7 个四字结构；最后一句中"保持"是典型的赘语，为何不直接说"使她青春常在"？）

[261] 你老是<u>别出心裁</u>

[262] 公爵夫人<u>嘟嘟嚷嚷</u>　　　　　　　　　　　　　　　　　　　　　——1994：2

[263] 譬如明年我就要<u>大祸临头</u>，<u>水陆不吉</u>

（评："水陆不吉"出自明代高濂所写《遵生八笺》（1591）中《风土记》一节："是月十六日，廿七日，忌远行，水陆不吉。"（1992：114）① 可见冯亦代自己不但用了四字结构这种"濒临死亡的东西"，而且还是明代死人写的东西！）

[264] 他正带着<u>饶有兴趣</u>的笑容　　　　　　　　　　　　　　　　　　——1994：3

[265] 一面<u>无可奈何</u>地把那只油腻斑驳的羚羊皮手套脱下来。

[266] 上面三条手腕纹，<u>清晰非凡</u>！您将<u>长命百岁</u>，公爵夫人，而且<u>百事如意</u>。<u>顺天安命</u>，<u>守身谦和</u>……

（评：这句译文中连用 5 个四字结构，多欤？少欤？）

[267] 我看到的是<u>感情诚挚</u>，<u>洁身自爱</u>。

[268] 温得美尔夫人<u>忍俊不禁</u>　　　　　　　　　　　　　　　　　　——1994：4

[269] 伸出一只细长而<u>瘦骨嶙峋</u>的手来

[270] 曾经有过三次<u>覆舟之灾</u>。……一位强硬的保守党，<u>循规蹈矩</u>，热衷于收藏古董。　　　　　　　　　　　　　　　　　　　　　　　　　　——1994：5

[271] 一位脸色忧郁的妇人，棕色的头发，<u>多愁善感</u>的睫毛，完全不愿把她的过去和未来<u>公之于众</u>；温得美尔夫人<u>无计可施</u>……许多人看来都害怕面对这位满脸堆笑、戴着金丝眼镜……

[272] 亚瑟对弗莫妇人的不幸遭遇<u>一无所知</u>。

---

① "水陆不吉"承蒙厦门大学胡兆云教授告知出自《遵生八笺》一书，谨此致谢！

[273] 要是波特琪斯先生说你的脾气不好，<u>饕餮成性</u>或者……　　　　　　——1994：6

本篇前六页译文中，译者共使用了 33 个四字结构，其中准成语 19 个。

再看冯译毛姆《雨》（1994）。

[274] 麦克法尔医生点燃了烟斗，探身靠在船栏上，在<u>九天之上</u>寻找南十字星座。……他很乐意能在阿披亚安<u>安静静</u>地至少住上十二个月……他年已四十，<u>瘦骨嶙峋</u>，一张干瘪的脸，刻板而迂腐；说起话来，满口苏格兰腔，声调缓慢低沉。　　　　——1994：35

（评．开篇第一段就用了 4 个四字结构，多欤？少欤？）

[275] 不免有些<u>受宠若惊</u>，只是由于他禀性好辩，因此夜晚他们那间舱房里，总让自己对传教士两口子<u>吹毛求疵</u>一番。

[276] 他们所信奉的宗教创始人可并不这样<u>孤芳自赏</u>　　　　　　——1994：36

[277] 她有张瘦长得像绵羊的脸，但是<u>毫无蠢相</u>，反倒是极度的机警；有种飞鸟似的<u>迅捷动作</u>……听进耳朵里是种僵硬单调的声音，搅动得<u>神经不安</u>，一如风钻的<u>无情喧嚣</u>。

（评：连用 4 个四字结构，多欤？少欤？）

[278] 麦克法尔医生说，带着<u>浅浅勉强</u>的笑容。

（评："勉强"就够了，还要加上"浅浅"凑字。可译"勉强笑着说"）

[279] 邮船的<u>来来往往</u>使人安不下心来

[280] 对海外传教士说来，这儿简直是<u>白费气力</u>的工作。我对上帝真是<u>感恩无穷</u>
　　　　　　——1994：37

[281] 第二天早上戴维森喊着，<u>兴高采烈</u>。

[282] 在这种情况下，我们必须严于<u>克己自持</u>。　　　　　　——1994：38

[283] 但是在白人中间，事情就<u>截然不同</u>……跳舞不仅本身不道德，而且肯定导致<u>伤风败俗</u>。

[284] 耸起一脉悬崖峭壁，碧绿的群山……旗杆顶上<u>没精打采</u>地悬挂着一面星条旗……岸上有从岛上各处来的一群热切、喧嚣和情绪高涨的土人……美国水兵，<u>整齐利落</u>，脸上刮得<u>干干净净</u>，带着友善的神情，在土人中<u>穿来穿去</u>……拖着一条<u>庞大变形</u>的小腿<u>踽踽而行</u>。<u>男男女女</u>都穿着萨莫亚围腰。　　　　　——1994：39

（评：此页只有两段，共用了 11 个四字结构，多欤？少欤？）

[285] 他是个沉默而经常<u>闷闷不乐</u>的人，使你感觉到他的<u>和蔼可亲</u>，完全是基督教给他的一种任务；他禀性冷淡甚至有些乖僻。他那副长相也是<u>绝无仅有</u>的。他的身材又高又瘦，长长的四肢松散地连接在躯体上；两颊深陷，颧骨出奇地高突；他带着一种<u>死气沉沉</u>

的气派，可是只要注意到他那丰满而性感的双唇，不免会使你吃惊。……给他一种<u>毅然有力</u>的外相。……这团火<u>含而不露</u>却又<u>蠢蠢欲动</u>。他是那种难以亲近的人。　——1994：40

（评：此页也俨然是四字结构连环阵。）

[286] 不要指望能<u>舒舒服服</u>。如果我们能有一张床，头上有个屋顶，这就该<u>谢天谢地</u>了。

[287] 他领他们去看的屋子差不多<u>空无一人</u>……一顶<u>千孔百疮</u>的蚊帐之外……<u>瓢泼大雨</u>简直<u>没完没了</u>。
　　——1994：41

（评：此页连用 6 个四字结构，多欤？少欤？）

本篇前六页译文中，译者共使用了 39 个四字结构，其中准成语 15 个。

[288] 游鱼翻腾，露出了它们的肚子，凝视着落在水面上的<u>朦胧灰黯</u>的光。

[289] 大地上发出几乎是无声的细语、低浊的喉音和<u>吱吱嘎嘎</u>的开门的声音。

　　——1994：83

[290] 那个在他们收拾一切来到美国以前<u>世世代代</u>落后的地方

[291] 他犯过许多桩罪行，而且多到<u>不可胜数</u>。　　——1994：84

[292] 我既然来到了人世，<u>好好坏坏</u>我已经活了下来。

[293] 他们是不能<u>无动于衷</u>的。他那种对自己和自己即将来临的末日所怀的巨大悲痛，确实<u>令人心碎</u>。

[294] 他发育不良，<u>腰弯背驼</u>。　　——1994：85

[295] 他懂得了拉皮条的勾当和龟奴的那套<u>规矩礼路</u>。

[296] 使他变成强盗的，是一种<u>复杂错综</u>的环境。……他在那些<u>穷街陋巷</u>里，俨然成为当地景色的一部分了。

[297] 袋里装满金钱，<u>随心所欲</u>地弄到吗啡、醇酒和女人　　——1994：86

[298] 这次盗劫，对于玛第罗斯真是<u>轻而易举</u>。

[299] 玛第罗斯的一生的遭遇是<u>不可避免</u>的，那末他的死亡也是<u>不可避免</u>的。

[300] 他感到和这两人<u>血肉相关</u>

[301] 而且跟他们<u>毫无关系</u>的罪行　　——1994：87

[302] 他<u>一步一步</u>走向这个可怕的结局的<u>不可抗拒</u>的力量。

[303] 他把这封信丢在一边，想<u>不了了之</u>。

[304] 他的心里又一次充满了快乐，又一次幸福地感到<u>心宁神定</u>。　　——1994：88

本篇前六页译文中，译者共使用了 21 个四字结构，其中准成语 7 个。

上述三篇每一篇的前六页译文平均每篇使用四字结构 31 个，平均使用准四字成语 13.6 个。由此推及其每篇第六页之后各页四字格的使用量，即使不会更多，当不会更少。

我们再从《回到你老婆孩子身边去吧》（1983）中刊载的冯亦代翻译的两篇现代短篇小说中深入探究他的四字结构使用情况。

《弃儿》——小库特·尼格

[305] 准会流浪到天涯海角去寻找他们的父母

[306] 村里的木匠，一个老头，有个工间若有所思地休息一会的习惯，这时总要走出铺子去看看这个乱蹦乱跳、叽叽喳喳、又高兴又褴褛的行列……　　　　　　——1983：94

[307] 就是前面那个瘦瘦的一本正经的那个

[308] 用德国话含含糊糊地问了声好，他只懂这种语言。　　　　　　——1983：95

（评：不说"含糊"，却用了叠字）

[309] 一个满腹辛酸的十四岁小老人　　　　　　——1983：96

[310] 他一本正经，精神抖擞地走了一会儿。但是接着就又晃悠起来了，小小的心灵追索着那些阴魂不散的字眼……　　　　　　——1983：97

[311] 她一路喋喋不休地谈着麻雀。　　　　　　——1983：98

[312] 漂亮的脸上一副不可一世的神情

[313] "嬷嬷！"乔气喘吁吁地说。

[314] 蹲着一门大炮，黑亮黑亮的，炮口指向夜空。　　　　　　——1983：99

本篇前六页译文中，译者共使用了 14 个四字结构，其中准成语 8 个。

"贴邻"——小库特·冯尼格

[315] 他们正在心平气和地争论。　　　　　　——1983：81

[316] 我们就直截了当跟他握握手。　　　　　　——1983：82

[317] 他母亲不以为然地皱皱眉。　　　　　　——1983：83

[318] 兴致勃勃地，保尔宁愿听音乐，而不愿去听那对男女正在吵架的声音。

[319] 这里那里<u>斑斑驳驳</u>带着细微的光亮。

[320] 这时，男人也<u>反唇相讥</u>——骂着一些<u>不堪入耳</u>、<u>难以出口</u>的话。

[321] 贴邻——除了响着的收音机——又<u>无声无息</u>了。 　　　　　　——1983：84

[322] 米勒乐队演奏<u>风行一时</u>的《繁星》!

[323] 保尔再一次看着他的显微镜，却<u>视而不见</u>。 　　　　　　——1983：85

[324] 使一个男人和他的妻子<u>言归于好</u> 　　　　　　——1983：87

[325] 隔壁出现了亲切的喁喁情话。

（评："情话"即可，还要加上"喁喁"，有了"喁喁"何劳再加"亲切的"？无非是为了凑成"四字结构"。）

[326] 一种<u>缠绵之情</u>充满了保尔的全身。……他被推到生活的边缘上，<u>茫然无措</u>，感觉却又那么丰富、强烈、美满。 　　　　　　——1983：88

本篇前六页译文中，译者共使用了 15 个四字结构，其中准四字成语 12 个；此篇唯有第六页无明显四字结构。但第八页和第九页又连环连片使用。

王付东对冯亦代译文使用的四字格做了更全面彻底的扫描（王付东，2012），其所研究的样本涵盖冯亦代的小说译文 11 篇（长篇小说 1 篇、短篇小说 10 篇），所译包括王尔德、毛姆、法斯特、海明威、冯尼格等五位现代英美作家的作品。王付东对这 11 篇译文所使用的四字格进行了定量研究，共统计出四字格 1008 个（包括前后重复使用的）。这 1008 个四字格的分布情况如表 6-2 所示：

表 6-2　冯亦代译文四字格作品分类表

作家	王尔德	毛姆	法斯特	海明威	冯尼格
作品	《亚瑟·萨维尔勋爵的罪行》	《雨》	《萨柯和樊赛蒂的受难》	《告发》《蝴蝶与坦克》《大战前夕》《在山岗下》《桥头的老人》	《贴邻》《弃儿》
例词	自私自利、斤斤计较、愤世嫉俗	受宠若惊、吹毛求疵、孤芳自赏	深恶痛绝、赤手空拳、坐而待毙	风尘仆仆、神秘莫测、无精打采	精神抖擞、阴魂不散、喋喋不休
四字格数量	132	297	463	62	54
	892			116	
总　数	1008				
百分比	88.49%		11.51%		

上表展示的是四字格在冯亦代译文中的分布情况。从上表可以看出，冯亦代的译文或多或少都使用了四字格：从篇幅来看，长篇小说《萨柯和樊赛蒂的受难》用了 463 个，

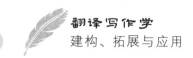

短篇小说用得相对少些。从作家来看，海明威的作品中四字格用得最少，五篇只有 54
个。但即使再少，冯亦代的译文仍难逃四字格的紧箍咒，这说明冯亦代本人无法杜绝四
字格的使用。从统计表上可以看出，使用四字格较多的三篇文章是《亚瑟·萨维尔勋爵
的罪行》（132 个）、《雨》（297 个）、《萨柯和樊赛蒂的受难》（463 个），共用了 892 个
四字格，占所研究作品中四字格总数的 88.49%。有意思的是，这三篇译文均出现在中
国工人出版社出版的中国翻译名家自选集之冯亦代卷。何为自选集？当然是作者亲自挑
选的代表作、得意之作。这个集子最能反映译者的翻译水准。在冯亦代最得意的译作中
发现大量的四字格，而译者本人又强烈反对乃至鄙视使用四字格，这如何自圆其说？

根据本书对四字格的分类，上述冯小代译义中出现的四字格又可以归类如表 6-3。

表 6-3　冯亦代译文四字格类型表

四字格分类	准四字格	四字语型	四字叠音格	衍生四字格
例词	捉摸不定、六神无主、津津有味	无声无息、成千成万、千丝万缕	肮肮脏脏、吱吱嘎嘎、黑亮黑亮	冷漠无情、秽言丑行、三五成堆
数量	561	58	98	291
总数	1008			
百分比	55.66%	5.75%	9.72%	28.87%

从上表可以看出，冯亦代在译文里用得较多是准四字格，11 篇共用了 561 个（包括
重复出现的），占总数的 55.66%，居第一位；其次是衍生四字格，占 28.87%；再者是四
字叠音格和四字语型。根据本书对四字格的界定，准四字格包括四字成语、四字谚语、
四字惯用语、四字格言；而衍生四字格指活用准四字格规律形成的四字格，这类词很像
准四字格，但还未被成语词典收录。由于四字成语是准四字格的核心组成部分，所以冯
亦代在其译文使用较多的还是四字成语。由前文可知，冯亦代认为四字成语用多了会使
译文呆板，那么他是否觉得他的自选集译文非常呆板？

除了大量使用四字成语，冯亦代在翻译现代英语文学作品时，还根据实际情况灵
活地创造四字格或活用四字成语，如："百事如意"（冯亦代，1995：4）、"知羞识耻"
（1995：38）、"秽言丑行"（1995：223）。成语有"万事如意"，冯亦代改成"百事如意"；
"知羞识耻""秽言丑行"是两个并列结构的四字格，乃冯氏根据语境组合而成，并非
成语。

这种抽样与排查式的调查表明，冯亦代在他的自选集和其他译文里不仅使用了"四
字结构"，而且其"四字结构"不是少了，而是多了！这些"四字结构"绝大部分使用
得恰当，本该如此，此是汉语语性之功！个别失当，甚至属于臆造，这说明译者有时滥
用"四字结构"。这又如何解释他对别人使用四字格的批评呢？难道这意味着他否定自己
过去的翻译？抑或是他的翻译学说有了新的发展？奇怪的是，他的翻译学说新发展我们
没有读到，倒是看到了他曾对某段译文的评价，与他对许渊冲的大批判言论（金圣华，
1998：52）大相径庭。原译文如下：

[327] 我先前一直生活在中国，那儿一片宁静，<u>风景如画</u>，自有其<u>独特可爱</u>之处，清瘦的翠竹<u>摇曳生姿</u>，荷塘倒映出庙宇那翘起的飞檐，大地一片<u>郁郁葱葱</u>。亚热带明媚的阳光和<u>繁星密布</u>的夜空，又使它显出<u>千般的娇</u>、<u>万般的柔</u>。<u>夏去秋来</u>，<u>金菊盛开</u>，但转眼又是<u>萧瑟西风</u>，<u>黄花憔悴</u>，<u>一片苍凉</u>。

此段寥寥 128 个字，四字结构有 12 个之多，还有"千般的娇、万般的柔"这样地道的中文对仗句法。此等译文，按理冯亦代应该大加挞伐才是，然其却赞曰："使人有似乎在读一篇幽美的小品之感。这样的例子，比比皆是，显见译者们和通读者的文字功力。我虽未见原文，但凭着微薄的经验，也可料到原文是怎样说的了。"（郭英剑，1998）

如此看来，冯亦代在批评许渊冲滥用四字格时，所使用的尺度标准与他本人以往的实践以及对其他译者的评论，是双标的、矛盾的，给人"自批其颊，自捋其须"的口实，可谓"不知虑此，反教人为"。这些无不说明，试图把四字格从现代汉语和译文中排挤出去是万万行不通的，是对汉语写作的歧视做派。四字格的问题不在于是否使用，而在于能否恰如其分、适可而止、见好就收的使用问题。

6.4　本章小结

综上所述，欧化汉语与伪劣汉语是翻译写作过程与结果的两大障碍。作为译者，要有良好的目标语写作修养。文言作为一种语体，有独特的审美价值，其风格简洁凝练、典雅古朴、文雅隽秀、庄重严肃、富于美感，在翻译中适当运用，不仅能传情达意，译文也会平添文采，富于形式美、形象美、音乐美，再现原文的风格，做到"神似"。尤其是汉语的四字格，更是把汉语"音、形、义"三位一体的优势演绎到了极致，纵然结构短小，但是意义深远，形式整齐，节奏感强，而且搭配灵活，可以嵌套到五言、七言之中，使整个词组、句子形式整齐、音律和谐，足可把玩欣赏。译者若有意识加强文言文修养，汲取文言精华，明确汉语常态与欧化汉语之别，理解、运思之时稍加思考，译文中很多恶性欧化都可以避免。如此，译作不仅可以传情达意、再现原文风格，还可以演绎汉语的美感，成为精品。

现如今，文言文作为传统文化的载体，再度受到关注。文言语体审美价值独特，并未绝于白话，反而顽强生存下来。在正式语体翻译中，文言语体值得一用。文言语体代表汉语的传统语言习惯，优点众多，有助于肃清翻译中的恶性欧化。翻译是欧化汉语的源头，肃清翻译中恶性欧化的影响、规范汉语，有利于提高汉语作品及译文的质量，催生文学经典。

本章初步论证：文言有助于肃清恶性欧化汉语。学习文言不是返古，而是写好白话文的基础和关键。本章旨在说明：处理好欧化汉语、善用文言文词语与句法，是翻译写作学的组成部分。研究文言对规范汉语、提高汉语生命力具有非凡的意义。

拓展

篇

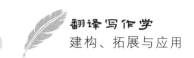

第七章
翻译写作学研究拓展：潜译

在翻译写作学理论前期研究成果的基础上，我们尝试从跨学科领域反观翻译写作学研究，并将研究领域拓展至二语阅读与二语写作领域。

阅读、写作和翻译三者是有机结合的整体，三者紧密相关。若没有阅读能力的提升，写作和翻译能力的提升将无从谈起。翻译写作学认为，翻译就是一种特殊的写作形式，阅读、写作能力的提升，辅以恰当的翻译理论指导，学生翻译水平的提升便能水到渠成。

在本篇中，我们从翻译写作学理论视角重新展开二语阅读与二语写作研究，提出"潜译"概念并厘清相关术语定义，辅以问卷调查数据统计分析，将理论探讨与实证研究相结合，论证翻译写作学的拓展研究点。为下一篇（应用篇）中探索"阅读、写作、翻译"三位一体翻译写作课堂模式与"云译坊"模式在翻译教学中的应用打开新思路、开辟新路径，从多维角度深化拓展翻译写作学研究。

7.1 翻译写作学理论对二语阅读和写作研究的启示

翻译写作学理论旨在追求高质量的译文，重视译者的译文写作能力，认为其决定了译文质量的优劣。该理论首次融合汉语写作学理论中"感知—运思—表述"和"检视"的基本原理，借鉴写作学的章法，明确翻译写作新过程。这一阐释启发我们将翻译研究的范畴进一步扩大并延伸至阅读学与写作学的研究领域。

二语阅读过程涉及读者与文本双重因素、多成分与多维度交叉，呈现了复杂性与动态性。二语阅读的研究也多围绕着阅读理解能力、母语阅读模型对二语阅读的影响、二语阅读教学策略、二语阅读障碍等展开。众所周知，母语对二语习得过程有着迁移影响，我们相信，翻译因素伴随母语影响介入二语阅读思维过程中。读者在阅读二语语篇时，难免在潜意识里将所读二语理解为母语，从感知（读）至运思（思）、从运思（思）至转换为母语（译）、从译至理解。这就给了我们开启翻译写作学理论研究视角的突破口。

二语写作方面，我们（2014、2017）曾研究指出，二语写作经由感知后借助母语进行运思，夹杂着翻译这一转换行为来产生部分二语语句和片段，最后通过翻译的方式来生成二语语篇，这是一种从思至译、从译至写的过程。之后，二语作者还要进一步推敲语句和词汇，力求符合二语规范，形成一篇好的二语作文，而这正是一种翻译写作的过程。同时，我们提出英语写作教学是时候改变其固有模式，一是顺应高科技发展与时代要求，尝试"云译坊"教学模式，二是在二语写作教学中正视翻译因素的介入与作用，用翻译写作这一理论作为指导，改革教材编写。

　　翻译、二语阅读、二语写作都涉及复杂的双语思维活动。翻译经历"感知—运思—表述"，二语阅读同样以"感知"为伊始，经历潜意识中的"运思"与"表述"，二语写作的思维与行为过程更是近似翻译。鉴于此，翻译写作学理论为二语阅读与二语写作的研究带来了全新的思考。我们以翻译写作学理论为指导，研究和探讨二语阅读、二语写作与翻译的关系，重新审视和解析读者与作者思维与行为过程中的翻译因素介入，尝试简明的思维与行为过程图解。我们认为，翻译因素的介入过程是在读者与作者的潜意识中进行的，正所谓"随风潜入夜，润物细无声"（唐·杜甫《春夜喜雨》）、"北帝南辰掌内观，潜通造化暗相传"（唐·吕岩《七言》）。因此，我们首次将其命名为"潜译"。在我们论述翻译、二语阅读与二语写作的关联之前，我们将先阐释"潜译"的定义与内涵。

7.2　定义厘清：潜译与隐译

　　何谓"潜译"？我们的思考与理解是：潜译，指潜意识里的翻译，是一种隐形的翻译活动，潜藏于二语阅读、二语写作的感知与运思过程中，即隐于读者或二语作者的潜意识中。我们将之命名为"潜译"，并以英文 implicit translation 称之。对 implicit 一词的借用受启发于杨士焯于《英汉翻译教程》（2011）中对精简（隐化）与增补（显化）技巧的讨论，其中谈及翻译过程中对原文不同程度的模仿引起的意合与形合转换间的潜在"语际语"与显化趋势，这恰恰也是语言转换过程中的潜隐转换现象。Vinay 和 Darbelnet 曾提出 implicitation in translation 概念，并将"隐含"（implicitation）定义为"一种文体翻译技巧，包括使源语言中的明确内容隐含在目标语言中，依靠语境或情境来传达意义"（1995：344）。其所述也是探讨了翻译过程中的潜隐现象。经查《牛津高阶英汉双解词典》（第 10 版），implicit 词条释义为 "suggested without being directly expressed" 与 "forming part of sth(although perhaps not directly expressed)"。故，本书以 implicit translation 为"潜译"英文名称。此一概念，与 House 所提的隐译（covert translation）亦在名称上似有相似，在此，我们有必要简要阐述二者在本质上的差异。

　　首先，定义与内涵不同。

　　House 的"隐性翻译"概念最早见于其博士论文《翻译质量评估模式》（1977）。在该文中，House 阐明了翻译质量评估的基本标准，即对等。但她认为，对等不能单纯地视为形式、句法、词汇的相似联系，一是因为目标文本与源文本要实现文本功能上的匹配，二是文本功能要通过对等的情景层面手法实现。并且，目标文本的翻译类型决定了

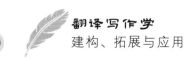

文本功能的保留。由此，她提出了显性翻译与隐性翻译的概念。

"潜译"概念是我们在研究二语写作思维与行为过程中归纳总结得出的。二语写作是一种从思至译、从译至写的过程；二语阅读也是一种从读至思、从思至译、从译至解的过程。其中的从思至译，潜藏于作者或读者的意识之中，是潜意识层面的隐形翻译行为。

其次，功能所指不同。

House认为，源文本在源发语的语言文化框架及话语世界中，有其特定的功能，隐性翻译的功能就是要在目标文本中再现源文本的功能，在评估翻译质量过程中起着重要作用。而"潜译"是用于描述二语阅读与二语写作的思维过程的全新概念，从全新的视角描写、阐释、解读母语思维在二语阅读与二语写作复杂思维过程的迁移现象。

我们分别以covert translation与"隐性翻译"为关键词检索，国外多见有关引用House翻译策略分类分析译本的论文，如：Hossein Heidani等（2014）、Hamideh Rahmani等（2019）对波斯语翻译及穆罕默德传记中的宗教文化翻译策略的讨论。此外，Ida Klitgard（2018）在"Calling for translation literacy：The use of covert translation in student academic writing in higher education"一文中，对丹麦大学的学生在学术英语写作中的隐性翻译运用研究与讨论给本课题研究提供了重要借鉴。而国内关于隐性翻译的研究多集中在对House所著的《翻译质量评估模式》（1977）、《翻译质量评估（修正）模式》（1997）及《翻译质量评估模式：过去和现在》（2015）的评述与研究，具体如司显柱（2005；2016）对翻译质量评估模式的批评，蒋甜（2009）、王均松（2019）等对翻译质量评估的评述与拓展研究。这些成果极少涉及二语写作范畴，但所讨论的内容，于本篇研究亦可借鉴一二。

我们再以"潜译"为关键词检索，未见有相关研究与论述。至此，我们就潜译与隐性翻译概念做了简要厘清与讨论。

7.3　阅读与翻译

在前面的章节中，我们了解到，翻译写作过程的四个阶段为感知—运思—表述—检视，感知的第一步是阅读过程。翻译写作的感知更多是一种间接感知，可以分为三种类型的感知，一种是对原文的感知，另外还有对背景知识、文化背景的广泛感知，以及对类似文体的目的性感知，无论哪种感知，都是对译者阅读能力的一种要求。刘士聪（2009：2）指出："读英语经典著作，读以英语为母语的人们所写的各种不同体裁、不同题材的作品，通过阅读来体验英语不同于汉语的特性，在微观方面体验其用词、搭配、句子和修辞；在宏观方面体验其节奏、风格和韵味。读书是培养语感的一条极其重要途径，即对于以英语为母语的人来说，不读书也写不出好文章；对于我们来说，读书是学习汉英翻译和提高汉英翻译能力的前提和基础，没有通过读书培养起来的语感，做汉英翻译时感到心中没底是可想而知的。因此说，读书是第一个需要做的重要事情。"

（刘士聪等，2009：2-3）广泛阅读是提高译者的语言能力的最主要途径，有时，它可以帮助译者在翻译时找到最佳对应词或句。有学生在翻译《论朋友的相处之道》这篇文章的题目时，就受到了培根的《论友谊》（*Of Friendship*）的启发，使这个题目贴切又简洁。另外，因为翻译对译者的知识面有着较高的要求，广泛的阅读也是扩大译者知识面、使译者广闻博见的重要途径。另外，除了广泛的阅读之外，还应该有些目的性的阅读。翻译散文，需要多读些目标语的类似散文；翻译广告，可以多读些目标语类似广告。这样做，可以更好地了解翻译出来的作品所应该具有的文体风格、写作风格及文体特征。此外，为了更好地理解原作，对于原文背景的大量目的性阅读也是必不可少的。

翻译写作过程的第二个步骤是运思，在运思的过程中，译者一方面要充分发挥自己的主体性，也就是译者需要深入理解原文，而不是被动地接受原文所传达的内容，从而形成自己的观点。另一方面，译者对原文的理解应该基于作者对原文所表达的观点和情感。而这两个方面都建立在阅读的基础之上。在表述这一层，若要有优秀的表述，也要求译者有良好的语言功底，才能有优秀的译文表述。而语言基础能力与表达能力提升的第一步就是要大量的输入，这其中最重要的内容就是大量的阅读。最后一环节的检视阶段是对译文的修正阶段，包含了对译文的评估和修订。审阅的过程本身就是阅读的过程，在这一环节，译者一方面要查看文本类型、风格、结构等因素，看是否还有改进的余地；另一方面，应检查单词、句子和段落的运用。检视的重点应放在评价词的准确性、句子的简单性以及段落的完整性和连贯性上。因此，可以看出，在翻译写作的四个阶段（感知—运思—表述—检视）中，阅读是发挥巨大作用的首要因素。

单语阅读的过程是一种理解的过程，并不涉及语言的转换。但是，若是二语的阅读，不仅涉及语言的理解，而且还涉及语言的转换。二语的阅读是一种在大脑里进行的、不以书面形式呈现的更加隐蔽的翻译形式。相应地，翻译又可以促进对原文的阅读理解。在阅读课的授课过程中，教师通常以翻译为手段来考查、验证学生的阅读结果。而翻译的过程包含了对句子结构的分析，对语法、词汇等各方面的分析，又可以反过来加强译者对原文的理解。而对原文理解的好坏又关系到译文的质量。因此，阅读和翻译可谓你中有我，我中有你，本来就是一个统一体，不可分割。下面，本书将就阅读与翻译的关联展开进一步论述。

7.3.1　阅读学简述

阅读是人类学习知识、认识世界的基础方法之一，是人们不可或缺的社会活动。阅读有自身的特点与规律，随着研究的推进，阅读渐渐从语文学中分化为一门具有独立理论的研究领域。"阅读学作为一门科学，它必须研究运用语言文字的规律和记忆、想象、思维规律的关系，从而解决阅读过程中的各种基本问题。"（高瑞卿，1987：2）《中国阅读大辞典》定义阅读学为研究阅读活动的学科，是"研究运用语言文字的规律同记忆、想象、思维规律之间的关系，旨在解决阅读过程中产生的各种基本问题的科学"（王余光等，2016：440）。

国外学者对阅读学的研究始于1897年，W·冯特在其心理学试验室展开研究，至

1908 年，詹姆其休斯发布新的研究成果，将阅读活动阐释为人类一种精细的心理工作过程。20 世纪起，世界各国学者都对阅读展开了研究，取得了许多成果。1956 年，国际阅读协会（IRA）在巴黎成立，标志着阅读学的正式确立。此后，各国学者都出版了不少与阅读研究相关的专著并且开展了新的阅读教学，如快速阅读教学。

我国有着悠久的阅读历史，阅读论述与研究方面以阅读规律居多。最早的阅读研究专论当属季札的《观乐》。先秦有孔孟学者等对阅读的功用、原则、品质、技法提出自己的主张。汉代王充也发表了《书虚》《问孔》等论述篇章。刘勰的《文心雕龙》中的《知音》篇更是古代阅读学专著中的杰作。唐宋时期的阅读理论发展更加成熟，出现了许多经书阅读论、史书阅读论、诗词阅读论与文章阅读论，如韩愈的"目视—口咏—心惟—手披"理论，欧阳修的"言意说"等。至元明清时期，阅读研究思想出现多向发展，阅读研究理论全面拓展，阅读教学理论初步形成。至近现代，白话文的发展促使阅读研究取得更多新成果。随着信息时代的到来，阅读学研究领域逐步建立，阅读学研究专著相继出版，如《阅读的战略》（顾晓鸣，1986）、《阅读学概论》（高瑞卿，1987）等。

阅读学研究随人类文明历史的发展而发展，且不是孤立的。高瑞卿认为阅读学与各学科都有密切联系，如文艺学、自然科学、社会科学、教育学、心理学、美学、逻辑学等，它不是孤立存在的，有着广阔的研究范畴。因而，本书将在这一节中探讨二语阅读与翻译的关联。

7.3.2　二语阅读中的母语思维

二语阅读是二语学习过程中的重要环节，也是必备的二语能力。母语思维在二语学习过程中的客观存在毋庸置疑。Cook（1992：571）曾论证说明所有的二语学习者都会让自己的一语介入二语学习。这便是二语学习与母语学习的区别所在。对二语阅读过程中的母语思维这一问题，众多学者都曾研究并得出一定成果。

20 世纪中期，众多行为主义学说研究者研究讨论了母语对外语的负迁移影响，但Corder（1978）提出在二语学习认知过程中，母语是必要资源；此后许多研究都关注探讨母语阅读技能和方法对外语阅读的影响、认知层面上外语阅读中的母语现象；Hawras（1996）研究指出，对于外语初学者而言，母语是其主要并且是近乎唯一的语言理解工具；Upton（1997；1998）对不同外语水平的学习者展开研究，发现低水平英语学习者较之高水平者更倾向于使用母语来解决推测词意、连贯文章内容等语言层面的问题，频繁运用翻译来理解外语文章；Liu（2004）采取有声思维法研究外语学习者阅读活动中的思维量，发现其中母语思维占了很大比例，学习者的母语思维量绝大部分用于帮助理解文章，只有少部分用于分析语言结构；鞠秋红等（2007）对 8 名水平相同的学生的阅读思维过程进行分析，发现在阅读高难度文章时，母语多用于猜测词意、总结文面意思，但在阅读低难度文章时，母语思维则用来联想和评价文章。鞠秋红等（2012）再次组织 8 名学生为受试，其中 4 名是非英语专业大二学生，4 名是高二学生，研究采用有声思维与回溯访谈形式，分两组展开，记录与分析受试的阅读过程后发现两组学生在阅读中的母语思维使用程度很高，低水平组常直接用翻译方式获取文本表层信息，高水平组常用母语思维总结评述文本信息。

其实，早在1989年，Chamot & Kupper就将外语阅读中的母语使用作为一种"翻译"策略加以讨论，这可谓阅读与翻译关联研究的开端。Kern（1994）曾研究法语学习者的阅读情况，发现学习者们频繁地使用母语来翻译和理解阅读语篇，同时提出了一个影响外语阅读的变量概念——心智翻译，即"读者在阅读二语过程中用一语形式对任何单词、短语或语句进行心智再处理"（1994：442）。由此可见，二语阅读过程中，二语读者思维中有着客观存在的翻译过程，故而本书将之称为潜译过程，隐于读者的潜意识中。

7.3.3　二语阅读感知与运思过程中的潜译

Cook（1992）论证指出，所有二语学习者都会在学习二语的过程中时不时地利用母语；Cohen（1995）也探索过双语与多语学习者的思维语言活动，发现他们时常会无意或有意地在思维活动中转换语言。他指出，当学习者感觉用某种语言思维更容易时，会不经意地在大脑中自动倾向使用该种语言，而当学习者在二语学习中遇到较难的词句或语法时，则会有意地倾向使用另一种语言来帮助理解。Upton（1997；1998）也用有声思维方法调查了11名留美日本学生阅读英语文章的情况，研究结果发现这些学生用一语进行心智翻译的同时，也会直接用一语思考和理解二语，这便是一种潜意识中的翻译活动。

阅读过程研究在过去的几十年中逐渐引起越来越多学者的关注。

翻译写作学将翻译阐释为感知、运思、表述、检视的过程。而阅读处于翻译中的感知与运思环节。"阅读具有'反应—学习—思考'的特性，这要对读物做出反应，要吸取作品中的信息，并且于学习中注入读者的思考。"（曾祥芹等，2002：1-2）结合翻译写作学，延伸这一分析与理解，我们认为，阅读过程包含感知与运思过程。上一节中，我们讨论了母语思维对二语阅读的影响涉及词、句层面，而落实到阅读过程中，便是感知与运思的过程上，由此产生潜译活动。

翻译与写作的感知以阅读感知为第一步，而"阅读以感知文字符号为起始"（曾祥芹等，2002：164）。韩愈在《上襄阳于相公书》中说，"手披目视，口咏其言，心惟其义"。阅读的感知必定是以视觉感知为第一步，当然盲人因其特殊情况而以触觉感知为主，在此不另论述。任何人（除盲人外）在阅读语篇时，首先是通过视觉看到篇章中呈现的语言符号，而后在思维中反映出对这些符号的解读。"不同的语言体系有不同的文字符号系统。不同的文字符号系统会引起感知心理和生理机制上的差异。"（曾祥芹等，2002：164）而阅读的目的首先是要了解所读语篇的表层意思，读者在阅读时会凭直觉反应语句意思。Chomsky的转换生成语法理论就认为"'直觉'这种下意识的本能反应能自然而然识别和理解句子、创造和生成句子"（曾祥芹，2009：59）。二语读者在阅读二语语句时，一连串的英文文字符号便跃入眼帘，这是与自己熟知的汉语文字符号截然不同的符号，形状不同、词语不同。读者在看到二语文字符号时同样会有识别该文字符号并抽取各个词义的直觉反应，但因其思维上对母语的依赖，读者会不自觉地将所有语言符号转换解读为母语，用母语来理解语句，这便是二语阅读感知中的潜译。

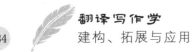

运思是阅读的中期阶段。在这一阶段，读者的阅读行为主要是"理解和阐释读物语言代码的意义，组织编制新的认知结构"（曾祥芹等，2002：166）。在感知阶段，读者通过感知获取到文字符号的表层含义，而后，为了获得有组织的文字符号的深层含义，读者就需要运思。二语阅读的运思较母语阅读复杂。二语读者在阅读的感知阶段借助母语将二语词语的意义抽取出来进入运思阶段，接着将零散的二语词语意义或概念片段进行运思并形成有逻辑、可组织为句子或段落的有含义的片段。在这一过程中，读者同样会不自觉地将这些含义与已有的母语知识中相关的部分联系起来，形成新的、以母语为主要形式的认知语篇，这就是运思中的隐译。它较之感知阶段的潜译更为复杂。因为在这一过程中，读者的思维中既有母语，又有部分二语，这与读者的二语水平高低有一定关系。

我们试将二语阅读感知与运思过程作以下图解（图 7-1）：

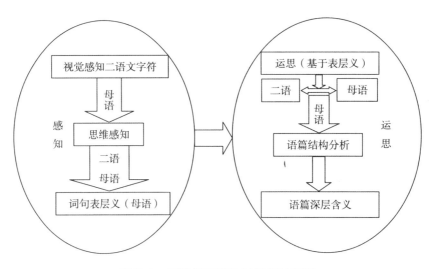

图 7-1　二语阅读感知与运思过程图

7.4　再论翻译与写作

关于翻译的比喻，历来众多。但是，将其归类，可以大致分为两类。一类是突出翻译的模仿性，认为翻译是奴役、复制，是带着镣铐跳舞等等。而另外一类将翻译视为一种特殊的写作，强调其创作性，突出了翻译的能动性。翻译写作学认为，翻译就是一种写作，是一种特殊的二语写作，虽然有其特殊性，但是更加突出的是其再创作性。首先是因为翻译和写作有着极大的相似性。

（1）要做好写作和翻译，必须以大量的输入为前提，也就是阅读。俗语"熟读唐诗三百首，不会作诗也会吟"非常朴素地表述了阅读对写作的巨大推动作用。同理，没有大量的阅读来提升语言功底，扩充英美文化知识，了解作品的背景，洞悉原文的含义，好的翻译就无从谈起，所以翻译和写作都是以大量的阅读为基础的，从这点来看，两者类似。

（2）翻译和写作具有很强的实践性。前面提到两者都以大量的输入为前提，同样，两者也要以大量的输出作为提升的途径。输出的过程是将直接感知和间接感知化为文字的过程，是将写作技巧和修辞手段及个人情感付于纸上的过程。而这个过程，也是作者提高自身水平的必由之路，练得越久，写作水平自然就越高。而翻译也是一样。必须要将你的直接感知和间接感知都呈现在目标语文本中。翻译实践的过程也是一个实践写作及翻译技巧的过程，是积累好词好句的过程，是表达原作者意图和情感的过程，练得多了翻译起来自然游刃有余。

（3）作者与译者所处的主动地位应该是类似的。写作是一种不受束缚的创作，因此，作者的主动性毋庸置疑，除非特殊情况，否则，作者的风格、手法、特点等等都是由作者控制的，作者有着绝对的主动权。翻译虽然有一定的局限性，不能越界，但是在可控的范围内，译者依然有着较强的主动性。句子的处理方式，译出的风格，词汇的选择，等等，应该都在译者的掌控范围内。

（4）翻译和写作的过程是基本相同的，都是经过了感知—运思—表述这三个阶段。在周姬昌（1989：64-119）的《写作学高级教程》中，他描述了写作的整个过程。总结起来便是感知—运思—表述三大步骤。翻译写作学增加了"检视"这一环节，其实，这同样适用于单语写作。因为检视是一个评价和改正的过程，无论是单语的写作，还是涉及双语的翻译，评价和改正都是必不可少的。

（5）写作与翻译的层面相似。写作可以分为两个层面：浅层—表述方式（遣词造句、衔接连贯等）；深层—内容（构思）。翻译写作也可以分为两个层面：浅层—文从字顺、选词用字、注意文采；深层—译而作，发挥译者主体性。

（6）翻译和写作笔法相同。写作笔法人所共知。"翻译笔法"是王宏印提出的一个重要翻译研究概念。翻译笔法基本上也属于写作技能，有一套个人惯用的词汇和行文方式，笔法也是长期翻译和写作积累的结果（杨士焯，2012：26-28）。

（7）翻译和写作的评判方式是类似的。虽然是译作，但是评判译作应该像评判单语写作一样，将其作为一种全新的创作来欣赏。不应该因为是译作而具有翻译的痕迹或者降低评判的标准。

其次，翻译和写作虽然有着诸多相似之处，但是，它们也有许多不同之处。总体来说，翻译涉及双语，所以翻译会更复杂。

（1）因为有着原文的牵绊，所以，翻译不像写作那样随心所欲，译文首先需要做到忠实，一切创作都要以忠实为基础。

（2）写作需要动用到直接感知和间接感知，而且直接感知应该是创作的主要灵感源泉。而翻译不同，由于原作的时间、空间的限制，很多情况下，译者主要倚靠间接感知来感知原作，了解原作的写作背景，扩展自己的知识面，揣摩原作者的写作意图。

（3）创作者只需要深入掌握一种语言，便有机会推出优秀的作品，而译者则至少需要熟练掌握两种语言才有产出优秀译作的可能性。

（4）另外，创作者可以自由选择风格和体裁，但是译者却往往要在各种风格体裁中转换。译诗的时候要像诗人，翻译实用文体时又要客观、公正。因此，对译者的文体掌

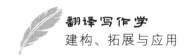

握性要求会更高。

（5）相应地，译者通常不会只接触一种类型的翻译任务，因此，翻译对译者的知识面要求也会更高。就算只是做实用文体翻译，法律文书、说明书、商务合同等等有可能涉及各行各业，有时也是对译者的知识积累有着极高的要求。而创作者则可以挑选自己擅长的方式和自己喜欢的文体来表达其思想意念。

7.5 本章小结

翻译涉及的是两种语言及两种语言文化的转换，对译者的双语能力及文化素养提出了更高的要求。从翻译和写作的特征、前提、过程、译者的地位等方面来看，翻译和写作有着极大的相似性。在本章中，我们讨论了翻译写作学之于二语写作、二语阅读的启示，分析了阅读与翻译、写作与翻译的关系。可以看出，阅读是写作和翻译的前提。双语阅读可谓一种隐蔽的双语转换，双语的隐形翻译。而翻译又可以加强主体对原文的理解。而二语的写作又可谓一种隐蔽的翻译，写作者用母语思考，但是却用外语表达。由此可见，阅读、写作和翻译三位一体，在翻译过程中，他们互相成就，缺一不可。由此，我们正式提出"潜译"这一新概念。翻译就是一种受原文拘绊的特殊形式的写作，反观之，二语写作亦是一种受到母语思维与二语思维影响的特殊形式的翻译，再拓展观之，二语阅读亦如是。二语阅读与二语写作都有着复杂的思维与行为过程，而翻译写作过程的前三个阶段（感知—运思—表述）的研究与探讨为我们研究二语写作与二语阅读打开了新的大门，呈现了新的概念合理性与新的研究关联性。

第八章
二语写作：汉英翻译写作拓展

　　在前几个章节中，翻译写作学理论重点探讨了翻译与写作的关联，强调译者的译文写作能力是决定译文质量的关键。说到译文写作能力，于英译汉来说，即汉语写作能力；于汉译英来说，便是英语写作能力。汉译英，本质上就是英语写作的问题。英语写作是汉译英的基础和必由之路。我们都知道，译作的读者与原作者必定是处于不同语言环境的，倘若译者译写得不好，尤其是要译成非母语的目标语，那么读者就更难了解到原作者想要表达的意与想。英语写作，是语言综合能力的反映，对于非英语母语者来说是一种二语写作。长久以来，人们认为二语写作必须设法摆脱母语思维，不宜采用翻译的方式，进而认为二语写作与翻译不会、不能也不应有所关联。事实是否果真如此或应当如此？本章节中我们将从翻译写作学的角度，对二语写作展开全新的论述与解析。

8.1　二语写作与母语思维的关系研究综观

　　多年来，国内外学者对二语写作的研究热点始终围绕母语思维的影响展开讨论。

　　Lay（1988）、Krapels（1990）、Qi（1998）等均对二语写作中的母语思维使用情况展开研究，论证了二语水平与母语思维依赖的相关性。郭纯洁和刘芳（1997）对 10 名高中生和 2 名大学生英语看图作文的思维过程进行有声思维记录研究，计算母语思维量的结果显示，60% 的内容由母语生成。王文宇和文秋芳（2002a）同样选取 16 名英语专业学生（大一至大四年级学生各 4 名）为研究对象，记录了其英语议论文写作中的思维过程，对此过程中的母语思维进行定量分析，发现母语思维量约占全部思维量的 24%（王文宇、王立非，2004：51-52）。文秋芳和郭纯洁（1998）分析了 6 名高中生的英文看图作文写作过程及过程中的母语思维，提出母语功能可归为五类，即转换中介、内容生成中介、形式检索中介、内容检验中介、程序管理中介。Woodall（2002）考察了 15 名母语为日语的学生的二语写作过程，发现有声思维中语码转换发生的时间长短对写作质量有相应影响。王文宇与王立非（2004：52）分析了学生的母语思维量与作文成绩之间的相关系数，发现母语思维与作文成绩呈负相关（$r=-0.7$, $p=.07$）。van Weijen（2009）在

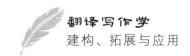

对 20 名荷兰大学生英语写作的研究中发现母语思维对作文成绩的影响。陈晓湘与王阳（2010）曾调查研究了 16 名不同年级的英语专业学生，量化分析了他们二语写作中的母语使用量，结果表明学生在写作过程中对母语的平均使用量达到 39.60%，且母语使用量随着二语水平的不断提高而减少，但他们并未简单断定母语对二语写作的影响是积极或消极的。姜琳等（2019）采用有声思维与回溯访谈探讨母语思维对读后续写的参与度与作用，指出读后续写中母语思维的影响程度因输入形式（中文或英文）不同而有所不同，说明了母语思维量的客观存在。

必须承认的是，"在内容构思和过程控制层面上的母语思维量虽然也呈现出持续下降的趋势，但还没有要消失的迹象"（王立非，2005：51）。Kaplan（1996）刚开始关注二语写作研究时，就重点分析了二语写作中母语是如何出现的。王立非（2005：51）曾指出"母语思维参与二语写作的全过程……从而从写作的层面揭示出母语与二语的密切关系"。卢植（2022）通过分组有声思维实验进一步探究了高语言水平与低语言水平受试对母语的依赖程度，同时论证了受试在写作过程中从母语中获益的程度受到二语水平高低的影响。王文宇、文秋芳（2002b）对写作内容构思、结构构思和文本输出过程中的母语思维量以及作文的单项分（即内容分、结构分和语言分）做了相关性分析，结果显示，母语思维只有在文本输出过程中发挥的不是单纯的'正'或'负'的作用：某些思维活动中（文本输出）的母语影响是消极的，而某些母语思维（如内容构思、结构构思、过程控制）对二语作文的质量并无明显的负面影响（王文宇、王立非，2004：52）。李宏强（2019）通过有声思维考察大学英语写作中的母语思维量，指出二语水平不同的作者在二语写作过程中的母语思维总量没有显著差异。

从以上综述的研究成果可见，国内外关于英语写作的研究已经形成一定规模和成果，但在已有的二语写作研究中，焦点问题都集中在了文本层面，多数研究都在探讨二语作文的语篇和语言特征、母语对二语写作的迁移影响等，较少研究触及二语写作的过程与翻译的关系，但同时也反映出一个无可否认的事实：无论二语作者心甘情愿与否，母语思维一直存在于其大脑中。母语思维在大脑中绝不是与二语各行其道的，它对二语一定是有迁移影响的。并且，也有许多研究指出了母语思维对二语写作的作用，包括帮助分析写作题目和组织文章结构（Hall，1990；Reid，1992；郭纯洁、刘芳，1997；Kubota，1998；张俊杰，2018）、推进二语语言任务（Thoms 等，2005；Masaeed，2016）、缓解二语写作焦虑（Wei，2020）、提高二语写作成绩（Dicamilla&Anton，2012；Wang&Wen，2002；Zhang，2018；Gao&Min，2021）等等。

至此，我们的问题是：既然二语写作涉及母语思维，母语思维对二语写作有一定的影响与作用，那么，在二语写作过程中，将母语思维转化为二语时，是否其中存在翻译的成分？母语思维所发挥的作用是否最终都落脚于翻译？

8.2　二语写作：写作与翻译的结合点

综观已有的二语习得研究成果，研究都普遍指向母语对二语的迁移影响，显然，这是无可厚非的。"迁移是由于目标语和任何先前所掌握的语言具有不同点和相似点所产生的影响。"（Odlin，1989：27）。我们认为，母语与二语必然相互影响。在二语作者大脑中所创作的二语语篇或二语语句，甚至简单至一个单词，都以各种方式和母语思维保持紧密关联，同时反复进行着翻译这样的深加工处理过程。田甜与王世庆（2010：134）认为"在写作过程中一般很难摆脱母语思维、再把母语思维结果转化为目标语这一模式"。这已然指出了二语写作离不开母语转化为目标语的模式。刘世荣（2010：81）更直接地指出："任何接触两种语言的人，潜意识里都要用到翻译（interpretation）……如何在两种语言之间不断解码、重组，恐怕都离不开这种翻译。英文写作也不例外。"康奈尔（Connor）（1996：3）曾记录了这样一段话："当我写英语作文时，我就觉得困难。当我用中文写作时，我可以很容易地想到许多素材……不幸的是，在英语写作时却很难将所想的中文译为英语。"这是一位有着高级英语水平且在一所美国大学修读了许多 ESL 课程的中国学生对其英语写作过程的讲述。讲述中可以看到，他仍然习惯性地采用从中文译至英文的方式。丁往道（2009：Ⅸ）也在其《英语写作手册》中明确指出："写作还有许多实际用途……同时写与译也密切相关。"

可见，二语写作极大程度上要依赖翻译来进行，这使得二语写作不仅是撰写，更是一种译写，即有翻译成分的参与，且这一成分存在于二语作者的潜意识中。这恰如翻译写作学中所阐述的，翻译过程是一种译写过程。二语写作与翻译相互依存、相互促进，可谓写作与翻译的结合点，其作者身份特殊，其笔法技巧与翻译相似。

8.2.1　二语作者：二语译者

作者写作时，思在心中，尽情挥毫泼墨于纸上，可作诗词、可写文赋，可以自由表达自己的一切思想内容与心理活动，可以任意加入主观意见，是"通过自己的直接创作活动产生文学、艺术和科学作品的公民"（夏征农，1999：279）。译者则是实施"把一种语言文字根据原义转换成另一种语言文字"（夏征农，1999：565）这一转换活动的人。译者在判断和决定如何用目标语表达原作品的内容与思想时，是以解读原文作品为必须前提条件的，这就大大地限制了译者的思想范围。就此看，二者的工作方式与内容不尽相同，但也并非完全不同。无论是翻译还是写作，"二者之最大的共同点是无论作者还是译者，都是以书写的形式把精神产品付诸文字"（杨士焯，2012：26）。

母语写作时，作者运用母语构思成篇，一般无需苦恼语言表达形式，而只需考虑内容。整个写作过程会因母语作者具备足够的母语知识积累和文学素养，再加之灵感而变得十分顺利，可谓兴之所至，信笔成文。二语写作则是要作者运用二语撰写文章，在此，我们认为可以称其为二语作者。在纯二语写作时，二语作者一方面忙于搜肠刮肚地寻找内容，另一方面忙于在两语间转换腾挪，无外乎致力于在二语中找寻恰如其分的语

言表达。当二语作者的思维进行着母语转换至二语的活动时，这一活动就与译者所进行的汉译英活动相似或者相同了。二者所要做的都是将母语材料（汉语材料）转换成二语（英语）。林语堂在"谈郑译《瞬息京华》"一文中说："作者编是书时，写会话必先形容白话口吻而后写成英文。"（引自郁飞，1991：790）此句中的"编是书"即撰写《京华烟云》（又译作：瞬息京华）一书。这是一部仿照《红楼梦》的结构用英文写成的经典之作。从林语堂的讲述中可以了解到，在创作《京华烟云》时，他不仅仅是在用二语写作，同时还进行着翻译工程（汉译英）。

因此，我们认为，在二语写作时，二语作者身兼二职，不仅是作者，亦是译者，他用母语思考文章的内容，同时转换成二语，进行着由译至写这样一个创作过程。

8.2.2 二语文笔与翻译技巧

何谓文笔？根据《辞海》（1999：1859），"文笔"词条：① 古代用以泛指文章、文辞。《北史·刘璠传》："少好读书，兼善文笔。"后用以指文章的笔法，称文章的写作技巧为"文笔"，如：文笔犀利。② 六朝人区分文体为文、笔。起初把无韵的文章称为笔，有韵的作品称为文（刘勰《文心雕龙·总术》）。萧绎（梁文帝《金楼子·立言》）则泛称有情采的诗赋为文，议论叙述一类的文章为笔。后人论文也有区分文、笔的，如清代阮元主张有韵偶者为文，无韵散行为笔。

文笔，通俗而言，即指文字表达能力，其好坏至关重要。翻译与写作都讲求精湛的文笔，都讲求一个"写"字。"翻译笔法来源于写作笔法……是译者经过长期丰富的翻译实践总结出来的技巧和处理之道"（杨士焯，2012：29），这基本上属于写作技能，与写作笔法同源。"不会写中文而要把外文译成中文，等于没有米还要煮饭。中文都写不通，翻译还能通吗？"（思果，2001：3-4）王立非（2005：51）也指出，"母语写作能力、词汇能力、语篇能力对二语写作影响最为显著。"

为更好地研究和论证，周旭于 2014 年选取 350 名非英语专业本科生为被试，进行有关英语写作与翻译的问卷调查（见附录一）。问卷调查采取纸质问卷形式。问卷设计第一部分为命题写作：第一步，请被试就题目写 5—6 个构思，如果构思是中文，就写中文，如是英文，则写英文；第二步，请被试一句一句地写作，写出 10—12 句，如果是用英语构思成句的，直接写出句子，如果先想中文句，再译写为英文的，则需将中文句一并写出。第二部分为问卷，共设置 10 个问题及相应 4 个选项供被试填选。问卷共发出 350 份，收回 279 份（有 71 位被试因各种原因未能交回问卷），纳入统计数据的有效问卷为 245 份（有 34 份问卷因被试未填写完整或错误填写而视为无效问卷）。问卷数据应用 SPSS 19.0 软件进行统计。

问卷设问："9. 中文写作好和英文写作好有直接关联吗？ A. 有；B. 没有；C. 不一定；D. 其他观点：_____。"数据统计显示：选择 A 的人数虽然只有 66 人，占 26.94%，但另有 91 人选择了 C，占 37.14%（见图 8-1），这表明，仍有相当比例的被试没有认为母语写作能力的好坏与二语写作完全无关。

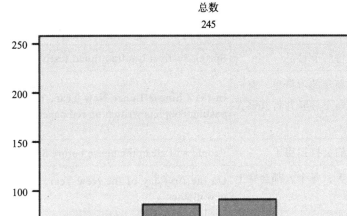

图 8-1　问卷第 9 题数据统计（周旭，2017：118）

Marzban 与 Jalali（2016）也分别选取高水平与低水平的伊朗英语学习者为受试，研究其母语与二语写作能力之间的关系，研究发现，学生的母语写作技能会在写作过程中迁移至二语写作中。

可以说，母语写作能力是二语写作的基本功。首先，母语写作能力良好的作者在看到作文题目要求时，能顺利地运用母语构思行文布局和语句，这有益于二语写作的撰笔和谋篇。其次是最为重要的翻译技巧。作者想用二语写作，但又不得已先用母语构思语句，就只能依托翻译来将母语转换成二语了。"英语写作能力是汉译英的基础（反之亦然）。"（李长栓，2012：11）故，翻译要求译者掌握在不同语言间灵活进行转换活动的技巧，其好坏对二语写作有着直接的影响。基本的翻译技巧有拆译、增译、减译、反译、实译、虚译、倒译、被动式翻译、数字倍数翻译和词语褒贬翻译等等。试想，当二语作者能顺利运用这些翻译技巧将自己所想的母语意群和思想转换为二语语句，落笔写下的句子即便不尽完美，也不至于错漏百出。

本书试列举几例，以下为问卷（附录一）中被试所写语句（表 8-1）：

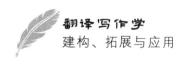

表 8-1　问卷写作实例收集例句（周旭，2017：118）

序号	中文构思句	英文译写句
(1)	春节是中国的传统节日。	Spring Festival is a traditional festival in China.
(2)	在中国的农历新年的习俗里，有一项是在红纸上写下春联并将其贴在门上。	In the Chinese Lunar New Year, there is a custom of pasting couplets written on red paper on doors.
(3)	在春节前，人们会打扫房子。	People will clean the house before Spring Festival.
(4)	在春节的第一天，每个人都会穿上新衣。	On the first day of the New Year, everyone will wear new clothes.
(5)	人们总是在新年的第一天探亲访友。	People always visit relatives and friends on the first day of the New Year.
(6)	春节是个喜庆的日子，我们可以穿新衣。	Spring Festival is a happy day. We can wear new clothes.
(7)	春节象征团结、兴旺。	The Spring Festival symbolizes unity and prosperity.
(8)	春节体现的是我国优秀的传统文化。	The Spring Festival reflects the excellent traditional culture of our country.
(9)	在新年，我们会穿新衣服出去玩。	In the new year, we will put on our new clothes and go out to have fun.
(10)	春节在世界上很受欢迎。	"Spring Festival" is the most popular festival in the world.

上表中所列举语句虽称不上完美或地道，但至少语句结构总体还是符合英语句法的，表达出了被试原本想要在作文中表达的意思。

当然，经翻译所出的作文语句难免有中式英语或翻译痕迹，我们将在 8.5 节中专门探讨中式英语问题。我们目前所要关心的，是在进行二语写作时，作者在多大程度上运用了翻译思维，采纳了哪些翻译技巧。本书期待翻译写作学能较好地回答这个问题。

8.3　二语写作：翻译写作过程

前文论述指出，翻译（英译汉）与汉语写作相同，都是"感知—运思—表述"的过程。译者在进行翻译时首先要感知原文，即阅读原文了解原作者的创作心理，而后结合自身知识修养运思译文，发挥母语优势进行表述，形成译文。该理论提倡将中文写作过程运用于翻译，而对于二语写作，Krapels 曾记述："Zamel（1976）和 Raimes（1979）鼓励他们的同伴学习母语写作理论，加以练习、研究并将有效的母语技巧应用至二语写作中去。"（引自 Kroll，1990：38）因此，周旭（2017）深入研究二语写作与翻译的关联意义，认为二语写作是一种由母语转换成二语的过程，也即一种类似翻译写作的过程，翻译写作的"感知—运思—表述"过程可以施之于二语写作过程，对此做出全新审视。同时，本书的问卷调查数据也为这一新审视提供了更好的论证。

下面，本书拟就二语写作的思维与行为过程作详细论述，以问卷数据为佐证，解析二语写作中的翻译。

8.3.1　思维过程：感知与运思

感知是通过人脑来反映直接作用于自身感觉器官的客观事物，从而认识整体和个别属性的过程。翻译写作学理论认为，感知是写作和翻译的第一步。在写作和翻译之前，作者和译者必须阅读大量资料、积累素材，培养敏锐的感知力。写作时，作者会首先注入主观情感来感知客观事物，而后理性分析所思所感，从而表达自己的思与想；翻译时，译者也要细心感知原文作者的思想感情、原文风格和含义，理性分析并进行目标语文化的感知移情，从而译出原文的思与想。

"运思，简言之，就是运用心思，就是想。"（杨士焯，2012：37）运思是作者和译者在感知后进行琢磨、思考、运筹的必经阶段。运思过程中，作者和译者都从整体上运思语篇，也要局部运思段落、语句。写作的运思要求作者首先确立所要表达的意念、思绪和感受，此为"立意"；翻译的运思则要求译者首先要"解意"，即在原文的字里行间察寻原文作者的"意"。其次，作者要进行"定体"，即思考和确定文章的模式；译者则要根据原文来确定译文的模式。译者的运思基于原文，作者的运思相对来说是随性的，但也受到客观事物的影响和作用。

"茅盾说过：'好的翻译者一方面阅读外国文字，一方面却以本国的语言进行思索和想象'。"（转引自许渊冲，1984：205）这是译者在下笔翻译前对原文的感知与运思，那么，作者在准备写二语作文时是否也是一方面阅读二语文字（题目或材料），另一方面用母语感知题目和运思呢？以下论述和数据可以对这一疑问给出较为肯定的回答。

8.3.1.1　感知：与母语感知相糅合

近几年有许多研究关注母语思维对二语写作的影响，研究结果都证明这一影响甚为深厚。"中国学生英语写作的一大特点是依靠母语思维，母语思维参与二语写作的全过程，并在二语写作过程中起着多重作用。"（王立非，2005：51）

为了说明母语思维在二语写作过程中的参与度，周旭（2018）曾对问卷调查结果进行数据统计和分析，并制作图示。问卷调查第一部分要求被试就"Spring Festival"这一题目进行感知并写出构思。经过数据统计，图示如下（图8-2）：

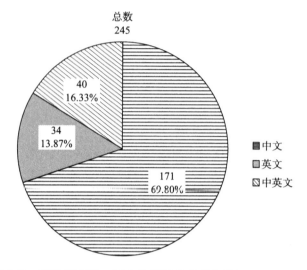

图 8-2　问卷调查第一部分构思环节数据（周旭，2018：65）

　　上图清楚地显示，245 名被试中，运用汉语进行构思的多达 171 人，比例占
69.80%；运用英语构思的仅有 34 人，占 13.87%。另有 16.33%（40 人）的被试写下的
构思是汉语与英语皆有。这一百分比充分说明绝大多数学生在第一眼看到题目"Spring
Festival"时，他们的感知器官——大脑也在同一时间迅速地将题目反应成汉语——"春
节"，并随即运用母语思维开始情感感知和理性分析。被试在大脑思维中可能闪现许多
与"春节"有关的词汇、短句，范围涉及自己熟知的各种民俗故事、风俗习惯、食物、
活动等等。当然，被试也会同步自然反应出其中一些简单词汇对应的英语词汇。故而，
有些被试写下的构思既有中文也有英文。总的来说，在构思这一步骤，被试完全或不完
全依赖母语思维的多达 211 人，由此可见母语思维的参与程度之高。

　　李宏强（2013：2）也曾选取 120 名学生为受试，就二语水平与母语思维相关性研究
进行分组问卷调查。其问卷数据统计结果显示"有 77% 以上的学生认为在二语写作任务
解读方面会使用母语思维"，且二语高水平组和低水平组对上述两个问题的回答没有太
大差异。

　　周旭（2018）试将二语写作的感知过程图示（图 8-3）如下：

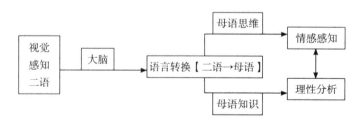

图 8-3　二语写作感知过程图（周旭，2018：65）

由上图可见，二语写作的感知过程与母语相配合。作者在看到英文题目的同时就在思维上将其自然转换为母语，而后在母语语言符号支配下理性分析题目主旨，同时感性地用母语去感知与主旨相关的直接经验和间接素材，即理性分析与情感感知这两个环节在作者的思维中交互进行。

8.3.1.2　运思：从思至译

二语写作的运思以二语为根本、以母语为依托进行。二语写作时，作者思维中的母语语言符号激发作者产生各种联想和具体描写。作者在经过立意、定体、搜索信息和谋篇布局之后就进入与翻译写作相同的运思阶段。"翻译的运思过程就是脱离源发语外壳，根据目标语重建原文意义的过程。"（杨士焯，2012：43）我们认为，二语写作中作者也是译者，当其转换至译者身份时，自己用母语组织形成的文章词句便是原文，所以作者无需"解意"，只需要搜索和选择二语中的对等词句来为表述做准备。

（1）运思过程图解：母语与二语交汇转换

根据图 8-2，作者在二语写作中运用母语构思的比例较高，达 69.80%，同时，周旭（2018）的问卷中针对这一问题另设问："4. 您在进行英语写作时习惯用以下哪种运思（构思）方式？ A. 用英文进行运思、安排作文结构并形成作文语句；B. 用中文进行运思、安排作文结构并形成作文语句；C. 用中英文相结合进行运思，安排作文结构并形成作文语句；D. 其他：_____"。得到的回答结果统计如下（图 8-4）：

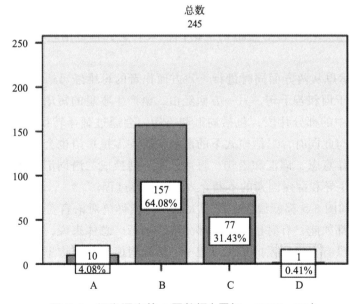

图 8-4　问卷调查第 4 题数据（周旭，2018：66）

根据图 8-4，有 64.08% 的被试用中文进行运思，安排作文结构并形成作文语句，这显示了多数二语作者在写作时的运思状态。此外，用中英文相结合进行运思，安排作文结构并形成作文语句的有 77 人，占 31.43%。然而，仅有 4.08%（10 人）的被试运用了英语运思。可以看出，作者在运思时，依然没能摆脱母语，虽然偶尔也会运用二语思维，但总体来说，母语思维占据着主导地位。

李宏强（2013：2）的问卷调查结果也显示有 50.00% 以上的学生在二语写作的内容构思方面使用母语思维。其中，在高水平组和低水平组分别有 38.63% 和 42.70% 的人用汉语来组织各个段落的中心思想；"在英语写作时，用汉语思维在搜集和选择文章材料"（李宏强，2013：2）的分别有 48.80% 和 46.77%。由此足见母语在二语写作运思中的主导地位。

周旭（2018）试将二语写作的运思过程做成下图（图 8-5）：

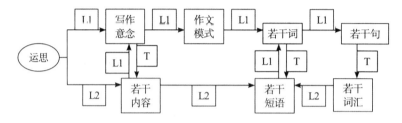

图 8-5 二语写作运思过程图[①]（周旭，2018：66）

（2）翻译因素介入二语写作的词汇层面

翻译时译者要慎重选择准确的词来表达原文意思。而在写作时，作者不仅要遣词造句，还要选词组句成篇。"在二语写作中，词汇生成不仅是作者获取单词的过程，而且作者还需要将其解码，使其成为语篇的一部分。"（徐昉，2011：15）作者运用母语遣词之后必然要在思维中搜寻合适的二语词汇来表达，将母语转换成二语，这不正如同翻译？

图 8-5 显示运思从两方面同时进行。一方面作者的思维经母语形成写作意念、作文模式进而产生若干词和若干句，另一方面经由二语产生零星的短语和词汇。在用母语运思时，写作意念中的部分片段，包括词汇和语句，会通过翻译转换成二语的零星内容，如词汇和短语。与此同时，二语模式下的部分内容和零星短语也会再次通过母语思维的联想产生新的写作意念、词汇和语句，再通过翻译转换成二语词汇和短语。这显然是在母语思维的强势主导和翻译因素的不断介入下的循环过程。

相信图 8-3 和图 8-5 都能说明，作者大脑中依赖母语对语言符号的感知与运思，但也并非从始至终都如此，有时也可能以部分二语进行。总体来说，母语思维占据作者大脑中与文本输出没有直接联系的运思过程——结构构思与内容构思。二语写作的运思过程下的"从思至译"是为二语写作的"从译至写"做准备。

8.3.2 行为过程：从译至写

表述是作者运用语言文字将其思维成果外化的行为，是要"把想好的东西创造性地实现符号化和文体化的过程"（周姬昌，1989：125），是要在感知和运思所形成的框架下运用语言符号进行编码，也即运笔行文、传情达意。翻译写作学理论认为，在表述阶

---

① T 表示翻译，L1 表示母语思维，L2 表示二语思维。

段，作者和译者都从相对模糊的思维状态中走出来，开始一字一句地推敲，促使运思得以完善和成熟。

8.3.2.1 通过翻译完成二语写作的表述初期阶段

翻译是要将一种语言转换成另一种语言，并且要能用另一种语言表达出原文的内容和含义以及原文作者的意念。二语写作在感知和运思阶段都始终与母语相互交织，那么，在运思时所自然形成的语句或语篇片段必然是以母语形式成形的，而二语作者笔下所要产出的是二语作文或二语作品，那么那些母语形式的语句、语篇片段和主体内容要如何处置呢？显然别无他法，惟翻译可行。

（1）翻译因素介入二语语句的生成

两种语言之间的转换是每名中国学生在进行二语作文时面临的问题。在语句生成方面，二语作者借助母语思维造句后，就开始思考如何恰当地将句子转译成二语。

本书在此摘选三位被试的部分写作实例，其中，被试一采用由中文译写为英文的方式，被试二采用直接英文写作的方式，被试三则是简单句用英文直接书写，较长句采用先中文构思再译写的方式。列表（表 8-2、表 8-3、表 8-4）（周旭，2018：67-68）如下：

表 8-2 被试一写作实例摘选

1. Spring Festival is Chinese traditional festival. ［春节是中国的传统节日。］ 2. It's very important festival in China. ［它在中国是很重要的节日。］ 3. In Spring Festival, every family prepared delicious food and dress new clothes. ［在这一天，家家户户都会穿上新衣和准备美食。］ 4. Everybody is smile. Parents and their children visit their family and old friends. ［每个人都洋溢着笑容。父母会带着孩子去拜访亲戚和朋友。］ 5. Children play games with their friends. ［孩子们会和他们的小伙伴一起玩耍。］ 6. People stick "Fu" on the door. ［人们会把"福"贴在门上。］

表 8-3 被试二写作实例摘选

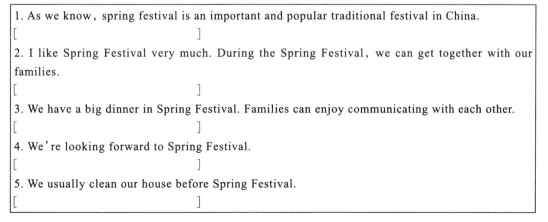

1. As we know, spring festival is an important and popular traditional festival in China. ［　　　　　　　　　］ 2. I like Spring Festival very much. During the Spring Festival, we can get together with our families. ［　　　　　　　　　］ 3. We have a big dinner in Spring Festival. Families can enjoy communicating with each other. ［　　　　　　　　　］ 4. We're looking forward to Spring Festival. ［　　　　　　　　　］ 5. We usually clean our house before Spring Festival. ［　　　　　　　　　］

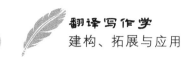

表 8-4　被试三写作实例摘选

1. Spring Festival is old Chinese traditional festival.

[　　　　　　　　　　　　　]

2. At this time, we are happy. Because we have the long holiday.

[每当这个时候，大家都很开心，因为有个很长的假期。]

3. Before Spring Festival, mothers will do well preparation.

[在春节来到之前妈妈们总是会做好充分的准备。]

4. We will buy new clothes and food, stick a couplet.

[我们会购买新衣服、储存粮食、贴门联等等。]

5. I think in spring festival, children is happiest because they can received many new year's money.

[我想在春节，小朋友是最开心的吧，因为他们能收到许许多多压岁钱。]

虽然有不少被试直接用英文写作，然而，他们在第一步的构思中写出的多数都是中文构思。

周旭（2018）统计了这一部分的数据后得出下图（图 8-6）：

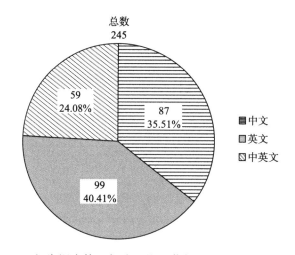

图 8-6　问卷调查第一部分写作环节数据（周旭，2018：68）

图 8-6 显示，245 名被试在撰写二语作文时，作文语句完全采用从汉语译入英语的方式的有 87 人，占总人数的 35.51%；采用中英文混合方式的有 59 人，占 24.08%，所写出的多数英文语句都是较为简单的，而稍长的语句均是从汉语译入英语。综合来看，可以说，有 146 人或多或少采用了从汉语译入英语的方式写作，而采用全英文撰写语句的只有 99 人，占 40.41%。

此图表已经显著说明，二语写作的表述初期是一种由译至写的过程，它实实在在地运用了翻译来实现母语思维转换成二语语句，同时也印证了田甜和王世庆（2010：134）的研究结论，在英语写作过程中，"一般情况下，我们是先有一个汉语的思想、概念，再从目标语中寻找一个写作者认为比较对应的表达方式。这个语码转化的过程随着语言能力的提高而不断发生着变化"（王作伟，2011：127）。也在论文中讲述道，"学生写作时基本上是在做汉译英的转换活动。先想出汉语，然后再快速地翻译成英语"。刘世荣（2010：82）同样指出，"汉语思维上的翻译，在中国学生的写作中，或多或少是存在的，想彻底推翻，根本不太现实……中国学生在英语写作中，有意无意都借用母语遣词造句，或多或少地用翻译代替真正意义上的写作。"可见，母语思维形成的表述必然或注定要通过翻译来生成二语表述，这一行为便是前文 1.1.2 中所提的"潜译"，是一种潜隐于二语作者大脑中进行语言转换（母语转换为二语）的内在翻译行为，或谓潜意识里的翻译行为。

本书在问卷中另设一问："5. 您在进行英语写作时怎样进行句子表述？ A. 直接想出英语句子并写下；B. 先想出中文句子，再将其译为英语句子并写下；C. 有的直接写出英语句子，有的先想中文句子，再想怎么用英语表达所想的句子；D. 其他：_____"被试们的回答结果统计如下（图 8-7）：

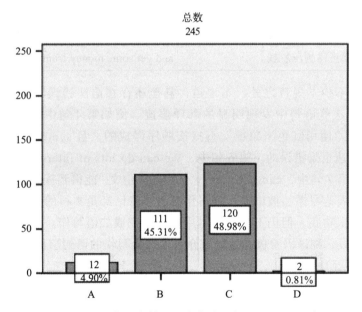

图 8-7 问卷调查第 5 题数据（周旭，2018：69）

图 8-7 显示，在写作时完全先用母语成句，再译为二语的有 45.31%。有 48.98% 的被试在英语写作时有的语句直接用英语写，有的语句依然先用母语思考再译为二语。毋庸置疑，这其中存在着从译至写的现象。仅有 4.90% 的被试是直接运用二语思考并表述语句的。

下面，我们来看一看问卷中被试经由翻译行为而写出的二语语句（表 8-5）：

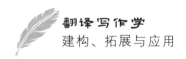
表 8-5　问卷写作实例收集例句（周旭，2018：69）

序号	中文构思句	英文译写句
（1）	春节是中国的传统节日。	Spring Festival is Chinese traditional festival.
（2）	人们会把"福"贴在门上。	People stick "Fu" on the door.
（3）	看春晚也算是从春节延伸出来的一个习惯。	The Spring Festival gala is a habit from the extension of the Spring Festival.
（4）	那天，人们喜欢用红色来象征着"明年好运"。	That day, people would like to use red color to symbol "Lucky next year".
（5）	最后，因为"昨日不会重现"，所以我们应该珍惜我们的春节。	Finally, because "no one can call back yesterday." So we have to treasure our Spring Festival.
（6）	春节我们会做很多有趣的事情。	We can do lots of interesting thing in the Spring Festival.
（7）	孩子们能得到钱，是非常开心的事情。	The children can get money; that is exciting thing.
（8）	在春节，孩子们还可以有新衣服并能从父母那里得到压岁钱。	In Spring Festival, children have new clothes and get some money from their parents.

以上语句有不少不规范之处，不地道，甚至还存在语法错误。但是，从另一角度看，我们也能从这些语句中发现明显的翻译痕迹。例如第 4 句中，to use red color to symbol 是从中文"使用红色来象征"直接按顺序译成的，且 symbol 一词错用。Lucky next year 这一表达也是错误的。第 6 句中，We can do lots of interesting thing 这一表达显得十分中式。第 7 句中，can get money 显然是从中文"能得到钱"直接生搬硬译成英语，不符合英语表达习惯。被试在二语写作时，尽管已经是本科的学生，已经具备相当的英语基础与知识功底，但仍不自觉地运用翻译来完成二语写作。这可以说明，在将构思表述成句的阶段，翻译因素极为强势地介入了二语写作的语句层面乃至语篇层面。

（2）表述初期阶段图解

根据以上论述和问卷调查结果，本书试将二语写作的表述初期进行图解（图 8-8）：

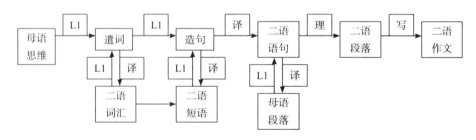

图 8-8　二语写作表述过程图[1]（周旭，2018：70）

---

[1]　"译"表示翻译，"理"表示整合、理顺，"写"表示写，"L1"表示母语思维方式。

图 8-8 显示，二语写作表述阶段承接图 8-5 所示的运思过程。二语作者从运思开始，一路都由母语带领着顺利地进行遣词造句，在遣词造句时偶尔闪入二语词汇和短语，仿佛母语与二语过招、切磋，随后从母语造句开始通过翻译行为顺利进入二语语句，在二语语句形成的同时，二语作者也在思维中继续形成母语段落，又将段落拆分再翻译成二语语句，紧接着便是"理"（integrate）的环节。二语语句经推敲和整合而理顺成二语段落，最后成篇。过程有些复杂，但是很显然，母语思维并不影响二语写作，只要与翻译行为通力合作，多加训练，熟悉英语句法，自然能顺利成文。

8.3.2.2 二语写作表述初期的贯通和文采依托翻译

贯通，是一种内在逻辑和外在条理的连贯性。任何一篇合格的文章都必须具备连贯性。而一篇文章要想称得上好，首先必须有严密的逻辑。"这种逻辑既产生于运思阶段的思路轨迹，也依赖于表述阶段的文字展现。"（杨士焯，2012：46）二语写作的表述阶段中，文字的展现正如本书在图 8-8 中所展示的，要经过母语的遣词、造句，再译入二语语句，而后理顺每一个二语段落，最后方能写成一篇二语作文。这当中所说的理顺二语段落，其实也就是要使文章的各个段落之间达成连贯。二语写作的表述阶段如果没有母语表达的平顺和条理，在译成二语时也难有条理，难以成文。当然，这一"译"的过程中，如果没有良好的翻译技巧，要将思维中的母语语句和段落转换为二语，实属不易。

除此之外，一篇文章要想称得上好，还得具备相当的文采。中文作文讲求文采，英文作文同样也讲求文采。"所谓文采，即文辞也。"（杨士焯，2012：225）子曰："言之无文，行之不远。"可见，文章要是没有文采，就缺乏了吸引读者、与读者共鸣的感染力。那么，在二语写作中，母语思维下产生的优美词句如何在二语中继续展示文采呢？惟翻译写作可行。

周旭（2018）在问卷中设问："6.您觉得以下哪种写作方式让您的英语写作更顺畅？""A.直接构思英语句子并写下；B.先构思中文句子，再将其译为英语句子并写下；C.简单易写的直接想出英语句子并写下，较难的就先想中文句子再进行翻译并写下；D.其他：_____"数据统计结果如下（图 8-9）：

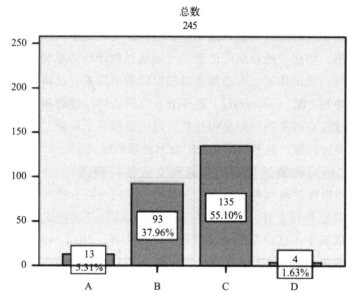

图 8-9　问卷调查第 6 题数据（周旭，2018：71）

图 8-9 显示，有 37.96% 的被试认为在二语写作时必须先用母语构思，再译为二语才能使写作顺畅；虽有 55.10% 的被试认为简单的语句可以直接用二语写下，但较难表达的意思还是要用母语构思后再译为二语；认为直接构思二语语句并写下的方式比较顺畅的被试仅占 5.31%；另有 4 名被试选择了"其他"，但只有一名写下了自己的观点："先写下脑中第一时间想到的单词句子，然后进行大纲的列写。"

由此数据分析结果可以看出，许多学习者习惯借助母语和翻译来进行二语写作。翻译的确能促进二语写作的表述更加顺畅和有文采。深入思考，提高翻译的技巧，必定能提高二语作文的质量，使之更具文采。

8.3.2.3　二语写作的思维与行为过程全新图解

至此，本书已就二语写作与翻译的关系、二语写作的思维与行为过程进行了长篇幅的论述。上文中对二语写作的思维与行为过程的重新审视与深入探讨证明，二语写作与翻译是形影不离的，即翻译因素介入了二语写作过程。"寻思必同时是寻言，寻言亦必同时是寻思。"（朱光潜，1982：88）二语写作的"思"不能没有母语，"言"不能没有翻译。作者在"寻思"的同时，通过翻译"寻言"，在"寻言"的同时，又借助母语"寻思"。为直观地展示二语写作的思维与行为过程，本书将前面所作的三个图示，图 8-3、图 8-5、图 8-8 进行整合，对二语写作的思维与行为过程做如下新图解（图 8-10）：

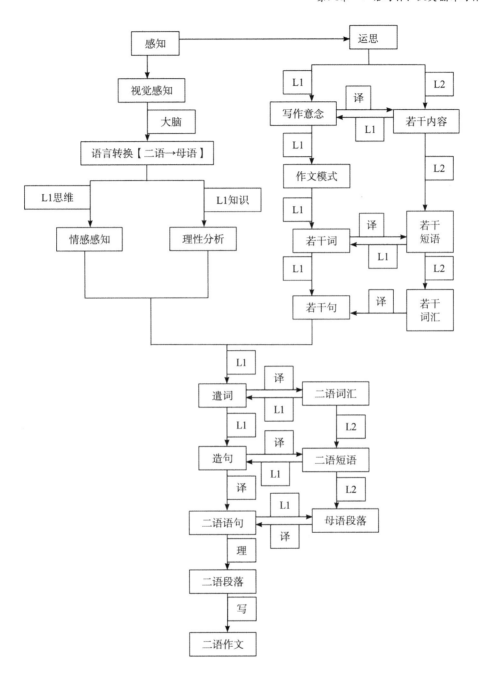

图 8-10 二语写作思维与行为过程图[①]（周旭，2018：72）

翻译写作学探究如何写出优秀的译文，指导译者遵循"感知—运思—表述"的过程来翻译，发挥译者的知识素养和文采修为，译妙笔而成美文。受此启发，本书正视母语思维主导下二语写作与翻译相互联系的现象，重点研究和探讨二语写作的思维与行为过

---

① L1 表示母语思维方式，L2 表示二语思维方式，"译"表示翻译，"理"表示整合、理顺，"写"表示写。

程及翻译因素的介入，改变了以往二语写作研究的焦点，这正是基于"汉英翻译写作学"的扩展研究和思考。

本书在这一章节中通过理论论述、实例分析和问卷数据统计研究后证实，二语写作有着与翻译写作几近相同的过程。二语写作过程始于母语思维。母语的参与和翻译因素的介入绝不是对二语写作的胡乱干扰，母语思维只是难以规避的现象。作者用母语理解题意，感知写作素材，运思作文的结构、内容和词句，而后将这些转译为二语，完成二语写作的表述初期阶段。这恰好是译写的过程，与汉译英如出一辙。

归纳来说，二语写作的思维与行为过程从思至译至写，思时，借助母语思维更为顺畅和活跃的优势；译时，运用各种翻译技巧；写时，运用目标语写作技巧，允分发挥母语写作的文采。如果要求作者强行抛开母语，才真正阻碍二语写作。翻译因素介入则可以在很大程度上帮助作者的二语写作。根据翻译写作学，中国英语学习者的汉译英目标语写作能力，正是一种二语写作能力。因此，翻译写作学理论所阐述的译文写作方法可以用于指导二语写作及其教学乃至教材研发。二语写作的研究打开了新视角，同时也拓宽了翻译写作学的研究视野。

8.4　二语写作：潜译

在上一节的研究与讨论中，可以肯定，二语写作的感知与运思过程中，作者的思维里客观存在"潜译"。我们于 2024—2025 年展开新的调查，探究中国英语学习者对二语写作的感受、写作方式以及对学习英语写作的方法的观点，以进一步研究潜译现象。具体设计如下：

8.4.1　潜译研究问卷调查

8.4.1.1　研究问题
本项问卷拟调查中国英语学习者对二语写作的感受、写作方式以及对学习英语写作的方法的观点，重点关注两个研究问题：

1. 中国英语学习者对二语写作的感受、写作方式以及对学习英语写作的方法的观点是否在不同性别、专业、学习年限以及英语水平上存在显著差异？

2. 中国英语学习者对二语写作的感受、写作方式以及对学习英语写作的方法的观点这三个方面是否存在显著相关性？

8.4.1.2　研究对象
本项问卷调查研究随机抽取普通本科阶段英语学习者作为调查对象展开问卷调查。对该类被试选定的依据是，普通本科阶段英语学习者的英语学习年限已达 7—10 年，有一定的英语基础，也历经一定量的英语写作练习与考试，该群体能较为充分地 w 反映英语学习者的总体特征。

本项问卷调查（有效问卷）参与总人数为 723 人，其中 147 人参与了预调查，576 人参与了正式调查（见表 8-6）。

表 8-6　人口学变量频率分析汇总表（n=576）

变量	选项	频率	百分比	平均值	标准 偏差
性别	男	199	34%	1.65	0.48
	女	377	66%		
专业	英语专业	158	27%	1.73	0.45
	非英语专业	418	73%		
您从几岁开始学习英语？	5—6 岁	66	12%	2.77	0.93
	7—8 岁	132	23%		
	9—11 岁	249	43%		
	12 岁及以上	129	22%		
您是否已通过 CET-4？	已通过	95	17%	1.84	0.37
	未通过	481	83%		

上表显示，男学生比例为 34%，女学生比例为 66%；英语专业学生比例为 27%，非英语专业学生比例为 73%；通过 CET-4 的比例为 17%，未通过的比例为 83%。如前所述，该样本为随机抽取，满足抽样调查的随机性原则。同时，参照应用语言学实验与调查的样本类型与最小样本量标准，"一般来说，实证研究的最小样本量为 30"（雷蕾，2016：14），由此可以基本确定，本问卷调查的样本数量满足调查目的，各个变量的频率分布基本满足抽样调查的要求。同时，本次调查重点了解未通过 CET-4 的非英语专业学生的情况。

8.4.1.3　调查问卷

本项问卷设计（详见附录三）基于周旭（2014；2017）的问卷调查与写作实例收集以及周旭与杨士焯（2016）对翻译写作训练模式的讨论，采用李克特量表 (Likert scale)（1= 完全不同意，6= 完全同意），共设置 15 个小题，分两个部分、三个维度，包含陈述评分部分与基础信息部分，陈述评分部分分为三个维度：学习者对英语写作的感受（第 1—5 题）；英语写作方式（第 6—7、9—11 题）；对学习英语写作的方法的观点（第12—16 题）。每个陈述项下设六级制选项——"完全不同意、不同意、部分不同意、部分同意、同意、完全同意"。另，问卷第 8 题为测谎题。

8.4.1.4　数据收集

本项问卷调查分多次采集，包含预调查与正式调查，委托若干所福建省内某普通本科院校教师通过问卷星的链接发放问卷。回收问卷后依据问卷回答真实度、完整度与回答时长进行筛选，未发现不完整答卷。依据问卷发放前所做的答卷时长测试，将答卷时长低于 60 秒（不含 60 秒）的问卷视为无效问卷。最后统计分析预调查有效问卷 147 份，正式调查有效问卷 576 份。

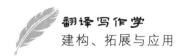

8.4.1.5　数据分析

本项问卷调查使用 SPSS 27.0 版本进行数据分析。

首先通过探索性因子分析方法进行问卷的效度与信度检验；其次，针对研究问题 1 考察中国英语学习者对二语写作的感受、写作方式以及对学习英语写作的方法的观点在不同性别、专业、学习年限以及英语水平上是否存在显著差异，采用差异性检验，根据数据的特性主要运用独立样本 t 检验和单因素 ANOVA 检验，检验三个变量在不同维度上的差异情况；最后，针对研究问题 2 考察的中国英语学习者对二语写作的感受、写作方式以及对学习英语写作的方法的观点是否有显著相关性，同样采用 SPSS 27.0 进行相关性分析。

8.4.1.6　数据分析结果

本项问卷调查数据通过软件 SPSS 27.0 版本进行问卷样本效度与信度检验、人口学变量频率分析、差异性检验、相关性分析，根据数据的特性主要运用独立样本 t 检验。

首先我们采用 SPSS 27.0 版本分析预调查问卷的信度和效度。具体如下：

（1）预调查问卷效度、信度检验

本项问卷的预调查有效答卷为 147 份，满足样本为题数的 5—10 倍的要求。

① 效度分析

本次问卷效度分析是通过 SPSS 27 版本的探索性因子分析的方法实现检验过程。表 8-7 与表 8-8 显示因子分析结果。根据巴特利特球形度检验的显著性也可以看出，本次检验的显著性无限接近 0；KMO 检验的系数结果为 0.837，接近 1。两项数值均说明数据效度好，适合进行 EFA 分析检验。EFA 探索性因子分析提取出三个因子，即，将问卷问题分成了三个维度：写作感受、写作方式和学习写作的方法。三个因子共同解释观测变量总方差的 62%（KMO=0.837，巴特利特检验 $p<0.001$）。

表 8-7　KMO 和巴特利特检验结果

KMO 取样适切性量数		0.837
巴特利特球形度检验	近似卡方	1060.689
	自由度	105
	显著性	0

表 8-8　带有因子载荷的 EFA（探索性因子分析）结果

项目	因素			
	写作感受	写作的方法	学习写作的方法	共性
写作感受 1	**0.713**	0.356	−0.094	0.643
写作感受 2	**0.720**	0.416	−0.012	0.692

续表

项目	因素			共性
	写作感受	写作的方法	学习写作的方法	
写作感受 3	**0.680**	0.032	0.322	0.567
写作感受 4	**0.712**	0.017	0.445	0.706
写作感受 5	**0.564**	0.423	0.212	0.542
写作方式 1	0.316	**0.724**	0.062	0.628
写作方式 2	0.188	**0.723**	0.089	0.566
写作方式 3	0.024	**0.857**	0.227	0.787
写作方式 4	0.174	**0.624**	0.465	0.636
写作方式 5	0.317	**0.579**	0.307	0.531
学习写作的方法 1	0.121	0.177	**0.750**	0.609
学习写作的方法 2	0.125	0.258	**0.774**	0.681
学习写作的方法 3	0.168	0.279	**0.726**	0.633
学习写作的方法 4	0.177	0.077	**0.726**	0.565
学习写作的方法 5	0.017	0.035	**0.658**	0.434
总方差解释	23%	44%	62%	
克隆巴赫 α	0.799	0.834	0.827	

② 信度分析

根据表 8-9 的信度分析结果可以看出，在写作感受上总体的标准化信度系数为 0.801，根据项删除后的信度系数可以看出都是小于总体的 0.801。因此，写作感受维度的题目不需要进行调整。

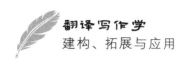

表 8-9　写作感受维度上的信度分析

选项	删除项后的标度平均值	删除项后的标度方差	修正后的项与总计相关性	删除项后的克隆巴赫系数 α	标准化后的 α
1. 我在学习英语的过程中对写作有畏难情绪。	17.1	12.928	0.593	0.758	
2. 我在备考大学英语四级时对写作题有畏难情绪。	17.02	12.568	0.673	0.729	
3. 我认为英语写作的难点在于词汇、短语数量的积累不足。	16.37	14.729	0.506	0.783	0.801
4. 我认为英语写作的难点在于句型掌握不够。	16.37	15.017	0.582	0.764	
5. 我认为英语写作的难点在于不知道怎么把用汉语想出的句子写成英语。	16.29	14.014	0.568	0.764	

根据表 8-10 的信度分析结果可以看出，在写作感受上总体的标准化信度系数为 0.836，根据项删除后的信度系数可以看出都是小于总体的 0.836。因此，写作方式维度的题目不需要进行调整。

表 8-10　写作方式维度上的信度分析

选项	删除项后的标度平均值	删除项后的标度方差	修正后的项与总计相关性	删除项后的克隆巴赫系数 α	标准化后的 α
6. 在写作方式上，读英语作文题目时，我习惯用汉语理解题目要求。	18.15	11.594	0.649	0.796	
7. 在写作方式上，读完题目后，我习惯用汉语构思作文的段落结构。	18.28	12.093	0.582	0.814	
9. 在写作方式上，读完题目后，我习惯用汉语构思作文的句子内容。	18.27	11.58	0.733	0.774	0.836
10. 在写作方式上，我习惯先用汉语想句子，再想怎么转换为英语。	18.03	12.15	0.62	0.804	
11. 在写作方式上，如果用英语直接写，我只能写出少数简单的句子。	18.49	11.512	0.596	0.813	

根据表 8-11 的信度分析结果可以看出，在写作感受上总体的标准化信度系数为 0.827，根据项删除后的信度系数可以看出都是小于总体的 0.827。因此，学习写作的方法维度的题目不需要进行调整。

表 8-11 学习写作的方法维度上的信度分析

选项	删除项后的标度平均值	删除项后的标度方差	修正后的项与总计相关性	删除项后的克隆巴赫系数 α	标准化后的 α
12. 在学习英语写作方面，我认为有必要学习英语与汉语句子语序结构（句子里的单词排列顺序）的不同。	18.61	10.897	0.625	0.793	
13. 在学习英语写作方面，我认为老师应当教我们怎么把汉语思维整理成作文句子。	18.88	9.958	0.708	0.768	
14. 在学习英语写作方面，我认为有必要练习怎样把汉语句子按英语语序排列。	18.92	10.062	0.683	0.775	0.827
15. 在学习英语写作方面，我认为老师应当多教我们怎么把汉语译为英语。	19.07	10.502	0.604	0.799	
16. 在学习英语写作方面，我认为反复练习汉译英对英语写作有帮助。	18.73	11.542	0.502	0.826	

表 8-12 与表 8-13 的信度分析结果显示，问卷的总体标准化信度系数为 0.890，信度系数的取值范围在 0—1 之间，越接近 1 可靠性越高。根据项删除后的信度系数可以看出都是小于总体的 0.890。因此，整份问卷调查的题目不需要进行调整。相对来说这份的问卷调查信度比较好，可以进行正式调查。

表 8-12 可靠性统计

克隆巴赫 Alpha	基于标准化项的克隆巴赫 Alpha	项数
0.888	0.890	15

表 8-13 整体问卷的信度分析

选项	删除项后的标度平均值	删除项后的标度方差	修正后的项与总计相关性	删除项后的克隆巴赫系数 α	标准化后的 α
1. 我在学习英语的过程中对写作有畏难情绪。	63.46	94.688	0.476	0.886	
2. 我在备考大学英语四级时对写作题有畏难情绪。	63.37	92.743	0.578	0.88	0.890
3. 我认为英语写作的难点在于词汇、短语数量的积累不足。	62.73	96.364	0.502	0.883	

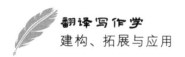

续表

选项	删除项后的标度平均值	删除项后的标度方差	修正后的项与总计相关性	删除项后的克隆巴赫系数 α	标准化后的 α
3. 我认为英语写作的难点在于词汇、短语数量的积累不足。	62.73	96.364	0.502	0.883	
4. 我认为英语写作的难点在于句型掌握不够。	62.73	96.419	0.590	0.880	
5. 我认为英语写作的难点在于不知道怎么把用汉语想出的句子写成英语。	62.64	93.383	0.615	0.878	
6. 在写作方式上，读英语作文题目时，我习惯用汉语理解题目要求。	62.49	95.649	0.571	0.880	
7. 在写作方式上，读完题目后，我习惯用汉语构思作文的段落结构。	62.62	96.744	0.526	0.882	
9. 在写作方式上，读完题目后，我习惯用汉语构思作文的句子内容。	62.61	96.268	0.596	0.879	
10. 在写作方式上，我习惯先用汉语想句子，再想怎么转换为英语。	62.37	94.672	0.669	0.876	0.890
11. 在写作方式上，如果用英语直接写，我只能写出少数简单的句子。	62.83	93.389	0.631	0.877	
12. 在学习英语写作方面，我认为有必要学习英语与汉语句子语序结构（句子里的单词排列顺序）的不同。	62.2	98.081	0.526	0.882	
13. 在学习英语写作方面，我认为老师应当教我们怎么把汉语思维整理成作文句子。	62.47	95.525	0.600	0.879	
14. 在学习英语写作方面，我认为有必要练习怎样把汉语句子按英语语序排列。	62.51	95.265	0.609	0.879	
15. 在学习英语写作方面，我认为老师应当多教我们怎么把汉语译为英语。	62.66	97.527	0.494	0.883	
16. 在学习英语写作方面，我认为反复练习汉译英对英语写作有帮助。	62.32	101.287	0.349	0.889	

（2）正式调查问卷效度、信度检验

① 效度分析

根据表 8-14 探索性因子分析的结果可以看出，KMO 检验的系数结果为 0.866，接近 1；同时，巴特利特球形检验的显著性也可以看出，本次检验的显著性无限接近 0，这说明此项问卷数据适合做 EFA 分析。根据表 8-15，正式调查问卷的 EFA 探索性因子分析同样提取出三个因子，即写作感受、写作方式和学习写作的方法，三个因子共同解释观测变量总方差的 61%（KMO=0.866，巴特利特检验 $p<0.001$）。

表 8-14　KMO 和巴特利特检验

KMO 取样适切性量数		0.866
巴特利特球形度检验	近似卡方	4102.964
	自由度	105
	显著性	0

表 8-15　带有因子载荷的 EFA（探索性因子分析）结果

项目	因素			共性
	写作感受	写作的方法	学习写作的方法	
写作感受 1	**0.665**	0.320	−0.070	0.550
写作感受 2	**0.663**	0.346	−0.039	0.561
写作感受 3	**0.779**	0.050	0.201	0.650
写作感受 4	**0.777**	0.017	0.270	0.678
写作感受 5	**0.667**	0.285	0.217	0.573
写作的方法 1	0.454	**0.605**	0.144	0.593
写作的方法 2	0.282	**0.747**	0.171	0.667
写作的方法 3	0.173	**0.829**	0.229	0.770
写作的方法 4	0.071	**0.717**	0.323	0.623
写作的方法 5	0.448	**0.461**	0.276	0.489
学习写作的方法 1	0.203	0.142	**0.633**	0.462
学习写作的方法 2	0.140	0.195	**0.782**	0.669
学习写作的方法 3	0.109	0.194	**0.799**	0.688
学习写作的方法 4	0.100	0.188	**0.744**	0.598
学习写作的方法 5	0.034	0.117	**0.766**	0.601
总方差解释	23%	43%	61%	
克隆巴赫 α	0.809	0.832	0.839	

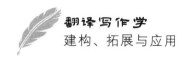

② 信度分析

依据本项问卷的预调查问卷与正式调查问卷的 EFA 结果分析，原始问卷包含 3 个维度，共 15 题。其中，预调查问卷各维度 α 系数分别为写作感受（第 1—5 题）0.801，写作方式（第 6—11 题，第 8 题除外）0.836，学习写作的方法（第 12—16 题）0.827，问卷总 α 系数为 0.890。正式调查问卷各维度 α 系数分别为写作感受（第 1—5 题）0.812，写作方式（第 6—11 题，第 8 题除外）0.836，学习写作的方法（第 12—16 题）0.838，问卷总 α 系数为 0.889。

信度系数的取值范围在 0—1 之间，越接近 1 可靠性越高。根据总体的信度系数可以看出，标准化后的克隆巴赫系数（α 系数）为 0.889，说明问卷数据总体的可信度良好。

表 8—16　可靠性统计

克隆巴赫 Alpha	基于标准化项的克隆巴赫 Alpha	项数
0.887	0.889	15

（3）差异性检验

差异性检验是通过独立样本 t 检验、卡方检验以及单因素方差分析等检验方法用于研究变量在不同维度上差异情况。

针对研究问题 1，中国英语学习者对二语写作的感受、写作方式以及对学习英语写作的方法的观点是否在不同性别、专业、学习年限以及英语水平上存在显著差异？我们对问卷数据进行差异性检验，在本次分析中根据数据的特性主要运用独立样本 t 检验和单因素 ANOVA 检验。

① 性别

根据以下独立样本 t 检验的结果（表 8-17），我们可以看出各个英文写作调查维度在性别上的差异情况。三个维度在性别上不存在显著的统计学差异，即 p 值分别为 0.234、0.925 和 0.089，均大于标准的 0.05，因此不能拒绝本项检验原假设。这说明不同性别并不影响被试对于英语写作的感受。

表 8-17　各维度在性别上的差异分析

变量	性别	个案数	平均值	标准差	t	p
写作感受	男	199	20.59	5.426	−1.192	0.234
	女	377	21.11	4.021		
写作方式	男	199	23.13	4.769	0.095	0.925
	女	377	23.09	3.990		
学习写作的方法	男	199	23.86	4.317	1.706	0.089
	女	377	23.29	3.493		

② 专业

根据下表（表 8-18）独立样本 t 检验的结果可以看出，英语专业与非英语专业在写作方式上的差异显著性检验为 0.033，小于标准的 0.05，这说明不同专业的被试在写作方式上存在差异。均值显示，非英语专业在写作时习惯使用汉语的达 23.33，而英语专业这一项平均值为 22.49。写作感受和学习写作的方法的 p 值分别为 0.142 和 0.154，均大于标准的 0.05，在专业上不存在显著的统计学差异，因此不能拒绝本项检验原假设，即不同专业被试在英语写作方式上不存在差异。

表 8-18 各维度在专业上的差异分析

变量	专业	个案数	平均值	标准差	t	p
写作感受	英语专业	158	20.47	4.349	−1.472	0.142
	非英语专业	418	21.10	4.628		
写作方式	英语专业	158	22.49	4.217	−2.132	0.033
	非英语专业	418	23.33	4.273		
学习写作的方法	英语专业	158	23.12	3.793	−1.427	0.154
	非英语专业	418	23.63	3.803		

③ 开始学习英语的年龄

以下单因素方差分析结果（表 8-19）显示，显著性检验结果分别为 $p=0.001$ 和 $p=0.002$，均明显小于 0.05，即在英语写作三个维度中，写作感受和写作方式在开始学习英语的年龄上存在差异。

根据多重比较的结果，12 岁及以上开始学习英语的被试对英语写作的畏难感大于 5—6 岁、7—8 岁和 9—11 岁。9—11 岁开始学习英语的被试对英语写作的畏难感大于 5—6 岁开始学习英语的。被试对写作感受在开始学习英语的年龄上存在差异。

写作方式方面，开始学习英语的年龄不同的被试同样存在差异，其中，7—8 岁、9—11 岁和 12 岁及以上的被试比 5—6 岁的被试更习惯在英语写作时依托汉语。

表 8-19 各维度在开始学习英语的年龄上的差异分析

变量	选项	n	平均值	标准差	F	p	多重比较
写作感受	5—6 岁	66	19.56	4.84	5.314	0.001	1<3, 1<4, 2<4, 3<4
	7—8 岁	132	20.47	4.47			
	9—11 岁	249	20.94	4.68			
	12 岁及以上	129	22.09	4.02			

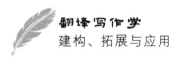

续表

变量	选项	N	平均值	标准差	F	p	多重比较
写作方式	5—6 岁	66	21.41	5.32	4.832	0.002	1<2, 1<3, 1<4
	7—8 岁	132	22.97	4.05			
	9—11 岁	249	23.27	4.10			
	12 岁及以上	129	23.79	4.03			
学习写作的方法	5—6 岁	66	22.8	4.85	2.124	0.096	/
	7—8 岁	132	23.29	3.48			
	9—11 岁	249	23.44	3.60			
	12 岁及以上	129	24.14	3.86			

注：其中 1 代表 5—6 岁，2 代表 7—8 岁，3 代表 9—11 岁，4 代表 12 岁及以上

④ 是否已经通过 CET-4

下表（表 8-20）结果显示，三个维度在是否已经通过 CET-4 上的 p 值分别为 0.098、0.273 和 0.223，均大于标准的 0.05，不存在显著的统计学差异，因此不能拒绝本项检验原假设，即被试们对问卷题项均持相近观点。

表 8-20　各维度在是否通过 CET-4 上的差异分析

变量	您是否已经通过 CET-4？	个案数	平均值	标准差	t	p
写作感受	已通过	95	20.22	4.082	−1.659	0.098
	未通过	481	21.07	4.637		
写作方式	已通过	95	22.66	4.445	−1.097	0.273
	未通过	481	23.19	4.235		
学习写作的方法	已通过	95	23.05	4.022	−1.221	0.223
	未通过	481	23.57	3.758		

（4）相关性分析

相关性分析是相关性研究中最常用的分析方法。

针对研究问题 2，中国英语学习者对二语写作的感受、写作方式以及对学习英语写作的方法的观点是否存在显著相关性，我们采用 SPSS 26 版本相关性分析板块对本次调查数据进行相关性分析。

根据表 8-21 的相关性分析结果，写作感受与写作方式之间的相关系数为 0.607，写作感受与学习写作的方法之间的相关系数为 0.342，写作方式与学习写作的方法之间的相关系数为 0.503，相关系数均大于 0，这说明各个变量之间均存在显著的正相关性。

表 8-21 各维度的相关性分析

		写作感受	写作方式	学习写作的方法
写作感受	皮尔逊相关性	1		
写作方式	皮尔逊相关性	0.607**	1	
学习写作的方法	皮尔逊相关性	0.342**	0.503**	1

** 在 0.01 级别（双尾），相关性显著。

8.4.1.5 讨论

针对研究问题 1，中国英语学习者对二语写作的感受、写作方式以及对学习英语写作的方法的观点是否在不同性别、专业、学习年限以及英语水平上存在显著差异，本项问卷在写作感受这一维度通过题项 1—2 考察学生对英语写作是否存在畏难感，题项 3—5 考察学生的写作难点，包括词汇与短语积累不足、英语句型掌握不足、不知如何用英语表述汉语等 3 个方面。在写作方式这一维度通过题项 6、7、9、10 考察学生在英语写作中是否习惯使用汉语理解题目并构思作文段落结构与句子、是否习惯从汉语译入英语，题项 11 考察学生用英语直接写作时是否只能写出少数简单的句子。在学习英语写作的方法这一维度通过题项 12 与题项 14 考察学生是否认同在学英语写作时有必要学习英汉句子语序并进行相应的语序排列训练。

本项问卷调查数据的分析结果（表 8-17、表 8-18、表 8-19、表 8-20）证实了学生对英语写作普遍存在畏难感、在英语写作方式上有依赖汉语的现象，同时认同汉译英有助于学习英语写作，并且通过差异性分析，进一步验证并回答问题 1，即以上感受、现象与观点与被试的性别、专业、学习年限以及英语水平不存在显著差异。

由此，我们根据单因素方差分析结果进一步讨论，得知以下三点结论：

（1）学生对英语写作有畏难感并不因性别、专业与是否通过 CET-4 考试而存在差异。而在开始学习英语的年龄上，学生的写作感受存在差异，并且，相比 5—6 岁、7—8 岁开始学习英语的学生来说，9—11 岁与 12 岁及以上开始学习英语的学生更觉得英语写作难，这也与我们在前期研究所做问卷与写作实例收集所呈现的研究结果相符。

（2）学生的英语写作方式也不因性别、专业与是否通过 CET-4 考试而存在差异。在开始学习英语的年龄上，学生的英语写作方式存在差异。相比 5—6 岁、7—8 岁开始学习英语的学生，9—11 岁与 12 岁及以上开始学习英语的学生在英语写作方式上更加依赖汉语，在写作时更习惯运用汉语方式。这也进一步验证了我们在上一小节中的观点，即中国英语学习者在英语写作的感知与运思过程中存在潜译现象，并且，这一现象并不会因学习者更早开始接触英语而绝对地减少，也不会因为英语专业的学习或英语应试能力的提升而绝对地减少。

（3）学生对学习英语写作的方法的观点也不因性别、专业与是否通过 CET-4 考试而有所不同。而在开始学习英语的年龄上，学生对学习英语写作的方法的观点存在差异。相比 5—6 岁开始学习英语的学生，7—8 岁、9—11 岁与 12 岁及以上开始学习英语的学生更认同在学习英语写作时学习英汉句子语序、汉语组句与汉译英技巧。可见，中国英语学习者普遍认同在学习英语写作时需要学习英汉语句结构与语序的差异，也需要学习汉译英技巧。这也说明，中国英语学习者对自己在英语写作时的潜译现象有所意识，希望能够通过相关的学习与训练，将汉语的负迁移影响变为正迁移力量。

关于研究问题2，即中国英语学习者对二语写作的感受、写作方式以及对学习英语写作的方法的观点这三个方面是否存在显著相关性，本项问卷调查数据的分析结果（表8-21）已证实了三者之间存在显著的相关性。

研究发现，学生对英语写作所感知的难点普遍集中在词汇与短语积累不足、英语句型掌握不足、不知如何用英语表述汉语等方面，特别是不知如何用英语表述汉语，这是学生在英语写作时较大程度依赖汉语的重要缘由之一，并且也使得学生更期望通过学习汉译英来提升英语写作能力。由此，写作畏难感、依赖汉语思维、学习汉译英技巧以提升英语写作能力这三个方面存在一定的协同效应。这一相关性分析与讨论结果对英语写作教学也有重要启示，我们将在本书应用篇第十五章探讨二语写作教学新模式。

基于前文论述，并结合问卷数据分析，我们已了解到，尽管翻译与写作有许多不同，但这不代表二者就会背道而驰，相反，二者还会有更多相互扶持的方面。二语作者思维中的写作思维是自由的，那么此时的翻译行为也就是自由的，这里所说的"翻译"，要比真正意义上的"翻译"宽松许多，因为没有刻板的原文摆在面前。因此，只要能用正确的句式、语序和语篇的组织方式来进行这一行为，翻译之于二语写作便是基础，是助其自由舞蹈之力。

8.4.2　翻译行为是二语写作的基础

对于任何一位有相当母语知识积累的作家或作者来说，正常情况下，整个母语写作过程一定是酣畅淋漓的；但对于二语作者来说，写作过程恐怕不只是逆水行舟，而是有举步维艰之苦。很明显，二语写作不同于母语写作。

二语写作与汉译英的相同之处都是转换母语材料。所不同的是，二语写作包含某种潜译行为（翻译行为只是在大脑里的转换，未付诸字面），而汉译英则是显性翻译行为（翻译行为在大脑里转换，同时付诸字面）。译者在进行翻译时，其主体行为就是阅读源发语、理解源发语，然后进行目标语译入与写作。而二语作者在二语写作过程中的主体行为是写作，但却涉及将母语转换成第二语言，也即没有显性的翻译行为。作者在脑海里不由自主地、忙碌地做着语言的转化工作，因为作者在二语写作时母语的干扰是客观存在的。既然母语的干扰不可避免，那么只能寻求一种方法变干扰为协助，即翻译。

"《郭沫若论创作》编后记中说'好的翻译等于创作'"（许渊冲，1984：202），翻译注重重现原文的内容与风格、重现原作者的思想。二语作者在写作时也想将自己的思想内容与风格用第二语言完美地表达出来。例如，林语堂的《京华烟云》正是通过好的翻译来完成优秀的二语创作。

前文论述过，二语作者身兼二职，一是写作，一是翻译，既是作者又是译者。因

此，二语作者完全没有必要反复纠结写作是写作、翻译是翻译这样的说法，更没有必要
强迫自己规避进行二语写作时大脑中产生的母语语篇、语句甚至是词汇。

试看《京华烟云》第一章中的一段：

Turning to Feng, Mr. Yao said, "You had better go early and see the Imperial Phy-sician."

"Who is ill?" asked Mulan.

Her mother cut her short. "Children should have ears and no mouth." But turning to her brother, "What are you going to see him for?"

"To see if we can obtain, through his influence, some sort of official protection on the way."

"Why not get Boxers to protect us, since it's the Boxers who are in power now?" suggested Mulan, forgetting again to check herself."（林语堂，2009：18）

这是小说中姚家在逃离京城前家人之间的一段对话。

在这一段中，我们不难看出，其中有不少词汇和语句是从中文转译而来，列表如下
（表 8-22、表 8-23）：

表 8-22 《京华烟云》选段中的中译英词汇（周旭，2017：119）

英译词	Feng	Yao	Imperial Physician	Mulan	Boxers
中文词	冯舅爷	姚思安	太医	木兰	义和团拳民

表 8-23 《京华烟云》选段中的中译英语句（周旭，2017：119）

序号	中文句	英文译写句
（1）	你最好早点儿去见太医。	You had better go early and see the Imperial Physician.
（2）	小孩儿带耳朵听，不许多嘴。	Children should have ears and no mouth.
（3）	看能不能借他的光，一路上能得到官府的照应。	To see if we can obtain, through his influence, some sort of official protection on the way.

试想，倘若林语堂在写这一段时没有借助潜译行为和高超的翻译技巧，那么他如何
能将这些对白写成英语，并且保证在表达上不缺失中国味儿呢？

不可否认，二语作者完全可以借助翻译的功能，用翻译从二语语言中寻找恰当的词
句，重现自己脑海中产生的母语语篇和语句，实现二语写作的创作。

8.4.3 翻译行为配合二语写作自由舞蹈

前文论及，二语写作过程中确实存在潜译行为。Nida 认为，"翻译行为主要是用目
标语来重现源发语信息的最贴切的自然对等语，首先是重现原文之意，而后是原文之风
格"（1969：12）。二语写作则主要要求二语作者熟练使用第二语言中的词汇和短语来组

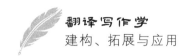

成符合二语语法和句法规范、表达习惯的句子，进而传达出作者的意思与风格。光是第二语言的短语运用，对于二语作者来说都未必能信手拈来，更别提从句和复合句的写作了。与此同时，母语的影响如影随行，但不见得就是碍手碍脚。难道翻译行为与二语写作就不能相互配合吗？冯庆华曾指出："如果把写作比成自由舞蹈，翻译就是戴着手铐脚镣在跳舞，而且要跳得优美。"（2002：3）借用这一比喻，我们认为，二语写作也可以是由翻译跳着"译"的巧妙舞姿、迈着"写"的华丽舞步，更加自由地"舞"出有文、有采、有规、有范的二语作文。

让我们读一组《京华烟云》中的语句，领略一下林语堂的译写妙笔（表8-24）：

表8-24 《京华烟云》语句摘选[①]（周旭，2017：120）

序号	英文译写句	中文构思句
（1）	All things are determined from above; no one can be sure whether they will turn out good or bad. (2009: 32)	凡事都由天定，是吉是凶，谁也保不定。
（2）	In cleverness man is higher than a dog; in faithfulness a dog is higher than a man. (2009: 244)	讲聪明，狗不如人，讲忠心，人不如狗。
（3）	You as a young master ought to have a young master's dignity. (2009: 332)	你是主子应有主子的身分。
（4）	Will you promise? (2009: 523)	肯依不肯依？
（5）	But control of the money means you are going to control me, doesn't it? (2009: 524)	你管钱就是要管我。
（6）	It'll make me happy. (2009: 524)	这样能叫我快活。
（7）	How could I have met you if you had not been lost? There are unseen forces governing our lives. (2009: 83)	你不走失，我们怎能相会呢？冥中有主。
（8）	I have so long wanted to meet you. (2009: 561)	齐先生，久仰大名。
（9）	In various aspects of life one passed on from the vulgarity of the simple people to the vulgarity of the educated, and only a few ever graduated from the vulgarity of the educated and returned to the simplicity of the vulgar. (2009: 446)	大凡世人多由野人之俗，转入雅人之俗，惟有少数能由雅人之俗，再转入俗人之野。

在《谈郑译〈瞬息京华〉》一文中，林语堂特别提及了上述几句并注明原句原意，当比各种译版更为准确，故摘选于此以作展示。

我们相信，二语写作未必要抛开母语和翻译才能完成，反而可以由翻译行为配合，

---

① 此表中的中文构思句可参见：林语堂.郁飞（译）.瞬息京华.长沙：湖南文艺出版社，1991年，第790-796页。

译写出有文、有采、有规、有范的二语作文。

此处还有一个问题值得一提。许多人认为翻译模式下写出的二语作文会出现中国式英语或中国英语的问题，试问有可能存在排除翻译的二语写作吗？无论是汉译外还是单纯的二语写作，都避免不了中式英语或中国英语的出现。我们将在下一节中讨论该问题。

8.5　中国英语与中式英语思辨

中国式英语和中国英语是翻译中常见的现象。我们首先需要理清二者的概念。早在1980年，葛传椝就曾针对中国英语的概念提出："不论在旧中国还是新中国，讲或写英语时都有些我国所特有的东西需要表达"，如四书（Four Books），五经（Five Classics），五四运动（May Fourth Movement），白话文（baihua wen）等"英译文都不是 Chinese English 或 Chinglish，而是 China English。"（1980：2）此后，许多学者根据自己的理解对中国英语和中式英语下了定义。李文中（1993：19）认为中国式英语（Chinglish）"是指中国的英语学习和使用者由于受母语的干扰和影响，硬套汉语规则和习惯，在英语交际中出现的不合规范英语或不合英语文化习惯的畸形英语"。而"中国英语（China English）是指以规范英语为核心，表达中国社会文化诸领域特有事物，不受母语干扰和影响，通过音译、译借及语义再生诸手段进入英语交际，具有中国特点的词汇、句式和语篇"。显然，中国英语不同于中国式英语，更有别于洋泾浜英语。我们认为，所谓中国英语，一指表达内容，一指表达方式。就内容而言，中国英语是用英语反映中国的文化等各方面的内容，这些内容英语国家没有，为中国所独有；就表达方式而言，中国文化的独特性，必然造成表达方式的中国化，这在中译外或中国人的二语写作时尤其如此。而且，有时即便所写为西方内容，二语作者仍免不了使用中式英语或中国英语。至此，我们了解了中国英语与中式英语的区别。

8.5.1　中式英语实例分析

为更深入了解中式英语的分类与成因，本书收集了344名本科生的英语写作实例，其中英语专业学生作文120份，非英语专业学生作文224份。该项调查过程中，我们要求被试在写作文时按自己的思维习惯，随第一反应来撰写，第一稿中英文皆可，第二稿必须用英文。鉴于非英语专业学生的英语水平较弱，经统计，所写作文第一稿的90%均为中文，在第二稿中的英文出现诸多语法错误，因而不作详细分析。我们将针对英语专业的作文情况展开分析。

英语专业学生的120份作文中，有89份第一稿均为中文，5份第一稿是中文与英文穿插写作。中式思维跃然纸上。而从第二稿中，本书选取若干学生写作中的实例（原文用词及语法问题保留）并分类如下：

Meeting again, Daisy pretended to be happy but plot against Gatsby.

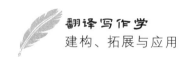

Those pure love, but only in the past.

In addition, she can't refrain from love. So the relationship broke up.

The most impressive character was Hester Prynne, who was strong-willed and endurable not only mentally but also physically.

To Hester Prynne, I have an appreciate for her because she have the courage to burden everything, to face the evil from people's heart.

He moved to her lived place, and held parties every week just want to let Daisy noticed, while Daisy was no longer the former Daisy.

Gatsby was too loyal to his lover in his heart—the beautiful dream, but did not consider himself.

After reading this book, I become more aware of the spiritual abundance was more meaningful than material satisfaction.

But his poor family pampered Daisy's door walk wrong.

从以上例句中，我们看到，整体的句子结构完全是按照中文逻辑顺序生硬堆砌英语单词而成，其中许多例句不乏严重的用词错误、语法错误。

这种中式英语，表面呈现为英语形式，但内在结构与框架实为汉语架构。也许学过英语的汉语母语者能读懂句意，但也难免觉得这样的语言表达只有英语的"形"，而没有英语的"神"。若是外国人读来，恐怕较难理解句意。

再看以下例句：

Gatsby was not her first pure lover, but a person who she can make full use of.

Unfortunately, Roger Chillingworth knows Arthur Dimmesdale, so he began to a series of action for revenge.

In today's society, we also regard, in fact, as an affair is immoral.

She would rather suffer pain on her own and is unwilling to say the lover's name.

When he saw Hester and her daughter Pearl being teased by others, he suffered a lot.

Hester Prynne, who had been found guilty of adultery by a court of stern Puritan judges refused to revel her lover.

The most impressed me that Hester is brave enough to face the cruel reality.

Later, he comes back with big fortunate and social position, and he continues loving Daisy.

Five years ago, Gatsby was penniless, in order to achieve his dream, he left home.

Therefore, I consider that the death of Gatsby was what he asked for by himself in another significance.

It is unfair to punish women, not men.

以上例句部分符合英语句法逻辑，部分仍体现中式思维，这一类中式英语是将汉语中的部分表达简单地移植到英语结构中，句子整体上来说又以英语语法与句法结构为依据，但各国语言有自己的完整体系，其内部的概念组合关系是相对稳定的，将汉语表达简单植入，难免使读者在阅读时的感知与运思思维产生阻滞。

的确，被试笔下的中式英语多数是经翻译（汉译英）而来，然而我们认为，这并不是根源。学习者在学习外语时，除受母语思维强势影响外，更根本的问题在于母语与二语的差异。这里所说的差异不仅指语言符号现象，还包含了符号背后蕴含的逻辑结构问题以及文化根源问题。而本书深知，这些问题不易快速解决。那么，对于中式英语，应当如何取舍呢？

8.5.2　中式英语的取舍

通过前文论述，本书厘清了中式英语与中国英语的内在联系与本质区别。二者都具有中国特点，但中国英语属于规范英语，对中西文化交流具有积极作用，而中式英语则是一种畸形的语言现象，对二语习得和对外文化交流存在消极作用。受到母语语音、结构、语义和文化的干扰，任何一个学习者在刚开始学习翻译或二语写作时都会犯一些错误，不自觉地产生 Chinglish。但事实上，"首先，中国式英语不是一个完整的体系，而是一种病态语言现象；第二，中国式英语统一类型的错误分布范围并不广泛，甚至不能说具有代表性；第三，中国式英语大多出现在口头交际中，但使用者把口头转换成书面语时，这种现象可能会大大减少；最后，中国式英语是可变的，同一类型的错误可能会通过及时纠正和自我纠正而避免"（万鹏杰，2005：42）。显然，中式英语是客观存在的，没有必要谈其色变。无论是全中式英语还是半中式英语，写作时都应当像做翻译般反复审查语句，看其是否符合英语规范，这样就能纠正中式英语，保留中国英语，并尝试进一步将其系统化和规范化。

二语作者在进行二语写作时无需过分紧张，重要的是掌握和运用良好的翻译技巧，同时发挥母语写作能力的优势，以促进二语写作能力的提高。此外，在翻译过程中，若译者将过于主观的写作习惯带入翻译，即便文笔高超，也会影响翻译内容的忠实性，因此译者应当有意识地予以规避。但是，在二语写作中，只要翻译的习惯良好，善于运用规范的英语表达句式，完全可以鼓励学习者有意识地将这些习惯带入二语写作，先译再写，最终写出高质量的英语作文。

8.6　本章小结

所谓工欲善其事，必先利其器。本章通过理论、实例分析和问卷数据研究论述了二语写作过程始于母语思维。作者用母语理解题意，感知写作素材，运思作文的结构、内容和词句，而后将这些转译为二语，完成二语写作的表述初期阶段。这恰好是译写的过程，就如同汉译英一样。根据翻译写作学，中国英语学习者的汉译英目标语写作能力，正是一种二语写作能力。因此，翻译写作学理论所阐述的译文写作方法可以用于指导二

语写作。母语的参与和翻译因素的介入绝非对二语写作的胡乱干扰。母语思维只是难以规避的现象。翻译因素介入则可以在很大程度上帮助作者的二语写作。这一研究为中国翻译学习者与教师提供了新的梳理和启发，同时也为汉英翻译写作学理论研究作出新的探索。

翻译写作学探究如何写出优秀的译文，而本书对二语写作的思维和行为过程的研究正是基于"汉英翻译写作学"的扩展研究和思考，一改以往二语写作研究的焦点，重新正视二语写作过程中翻译因素的介入这一问题，为二语写作的研究打开了新视角，同时也反观汉英翻译写作学研究，拓展翻译写作学的研究视野。

第九章
翻译写作影响因素及难度系数新解

在建构篇中，我们重点探讨了译者翻译写作能力对译文质量的决定性影响。综合前文各章节论述，翻译写作过程包含感知、运思、表述、检视四个阶段，无论是英译汉，还是汉译英，抑或是二语阅读与二语写作中的潜译过程，都不仅仅是语言与语言之间、符号与符号之间的简单转换，还涉及译者思维、原文作者思维、原文表述、读者阅读感知与运思等等。翻译这一复杂活动的全过程必然受到多方面、多维度的因素影响，并且，文本类型与特点、读者或是项目方对翻译的要求、翻译活动所处的环境、时代的变迁与发展等等，都有可能给翻译实践活动增加难度。回归文本本身，立足原文视角，影响翻译写作过程的因素有哪些？其中的难度系数逻辑构成为何？如何计算这一难度系数？本章中我们将重点探讨与解答以上问题。

9.1　翻译写作影响因素

长久以来，学者与译者们探究译者应如何通过分析原文，运用正确的翻译策略与巧妙的翻译技巧来生成读者喜闻乐读的（reader-friendly）译文，却忽略了极为重要的一点，即原文是否是"方便译者翻译的"（translator-friendly）？原文质量的高低是否影响翻译过程？本节中我们将就此展开讨论。

9.1.1　翻译过程影响因素相关研究

20 世纪 80 年代以来，随着认知科学研究的发展以及有声思维、眼动研究、按键记录等方法的应用，翻译研究改变了以往对于翻译产品、翻译模式、翻译策略的专注，向着翻译过程研究的方向不断拓展与深入。综观翻译过程相关的研究成果，对影响翻译过程的因素的探究有限，但也能窥见其中较为集中的观点。多数学者将焦点落在译者、翻译策略与方法、译文质量上，探究译者在翻译过程中的策略、方法选择以及译文质量所受到的影响，也涉及人工智能对翻译的影响。

Gys-Walt Van Egdom 等（2024）通过比较团队翻译与个体自由译者的翻译，分析其中得分最高与最低的团队所译的译文，探讨了译者培训中协作对目标文本质量的影响；

Zhang Jing（2019）重点关注汉英翻译过程中，宗教文化、历史文化、风俗习惯和地域文化的差异对翻译质量的直接影响；赵庭弟（2009）也从译者视角出发，立足较为宏观的层面探讨了翻译过程中译者对原文的理解所受到的语言、非语言、文化这三个因素的影响，指出了原文语句结构、上下文、交际情景、指称对象及语用意义等方面对翻译过程的影响。Aziz Thabit Saeed（2017）同样关注翻译学习者在翻译文化习语时所受到的母语文化影响，通过随机邀请40名被试翻译20个特定文化习语，研究发现母语文化对翻译过程有着各种形式的文化干扰影响，并且突出表现在译者倾向于对习语的内容进行母语文化驱动的判断，而不是翻译习语本身。

除了以上从团体、宏观层面、文化层面对翻译影响因素的探讨之外，也有学者在重新界定翻译过程的基础上探究翻译影响因素。崔永禄（2001）将翻译过程界定为译者在原文作者与译文读者之间的斡旋，同时也是译者进行选择和决策的过程，进而探讨其中的影响因素，认为翻译的目的、对原文社会意义的认识、对翻译性质本身的认识以及对译文读者接受能力的考虑等因素会影响翻译过程；张翁荟与沈晓红（2006）则是将英汉翻译过程阐释为一个"明示—推理"的交际过程，探讨这一推理形式及其影响因素，指出翻译过程中以演绎推理为主并受到前提和结论的真实性、推理过程的合理性以及语境变化这三个因素的影响。以上两个研究分别对翻译过程有各自的认识与解读并基于此阐述翻译过程影响因素，但同样都认为翻译目的、原文社会意义等语境因素对翻译过程有影响。

此外，机器翻译与人工智能的发展对翻译过程的影响也受到关注。Mohamed 等（2024）对人工智能驱动的翻译领域做了全面的调查与深入探索，分析了人工智能对语言翻译领域的复杂影响，指出机器学习、深度学习、统计机器翻译、自然语言处理、神经机器翻译、模糊算法、特征提取和评估方法等关键概念的整合不仅促进了跨越语言障碍的交流，而且从根本上改变了翻译过程的性质；Doherty（2016）详细探讨了当代翻译的两大技术（计算机辅助翻译工具与机器翻译）的发展对翻译过程的影响，指出这些技术提高了翻译的生产力和质量，促进了国际交流，并表明越来越需要创新的技术解决方案来解决语言障碍这一古老问题，同时也指出这些工具为翻译行业带来的重大挑战和不确定性。

综上，已有研究中对翻译过程影响因素的探讨仍然有限，但也以译文为中心、以翻译过程为重点，关注到了多个层面与维度的影响因素，启发本书反观原文，从原文视角考察翻译写作过程的影响因素。

9.1.2　原文视角下的翻译写作影响因素

通过以上的观点梳理，综合翻译研究的发展与现状，我们认为，翻译研究一直忽略了对原文视角的关注。多年来，翻译研究并非没有关注原文，而是更多地将原文置于神圣不可违背的标准参照高台之上，作为审视译文质量、译者翻译力的标尺。然而，正如本节开篇所述，翻译作为一种复杂的活动，必然受到多方面、多维度的因素影响，原文便是其中一种，且是极为直接、重要的一种。

Newmark 在对交际翻译与语义翻译论说的讨论中有如下阐述（2001：42）：

I assume that in communicative translation one has the right to correct or improve the logic; to replace clumsy with elegant, or at least functional, syntactic structures; to remove obscurities; to eliminate repetition and tautology; to exclude the less likely interpretations of an ambiguity; to modify and clarify jargon (i.e. reduce loose generic terms to rather more concrete components), and to normalize bizarreries of idiolect, i.e. wayward uses of language. Further, one has the right to correct mistakes of fact and slips, normally stating what one has done in a footnote. (All such corrections and improvements are usually inadmissible in semantic translation.)

（我以为，在交际翻译中，译者有权去改正或改进译文的逻辑，用优美的或至少是功能良好、符合句法的结构去取代笨拙的结构，删除艰深晦涩的词句，消除重复和赘述，摒弃模棱两可的词句里那些不靠谱的释义，改变或净化行话、黑话（即，少用松散的类属词，改用更具体的词语），并将个人习语中的怪异词句（即，不规范用语）给予规范化。进一步说，译者有权改正论据错误和疏忽——一般是在脚注里加以说明。（所有这些更正和改进在语义翻译中通常是不可接受的。）

在这一论述中，我们可以反观原文对翻译的影响，包括逻辑方面、句法结构方面、词义方面、表述不清方面、术语表达不当方面。立足翻译写作学理论，我们可以就原文视角下的翻译写作影响因素做进一步分析。除了传统研究上所指出的影响因素（如原文语言难度）外，原文视角下的翻译写作影响因素包含以下三个：

（1）原文作者感知与运思的影响

感知与运思既是作者在写作中的必经过程，也是译者在翻译过程中的重要过程。语言是思维的符号化体现，反映作者与译者的感知与运思过程。在本书建构篇 4.3.1 中，我们曾就翻译写作的感知过程做详细讨论，指出译者应当通过阅读感知、实境感知、视听感知、仿写感知充分理解原文作者表述中所包含与传达的意旨。反观写作视角，倘若原文作者本身的感知与运思未能通过语言文字表述较好地传达，又或者语言文字所表达与反映出其感知与运思本身欠缺逻辑，那么就对译者的感知与运思产生负面影响，导致译者难以理解，需要阅尽资料或实地亲访，方能了解原文作者所言何指。

（2）原文表述的影响

在本书建构篇 4.2.3 及 4.3.3 中，我们也就写作的表述与翻译写作的表述做了详细讨论，阐明"表述"是对运思成果由内部心理言语向外部心理言语实施定型的过程。从写作学理论视角来看，原文是作者将其所思所想具体化的表述，若存在语句不恰当、词语晦涩难懂，抑或语焉不详等问题，就会给译者的翻译全过程增加难度。以巴尔扎克的小说为例，其小说常被指责"写得不好、文笔粗糙、叙事拖拉、描写臃肿、不尚剪裁等"（郭宏安，2018：14），可见傅雷翻译时的难度；再以戴骢译蒲宁短篇小说《从旧金山来的先生》为例，小说中有这样一句："在漫天大雪中，那个从直布罗陀的悬崖上，从这扇隔开两个世界的石门上监视着邮船驶入黑夜和风雪中的魔鬼，好不容易才依稀看到了

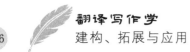

船上那无数象眼睛一般的灯火。魔鬼是个庞然大物，犹如一座峭壁，然而这艘邮船也是个庞然大物。"（转引自王寿兰，1989：840）戴骢坦言，彼时遍查有关直布罗陀海峡的地理书、历史书、圣经典籍以及有关神话的专门书籍，也查阅了该小说的英文权威译本，都不得其解。杨士焯在翻译《麦克米伦百科全书》（*The Macmillan Encyclopaedia*）（1997）中涉及亲属词的条目释文时，发现该书条目释文受辞书编写体例要求和篇幅所限制，原文背景信息提供不足，人物关系交代不清，即使遍查相关的条目，乃至相关工具书，也常不得其解。

（3）原文细节问题的影响

正如本书建构篇 4.3.4 中所强调的检视环节的重要性，文章的细节也是文章质量优劣的关键。原文除了在原作者的感知与运思、原文表述上会对译者的翻译产生影响之外，细节问题同样会给译者的翻译带来困难，例如标点符号误用、错别字或单词拼写错漏、段落错误、配图模糊或比例失误等等。以典籍翻译为例，许多中华典籍因其年代久远、古时信息传递媒介粗简、标点符号欠缺等，给后世译者带来诸多困难。当然，此说并不完全恰当，毕竟典籍的撰写受当时语言文字书写标准与习惯以及信息传递媒介的局限，自然也必然存在此类现象与问题。而当代作者若在写作时未能细心检视文面，则不仅给翻译带来困难，同时也是其写作能力不足与写作素养欠佳的表现。

不可否认，原文的写作质量高低对翻译全过程有着直接的影响。再以巴尔扎克的小说为例，其小说的长句、长段、生避词增加了译者理解原文的难度。惟其艰难，当我们阅读傅雷的巴尔扎克小说译本时，我们更会为傅雷的译文所折服。兹列举两例如下：

[328] 原文：Ce marriagefut，pour la jeune paysanne，comme une Assomption. La belle Adeline passa sans transition des bous de sonvillage dans le paradis de la cour imperiale.

英语译文：This marriage is a hypothesis for young farmers. The beautiful Adeline came from her village to the paradise of the palace without any transition.

——百度翻译软件译文

中文译文：这门亲事，对年轻的乡下姑娘简直是白日飞升。美丽的阿特丽娜，从本村的泥淖中，平步青云，一脚踏进了帝室宫廷。 ——傅雷译

[329] 原文：L'employe au Museum s'etant avise de reproduire un cri de Parisqui avait de l'analogie avec le miaulement du chat amoureux，aussitot huit voix beuglerent simultanement les phrases suivantes：—A repasser les couteaux.

英语译文：The museum employee decided to reproduce a cry from Paris that was similar to the meow of a cat in love，and immediately eight voices simutaneously shouted the following phrases：—Sharpen the knives. ——DeepL 译文

中文译文：博物院管事学巴黎街上的一种叫卖声，活像猫儿叫春。立刻八个声音同时嚷起来。

——傅雷译文

　　这样的译文恰恰源自傅雷高超的翻译写作能力。这正是本书的理论探讨与拓展应用始终关注的核心点——译文写作能力。回归翻译写作学理论视角，结合 Newmark 的论述，我们相信，译者如具备良好的写作能力，就能够在译文表述基础上对原文表述加以改善。正如许渊冲（1984）的竞赛论所主张的，翻译是两种文化的竞赛，译者应发挥译语优势，要争取青出于蓝而胜于蓝。鲁迅曾言："注重翻译，以作借镜，其实也就是催进和鼓励着创作。"（2005：147）有鉴于此，本书立足翻译写作，以译者的写作能力为核心研究点，同时也反观作者的写作能力。译者通过高超的翻译写作能力使得译文能够实现"读者喜闻乐读"（reader friendly），同理，原文作者也应当具备良好的写作能力以及跨文化交际意识，以使原文表述能够做到"方便译者翻译"（translator friendly）。

　　至此，本小节就原文视角下的翻译写作影响因素做了较为详细的探讨，对翻译难度有了不同视角的理解。那么，翻译难度系数的逻辑构成如何解析？当前新形势下，中国文化外宣对译者提出新的挑战与要求。对于中国译者而言，在普遍认为汉译英难于英译汉的情况下，译者汉译英能力的内涵与外延应当如何获取？我们将在下一小节就翻译难度做深入的阐释，并在第十章中进一步讨论新时代背景下的汉译英翻译写作能力。

9.2　翻译难度系数逻辑构成

　　"难度系数"原系体育比赛（如跳水比赛）的裁判术语。根据国际跳水竞赛规则，跳水运动员的得分取决于两方面：一是跳水动作的难度，即"难度系数"；二是动作完成的质量。简而言之，难度系数就是运动员完成动作的难易程度，其大小与运动员跳水的难度成正比。跳水动作的难度系数是动作难易程度的定量反映。这个量并非凭空想象，随机给予。根据国际游联规则，难度系数是以定性的方式确定了动作难度的五个逻辑构成，然后针对每个分项和要素，有规律地设定若干必要的定量标准，对应计算出每个分项构成的量值，最后相加得出难度系数的大小。这五个逻辑构成分别为：翻腾情况（A）、空中采用的姿势（B）、转体情况（C）、起跳方式的选择（D）和非自然入水（E）。这五个构成的总和（即跳水实际难度系数 =A+B+C+D+E）确定了一个动作的难度系数。（张涛，1995）

　　跳水动作的难度可以通过定性方式确定逻辑构成，并以定量的方式算出难度系数。那么翻译是否也可以通过这种方式确定难度系数呢？和跳水动作难度的意义一致，翻译研究中的难度系数，是评估译者完成一项翻译的难易程度，难度系数越大，完成该项翻译的难度越大。那么，为了将难度系数引进翻译难度评估中，我们首先要确定逻辑构成，然后以定量的方式计算难度系数，故须：（1）确定影响翻译难度的逻辑构成；（2）建立翻译难度系数的计算公式。

　　为了确定翻译难度，首先须确定影响翻译难度的因素。

　　上个世纪已有学者对影响翻译难度的因素做过阐释性说明。德国学者 Christiane Nord 在其《翻译的文本分析模式：理论、方法与教学应用》（1988 年首次在德国出版）

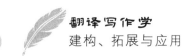

中提出四个类型的翻译难度，即文本专属性难度、取决于译者的难度、语用困难和技术难度（2013：139-144）。Nord 提出的翻译难度，既包括译前源发语文本分析阶段的翻译难度（即文本专属性困难）、转换与生成阶段的翻译难度（即语用困难和技术困难），也包括译者的难度，其中译者的难度与译者的知识水平和能力水平相关（2013：141）。

Wolfram Wilss（威尔斯）则认为翻译难度应从四个方面评估，即翻译转换难度、与译者相关的难度、与文本类型相关的难度、翻译文本自身相关的难度（2001：159-175）。Wilss 与 Nord 的相似之处在于，都认为翻译难度既包括译前源发语文本分析阶段的翻译难度，即与翻译文本相关的难度；又包括转换与生成阶段的翻译难度，即翻译转换难度；还包括译者因素，即与译者相关的难度。

我国学者孙三军（Sun，2012）认为翻译难度来源于两个方面，即翻译因素（translation factors）和译者因素（translator factors），其中翻译因素又包括文本难度（text difficulty）和翻译专属难度（translation-specific difficulty）。

综合以上学者的观点，我们可以归纳出翻译难度的三个主要来源：1. 源发语文本分析阶段的源发语文本难度；2. 翻译转换阶段的转换难度与目标语生成阶段的难度；3. 译者因素。

9.2.1 源发语文本阅读与理解难度

在源发语文本分析阶段，译者主要是阅读、分析、理解源发语文本，该阶段影响翻译难度的因素主要为源发语文本阅读理解的难易程度。目前，文本理解难度方面的研究可以借鉴现有的文本可读性研究成果。Benjamin（2012）总结了近年来文本难度分析研究的成就，提到的文本易读性公式主要包括新戴尔 - 柴尔易读度公式（New Dale-Chall Readability Formula）、博莱区易读度公式（Flesch Reading Ease）、博莱区 - 金卡丁易读度分级标准（Flesch-kinscaid Grade Level）、蓝思分级（Lexile scale）、可读性公式（ATOS）、可读性模型（Read-X）、基于潜在语义分析的连贯性度量可读性公式（LSA Coh-Metrix formula）、德莱特可读性工具（DeLite/EnLite）等。这些方法的适用对象、测试适用文本等各不相同，但它们的共同点在于考量文本难度时考虑的因素：词汇和句法。这些测试都假定文本涉及的词汇越长、越生僻，那么可读性就越低；句子越长，可读性就越低。在专利"一种获得文档翻译难度的方法"（武汉传神信息技术有限公司，2014）中，词汇难度、语句长度、句法结构、生词出现频率等是衡量翻译难度的指标。

词汇和句法显然不是影响文本理解的全部因素。Fulcher（1997）在其实验中发现，影响阅读文本难易程度的因素包括语言结构（linguistic structure）、语境结构（contextual structure）、概念结构（conceptual structure）、读者—作者关系（reader-writer relationship）。这些因素具体包括文本内容抽象程度（level of abstraction）、文本结构（textual organization）、排版（layout）、插图（illustrations）、文本其他特征（other physical characteristics of the text, such as indenting sections of the text, bullet points, bold face or italics）等。张娜（2010）曾归纳总结了 Reiss、Nida 等人对语言功能的划分方式。经过对比分析，本书将文本功能分为三类：信息功能，即描述、表达信息等；

表情功能，即抒情、评价等；呼吁功能，即劝说、祈使、指导等。一个文本可能兼具多种语言功能，但一般来说，一个文本的语言功能以其中一种为主。

从文本易读性研究中可知，翻译文本的主题内容、文本结构、修辞手法、语言功能等对翻译文本的阅读与理解有较大的影响。Reiss 于 1982 年提出源发语文本的主题内容（subject matter）、语体（register）、所使用的语言（the type of language used）、读者的语用场景（the pragmatics of the reader）、历史文化语境（the historical-cultural context）对翻译难度会造成一定影响（转引自 Hale & Campbell，2002：15-16）。

此外，Campbell（1999）在研究翻译文本难度影响因素时，总结了造成翻译困难的五类词汇和语法因素，即语法隐喻、复杂的名词词组、抽象的名词、官方术语及其被动动词。而 Mishra 等（2013）运用数学方法（相关性分析）展开研究，发现句子长度、多义程度、结构复杂程度这三个特性与翻译难度密切相关。Nord（2013：141）则指出源发语文本构成的一致和清晰程度（包括主位—述位结构）、句法结构复杂程度，均会影响翻译难度。

王战平（2012：161）进一步指出，如果目标语语境缺乏源发语文化涉及的语言文化，就会出现语义缺失、词汇缺失、不可译等现象。也就是说，源发语与目标语不总是对应的。如果目标语中缺乏源发语文本所涉及的文化内容，就会影响译者对源发语文本的理解。这部分记作语义对等。

在翻译过程中，排版等因素对翻译难度的影响较小，属于次要因素，而主题内容、文本结构、语言功能、词汇特征、句法特征、语义对等、修辞手法等七个因素 X 与翻译难度直接相关，因此将其列为影响文本翻译难度的因素。

这一阶段的翻译难度为所有涉及因素的均值，即 TD1=（X1+X2+…+Xn）/ n。

9.2.2　转换与目标语文本生成难度

Sun & Shreve（2014：116）认为翻译难度与文本易读度不同，文本易读度计算公式只考虑读者的理解程度，而翻译难度不仅与文本难度、读者对文本的理解程度相关，还与转换阶段的难易程度直接相关。Baker（2011）认为，翻译过程中的有些困难是翻译独有的（translation-specific difficulty, i.e., non-equivalence, one-to-several equivalence, one-to-part equivalence），即目标语与源发语对应关系的情况，该对应关系直接影响翻译转换难度。文化语义缺失等对转换难度的影响，体现在译者的处理方式上。如果目标语中缺乏对应的文化内容，则不能直接翻译，而需要意译、加注、改写、重写等，帮助读者明白其意。

此外，在翻译转换阶段，译者由于翻译目的、目标语使用习惯等原因，在目标语文本生成过程中可能需要改写才能更好传达其意或产生地道的译文。Nord（2013：27）指出，翻译的两个极端是音译（百分百保留目标语文本的表层成分）和（在目标语文化中）自由生成文本（源发语文本中的表层成分无一保留）。这两极之间还有几种翻译形式，其改写的比例根据翻译目的而各不相同。为适应目标语文本情景，翻译时需明确源发语文本中哪些成分需要"保留"，哪些成分可以或者必须"改写"（选择性改写和强制性改

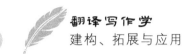
写），以便达到翻译目的。Netley（1992）指出，因英语与日语文化的差异，且目标语文本以儿童为服务对象，*Matilda*（英国儿童文学作品）源发语文本（英语）与目标语文本（日语）在语体（正式与非正式、书面语与口语等差别）等方面存在很大区别，源发语与目标语两版本完全不同。

这说明由于语言文化等差异，译者出于提高翻译质量，产生地道目标语文本等需要，在生成目标语文本过程中可能需要做一定程度的改写；如果生成过程中不需要改写，则翻译难度相对较小；若译者在生成目标语文本时需要改写，则翻译难度相对较大，而且需要改写的程度越高，翻译难度相应增加。在该方面则记为改写程度 Y。

在该阶段，翻译难度涉及因素为源发语与目标语的文化交叉程度与目标语文本生成时需要改写的程度，即该阶段的翻译难度 TD2 = Y。

9.2.3　译者因素

重新组织阶段是译者用目标语语言组织译文的阶段。在这个阶段，不同的译者会采取不同的翻译策略，用目标语组织源发语信息。译者必须具备一定的百科知识、专业知识、翻译技能、双语能力、翻译经验、翻译能力（PACTE，2005）等才能产出一定质量的译文。可以看到，译者的知识水平与双语能力对译文质量影响很大，但译文质量高低无法预测源发语的文本难度（Sun，2012）。Liu & Chiu（2009）在评估交替传译源发语文本难度实验中发现，源发语文本难度对翻译水平较低的译者影响较大，对翻译水平较高的译者影响较小，这说明这一阶段的翻译难度与译者个人翻译水平关系密切。

此外，Wilss（2001）认为翻译难度还与翻译方向相关，即是从母语到外语还是从外语到母语，这也是影响翻译难度的因素。Nord（2013：141）根据其经验提到，目标语为母语和目标语为外语之间的难度差异主要由译者决定。

由于不同译者的能力存在差异，故本文仅探讨影响译者阅读与理解、转换与目标语文本生成过程中比较客观的存在因素，不考虑译者和翻译方向。

通过上述讨论可知，翻译难度的主要逻辑构成包括：（1）源发语文本整体层面：主题内容、文本结构、语言功能；（2）源发语文本语言层面：词汇特征、句法特征、语义对等、修辞手法；（3）转换与目标语文本生成：改写程度。翻译难度逻辑构成包括 8 项。

9.3　难度系数计算

上一节已经讨论了影响翻译难度的逻辑构成，这部分要建立翻译难度系数计算公式。为了量化翻译难度，必须确定翻译难度逻辑构成对翻译难度的影响大小。在上述讨论中，我们可以发现，与源发语文本理解阶段中源发语文本难度对翻译的影响相比，翻译转换阶段的难度与目标语生成阶段的难度对翻译的影响比较大。

Sun（2012：97-98）在他的实证研究中指出，参加实验者的译文失分中，超过 20% 是由源发语能力不足造成的，超过 20% 则是由于目标语能力不足，而另外一大部分失分则源于转换能力不足。译后问卷调查结果表明，13% 的实验者认为源发语文本理解比转换与目标语文本生成更难，10% 认为源发语文本理解和转换与目标语文本生成一样难，另外 77% 则认为转换与目标语文本生成比源发语文本理解更难。这在一定程度上说明，与源发语文本理解相比，转换与目标语文本生成难度对翻译难度的影响更大。

由此，翻译难度为第一阶段翻译难度和第二阶段翻译难度之和。为了更合理地体现翻译难度，本书设定源发语文本理解难度占 30%，转换与目标语文本生成难度占 70%，则翻译难度 TD=30%TD1+70%TD2。

各个逻辑构成在不同的源发语文本中表现出来的难度有所差异，惯常做法是将难度分成简单、中等和困难三个等级，故在此，本书借鉴王战平（2012）的分类方法，将各个逻辑构成分为三个等级，如表 9-1 所示：

表 9-1　逻辑构成等级分类表

逻辑构成　难度等级	一、简单	二、中等	三、困难
主题内容（X1）	日常生活或工作中经常使用的文体：漫画文字、新闻、报刊文章、中小学课本、科普类文章、分级读物、个人书信、履历表、电子邮件、邀请函、证书、条据、贺卡、名片等	各类专业书籍、学术报告和论文、技术资料、普通商务文书等，涵盖制造、汽车、电器、通信、电气、经贸、建筑、地质、体育、计算机、政务、军事、外交、传媒、教育和出版等领域	某些具有很高翻译难度的专业领域：法律类（法律、法规、合同、章程、协议书等）、化工（石化产品、塑料制品、化工设备、精细化工、橡胶制品、实验室用品等）、机械类（矿冶机械、动力工程、建工机械、化工机械等）、金融类（金融、股票、证券、税务、信贷、保险、审计报告、财务报表等）、医药类（中西医、临床、解剖学、生理学、药物药理分析、医疗器械等）和商务类（合同、广告、标书、财务年等）
文本结构（X2）	结构清晰，便于译者抓住中心思想	结构介于清晰和松散之间，给译者理解造成障碍	结构非常松散，不易理解，给译者理解造成困扰
语言功能（X3）	信息功能：描述物体及事实，该类文本主要有专利说明、论文、报告、新闻、货物清单等	表情功能：抒情、评价、表达作者的态度，该类文本主要为诗歌、小说等文本	呼吁功能：劝说、祈使、指导，主要出现在广告、演讲等文本中

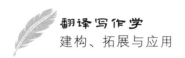

续表

逻辑构成 难度等级	一、简单	二、中等	三、困难
词汇特征（X4）	多常用词、常用词组和习语，表达具体概念的词居多	多专业词汇（词形较长，大多含有源于拉丁语、希腊语和法语的词根、词缀），多低频词和生僻词，多复合词、抽象概念词	用词艰深，多俚语、行话、俗语、歇后语、双关语、词型变种、新创词、文化独有词、成语、谚语，多表达抽象概念的词，且难以理解
句法特征（X5）	多为短句 多简单句	长短句兼而有之 多简单句、并列句	多长句 多并列句和复合句
语义对等（X6）	源发语与目标语几乎对等	源发语与目标语部分对等，词汇空缺、语义空缺现象较少	源发语与目标语不对等，词汇空缺、语义空缺等情况较多
修辞手法（X7）	比喻、比拟、借代、夸张、映衬、反语、警句、设问	粘连、移就、排比、婉曲、反复、用典	谐音、双关、对偶、仿词、回文、移就、飞白、押韵
改写程度（Y）	在格式、语言等方面，不需要或者只需做很低程度的改变	在格式、语言等方面，需要做中等程度的改变	在格式、语言等方面，需要做很大程度的改变，甚至需要重新组织语句

9.3.1 翻译难度等级

现在可以根据各逻辑构成等级来计算源发语文本的翻译难度等级了。假设源发语文本的难度值为 T，8 个逻辑构成难度最高值也为 T，各个等级设有相应的等级，每个等级有相应的分值 T1，T2，T3。那么翻译难度的计算公式为：TD= 30%TD1+70%TD2，即 TD=30%[T（X1）+T（X2）+T（X3）+T（X4）+...+T（Xn）]/n+70% T（Y）。

一般来说，源发语文本会涉及上述 8 个逻辑构成，如果有的不涉及，则涉及的逻辑构成难度等级带入上述公式计算即可。

9.3.2 翻译难度系数

源发语文本的翻译难度等级已经建立，那么如何计算翻译难度系数呢？翻译难度系数（translation difficulty coefficient，TDC）是指逻辑构成翻译难度均值占翻译难度总值的比重，即 TDC=TD/T。

考虑到即便是同一逻辑构成，翻译难度也可能不同。例如，不同作家的小说因作者个人写作风格导致翻译难度有所不同。为了区分各个构成逻辑之间的差别，每个等级又分成 3 个小等级，即每个逻辑构分为 9 个层次，如表 9-2 所示：

表 9-2 翻译难度逻辑构成等级表

逻辑构成 等级及数值	一、简单			二、中等			三、困难		
	1	2	3	4	5	6	7	8	9
主题内容 (X1)									
文本结构 (X2)									
语言功能 (X3)									
词汇特征 (X4)									
句法特征 (X5)									
语义对等 (X6)									
修辞手法 (X7)									
改写程度 (Y)									

　　计算源发语文本难度系数时，首先根据表 9-2 来判断各个逻辑构成的难度等级，再根据文本的具体情况，确定源发语文本各个逻辑构成的难度值。8 项逻辑构成难度值全部确定之后，将数值套入上述公式即可。

9.3.3 难度系数应用

　　如果表 9-2 示例中的 9 个等级代表我们为每个翻译困难程度所打的分数，当 TD=1 时，翻译的困难程度最低；而当 TD=9 时，翻译的困难程度最高。翻译难度评估表格不仅可以供教师选择源发语文本时做参考，也可以提供给学生使用。如果师生都使用该评估表格，那么我们可以对比分析学生通过该评估方法得到的翻译难度与通过教师评估得到的结果，根据评估异同点，修正教师评估结果，帮助学生清晰地了解自己在翻译学习方面应该努力的方向。

　　在某一次翻译任务困难的程度评估中，如果学生的评估结果与教师一致，则说明总体来看，该生在此次翻译表现中，与教师的评估一致。如果学生评估的翻译困难程度低于教师的评估结果，则说明学生在此次翻译中表现得比教师的预期更好，或者学生可能低估了翻译的困难程度。如果学生评估的翻译困难程度高于教师的评估结果，则说明该生在此次翻译实践中，在某些方面的翻译困难程度要高于教师的评估，从而揭示出需要努力的薄弱点。

　　翻译难度系数不局限于评估源发语文本难度。与翻译难易程度相比，翻译难度系数是一个具体的数值，不只是一个等级评估，故可以使用翻译难度系数修正翻译难度对译文得分的影响。引入翻译难度后的数值不仅可以体现译者在某次翻译实践中的表现，还可对比多次翻译实践的表现。该公式为：Z= 翻译难度系数 ×译者卷面分。其中，Z 为引进翻译难度系数之后的修正数值。

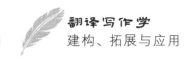

现在以一个简单的例子说明翻译难度系数的应用价值。假设一名学生在学期初翻译小测的成绩为 90 分，学期末小测成绩为 80 分，单从数字来看，该生学期末测试的卷面分要低于开学初的小测成绩，这是否能说明该生经过一学期的学习反而退步了？假设该生学期初的小测难度系数为 0.5，学期末的小测难度系数为 0.7，将难度系数计入之后，$Z1=0.5 \times 90=45$，$Z2=0.7 \times 80=56$，$Z1 < Z2$，这就可以更确切地说明该生的期末小测实际得分要比开学初的小测得分高。

在实际的翻译教学和翻译实践中，单靠小测和考试的卷面分数，教师往往无法准确评估学生的进步情况和教学效果，学生也无法客观判断自己的薄弱点、强项及进步程度。引进翻译难度系数后，对卷面分进行修正，修正后的数值可以为师生提供更客观的评估依据。

9.4 本章小结

徐盛桓（1987：96）认为，翻译的结果固然可以参照一定的数学方法加以定量分析，但这一量化的过程又不可能以数字来绝对精确化。确实，翻译难度评估过程可以参照数学方法定量分析，但是试图以数字来对翻译结果做精确化的评估是不现实的。本书建立计算公式时，结合了定量和定性两种分析方式，结合了主观性和客观性，在方法上具有合理性。

源发语文本难度量化使翻译过程和翻译结果评估的可操作性更强。定量分析在评估源发语文本难度过程中的运用，有助于克服直觉经验判断、模糊判别带来的主观随意性，可以为翻译研究提供普遍性的基础研究方法。

翻译难度系数对翻译能力考试试题选择、翻译培训教学、翻译教材编写等均有积极意义，通过难度系数合理选择源发语文本，对翻译能力认证的重要性也不言而喻。

由此，下一章节，我们将对翻译写作学视角下的汉译英能力做一新解。

第十章
翻译写作学视角下的中国叙事能力

在探究了二语写作的翻译写作过程与翻译难度系数后，我们可以反观汉译英研究。长期以来，不少人认为只要掌握双语就能翻译，但实际上，只有真正从事翻译实践才会发觉，懂得双语只是具备了翻译的基本能力。当前，中国综合国力不断提升，国际社会对中国的关注度也不断提高，中国更加重视让优秀的中华文化走向世界，提升国家文化软实力。由此，汉英翻译的需求不断增加，这就要求译者掌握更多双语之外的能力。这诸多能力综合起来，或可统称为翻译能力。新时代背景下，中国译者的翻译写作能力也应有新的阐释。

西方学者普遍认为"翻译能力是交际能力的一种特殊形式"（杨志红，2016：9）。事实上，对翻译能力的界定，学界一直莫衷一是。这一点从"翻译能力"一词在英语中有着"translation competence，transfer competence，translational competence，translation skill，translation ability"等诸多不同说法中可窥一斑。结合新形势下的国家发展战略，从翻译写作学视角来看，我们对翻译能力，特别是汉译英能力有新的思考与解读。

党的二十大报告明确指出："坚守中华文化立场，提炼展示中华文明的精神标识和文化精髓，加快构建中国话语和中国叙事体系，讲好中国故事、传播好中国声音，展现可信、可爱、可敬的中国形象。加强国际传播能力建设，全面提升国际传播效能，形成同我国综合国力和国际地位相匹配的国际话语权。深化文明交流互鉴，推动中华文化更好走向世界。"[①]这是国际传播能力建设任务的重点，也启发我们重新思考汉译英能力。所谓"叙事"，是指"通过语言或其他媒介来再现发生在特定时间和空间里的事件"（申丹，2010：1），其中"叙"即"表达或再现事件的方式"（孙小孟，2023：14）。跨学科视角下的叙事研究更多地关注叙事模式、叙事结构、叙事主体的作用，而围绕本书的研究重点，我们关注的是语言表达层面叙事的基础意义及叙事能力。我们的理解是，广义上，叙事能力在语言层面涉及翻译能力，在媒介层面涉及传播能力；狭义上，立足翻译写作学理论视角，翻译以译写形式来表达（或谓描绘）原文故事，语言层面的叙事能力本质上包含了翻译写作能力。

---

① 习近平：《高举中国特色社会主义伟大旗帜　为全面建设社会主义现代化国家而团结奋斗——在中国共产党第二十次全国代表大会上的报告（2022 年 10 月 16 日）。

英汉互译对译者所需具备的能力要求会因互译方向的不同而有所差异。对于中国译者来说，汉译英时，译者虽了解汉语，但难以在英语运思和表述中做到准确表达目标语、传达源发语文化。那么，立足中国叙事，汉译英时，译者究竟应当具备哪些能力？下文中，我们将尝试从翻译写作学视角重新分析汉英翻译能力构成。

10.1 翻译能力研究综述

如上文所述，作为翻译研究的核心内容之一，翻译能力不仅指双语能力，还包含了语言之外的能力。学者们除对翻译能力的界定各抒己见外，也对翻译能力的构成、发展和培养等方面做了大量的研究。

综观国内外对翻译能力的研究，成果丰富且呈多视角化。国内外学者对翻译能力的研究经历了从聚焦双语能力（Wilss，1976；Harris，1977；Toury，1995；Chesterman，1997）至拓展关注多元能力（Neubert，2000；PACTE，2005；文军，2005；王树槐等，2008；冯全功，2010；肖维青，2010）的发展过程。其中，西班牙巴塞罗那自治大学成立的专项研究翻译能力小组——PACTE 对翻译能力的构成与译者的知识技能进行了综合分析，提出心理生理因素、非语言能力、交际能力、转换能力、策略能力和操作能力等 6 种能力（PACTE，2005：609）。在此之前，Shreve（1997）、Neubert（2000）、Risku（2010）、Beeby（2000）与 Kiraly（2003）等也对翻译能力的构成进行了深入研究。Shreve（1997）将翻译能力阐释为由陈述知识与程序知识组成的一套表征图式；Neubert（2000：12）认为翻译能力是一种匹配语言、语篇、主题和文化的独特认知能力，即"认知配备"（cognitive set/mental equipment）；Risku（2010）把翻译能力定义为译者通过新的、有意义的、情境化的方式进行理解并生成译文的能力。

中国早在隋代时就有论及译者多方面能力的八备说（彦琮）。相关研究成果逐年增加。文军（2005）认为翻译能力包括语言能力、IT 运用能力、策略能力、自我评估能力与研究能力；王树槐与王若维（2008）讨论了翻译能力的构成因素与发展层次；杨志红与王克非（2010）再次探讨了翻译能力的概念，梳理了相关的实证研究模式与具体方法，对未来研究翻译能力有着启发意义；马会娟（2012）采用问卷和样本分析对中国学习者的汉译英能力作了分级研究，揭示了不同阶段学习者的能力特点；王树槐（2013）更为系统地梳理了翻译能力的内涵，提出综合性翻译能力，包括语言—语篇—语用能力、文化能力、策略能力、工具能力、思维能力、人格统协能力；方红与王克非（2014）则从动态理论视角论述了翻译能力的动态发展模式，认为翻译能力是多重子能力在多层次、多维度下互动的动态过程，为翻译能力构成与发展提供了新视角；谭业升（2016）以认识语言学识解理论为视角，研究并提出翻译能力体系的核心子能力为识选能力的假设；张新玲与刘金利（2017）通过对比 Bachman（1990）语言交际能力模型与 PACTE 翻译能力模式（PACTE，2003），指出翻译能力分为双语语言交际能力、语际转换能力、翻译知识能力、工具使用能力；胡珍铭与王湘玲（2018）从元认知视角解读翻译能力的本质，指出翻译能力即翻译元能力，包含导向能力、分析能力与评估能力；刘晓峰与马会娟（2020）进一步探究翻译能力与译者能力，在社会翻译学视域下重新界定了译者能力的结构范围，分为译者"识"的能力与职业能力，将翻译能力视为译者职业能力的一部分；吴静与龙明慧（2023）关注了读图时代多模态翻译能力的构成，指出这一能力包含语言翻译能力、视觉读写能力和多模态整合能力。

近年，随着"翻译中国""中国叙事"等概念与发展战略的提出，国内学者开始探究"国家翻译能力"。蓝红军（2021）深入探讨了国家翻译能力理论建构的价值与目标；任文（2021）同样对国家翻译能力的概念、要素与意义提出了自己的见解，指出国家翻译能力由翻译管理能力、翻译实践能力、翻译传播能力和翻译发展能力组成；在此基础上，任文（2023）进一步关注国家翻译能力理论建构研究，融合翻译学与传播学，提出"国家对外翻译传播能力"的概念；胡开宝（2023）同样关注国家外宣翻译能力，对其构成做了详细讨论，同时指出未来应通过翻译技术的研发与应用提高国家外宣翻译能力；蒋庆胜与吴赟（2023）从言语行为视角关注国家翻译行为与能力的本质，认为国家翻译能力是一种依托相关机构的集体意向能力；李晶（2022）则是以"翻译中国"为背景，将译者能力的内涵落脚点回归到了言内能力与言外能力。

以上这些丰硕成果都为进一步研究翻译能力提供了重要借鉴，而且展示了国内学界开启翻译研究的国家建设现实新维度。新形势下，中国汉译英的需求量日渐增加，形势与机遇也有新的变化，对中国译者的汉译英能力也就提出了新的要求。然而，无论是传统上理解的翻译，还是立足国家建设与外宣视角的翻译，无论是纯语言文本的翻译，还是多模态文本的翻译，其本质始终根植于对语言与文化的感知、运思与表述。因此，从翻译写作学视角深入研究汉译英能力有其必要性、恰当性与科学性，也能更清晰、明确地指导翻译实践能力的培养。

10.2　中国译者的汉英翻译写作能力

前文中，我们立足中国叙事，对翻译能力提出了新的见解。具体落实到汉译英能力上，我们认为，译者的汉英翻译写作能力应当包含语言能力、文化能力与哲学逻辑能力。

10.2.1　语言能力

10.2.1.1　汉语感知能力

毋庸置疑，阅读是感知的开始。译者通过阅读感知来获得原文的表面含义与隐含的信息，包括原文的内容、文本类型、结构、形式和风格。曾祥芹（2010）曾对汉语阅读进行深入研究，提出了阅读能力的纵向层级结构与横向贯串结构。我们认为，在汉译英中，源发语（汉语）的阅读感知能力应当包含阅读识别力、阅读理解力和阅读鉴赏力。

首先，阅读识别力是感知能力的基础。借鉴曾祥芹（2010）提出的阅读能力，本书将汉译中译者的阅读识别力理解为译者准确识别汉语词汇、句子以及体裁的能力，包括

有足够的汉语词汇量；了解单词在特定语境中的含义，并能够了解不同单词之间的内部语义关联；能够分析和理解长句；能够识别中文文本的类型。对于汉译英，译者需要足够的白话汉语与古典汉语词汇量与知识，才能识别词汇在特殊语境内的意义及内在的联系，并解析结构复杂的长句与原文的体裁。

其次，阅读理解能力是感知能力的核心。汉语阅读理解能力分为四级："（1）抓住中心句，依据句间关系摘取语段意义的能力；（2）抓住重点和主线，抽取段落意义的能力；（3）理清思路，依据段间关系概括章、节意义的能力；（4）遵循文脉，抓住文眼，归纳文篇主旨或主题的能力。"（曾祥芹，2010：264）翻译不是逐字传递，而是用目标语言来传达原文的意义。译者只有获得原义段落、章节、话语等，才能保证对源发语义本的忠实。

最后，译者在识别语篇词句、理解语篇意旨的基础上，还要能够评价原文的价值并充分欣赏原文在内容、形式、语言、风格上的美，这便是阅读鉴赏力。同时，需要评估原文的价值以及风格。尽力将作者的情感和语言的美好传达给读者，让读者获得相似的情感体验。试看下例：

[330] 原文：燕子去了，有再来的时候；杨柳枯了，有再青的时候；桃花谢了，有再开的时候。但是，聪明的，你告诉我，我们的日子为什么一去不复返呢？——是有人偷了他们罢：那是谁？又藏在何处呢？是他们自己逃走了罢：现在又到了哪里呢？

——朱自清《匆匆》

译文：If swallows go away, they will come back again. If willows wither, they will turn green again. If peach blossoms fade, they will flower again. But tell me, you the wise, why should our days go by never to return? Perhaps they have been stolen by someone. But who could it be and where could he hide them? Perhaps they have just run away by themselves. But where could they be at the present moment?

——张培基译文

上例中原文用了几个排比和修辞问题来营造匆匆的氛围，让读者感受时间短瞬易逝。在译文中，张培基以 if 开头并以 again 结尾的三种平行关系，以及以 but 开头的三个修辞问题使译文与原文有着相似的风格。

通过汉语感知能力，译者可以全面理解原文的意义，感受它的风格并找到其审美特征，从而忠实而优雅地翻译原文。

10.2.1.2　双语运思能力

运思是指"译者运用目标语对原文进行思维的过程"（杨士焯，2012：40）。许多人认为，中国译者的母语是汉语，在汉译英中，译者要把握源发语意思是很容易的，或者至少比英译汉容易得多，所以只需要练习和掌握英语运思能力即可。然而，事实并非如此。试看下例：

[331] 原文一：今年有那么多大学生分到研究开发处，公司不用太为新产品而操心了。

原文二：新装配线有那么多革命性的设计思想，就连大学生技术员那样的人也得花三个月才能学会该系统中的技术要点。

阅读上文，我们会认为这两个中文句子不难理解，同时也就不大可能去探究两个"大学生"意义之间的细微差别。通常情况下，我们会条件反射般地将"大学生"这个词翻译成 college student。然而，只要稍用汉语运思，就不难确定原文一中"大学生"并不指"学生"，而是指毕业生，译者再用英语运思，就能更准确地将它译成 college graduates。在原文二中，"大学生"一词强调一种教育背景，指的是那些受过大学教育的人。显然，经过汉语与英语的运思，才能得出下列译文：

译文一：With so many *college graduates* assigned to the R&D department this year, the company does not have to worry about its new products.
——译者阙如

译文二：The new assembly line incorporates so many revolutionary ideas that it will take three months even for people like college-educated technicians to learn the technical know-how of the system.
——译者阙如

那么，为什么还要有汉语运思而不直接运用英语思考呢？原因很简单。二语学习者的思维中，母语占主导位置，影响极深，存在于二语学习与应用的任意过程中。在上例中，正因为母语影响，译者容易习惯性地在大脑中反应出对两个句子的理解而疏于甄别不同语境，忽略了"大学生"一词在两句中的微妙差别。当然，这其中的原因之一在于汉语的语言特点。

根据高健（2006）的研究，汉语有着求雅性、对称性、搭配便捷、独特辞藻概念、四字结构、表述相对鲜明直截、声韵相符、文白混用等特点。在汉译英中，汉语的上述特点再加上中国译者思维深受母语影响，使得汉译英的运思呈双语交互运思趋势，这就意味着译者必须具备双语运思能力。具体来说，在汉译英过程中，由于母语习惯反应，译者拿到汉语语篇，特别是文言文时，从感知到运思，译者都会先用汉语思考，加强对原文的理解，思索如何将母语解码，再在英语中找寻对应的字词或表达方式。如此，所谓双语运思能力也就回到了翻译活动对译者最基本的要求——良好的双语能力。译者掌握良好的汉语与英语运用能力，才有可能运用双语思维，更准确地表述译文。

10.2.1.3　英语写作能力

翻译写作理论强调，"译者文笔的优劣极大影响译文的接受程度"（杨士焯，2012：147）。刘士聪（2007：141）指出，汉英翻译的关键是从词，短语，句子和话语等方面选择最合适的表达方式。英语于中国译者来说是一门外语，如果不够熟练，译者就很难将在感知阶段获得的源发语信息编辑为目标语词句。然而，提高英语写作能力并非易事。根据周旭的研究（2014），受母语思维的影响，二语写作有着繁复的思维与行为过程，包含一定的隐性翻译思维与行为；周旭与杨士焯（2017）进一步通过问卷实例研究二语写作，证实其与翻译的关联性。这些研究都说明，单就英语写作来说，它是一个复杂的过程。因此，本书将从搭配、句子以及话语的连贯性和凝聚性角度阐述中国译者应当具备的英语写作能力。

（1）使用恰当的搭配与地道的表达

恰当的搭配是一门语言中的地道表达方式，其概念最早由 Palmer（1933）提出。据他说，"每个（搭配）……必须或应该最好、最快捷地作为一个整体或独立实体来学习，而不是将它们的组成部分拼凑在一起"（Palmer，1933：4）。Firth（1957）更指出，给定单词的搭配是按搭配规则来呈现该单词的表述惯用法或句法位置，而不是强制地按任何语法规则和其他语境规则，是一种共同期待（mutual expectancy）的规则。由于汉译英是从母语到非母语的翻译，中国译者在表述阶段容易受母语词汇和结构的影响。例如：

[332] 原文：我们不能同意这样的要求。

译文一：I'm afraid it is impossible for us to agree with such requests.［误］

译文二：I'm afraid it is impossible for us to grant such requests.［正］

上例中，当我们看到"同意"一词时，我们的第一反应是 agree。但是，英语中很少有 agree with the requests 的说法，而常用的搭配是 grant such requests。

再例如：

[333] 原文：我是超市的老顾客，所以也不抱怨什么。

译文一：As an old customer of the supermarket, I did not make a complaint.［误］

译文二：As a regular customer of the supermarket, I did not make a complaint.［正］

[333] 中，"老顾客"是指经常来商店的顾客，汉译英初学者容易将它译为 old customer，但在英语中，old customer 意味着客户年龄是老的。因此，正确的搭配是 regular customer。再看一例：

[334] 原文：在我回国小住期间，我发现早晨发出到本市西郊的信，我那个住在西山的朋友当天下午就收到了，这令我感到十分惊奇。

译文一：During my short stay in China, I found that the letter I sent out in the morning to the city's West suburban area was delivered to my friend living in Xishan the right afternoon, which greatly surprised me.
　　　　　　　　　　　　　　　　　　　　　　　　　　——译者阙如

译文二：During my stay in Beijing for a short visit, I was so surprised to find out that my friend in the Western Hills on Beijing's Western suburb received my letter the same day I mailed it.
　　　　　　　　　　　　　　　　　　　　　　　　　　——译者阙如

[334] 中的原文是惯用的中文句。作者在开头陈述事件，在句末表达重点——"这令

我感到十分惊奇"。译文一采用与原文相同的结构，将最后一句"这令我感到十分惊奇"翻译成 which greatly surprised me，并把它放在句尾，这不是英语的地道表达方式。而译文二采用惯用结构 be surprised to do that 更好地传达了语句的重点、作者的感受。

以上译例说明译者即使具备丰富的词汇和语法知识，处理外语搭配也并不容易。句子的翻译要做到语法上的正确不难，但是搭配习惯上的正确要通过大量阅读和听原版英语来培养。如果在翻译时误用了搭配，其译文可能难以被目标语读者接受。译者应该有恰当运用搭配的能力，这样才能提高译文质量。

（2）连贯文本

对于汉英译者来说，英语写作能力还应包括使译文连贯一致的能力。不同的语言有不同的方式来串连信息。汉语的逻辑通常不是由单词或短语表示，而是隐藏在文本意义中。汉语读者从作者想表达的意义中推断文本的逻辑关系，而英语读者是通过动词、短语或从句来理解句子与句子之间、段落与段落之间的逻辑联系。如果译者在翻译中使用很少的动词和短语连接，译文就会显得不合逻辑，佶屈聱牙。我们来看一例：

[335] 原文：有一天，一位非常要好的女友来探望我，我知道她平素最喜欢花花草草了，临别时我说，采一束玫瑰点缀你的闺房，保证十里飘香。女友轻轻跨进花园，东闻闻，西嗅闻，神采飞扬，就是不肯采摘。 ——林清玄《泥土的微笑》

译文：A close friend came for a visit the other day. I know her to be a lover of flowers and plants, and *for that reason* I told her at her departure that she should pick a bunch of roses to decorate her boudoir. I promised that the scent of the roses would be wafted far, far away. That girl friend of mine, tiptoeing into the garden in high spirits, sniffed here and smelt there, *but in the end* she didn't pick a single rose.

——张培基译文

上例中，我们可以推断，作者决定送给朋友玫瑰的原因是因为朋友喜欢。因此，译者加上了 for that reason 来明确逻辑关系。最后一句话中，译者增加了 but 来表明朋友喜欢玫瑰和她没有选择采摘玫瑰的事实之间的对比。

总之，对于从母语到外语的翻译，译者应该非常熟悉外语，具有较高的外语水平，同时具备使用正确搭配、写出语法正确和地道的句子以及使译文连贯一致的能力，这样才能产出高质量的译文。

10.2.2 文化能力

马会娟（2013：127）指出翻译是一种特殊的跨文化活动形式。译者在感知阶段理解原文后，要用目标语将信息从源文化转移到目标语文化。译者要能够观察文化差异，并思考如何在目标语文化中正确定位信息。汉译英的文化能力包含感知双语文化的能力与传译文化的技巧，具体来说，译者要掌握以下技巧：省译以合目标语文化；增译以达源发语文化；适当改译以使读者了解原文文化。

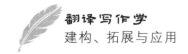

（1）省译以合目标语文化

忠实是良好翻译的标准之一，但适时、合理地省略原文的一些词或短语，也是一种忠于原文信息、意义、风格和目的的方式。比如，一些文字和短语在一种文化中可能是普遍可以接受的，但被译成另一种文化时，若不省去，读者可能会感到奇怪甚至恶心。请看下例：

[336] 原文：猪在圈里的工作，主要的是"吃，喝，拉，撒，睡"，此外便没有什么。（圈里是脏的，顶好的卫生设备也会弄得一塌糊涂。吃了睡，睡了吃，毫无顾忌，便当无比，这不活像一个家吗？在什么地方，"吃，喝，拉，撒，睡"比在家里方便？在家里的生活比在什么地方更像一只猪？）　　　　　　　　——梁实秋"雅舍小品·猪"

译文：The pig has nothing to do in the sty but alternately eat and sleep. The sty is dirty; there is no sanitary installation in it. But at least everything is handy and convenient, with no restrain of any sort, just sleeping after eating, eating and sleeping some more. Is not this place a perfect counterpart of what a home often is? Where else does our life more closely resemble that of a pig?　　　　　　——译者阙如

比较原文和译文，可以发现"拉""撒"没有被翻译成英文，原因在于根据西方习俗，这类内容通常不会被直接说出或写出。译者考虑了西方文化中的审美观和阅读习惯，作了适当的省略，以使译文更符合目标语的文化。

（2）增译以达源发语文化

由于目标语文化的读者可能对源发语文化不熟悉，在一种文化中容易理解和不言而喻的事情有时需要在另一种文化中为读者详细解释。为了介绍中国文化，译员需要特别注意文化术语，看看是否需要增加额外的信息让目标读者获得全部意义。

[337] 原文：在中国，如果你要问"谁是中国古代最有名的人"，会有很多人告诉你："孔子。"

译文一：In China, if you ask "Who is the most famous person in ancient China", many people will tell you, "Kongzi." <u>That is how Confucius is called in Chinese. Kong was his surname and zi "master" was a respectful term of address.</u>　——译者阙如

译文二：In China, if you ask "Who is the most famous person in ancient China", many people will tell you, "Kongzi." <u>That is how Confucius is called in present-day Chinese. Kong was his surname and zi "Mr." was a respectful term of address. In the past people also often referred to him as Kong Fuzi "Mister Kong". When translated into Latin and English, Kong Fuzi became Confucius.</u>　——译者阙如

[337] 中，因为许多西方读者并不了解何为 Kongzi，译文一和译文二都适当添加了解释，但译文二更进一步指出了 Kongzi 与 Confucius 之间的关系。可见，译文二的译者很了解文化差异，其译文与补充的解释帮助读者更好地理解原文的全部含义和中国文化。

（3）适当改译有助于读者了解原文文化

由于文化差异，在某些情况下逐字翻译可能违背当地习俗、不符合读者审美观或触犯国家意识形态，为了让读者了解原文文化，译者有时需要适当调整源发语文本。

且看《红楼梦》中的一例：

[338] 原文：赖大是饭后出去的，水月庵离城二十来里，就赶进城，也得二更天。今日又是老爷的帮班，请老爷只管去。　　　　　　　　　——《红楼梦》第 93 回

译文一：Lai Ta left after lunch, and <u>the convent</u> is <u>some twenty li</u> from town; so even if he hurries he can't get back till <u>the second watch</u>. If <u>you are needed at the yamen</u>, <u>sir</u>, you can go with an easy mind.　　　　　　　　　——译者阙如

译文二：Lai Da didn't leave until after lunch, Uncle, and the Temple is over eight miles from town. He won't be back till eleven o'clock at the earliest. As you are "on call" for this evening I think you should go.　　　　　　　　　——译者阙如

上面的句子包含许多具有文化特色的术语，其中，"水月庵"分别译为 the convent 和 the Temple；"二十来里"译成 some twenty li 和 over eight miles，"二更天"译成 the second watch 和 eleven o'clock；"老爷"被翻译成 Sir 和 Uncle；"帮班"被翻译成 you are needed at the Yamen 和 you are "on call"。比较这两种翻译，译文一对于那些不了解中国文化的西方读者来说，理解困难。译文二虽然改变了原来的词汇，却更贴近原文，使读者更容易阅读和理解。

中国译者是在中国文化中成长起来的，因此他们会不自觉地忽视自己熟谙的文化用语是否为西方目标读者所理解。具有文化能力意味着译者在思考和表达过程中能充分意识到文化差异，正确处理母语的影响，使译文更适合目标语文化。

10.2.3　哲学逻辑思维能力

中西语言的差异体现了中西思维的区别，中西方有着各自独立的哲学思考方式。"西方哲学是以论证本体论（ontology）为核心……中国哲学不关心生命之外的世界本体论"（张西平，2015：16）。哲学本质上"是一种理性活动，无论以什么形式出现，哲学都会以理性思维为特征。而逻辑则是这种理性活动的主要形式"（江怡，2001：646）。

立足中国叙事，哲学逻辑思维能力不仅是汉英翻译写作能力的重要组成部分，更涉及意识形态。"意识形态是一定社会和文化的产物……是与一定社会的经济和政治直接相联系的观念、观点、概念的总和，包括政治法律思想、道德、文学艺术、宗教、哲学和其他社会科学等意识形式。"（《中国大百科全书》编辑部，2002：1716）翻译涉及文本语言、信息与思维转换，也受到双重意识形态的影响与支配。由此，好的哲学逻辑思维能力就显得尤为重要。前文中就曾论及阅读理解力中包含解读原文及其主题的逻辑线索的能力。语言学习者，特别是译者如果缺乏逻辑思维力，就等同于缺乏组织译文的能力；换言之，他们也缺乏扎实的译文写作基础。这将导致译文组织欠缺逻辑，难以忠实

原文，影响译文的文采，也妨碍译者有逻辑地、辩证地融入自身的价值观、信仰等意识形态或者洞察源发语文化与目标语文化的意识形态冲突。

笔者试通过下例来进一步探讨逻辑思维力的重要性。

[339] 原文：历史证明，在科学发展的进程中，一些杰出人物个人的作用不可忽视。杰出的科学家，既为人类物质文明作出贡献，也以自己高尚的道德情操，为人类的精神文明留下宝贵的财富。爱因斯坦在评价居里夫人时说过，第一流人物对于时代和历史进程的意义，尤其是在道德品质方面，也许比单纯的才智成就方面还要大。中国科学院院士是国家设立的科学技术方面的最高学术称号，具有崇高的荣誉和学术上的权威性。老一辈院士大多是我国现代科学技术的开拓者和新中国科技事业的奠基人。他们不仅通过自身的研究成果，而且通过其在科学界的活动而影响他人，甚至一个学科领域。院士们的品德，学风和献身精神在科学界堪称楷模，受到社会各界的尊重。青年摄影家侯艺兵，历经 3 年寻踪采访了 1980 年以前当选的 291 位院士，为他们留影写真；同时，征集院士亲笔题写的他们所喜欢的一句或一段人生格言，汇编成这本大型肖像，手迹画册献给读者，做了一件很有意义的工作。 ——周光召："院士风采 - 中国优秀科学家肖像，手迹集·序"

译文：History bears proof that the prominent role the outstanding figures play in the advance of science should not be ignored. Distinguished scientists not only make contributions to the accumulation of material wealth with their scientific achievements but also leave behind them rich cultural heritages with their exemplary integrity. In his appreciation of Madam Marice Curie, Albert Einstein once remarked：

"It is the moral qualities of its leading personalities that are perhaps of even greater significance for a generation and for the course of history than purely intellectual accomplishments."

The Academician of the Chinese Academy of Sciences (Academia Sinica) is the nation's highest academic title granted by the Government in the field of science and technology, a title of great honor and academic authority. Most Academicians of the elder generation are pioneers of modern science and technology in China and founders of the scientific and technological cause of New China. They have exerted great influence upon people as well as upon their fields of study not only through their accomplishments in science and technology, but through their activities in academia as well. They are regarded as models for scientists and held in great esteem by people from all walks of life for their moral qualities, consistent attitude towards research and altruistic devotion to the cause of science.

Now Mr. Hou Yibing has done something really significant. As a young photographer, he worked on his large album for three years, during which he interviewed 291 Academicians elected before 1980, taking their photographs and collecting their autographs—a sentence or a paragraph they regard as their mottoes. ——郭建中译文

上例中，从第一句主题句到"也许比单纯的才智成就方面还要大"，原作者让读者了解到伟大科学家的模范完整性对人类社会的影响应被视为一笔物质财富。接下来，原作

者继续介绍中国科学院院士在学习领域和态度方面的巨大成就，作为对主题句的补充论述。这是英语段落写作的常规范式，每个段落通常只处理一个主题，并由这一主题层层向下推进。良好的哲学逻辑思维能帮助译者快速把握和解析上例原文所传达的内容与重要含义。了解了原文逻辑主线后，可以将译文依此分段并突出主题，使翻译结构和意义的表达更加清晰。译者在阅读中学习合理组织信息，阅读材料有逻辑地进行排列，培养良好的哲学逻辑思维能力。惟此，译者才能在感知过程中更好地结合感性感知与理性感知来理解原文，在运思过程中辩证地运用双语思维把握文本逻辑线索与主要思想，特别是源发语与目标语文化意识形态以及译者自身的价值观与信仰等，在表述过程中合理选择翻译策略与运用翻译技巧，写出符合目标语逻辑的语句，产出恰当的译文。

10.3　本章小结

新形势下，中国译者肩负着将中国文化更好地传播至全世界的重任。对翻译能力的探索和研究也需要在全新的视角下，在理解语言能力、文化能力、思维能力的基础上，做更深入的思考与新的解读。语言能力不仅是传统翻译观下的语言应用与转换能力，更应具体落实到语言的解读与写作表达能力上；文化能力也不再只是传统翻译观下对不同语言所反映的文化内涵的把握，更是在此基础上对翻译技巧的选择与融合应用能力；哲学逻辑思维能力也外延至意识形态层面。在前面的章节中，我们谈到，二语作者想写好二语作文，需要良好的汉译英能力，本章的研究与讨论也是由此再回观汉译英能力研究，以中国叙事为立足点，从翻译写作学理论视角对汉译英能力做了回归语言与文化层面的解读。中国译者应当具备语言能力、文化能力与哲学逻辑思维能力，这为汉英翻译写作学理论研究开辟了新的探索方向，同时也为中国翻译学习者与教师提供了新的启发。

应用

篇

第十一章
翻译写作学的教学模式

翻译写作学一为翻译实践服务，一为翻译教学服务，因此翻译写作学最终将落实到翻译写作课上，并以此来完善翻译写作学建构。概而言之，翻译写作课需要有切实可行的教学法和符合学生实际需要的教材。在教学法方面，我们提出研究性翻译教学法，并设计了翻译写作训练的三步骤（译前相应题材的译文语言写作训练，译中的译文词句写作能力训练，译后的译文词句修改训练）。在教材建设方面，我们根据翻译写作学理念编写了《英汉翻译教程》（杨士焯，2006；2011）与《简明英汉翻译教程》（杨士焯，2022）作为翻译写作学的实践基础和学习指南。

11.1　西方最新翻译教学模式

正如建构篇中所述，Delisle 声称："实用语篇的翻译是基于写作技巧上重新表达的艺术。"（The translation of pragmatic texts is an art of re-expression based on writing techniques.）（1988：1）接着他提出："翻译能否和写作技巧一起教？"（1988：3）这就把翻译和写作结合起来，并肯定翻译训练需要包括各种写作练习，目的是教会学生更容易、更准确、更快速地重新表达思想。

2009 年在英国朴茨茅斯大学召开的翻译大会，就是因为其主题"论译者为作者"和会议邀请词而吸引当时正在英国访学的本书作者杨士焯参会。其邀请词曰：

> 大家都知道译者精通外语非常重要。大家还意识到译者要精通的最重要的语言是母语，但我们总是忘记译者最重要的技能之一是写作的能力。本会议让译者、作者和学者围坐下来讨论对译者至关重要的写作有哪些方式。

大会中有数篇论文就专门涉及翻译写作的课堂教学。

英国威斯敏斯特大学 Janet Fraser 在"翻译课堂里如何开发写作技能"一文中指出，准确传递内容，翻译只做了一半。语篇要想在目标语文化里起作用，就必须尊重目标语的文化习惯。能写出符合这些习惯的译文，就离成功翻译不远了。学生常常不能认识到这一点，对源发语的结构形式亦步亦趋，不懂得必须重构译文，使之符合目标语写作规范。学生必须会用目标语写作。Janet Fraser 还设计出一些简单练习用于翻译课堂，帮助学生在培养翻译技能的同时发展写作技能。练习包含各种体裁，如旅游资讯和科技文献，帮助学生熟悉目标语规范，了解翻译特定体裁的参数，据此"写出"某种特定体裁，释放他们的内在写作力。

加拿大门克顿大学的 Denise Merkle 在"大学生翻译培训项目中的翻译与专门写作"中提出，部分学生选择学习翻译是因为他们不喜欢写，他们宁愿别人替他们想好写好，这是对写作和翻译的极大误解。大学翻译课程的基础教学内容是阅读和写作技巧。鉴于很少有译者将来会去翻译文学作品，受训的译者应该接触各种实用体裁。发展熟练的写作技能是研究生翻译课程的任务。单语写作课和翻译课里的写作，其差别在于后者必须面对两种语言的相互干扰，必须懂得如何分辨两种语言和两套语篇体系。这就是说，目标语（通常是译者母语）里的单语写作训练非常有用且重要，译者只有写作时驾轻就熟，才能在这两种语言之间游刃有余。只有掌握目标语语篇类型习惯和风格的实力作者才能写出流畅易懂的译文语篇。译者，唯有同时自身也是作者，才能写出理想的目标语语篇，因为目标语语篇不仅仅是翻译出来的，也是写出来的。

奥地利维也纳大学翻译研究中心的 Daniela Beuren 在"译员训练中的多语写作练习"中指出，创造性写作一直是维也纳大学翻译研究中心自 2007 年以来译员训练的组成部分，也是硕士学习的必修课。课程目的是"鼓励学生写作"，因为这是他们将来译员职业生涯要做的事。当然创作和翻译有差别，最显著的是，学生创作时面前没有一篇原文可资观摩，但他们并非只有一张白纸或空对一台电脑。老师布置给他们的作业是有时间限制的。作业取自各种不同的文学体裁，如诗歌、短篇散文或微型剧，甚至采用多语种混合写作。这是对译员最好的训练方式。

在该研讨会上，部分翻译教师还举行翻译研讨班（workshop）进行示范，精彩地展示了翻译教学如何与写作密切结合。

示范一：两人一组作自我介绍，然后记录下叙述的内容，翻译成另一种语言；接着，由叙述人对照翻译内容进行修改，评估翻译与原表述相比，保留了多少信息，丢失了多少信息。这是一种侧重写作能力的训练，也极适合口译训练。

示范二：为了翻译一篇产品说明，示范人首先分析该文本，并对比同类的双语文本，再假设用目标语来写同题材的文本应该怎么写。整个演示过程是主讲人和听众的协商交流。

这次会议及其翻译研讨班给我们的启示是：翻译不仅仅是翻译技巧的演练，更是写作活动的深入。写作能力增强了，翻译水平自然就提高了。根据上面的分析，我们认为 Delisle 的教学理念和英国朴茨茅斯大学的翻译大会展示的翻译教学法可以为我们的翻译写作教学提供思路和参考。

11.2　中国特色翻译教学模式

中国特色的翻译教学模式源远流长。在本书建构篇 3.4.2.2 中，我们曾探究彦琮"八备"说中关于"写"的讨论，而"八备"说也是中国先哲中有关译者人格修养和人才培养的论说（彦琮，引自罗新璋，2009：62）：

诚心爱法，志愿益人，不惮久时，其备一也。

将践觉场，先牢戒足，不染讥恶，其备二也。

荃晓三藏，义贯两乘，不苦暗滞，其备三也。

旁涉坟史，工缀典词，不过鲁拙，其备四也。

襟抱平恕，器重虚融，不好专执，其备五也。

耽于道术，澹于名利，不欲高衒，其备六也。

要识梵言，乃闲正译，不坠彼学，其备七也。

薄阅苍雅，粗谙篆隶，不昧此文，其备八也。

上述第一个必备条件：应具备诚心、善心、恒心。诚心爱好自己的工作，而又立志要帮助不懂原文的人，以献身译经事业的精神来从事翻译，所以不怕年长月久的工作。

第二个必备条件：译者要遵守一切戒规，要有良好的品德修养。

第三个必备条件：译者应先通晓经论律规及两乘，译出的经才能意义允当，通畅明达。

第四个必备条件：译者要博览中国的经史，才能适切地用典遣词，而不至拙于应付。

第五个必备条件：译者要虚怀若谷，才能集思广益，不至固执己见。

第六个必备的条件：重道、淡泊、平实。译者应崇信道术，才能不求名利，一意弘扬佛法，决不好高立异。

第七个必备条件：译者要精通梵文，明悉译事，才不至有失经义。

第八个必备条件：译者须有良好的国学根基，对古辞书与文字学均有相当研究，所译才能文从字顺。

以上"八备"原是为翻译佛经而说，但都是很实在的指导原则，适用于其他类型的翻译，它高屋建瓴地论述翻译修养，而不是汲汲于语言对比和翻译技巧。如果掌握以上"八备"，何愁翻译不通？古来自有"学尽梵书，解尽佛意，始可称善传译者"之说（赞宁，引自罗新璋，2009：92），是为善论。

11.2.1　马建忠翻译人才培养构想

清·马建忠在《拟设翻译书院议》（1894）中提出他对培养翻译人才的设想，这是真正意义上的翻译教学思想。该教学法明确突出了阅读和写作对翻译人才训练的重要性：

　　繙译书院之设，专以造就人才为主。诸生之入院者，拟选分两班，一选已晓英文或法文、年近二十而资质在中人以上者十余名入院，校其所造英、法文之浅深，酌量补读，而日译新事数篇以为工课。加读汉文，如唐、宋诸家之文，而上及周、秦、汉诸子。日课论说，务求其辞之达而理之举。如是者一年，即可从事繙译，而行文可免壅滞艰涩之弊。一选长于汉文、年近二十而天姿绝人者亦十余名，每日限时课读英、法文字，上及辣丁、希腊语言。果能工课不辍，用志不纷，而又得循循善诱者为之指示，不过二年，洋文即可通晓，然后肆力于繙译，收效必速。盖先通汉文，后读洋文，事半功倍，为其文理无间中外，所异者事物之称名耳。

（马建忠，引自罗新璋，2009：193）

　　马建忠强调"日课论说，务求其辞之达而理之举"，要求学生天天写论辩和说理的文章，使之文辞通达、论理清晰，以便以后翻译时"行文可免壅滞艰涩之弊"。就中文书面语的发展而言，文言文是源，现代白话文是流，百年来无数成功的作家、翻译家的例子告诉我们，没有大量文言阅读实践的积累，白话文的运用就很难达到较高的境界。而中文运用能力的高低相当程度上体现在"写"上，对于翻译专业来说尤其如此。这些举措，即便在今天应用于翻译本科和翻译硕士的训练上也不为过。遗憾的是，在这百年间又有多少翻译院系实施了这些举措？有多少学子受益？

　　思果借用陆游写给他儿子的诗句"汝果欲学诗，功夫在诗外"而提出"要学翻译，和做诗一样，功夫在翻译外""译者要有诗词、古文的底子，他该读过四书五经、诸子、唐诗宋词、元曲。还要能写极好的白话文""要先具备中西学的底子和语文的修养，才有希望"（思果，2002：1；3）。

　　从彦琮、赞宁至马建忠，再至思果，翻译人才的培养问题已被他们阐释得很透彻，剩下的唯有实施。

11.2.2　读文写白——提高中文水平

　　时至今日，潘文国在《中文读写教程》（2010）翻译系列教材中又重启翻译专业学生"读""写"工程，可谓马建忠百年设想的实施和现代化，其核心意义就是"读文写白"的翻译写作训练模式，其对"读文写白"的阐释如下：

　　这句话有两层意思。一是在"量"上，"读"以文言为主，以白话为辅，"写"以白话为主，以文言为辅，"主"与"辅"的比例大体都是3与1。二是在"质"上，"读文"与"写白"是一气呵成的，"读文"是为"写白"服务的：非"读文"不足以提高中文的修养，非"写白"不足以强化现代写作的能力，而"读文"得到的修养要"内化"为驾驭语言文字的功力，通过"写白"体现出来。这是"五四"以来，绝大多数成功的文学家、翻译家的经验。

（潘文国，2010b：5）

　　潘文国在"'读文写白'是提高中文水平的根本途径"（2010a：33）一文中提到的"读文写白"包含了下面三层意思：

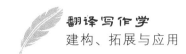

第一，学习中文，读写为主。谈到学习语言，有人就想到听说读写"四会"。其实学习母语与学习外语不一样，学外语要"四会"，学母语主要是"两会"，甚至是"两精"。听说能力是在学校环境以外习得的，进学校主要是学读写。所谓中文能力，主要是读写能力。

第二，读以"文"为主，写以"白"为主。"读文写白"的"文"指文言文，"白"指白话文。阅读和写作训练的重点并不一样。为什么阅读要以文言文为主？因为文言凝聚了历代中国人的聪明才智，是经过千锤百炼的成熟文体，有许多精品，学习文言文可以领略到中国语言文字的魅力；而白话文还处在成熟和发展阶段，甚至很少有公认的白话文的样板。为什么写作要以白话文为主？因为白话文是近一个世纪来我们运用的主要文体形式，我们将来从事翻译运用的主要也是白话文。从某种角度看，所谓中文写作水平主要体现为白话文的写作水平。

第三，"读文写白"，一以贯之。"读文"和"写白"本质上不是两件事，而是为达到同一目标所做的一件事："读文"是为"写白"服务的，非"读文"不足以提高中文的修养，非"写白"不足以强化现代文写作的能力，而"读文"得到的修养必须"内化"为驾驭语言文字的功力，通过"写白"体现出来。

"读文写白"是对百年来人们语文学习和使用经验的总结，是许多优秀的作家、翻译家多年实践的甘苦心得。说到底，学习中文、提高中文水平是"读文写白"；学习翻译、提高翻译能力何尝不是"读洋写华"（潘文国，2010：34）？

"读文写白"确实是真正提高翻译水平的重要途径，是马建忠翻译教学思想的现代化和具体化，也与本书作者的翻译写作学理念极为吻合。"读文"的目的是"写白"，而不是简单地运用古文词句。它对于现代汉语写作有很大的助力作用。如果能不折不扣地实施下去，并和翻译笔法训练结合在一起，当能无往而不利。

11.2.3　译学无疆，译才不器

如果说潘文国的"读文写白"是对马建忠"日课论说"的继承和发展，那么何刚强则以"翻译（院）系培养人才应有长远的眼光"（2006）来看待问题。他引用孔子"君子不器"（《论语·为政第二》）的教导，将之衍伸为"译才不器"。所谓"译才不器"，应该涵盖以下四个方面（何刚强，2006）：

第一，扎实的双语语言基本功。目前国内高校外语院系的不少学生学了外语，锈了中文。从长远看，汉语口笔头表达水准低，肯定会影响翻译的质量。因此，在一个翻译系或翻译专业里，应提倡学生在练就一口流利外语，写一手漂亮外语文章的同时，也能把自己的汉语修炼娴熟，尽量做到出口成章，落笔显文采。

第二，相当的国学基础。翻译专业首先要设立国学基础方面的必要课程，最起码要让学生学习了解先秦与两汉的主要典籍内容，因为这两个时期是中国传统文化与学术最重要的形成期与发展期，应在翻译专业里弘扬热爱中国文字文化传统的风气。在可能的情况下，应提倡学生人人都粗知一点中国的琴棋书画等技艺。

第三，足够的杂学知识面。从事翻译工作的人若不能见多识广、不具备百科知识头

脑，要做一流的翻译工作者是不可能的。翻译（包括口译）要做得成功，很大程度上取决于你是否有学养、是否博览群书、是否见多识广。

第四，良好的思辨能力。外文系的学生普遍思辨能力不强。可采取两个措施加以补救。一是开设一门诸如"翻译与思辨"的课程，通过课程的训练来增强学生的思辨能力；二是每年有意识地从别的系科（例如哲学系、数学系等）招收一定比例的转专业学生，以改变翻译专业学生来源单一、思维习惯单一的情况。

上述这些提议当然也是本翻译写作学所期望的，尤其是强调"相当的国学基础"更是本书作者所希冀的。这样，翻译写作学就不再是简单地培养孜孜于具体翻译实务的译员，而是"不器"的译才。

然而，要做到"译才不器"，就必须先做到"利其器"。此器有二，一为翻译教材，二为翻译写作教学法。

11.3 翻译教材编写与翻译写作教学法

翻译教材编写与翻译写作教学法是翻译教学的重要组成部分，前者是硬件建设，后者属软件建设。教材编写需要有一套科学、合理的理论体系来指导，因此，作为硬件建设的翻译教材编写同样也可以是软件建设的成果体现。

11.3.1 翻译教材编写新思维

书中所指翻译教材主要指课堂上用的翻译教材，也指相关课外参考书。一般来说，课堂用的教程大都四平八稳，按部就班，先易后难，有渐进性。面对近年来各种层出不穷的翻译教材，我们觉得有必要将翻译教材进一步分为统编翻译教材和个性翻译教材。统编翻译教材，顾名思义，是指编写者①受国家教委、教育部门或多所院校委托或指派，由多人组成班子，严格按照英语专业教学大纲进行编写的教材。这类教材的特点是群策群力、集思广益、各种学术观点相互折衷、标准一致，如张培基的《英汉翻译教程》等。个性翻译教材则多由个体编写者完成，教材充分体现编写者的翻译理论修养，对翻译教学的认知、理解及喜好。虽然大多数的个体编写者也是力求遵循专业教学大纲对翻译教学的要求，但这类个性教材极为彰显个人特色，编写体例体现作者的治学观点。如今，随着出版的便利和广大翻译教师的不甘落后、追求创新，坊间这类个性翻译教材日新月异；由几本统编翻译教材一统翻译教学领地的情况已一去不复返，个性翻译教材将会更加多元化。

然而，无论是统编翻译教材还是个性翻译教材，只要能真实反映翻译教学规律，有先进的翻译理论思想作指导，有实用的翻译技巧、配套的翻译练习，方便师生使用，便

---

① 刘季春将翻译教材的编写者称为"作者"，因为翻译教材的编著必须考虑建立一个什么样的体系（刘季春，2001）。笔者深以为然，但还是按习惯将之称为"编写者"或"编著者"，毕竟教材有一部分是整编各种资料而成的。

是好教材。张美芳将中国英汉翻译教材分为词法/句法流派翻译教材、功能流派翻译教材、当代译论流派翻译教材三种（张美芳，2001：54）。这三种流派教材各有优劣，互为补充。

词法/句法流派教材采用传统语法体系，注重词法、语法分析和双语对比，能紧密联系并促进语言学习，实用性较好，因而比较容易接受和操作，尤其适用于英语专业三年级学生和翻译初学者；其不足之处是，过于注重词句翻译、技巧，会使学习者感到枯燥单调，且容易忽略语篇翻译问题、文化问题等。

功能流派教材通常以实务专题、交际目的或语言功能为纲，针对性、实用性较强，但"在翻译理论方面比较薄弱"（张美芳，2001：81），而且还可能由于内容题材过于专门化而不适合作为英语专业本科学生的基础教材。

当代译论流派教材的优点是有先进的翻译理论作指导，并能运用语言学、文化学等学科的理论和方法去研究和阐释翻译问题，理论程度高，这对研究生以上的学习者大有裨益；但在教授本科学生学习翻译之前若介绍太多的理论知识，引进过多的语义学、语用学等学科专业术语，恐怕初学翻译的本科三年级本科生会因学术积累有限而无法全然把握。作为翻译教材，还是应强调翻译实证。

以上三种类型的翻译教材各有所长，适用于不同阶段的翻译学习者。

从英语专业三年级学生的水平来看，我们以为词法/句法流派翻译教材最适合他们的层面要求。按照"从一篇翻译看英语专业三年级学生的翻译问题"（杨士焯，2000）的分析，英语专业三年级学生由于还处于语言学习阶段，在词法、句法上的掌握还很不牢固，他们的翻译错误（主要是理解导致的错误）大都出在这些层面上。其实，因词义理解和句法理解导致的错译岂止是三年级学生的专利？从《中国翻译》披露的情况看，一些翻译者乃至专事翻译研究的学者在这些方面照样栽跟头。我们不能否认当代译论流派翻译教材的先进性，不能否认应从语篇翻译的高度来认识问题，但对英语专业三年级学生来说，在三（上）这一学期从词法、句法上了解、掌握翻译技法（如：词类转译、增词、省略、重复、正反、拆译、词义的引伸与褒贬等）有助于强化他们的语言基本功，令其更深入地认识到英汉两种语言的差异。功能流派教材主要针对实用性语篇翻译，适合专业型翻译，适用于英语专业四年级的学生。在研究生阶段则宜采用当代译论流派翻译教材，从更高层面来阐释翻译理论问题。特别要强调的是，词法/句法流派翻译教材理应是翻译基础课的首选。当然，使用何种类型的翻译教材还要看开课教师个人的翻译实践与研究能力，以及把控水平，目的无非是如何最大限度地教会学生学好翻译。

如前所述，词法/句法流派、功能流派和当代译论流派的教材皆有相当可取之处，我们应该扬长避短。同时，一本完整的翻译教程不能只谈翻译技巧，还应当努力增加英汉文化的信息含量，尤其应在英汉翻译教程中凸显译文写作的重要地位，这样才能扩大视野，提高教材编写的高度。遗憾的是，这些有价值的翻译教学观点、方法和例证往往散见于各种翻译教材与论著中。为了综合上述各类翻译教材的优点，并融入翻译写作学的指导思想，现将所编著的《英汉翻译教程》（杨士焯，2006；2011）（以下简称《教程》）与《简明英汉翻译教程》（杨士焯，2022）的一些基本思想和创新点加以阐述，使之成为"翻译写作学"建构的教学组成部分。

11.3.1.1 提出翻译写作学新概念

根据对翻译经验的总结，在《教程》中我们首次提出"翻译写作学"（2006：前言；293）的新概念。"翻译写作学"概念强调，翻译是运用目标语进行写作，翻译能力主要是译文的写作能力。翻译教学和实践应该从写作训练开始，培养遣词造句的能力。译文的优劣取决于译者的译写水平。一篇译文成功与否，译者的写作力非常关键，这是涵盖理解和技巧运用等综合因素的体现。对许多文学翻译作品的研究表明，在人人皆可译的时代，真正能流传久远的译本，如林纾、朱生豪、傅雷、杨必等的译本，皆胜在其译文文字之优美。因此，我们十分关切翻译中译文写作能力的培养，并将这一思想贯穿全书。

那么在英汉翻译中如何达到这个水平呢？重要的一点就是要了解语言的特性，或曰"语性"（高健，2006：114）。汉语语性具有求雅性、对称性、四字结构、文白相间性高等特点；英译汉时关注汉语语性，才能充分发挥目标语优势。具体运作是：加强翻译者的写作训练，尤其是单语写作状态下的遣词造句、谋篇布局，这应当是翻译训练的基础。因此，强调和推崇中文译文写作能力是本书的显著特色，它其实是从另一方面提倡学习中国语言文化，特别是古代优秀文化知识，这也是本书作者的一大用意。《教程》在每章后面开列了推荐阅读书目，这些书目特别包括了中国古典作品，如《四书》、《古文观止》、四大名著等。细观全书不难发现，对中华优秀典籍的援引、赏识和推崇，是《教程》有别于其他翻译教材的一大特色，这也正是个性翻译教材的充分体现。

11.3.1.2 重新界定翻译方法

翻译的基本方法是任何一本翻译教程所无法回避的，这其中最重要的方法就是直接影响翻译操作的"直译与意译、异化与归化"。这些概念似曾相识而又人言言殊，我们在《教程》中首次整合如下并贯穿始终：

直译、意译、归译

直译（literal translation）：译文的语言表达形式，在目标语规范容许的范围内，基本上遵循源发语表达的形式，而又忠实于原文的意思。也即在译文中保留源发语的文化观念和价值观，特别是保留原文的比喻、形象和民族、地方色彩等。

归译（domestication）：在译文中把源发语中的文化观念和价值观，用目标语中的文化观念和价值观来替代，特别是把原文的比喻、形象和民族、地方色彩等用相应的目标语中的比喻、形象和民族、地方色彩来替代。

意译（free translation）：译文忠于原文的意思，译文的语言表达形式完全遵循目标语的规范，但它既舍弃原文的比喻、形象和民族、地方色彩，又不采用相应的目标语中的比喻、形象和民族、地方色彩来替代。它采用的是非比喻表达方式。

再者，采用直译、归译或意译，必须根据翻译的目的、译者的价值取向、译文语言的接纳容许度和读者的接受能力来决定，故而同样的原文可以衍生出各种不同译法的译

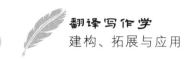
文。这就是翻译奇特的地方。《教程》中提出在翻译目的指导方针下的"直译、意译、归译"的新分类，较好地解决了"直译、意译"与"异化、归化"这两对矛盾。这是本教材异于其他翻译教材的一大特色。关于这部分，我们已在第五章专门论述。

11.3.1.3　注重翻译中语言基本功训练

任何一本翻译教材都应该理解与表达并重。《教程》特别强调对源发语语言的理解，尤其强调从词汇、语法角度理解原文，因此在书中第二章，编者着重论述翻译的理解问题。理解是翻译之始，是翻译之据。由于英汉两民族在思维上的差异，英汉两种语言的表达方式也大不相同。对于英语专业三年级学生来说，翻译的难点在词法上，主要体现在英语一词多义与理解中的望义生义；在句法上则体现在对相似句、费解句、修饰结构疑难句和晦涩长句的理解和认知上。解决这些翻译难点的办法是语法分析；这样，学生之前掌握的语法知识在翻译课派上了用场，而尚未掌握这些语法的学生也能受到启发，促使他们去重新温习和细究这些知识。因此，理解与语言基本功关系密切，理解关乎翻译的准确。在理解上，最令初学者头痛的莫过于以下几种：

（1）相似句

英语中有些句子看上去非常相似，其实意思大不相同，甚至截然相反。句子理解混淆，翻译则无从下手。我们把这种似是而非的句子称为相似句或形似句。

[340] *Anyhow*, she works.　不管怎样，她总算工作了。

She works *anyhow*.　她马马虎虎地工作。

————《简明英汉翻译教程》（2022：28）

评析：anyhow 前后顺序不同导致语义差异，原文第二句的 anyhow 表示"随便地"、"杂乱无章地"。

[341] *Quite properly* he was punished.　他受处分，理所当然。

He was punished *quite properly*.　他所受的处分恰如其分。

————《简明英汉翻译教程》（2022：29）

评析：原文第一句的 quite properly 是 sentence adverb，修饰句子其余部分，几乎等于 It was quite proper that he was punished，说明 punish 这个决定是对的。原文第二句的 quite properly 修饰 punished 这个动词。

[342] John *escaped* prison.　约翰没进监狱。

John *escaped from* prison.　约翰越狱了。

————《简明英汉翻译教程》（2022：32）

评析：escape 后面直接跟宾语，相当于 avoid，elude，not incur，有"逃过牢狱之灾"之意。escape from 等于 break out of，get away from，有"入狱而越狱"之意。

（2）修饰结构疑难句

[343] 原文：Intense *light* and *heat in the open* contrasted with the *coolness of shaded avenues* and *the interiors of buildings*.

误译：强烈的光线和露天场所的炎热跟林阴道上的凉爽和建筑物内部形成了对比。

改译：露天场所的强烈光线和炎热跟林阴道上和建筑物内部的凉爽形成了对比。

——《简明英汉翻译教程》（2022：45）

评析：误译认为定语短语 in the open 只修饰 heat，忽略了它的另一个修饰对象 light；同样，coolness 也被误认为只受定语短语 of shaded avenues 修饰，忽略了它的另一个修饰短语 the interiors of buildings（前面省略了 of），以致错误地认为 the interiors of buildings 与 coolness 并列。由此可以看出，理解出现问题，必然影响到表达，我们务必从词汇和句法上来解读原文。这是本教材反复强调的部分。

[344] 原文：He played a key role in advising the president how to foil the conspiracy mounted against him *in May of* 1971 by seven of his own ministers.

误译：总统于1971年5月粉碎他手下七名部长策划的阴谋时，他的意见起了关键性的作用。

改译：他在告知总统如何粉碎他手下七名部长于1971年5月策划的阴谋方面起了关键性的作用。

——《简明英汉翻译教程》（2022：42-43）

评析：这句的状语短语 in May of 1971 前面有 mounted 与 to foil，但这里的 in May of 1971 不是修饰 to foil，而是修饰 mounted，应译为"……1971 年 5 月策划的……"。这里的理解错误在于状语与它所修饰的成分混淆。

[345] 原文：Why does he say nothing about the total *absence* from his list *of poems* about the Malayan liberation struggle going on since 1948?

误译：他的诗单中根本没有关于 1948 年以来一直在进行的马来亚解放斗争，他对此为什么只字不提？

改译：他开列的单子中根本没有关于 1948 年以来一直在进行的马来亚解放斗争的诗歌，他对此为什么只字不提？

——《简明英汉翻译教程》（2022：43）

评析：这句的定语短语 of poems 很容易被误解为修饰 list，因为 list of poems 本身

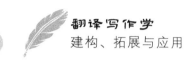

也可以成立，但这里的 of poems 却同 absence 有关，中间被 from his list 隔开，而 from his list 也修饰 absence。这句是定语同其被修饰的词语分隔引起的误解。

（3）指代不清疑难句

[346] 原文：One observer believed Kissinger's genius was an ability to tell nine different stories to nine people, and *keep them all straight*.

——《简明英汉翻译教程》（2022：39）

误译：有一位观察家认为，基辛格的本事在于能对九个人讲九种不同的话，而且<u>使他们都服服帖帖</u>。

——译者阙如

改译1：一位观察家认为，基辛格的天才就在于对九个人讲九种不同的事，而且<u>记得清清楚楚</u>。
——马红军译文

改译2：一位观察家认为，基辛格的天才就在于对九个人讲九种不同的事，而且<u>说得头头是道</u>。
——连哲彧译文

评析：理解原文的关键在于确定 them 一词的指代，以及 straight 的确切含义。原译者把 them 误认为替代 people，导致译文表达错误。them 指的是 stories。而 keep things straight 是一个常用的短语动词，意为"理清事情，使事情清晰、有条理"。这个短语在描述处理复杂信息、避免混乱、确保准确性等方面非常实用。straight 本意就是"直"，本例中表示"对九个人讲九种不同的事"，没有混在一起。

[347] 原文：It is so easy now to see the irony of smoking: Children do it to be like adults, who smoke but wish *they* didn't.

误译：在今天很容易看出抽烟的讽刺性：孩子们抽烟是为了模仿大人，大人们抽烟却希望<u>孩子们</u>别抽。

改译：如今，吸烟的讽刺意味是显而易见的——孩子们抽烟是为了模仿大人，而吸烟的大人们却后悔<u>自己</u>学会了吸烟。

——《简明英汉翻译教程》（2022：39）

评析：原文的句法确实很刁，误译在所难免。从上下文看，定语从句中的代词 who 指代 adults，后面的 they 应该和 who 为同一对象。

[348] 原文：Tom leaped to his feet, moving with surprising agility.
误译：汤姆<u>纵身</u>跳了起来，他<u>来回走动</u>，显得很灵巧，这真使人感到吃惊。
改译：汤姆<u>猛地</u>站了起来，<u>动作异常敏捷</u>。

——《简明英汉翻译教程》（2022：39）

评析：误译是因为忽略了 leap 和 move 这两个动作同时发生，而非前后关系。

11.3.1.4　重新编排翻译技巧

有了理解，才有可能表达；而表达是否曲尽其意、曲尽其妙，则有赖于技巧。同一个句子可以有多种译法，这就体现译者因难见巧的功夫。因此，技巧是任何一本翻译教程不可或缺的主体部分。《教程》汲取众家之长，重新编排了翻译技巧，如："拆译"技法在其他翻译教科书中一般放在技巧篇的最后部分，《教程》中则按重要性将之放在最前面。我们吸取多位翻译研究者的研究心得（黄邦杰，1991：22），将"拆译"分成"译文比较"、"长句拆译"和"短句拆译"三节来论述，给学习者全方位的感悟。除了对"精简与增补""实译与虚译""褒译与贬译"等做全新的编排外，我们还独创性地把"转换"中的"名词转换"分为"不转也可"和"非转不可"，这是作者所知之前任何翻译教程所未见者。该书采用例句与评析紧密结合的办法，力图将译者的用心、所使用的翻译技巧加以条分缕析，务必使学习者知其所以然。

11.3.1.5　注重翻译的文采

如果说《教程》有新意，或有别于其他翻译教程，那么应该就是书中独树一帜的"翻译的文采篇"了。关于翻译的"文采"，一般翻译教材极少系统论述，而这些恰是许多译论家在教材以外的翻译实务书或翻译鉴赏作品中津津乐道的，我们都将之融于《教程》中。

所谓文采，即文辞也。中国古代佛经翻译家鸠摩罗什非常注重译文语言的精美，他所翻译的经文时常要请僧睿进行"参正"（引自罗新璋，2009：34），这就是注重修辞表达的例证。翻译家严复主张"信、达、雅"，引用孔子的"言之无文，行之不远"，他的译文被认为"足与周秦诸子相上下"，这便是文采。

文采并不是单纯求雅，而是为了最有效地发挥译文优势。有文采的译文能够更准确、更有效地反映原文的内容与形式。因此，《教程》力争在这方面有所突破和创新，并主要从以下四个方面展现翻译文采：（1）巧用中国古代诗文典籍的词语、句法、章法；（2）巧用汉语四字格词语；（3）炼词用字；（4）巧译英语意美、音美、形美。这样就把以往在基础翻译教学中没有或难以涵盖的翻译美学包括在内，使学生从一开始就接触到以往散见于各种教材和专著里的、受翻译专家赞赏或评点的绝妙佳译，从而把单纯的技巧操练上升到追求翻译艺术。兹简述如下：

（1）巧用中国古代诗文典籍词语、句法、章法

关于中国古代诗文典籍词语、句法、章法的采用，本书已在第四章和第六章多次探讨，其可能性与必要性毋庸置疑：

[349] 原文：She set what was conceded to be the finest table in White House history. Sometimes she wondered whether the President *really appreciated the food.* He wolfed it down with such incredible speed.　　　　　　　　　　*—The Glory and the Dream*

译文：她的食谱据说是白宫历史上最讲究的。不过胡佛吃饭时总是那么狼吞虎咽，他的夫人有时怀疑总统是否会食而不知其味。　　　　　——王宗炎译文：《光荣与梦想》

评析：译文画线部分语出《大学章句》，其文曰："心不在焉，视而不见，听而不闻，食而不知其味。此谓修身在正其心"。该译文非常巧妙地套用了其中一句，没有太浓的目标语文化气息，用得恰到好处！

[350] 原文：*Wonderful waves rolling in, enormous clouds of foam*, made one marvel that anybody could have got ashore at the landing.

译文：<u>惊涛拍岸，卷起大片大片白云样的泡沫</u>，这使人难以相信，竟会有人能从海上登上滩头。

——《简明英汉翻译教程》（2022：122）

评析：苏东坡："惊涛拍岸，卷起千堆雪"，意境与此相近，稍作改动，便得佳译，读过苏词者会有此联想。画线部分如译成"惊人的浪涛滚滚而来，还有大片白云般的浪花"，似乎也无大错，但在修辞和韵味上就平淡许多。

这样的译文美轮美奂，何乐而不为？借用中国古代诗文典籍词语可提高译文质量，这一点是毫无疑问的。

（2）巧用汉语四字格词语

关于四字格的论述，详见第四章。此处阙如。

（3）炼词用字

在汉语中除了适当运用四字格词语外，善于使用汉语其他习惯语（熟语），包括二字词组、三字词组、五字词组或六字词组，也是发挥译文优势的有效手段，它们也能使译文文字更生动活泼。

[351] 原文：In the vestibule below was a letter box into which no letter would go, and an electric button from which *no mortal finger could coax a ring*.　　—O. Henry

译文一：楼下通道里有一个信箱，但是永远不会有信投进去；还有一个电钮，<u>非得神仙下凡才能把铃按响</u>。

——译者阙如

译文二：楼下门廊里有个信箱，不过没一封信会投递进来，还有一个电钮，<u>只有鬼才按得响</u>。

——崔爽译文

评析：这是欧·亨利在《麦琪的礼物》（*The Gift of the Magi*）中对电铃的描写。否定词no mortal hand（不是凡人的手）译成肯定的"神仙下凡"，用的是正译法。但用"只有鬼才按得响"更深刻地表现其含义，第二种译文显然比第一种译文生动。

[352] 原文：This large body of men had met on the previous night, *despite the elements which*

were opposed to them, a heavy rain falling the whole of the night and drenching them to the skin.

　　译文：这一大群人头天晚上还是聚集到了一起，<u>可惜天公不作美</u>，整夜下着倾盆大雨，大家被淋得浑身湿透。

——《简明英汉翻译教程》（2022：149）

评析：若将"天公不作美"改为"天气跟他们作对"，就逊色多了。

　　[353] 原文：A melody is heard, played upon a flute. It is *small and fine*, telling of grass and trees and the *horizon*. The curtain rises. —*Death of the Salesman*
　　译文：横笛吹来<u>幽雅</u>的曲子，诉说着<u>芳</u>草，<u>佳</u>树和<u>天涯</u>。幕启。　　——姚克译文

　　评析：这是《推销员之死》话剧的开场白，是对场景的描写。译文意境优美隽永，其中"横""芳""佳"都是按照剧情加上去的。而 small and fine 译成"幽雅"、horizon 译成"天涯"，妙绝！仅此一句，译者的中文功底展现得淋漓尽致。

　　（4）巧译英语意美、音美、形美
　　翻译不但要译意，还要译音、译形，争取意美、音美、形美（许渊冲，1984：52）。但要翻译得如此十全十美谈何容易？在翻译过程中，我们很难在音位、字位、语法、词汇各层面都做到和译文完全对等（equivalent），只能做到一个平面上的对等。这个理论对于翻译双关语、修辞表达等是有指导意义的。双关语之所以难翻，是因为译文很难在音位和语法上同时做到对等，这在两种不同的语言上是很难做到的。译者只能两者取其一，要么从意思入手，只翻译出意义；要么从音位入手，尽量译出双关而放弃意义。若选择从音位入手翻译，则可以干脆追求其中的声音效果，而把原文的意义完全抛到一边。因为在原文中，意义是为形式服务的；而在译文中，既然原来的意义不能再为形式对等服务，那么译者完全可以把意义加以改变，以适应形式的对等。

　　[354] 原文：At last, a *candid candidate*!
　　译文：终于找到了一个<u>厚道的候选人</u>！

——《简明英汉翻译教程》（2022：158）

　　评析：英语句中的 candid 和 candidate 两个词在形和音上相近，如果译成"终于找到了一个老实的候选人！"，那就只传达了原文的意思而没有表达原文的音美。如果改成"忠厚的"或"脸皮不太厚的候选人"，那么，"厚"字和"候"字声音相同，多少传达了一点原文的音美和讽刺的意美，此之谓翻译艺术。

　　[355] 原文：Better *late* than *the late*.
　　译文一：迟到总比丧命好。

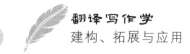

译文二：迟了总比死了好。

译文三：宁愿晚点，勿要玩命。

译文四：宁迟一时，不辞一世。

译文五：慢行回家，快行回老家。

译文六：晚了总比完了好。

——《简明英汉翻译教程》（2022：164）

评析：这是美国高速公路上的一则安全警示语，告诫大家不要超速行驶，其趣味在于连用了两个 late。Late 一词含"迟到"和"已故"双义。原文用词精准、含蓄幽默。译文一、二和三过于直白，中文忌讳这么写；译文四有音韵对仗，但不易上口；译文五传达出了形韵（"回家"对"回老家"）；译文六音韵好且含蓄，最佳。无独有偶，在深圳深南大道沿途，挂有一幅大型交通告示牌"飞速一时，毁人一世"，堪称旗鼓相当之妙。可知，创作需要采访，做翻译同样需要采风。

纵观全书，我们深以为，理想的翻译教材应不忘坚持词法/句法流派教材的基础优势，发挥功能流派翻译教材的专科特色，并充分利用当代译论流派教材的理论体系。在发扬三者优势的基础上，我们还要借鉴写作学的基本原理和理论，进一步强化翻译教学中写作能力的培养。我们要认识到运笔行文的功夫是铸就精彩译文的关键因素，远比单纯的翻译技巧来得重要。

11.3.2　翻译写作课的实施

根据《普通高等学校本科英语专业教学指南》（2020），英汉/汉英笔译课程旨在培养学生运用翻译理论和方法进行英汉/汉英笔译的能力。通过课程学习，学生应能掌握翻译的主要理论、方法和质量标准；了解英汉两种语言的篇章特点和文化差异；能翻译有一定难度的英汉语报纸、杂志、书籍中的文章，以及节录的小说、散文、戏剧等文学原著，速度达到每小时300—350个词；能独立承担一般用人单位的英汉/汉英笔译任务。

在教学内容上，英汉/汉英笔译课程主要包括翻译理论学习和翻译实践能力培养两个方面。在翻译实践能力培养上，重在通过示例分析和笔译实训，让学生根据翻译的标准以及英汉两种语言在词汇、句法、篇章及社会文化等方面的异同，熟练运用各种翻译方法和策略。翻译素材兼顾知识性、趣味性和思想性，一般选取正式的文学、科技、旅游、新闻、广告、商务、法律、说明书等类型的文本。

在《普通高等学校本科翻译专业教学指南》（2020）里，英汉/汉英笔译课程和《普通高等学校本科英语专业教学指南》（2020）里的英汉/汉英笔译课程是基本一致的。因此本教程内容均根据上述教学指南做了调整，使之更适用于英语专业教学与翻译专业教学的培养方案。

在充分吸收和领会这些精神和要求的基础上，我们从发展学生自主学习的思路出发，提倡"翻译写作教学法"，从以下三个方面来开展翻译写作课：译前的译文语言写作训练；译中的译文词句写作训练；译后的译文词句修改（检视）训练。

11.3.2.1　译前的目标语写作训练

任钧说过："鲁迅和郭沫若之所以能在翻译方面做出辉煌成绩，成为著名翻译家，其原因非止一端，但不用说，跟他们具有极其高深的语文方面的修养，也就是说，跟他们是个作家这一点，显然有着很密切的关系！"（王寿兰，1989：203）

作家之为作家，是因为他们展示了创造性使用语言来表达各种不同思想的能力。根据他们丰富的写作经验，作家，特别是高级作家，能良好地掌握全部的语法结构和丰富的词汇，并能够准确、轻松自如地加以使用。他们能更易句子结构、句法、词汇，改变风格、语调和形式，以表达他们想要的并引导他们的写作适应特定的听众。涉及翻译时，可以有把握地说，他们的写作能力或目标语技能使得翻译工作更加容易。

作者突出的写作能力对翻译是非常有益的。张亦辉认为，译者如果碰巧是作家那就更好；如果不是，也没关系，只要他具备某些语言才华，有足够的写作训练和经验也可。好的译者至少必须是"半个作家"（张亦辉，2002：267）。

适当的写作训练能帮助学生培养良好的语言意识，有助于他们的翻译。因此，为了培养和提高翻译写作能力，写作技能的训练是必不可少的一环。而在以往，写作课和翻译课是互不关联的，学生们的语文写作水平全靠他们原先的积累。在我们提倡的翻译写作课上，我们需要教师主动出击，在课程设计上先开展单语写作活动，了解学生的语言表达水平。以一学期18周、每周2课时计算，至少要有6课时用于这方面的写作训练。教师的作业批改应该侧重学生的文字表达（包括标点符号的运用），而不必太在意作文的创意。此外，有计划地布置课外作文也可以在一定程度上引起学生对单语写作能力的重视，从而提高他们的写作水平。

如果译者的译文写作能力完全是靠泛泛训练，则针对性不大。因此我们可以再具体要求如下：

（1）广泛阅读涉猎

有输入才有输出。广泛阅读涉猎在于从古今中外的优秀文章以及音乐、绘画等艺术形式中汲取营养。杨必说过，她译《名利场》并不需要谙习任何理论，只靠文字功力和小说文学的修养，尤与一遍又一遍熟读《红楼梦》有关（毛荣贵，2005：93）。凡优秀的文章，其内容和形式的完美程度都较高，其写作技巧往往是娴熟而又富于创造性。多读优秀文章，在注意思想内容的同时，注意其写作技巧，看作者是运用哪些写作手法来表现思想内容、实现写作意图的，并且分析这些写作手法的具体运用情况及其所取得的写作效果。在此基础上，再结合写作者自身的思想和艺术修养，以及题材和表现对象的实际情况，做进一步的思考，可以把学到的手法为我所用。这样，久而久之，潜移默化，自己的写作技巧自然会有所提高。

（2）经常练笔

练笔是具有本质意义的技巧操作训练。清人唐彪写道："谚云，'读十篇不如做一篇'。盖常作则机关熟，题虽甚难，为之亦易；不常做，则理路生。题虽甚易，为之则难。沈虹野云：'文章硬涩由于不熟，不熟由于不多做。'信哉言乎！"多写才能熟，熟才能生巧。

写作技巧的掌握可以分为两个阶段。一是"技能"阶段，二是"熟练"阶段。"技能"阶段，是无法之中求有法，通过观察、体验、多读、多写，学习并掌握一些写作的基本手法，且能将它们运用于写作实践。这是掌握写作技巧的第一阶段。"熟练"阶段，是有法之中求变化，在第一阶段的基础上，进而掌握包括写作的辩证艺术在内的多种写作手法，并能将它们纯熟自如、富于创造性地运用于写作实践。这是掌握写作技巧的第二阶段（周姬昌，2009：140-141）。此理亦可施之于翻译写作训练。

11.3.2.2　译中的译文词句写作训练

正如杨士焯在《英汉翻译教程》（2006；2011）前言所说："翻译教学的基础在于词句的锤炼锻造。人部分翻译实施的层面其实就是在词句上，而且比较好把握。有了词句翻译的技能训练，才能过渡到句群、段落翻译，并且学会从整体上把握语篇。这其实是一个连续体，并不是矛盾的。"而译文词句、语篇写作能力训练是和翻译技巧紧密联系在一起的。王宏印提出"翻译笔法"（2009：184），我们认为，从实践总结出来的翻译技巧就是最基本的"翻译笔法"。这些翻译笔法包括：拆译、词性和句子转换、精简与增补、实译与虚译、褒译与贬译、倒译与顺译、反译、被动式翻译等。学习者只有反复操练，才能使"有法"变"无法"，达到运用之妙、存乎一心的境界。我们在前面几章一直在论述这个问题，此处不再赘述。

11.3.2.3　译后的译文词句修改（检视）训练

我们在建构篇 4.3.4 中曾指出：翻译的检视，是译者对已经译出来的文章进行重新审视，也即修改，是译文写作的最后一个阶段，是译文制作必不可少的重要步骤。古今中外的大作家无不高度重视修改，无不在精心修改方面下过很大的功夫：贾岛"二句三年得，一吟双泪流"；曹雪芹"批阅十载，增删五次"；托尔斯泰七易其稿《战争与和平》。写作如此，翻译何其不然？一篇优秀的译文往往是通过反复修改而成的。朱生豪"每译一段竟，必先自拟为读者，查阅译文中有无暧昧不明之处。又必自拟为舞台上之演员，审辨语调之是否顺口，音节之是否调和。一字一句之未惬，往往苦思累日。"（引自罗新璋，2009：539）因此，译后的译文词句修改是本翻译写作学特别注重的部分，具体内容如下：

（1）推敲语言

译文形成后，在与原文核对内容基本无误的情况下，对译文文字做深入的推敲锤炼、加工润色。推敲语言，就是把笼统的改明晰，把含混的改清楚，把沉闷的改生动，把抽象的改形象。语言的推敲，虽是修改程序中的最后一环，但依然很重要。修改语言要注意修辞、讲究文采，对字、词、句反复琢磨，精益求精。修改一篇译文，往往要经过多次反复。完成初稿后趁热打铁，一鼓作气修改，能及时发现一些问题；但如果时间不紧迫，不妨把译文暂时搁置，待一段时间过后再看，必能发现更多问题。当然，如能请他人帮助修改，则以另一种眼光可以看出其他问题。我们在本书序言曾引用严复脍炙人口的《天演论》开篇第一段译文，这段译文气势磅礴，优美绝伦，有《史记》风范。但其中"夏与畏日争，冬与严霜争"一句，"争"字在同一行中凡两见，有违汉语行文避免重复之约定俗成。如果能把其中一个"争"字改为"竞"字，当更为妥善。又如："……乃多才之士，遍读群书，兼通英汉，满架译著，佳译迭出。"此句中，"译"字凡两见，似宜将第二个"译"改为"作"或"品"。既然已经是"满架译著"，那"佳作""品"肯定就是"译著"，何劳再说？（恕余不揣冒昧，蚍蜉撼树，好为人师。）

即使译文没有太大的毛病，如果从追求译文文字质量和文体上来说，再高明的翻译家也可以精益求精。再举一例说明。

[356] 我平生最喜游览新境，考察种种异地人物及其风习。早在童稚时期，我的旅行即已开始，观察区域之广，遍及我出生城镇的各个偏僻之所与罕至之地；此事固曾使我的父母饱受虚惊，市政报讯人却也赖以而沾益颇丰。及长，我观察的范围更续有扩大。无数假日下午尽行消磨在郊坰的漫游之中。那里一切在历史上或传说上有名的地方，我无不十分熟悉。我知道那里的每一处杀人越货之所与鬼神出现之地。我继而访问了许多邻村，观察其地的风俗习惯，并与当地的圣贤和伟人接谈，因而极大地增加了我的原有见闻。一次，在一个漫长的夏日天气，我竟漫游到了一座远山之巅，登临纵目，望见了数不尽的无名广土，因而惊悟所居天地之宽。

——高健译文

高健先生提倡翻译"语性论"。其译文素以典雅古朴为特征，尤以"眼前不远，渔舟三五，凝滞不前，樯影斜映水上，仿佛睡去，偶尔微见颤动，似又未尝熟睡，恍若惊梦"为惊艳、观止之句。但根据对上段译文的阅读感知，深感该段落中反复出现的人称代词"我"和该文体极不吻合，略显突兀。如果换成"余"，更显老成持重，符合全文那种款款道来的雅致口吻。另外，整个段落还可再趋简明，兹将改译放圆括号内以示区别（恕余吹毛求疵）：

[357] 我（余）平生最喜游览新境，考察种种异地人物及其风习。早在童稚时期（方余幼时），我的旅行即已开始（旅行旋即开始），观察区域之广，遍及我（余）出生城镇的各个偏僻之所与罕至之地；此事（删除）固曾使我的（删除）父母饱受虚惊，然（补字）市政报讯人却也赖以而（删除）沾益颇丰。及长，我观察的范围更续有扩大（所游范围益广）。无数假日下午尽行消磨在郊坰的漫游之中。那里一切在历史上或传说上（凡历史上或传说中）有名的地方，我（删除）无不十分熟悉（耳熟能详）。我知道那里的每一处杀人越货之所与鬼神出现之地（而杀人越货之所与鬼神出没之地，余不无尽知）。我（余）继而访问了许多邻村（访村走庄），观察其地的（删除）风俗习惯，并（删除）与当地的（删除）圣贤和伟人接谈，因而极大地增加了我的原有见闻（越发增益所见所闻）。一次，在一个漫长的夏日天气（一次漫长夏日），我（余）竟漫游到了（删除）至（补字）一座远山之巅，登临纵目，望见了数不尽的（一览漫漫）无名广土，因而（删除）惊悟所居天地之宽。

对此段译文的修改达25处之多！最终形成如下清样：

[358] 余平生最喜游览新境，考察种种异地人物及其风习。方余幼时，旅行旋即开始，观察区域之广，遍及余出生城镇的各个偏僻之所与罕至之地；此固曾使父母饱受虚惊，然市政报讯人却也赖以沾益颇丰。及长，所游范围益广。无数假日下午尽消磨于郊坰漫游之

中。凡历史上或传说中有名的地方，无不耳熟能详。而杀人越货之所与鬼神出没之地，余无不尽知。继而访村走庄，观察其地风俗习惯，与当地圣贤及伟人接谈，越发增益所见所闻。一次漫长夏日，余竟漫游至一座远山之巅，登临纵目，一览漫漫无名广土，惊悟所居天地之宽。

关于译后的译文修辞问题，曹明伦认为翻译者"在精通英文的同时不废汉语的研习，其译笔之文质并存甚至情采并茂也就指日可待"（曹明伦，2007：67），他总结了译者笔下有损译文音韵之美的几个通病：

通病之一：句式单调，的的不休

关于"的"的滥用和误用，我们在第六章已经提及，不再赘述。

通病之二：音节单一，欠奇偶对照

译文忌讳出现"滴答 - 滴答 - 滴答 - 滴答 - 滴答"这样的调式，如连用 5 个双音节词，其中一个应改为单音节词或三音节词：

[359] Suddenly the line went limp.

引爆 电线 突然 耷拉 下来。（"引爆电线"可改为：引爆线）

——《简明英汉翻译教程》（2022：266）

译文忌讳首音重叠，如：

[360] If he should venture to forecast the results of this event

如果 有人 敢于 预言 此事 的结果（此句不仅连用 5 个双音节词，而且"敢于预言"[gǎn yú yù yán] 连用 y 音）既难读又难听，可改为：敢预言）

——《简明英汉翻译教程》（2022：266-267）

通病之三：尾字谐韵，平仄不分

译诗歌要讲求合辙押韵，译散文却要忌讳尾字谐音，尤其是不分平仄的尾字谐音。散文句末尾字谐音一旦没谐好，听上去不是顺口溜就是打油诗（曹明伦，2007：70）。因此以下译文还可以进一步优化：

[361] advancing age and deteriorating health

年纪越来越大，而且健康状况恶化（建议改为：年事已高，健康恶化）

——《简明英汉翻译教程》（2022：267）

[362] On April 2, Hornet put to sea escorted by cruisers, destroyers and a fleet oiler.

大黄蜂于 1942 年 4 月 2 日出航，由若干巡洋舰、驱逐舰和一艘舰队油船护航。（建议改为：1942 年 4 月 2 日，"大黄蜂"在若干巡洋舰、驱逐舰和一艘舰队油船护航下，起锚出发）

——《简明英汉翻译教程》（2022：267）

以上做法充分考虑了汉语的修辞，不但可施之于译文写作，更可用之于纯汉语写作，这正是翻译写作学对译文表达的重要兴趣点。

（2）检查文面

检查文面是指在修改和抄写时检查文面是否符合规范要求。文面是译文的外表，它由文字书写、标点符号和行款格式组成。文面与准确表达内容有直接关系，写错一个字，用错一个标点，都会损害译文内容的准确表达。因此，我们必须重视文面问题。

文面主要由文字构成，抄写时首先要把字写好，无论标题、署名、行文，都要书写准确、清楚、整齐、美观。现在很多翻译都在电脑上完成，因此有必要注意文字排版问题。书写准确，就是要写规范字，不写错别字、自造字、异体字和繁体字。书写清楚，就是要笔画分明，结构准确，容易识别，不要龙飞凤舞，拖泥带水，字迹潦草。书写整齐，就是要字体大小相称，不要忽大忽小，忽肥忽瘦；行与行做到横平竖齐，疏密得当。书写美观，就是要讲究书法工整，字体均称，字形美观。总而言之，字迹不工整、书写潦草，在做作业，尤其在做考卷中会非常吃亏。你不认真写，怎能要求人家认真看？

（3）文章修改的符号

为了标明修改的情况，要使用习惯公认的修改符号。修改符号要求合乎习惯、清楚、美观。关于这方面的知识，详见1981年12月发布的《中华人民共和国专业标准校对符号及其用法》。

11.3.3　翻译写作课的实践创新

翻译写作课除了可以从以上三方面（译前的译文语言写作训练；译中的译文词句写作训练；译后的译文词句修改训练）来展开教学外，还可以落实在课堂的细节上：

11.3.3.1　强调学生课前研习

为改变以往一味只由教师课堂讲授的教学形式，我们强调开卷有益，提倡学生课前研习，按照教师开列的参考书（不单是教材），大量阅读相关的翻译教材和理论书籍，对各种不同的翻译流派和观点加以研究分析；而教师在学生分析的基础上进行综合论述和点评，使学生对本课程理论知识形成基本认识体系。

11.3.3.2　鼓励学生自主讲评

为改变以往只由教师评改、讲评作业的教学形式，教师多次课堂示范讲解后，可以要求学生自改、互改作业，然后上讲台就自己的翻译练习加以评说，提出自己的疑难和困惑，教师则在台下倾听、提问并发动全班学生提问和讨论——这种做法可以大大激发学生的课堂参与性。

11.3.3.3　拓展课堂空间

传统的翻译教学一般只在教室里进行，而我们提倡的翻译写作课则鼓励教学场所向图书馆、资料室和网络延伸。为了让学生尽快学会使用翻译所需的各种工具书，建议教师带领学生到图书馆和资料室，现场讲解不同工具书的查找和使用。这不仅可以帮助学

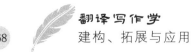

生克服以往只靠一本英汉词典进行翻译的不良做法，也可以使学生学会更好地使用丰富的信息资源。此外，建立英汉翻译精品课程网络资源①，做好丰富的网络链接，也有益于开阔学生的视野。

11.3.3.4　增加学生的实践机会

为了提高学生翻译实践的真实感，教师可以结合自己的科研和社会翻译活动，为学生创造大量的实践机会，让学生能够学有所用、学以致用。笔者曾指导数届学生参与《麦克米伦百科全书》、科幻短篇小说和英语电影字幕的翻译实践；对这些学生而言，翻译教学不再是简单的翻译练习，而是一个有明确要求和做法的翻译项目，而这样的经历对参与的学生尤其宝贵。

11.3.3.5　改进翻译测试方法

在测试方面，以往的翻译考试常常要求学生在1—2小时内完成规定数量的文字翻译，不许他们查阅词典。这种做法的弊端在于：学生翻译起来匆匆忙忙，连蒙带猜，根本无暇考虑选词用字，遑论运用各种翻译技巧，即便是翻译高手也徒唤奈何！为弥补这个不足，我们在每个学期开学第四、五周就向学生布置一篇长篇英文翻译。所谓"长篇"，当然没有一个绝对的数字，因为这要考虑到所选篇章的难度、学生的承受能力以及是否有足够的课余时间。这样做的优点在于能够促使学生边学边用各种技巧并将其融会贯通，能够充分展示他们的翻译水平和潜力，使他们有充裕的时间仔细从容地推敲译文。每名学生手中拿到的供翻译的原文最好互不相同，这样可以杜绝个别人的相互抄袭行为，但这不妨碍他们互相讨论、互相帮助。

同时，教师在布置这种长篇翻译任务时，须拟出具体详细的"翻译须知"（合同），要求学生按"合同"要求去做；如果不按规定去做，就是"违约"，不给报酬（分数）。这就很能激发学生们的翻译动力。交卷的期限可以定在学期结束前两、三周。笔者的做法是把这样的长篇英文翻译称为 Test A，约占期末成绩的40%—50%；没有上交这篇长篇翻译作业，期末总成绩免谈。这样一来，学生必然会使出浑身解数认真完成。这种长篇翻译远比考期末一、两张试卷更能体现学生的技能。学生们为了做好翻译，就得仔细研读"翻译须知"，要跑图书馆查阅资料，因为这种作业仅靠一两本案头英汉词典根本无法进行；教师可以因此把部分翻译实践课移到学校图书馆的工具书库去上，现场讲解各种与翻译有关的辞书。

经过一个学期这样的教学训练，学生基本能熟练使用各种不同类型的语言工具书。当他们遇到人名、地名时，就会习惯性去查阅各种大型人名、地名词典，而不是像以往那样不懂或懒得查阅，或自己随便根据读音杜撰一个了事。这也就培养了他们严谨踏实的译风。到了期末，每个人呈交上来的不仅是一两张稿纸的答卷，而是有相当篇幅的译作。对学生来说，这样的翻译练习是很饱和的。

翻译写作教学法是在一线教学中发展而来的。它较好地开拓了翻译教学思路，扩大了教学范畴和场所；教师教学不再受限于翻译教材和传统的应试体制，学生学习也不再

---

① 《英汉翻译技巧与赏析》，http://210.34.12.99/yhfy/，访问日期：2018年9月4日。

拘束于翻译课本和教室范围。由于采用激励机制，学生的长篇英汉翻译如果做得好，他们的期末成绩就能加分，积极性得到调动。学生为了解决某个问题，得广泛查阅各种工具书，由此拓宽了他们的学习面。本教学法已逐渐为部分教师认可。《翻译批评模式与研究》（肖维青，2010：227）对本教学法评论道："如何应用'长篇翻译'这样一个项目，我们觉得这就是一个非常好的形成性评估的例子。"

11.4 翻译专业学生的多方面知识培养

前面我们探讨的译者的翻译写作能力问题同样适用于翻译专业本科和翻译硕士的培养。扎实的语言文化知识是写作和翻译活动的基础。而反观当今，越来越少人能像林纾、严复、萧乾那样，能作家兼译家，归根结底是因为没有丰富的生活阅历和极其扎实的文字功底。所以，当今的翻译工作者要想提高自己的翻译写作能力，就应该重视"杂学"，博览群书，增强学术修养，并注重活学巧用，不断提高自己的语言文字能力。

如上文所述，翻译是译者的再创作，译者的写作能力在很大程度上决定了译文的优劣。为此，我们要培养译者的翻译写作能力，使译者能够充分发挥译文的语言优势。这种语言优势的发挥并不是盲目追求译文文字上的优美，因为"译文优势来源于对原文深刻的洞察理解，结果于译文的深刻的精确表达。原文优美，译文也优美；原文简练，译文也应简练。也就是说，要体现原文的风格"（杨士焯，2006：297）。所以，翻译写作既要讲究技巧，又要讲究文采。

译文的文采来自译者的艺术修养，广义上，它包括译者运用译文语言的能力，掌握各种文学体裁、表达方式、表现技巧的能力，这是从翻译主题的总体表达能力来说的。而狭义的文采指遣词造句、修辞达意的能力，是从译者驾驭语言文字这一单项能力来说的。"译文的语言经过修饰，能切当地、艺术地表达思想感情，富有美感，这就是文采。文采的主要特点是艺术表达力强，具有审美效应。"（杨士焯，2006：298）要提高译文的文采，就必须不断提高译者的精神修养、知识修养和美感个性修养，因为"任何译文不仅是原作者的精神产品，也是译作者的精神产品，那译文的字里行间，无不饱含、浸润着译者的一切学识、修养、气质"（杨士焯，2006：298）。

译者要写出精彩的译文，最重要的是要有渊博的知识。正如思果所说："妙译有赖于才学和两种语文上醇厚的修养。"（思果，2004：28）余光中曾经提到"译者其实是不写论文的学者，没有创作的作家。也就是说，译者必定相当饱学，也必定擅于运用语文，并且不止一种，而是两种以上：其一他要能尽窥其妙，其二他要能运用自如。翻译而要成家，其难也不下于作家。能成正果的翻译家，学问之博不能输于学者，文笔之妙应能追摹作家"（余光中，2002：169）。为了成为一个学问不输于学者、文笔能追摹作家的称职译者，平时就要广泛阅读，积累和丰富各方面知识。

国外的翻译研究人员也很注意研究译者的知识结构对译文质量的影响。Nida 在《翻译理论与实践》（*The Theory and Practice of Translation*，2004）一书中指出，一位称职

的翻译工作者应具备五个方面的条件：

(1) 必须熟悉源发语。仅能理解原文的大意或能查字典是远远不够的，还必须能吃透语义的微细区别、词语的情感含义以及决定文章风味情调的各种文体特色。

(2) 必须精通目标语。这一点比第一点更为重要。在翻译中，译者对原文信息可以通过查阅字典、注释和专业文献加以理解。翻译中最常见而且最严重的错误，主要是因为不精通目标语而造成的。

(3) 必须充分了解所译题材。精通一门语言与具备专业知识并不是一码事。译者也许精通某种语言，而对核物理或化学却一窍不通；要翻译这些学科的技术资料，单凭一般的语言知识是不够的，译者还必须了解所译题材。

(4) 必须具备"移情"本领，即能体会原作者的意图。译者还必须具备一些与原作者类似的文化背景；如果不具备，就应尽快弥补这一缺陷。

(5) 必须具备语言表达的才华和丰富的文学想象力。

Delisle 也曾提出：翻译需要四个方面的技能：语言、常识、理解、再表达（Delisle，1988：109）。好译者不仅具备语言知识、百科知识和获取语篇意义的能力，还必须能重写表达。重写语篇明显要求具备写作的能力。……译者的创造性在于他能敏锐地感知到作者所言，并能熟练地以另一语篇重新表达这个意图。他可以自由选择语言手段来完成这种再表达。翻译乃阐释和再表达的技巧，同时具备语言和内容基础（Delisle，1988：110）。译者作品的独创性体现在他能够对原文做严格的分析且把译文写得优雅和准确（write with grace and precision，1988：110）。这两个能力是执教这门再表达方法课程的基石。

此外，国内的很多著名学者、翻译家也提出看法，说明译者应该具备哪些方面的知识和能力。

郭沫若早在 1923 年就在《理想的翻译之我见》中提出，要做出理想的翻译，译者必须具备四个条件：

(1) 语言学知识要丰富。
(2) 对于原书要有理解。
(3) 对于作者要有研究。
(4) 对于本国语言要有自由操纵能力。

林以亮也指出：翻译根本没有什么法则，更谈不到有什么秘诀……一个翻译者所应具有的条件应该是：(1) 对原作的把握；(2) 对本国文字的操纵能力；(3) 经验加上丰富的想象力。……好的翻译必须合乎本国语文的语法（引自罗新璋，2009：838）。

余光中曾指出，成就一位称职的译者，该有三个条件。首先当然是对于"施语"（source language）的体贴入微，还包括了解施语所属的文化与社会。同样必要的，是对于"受语"（target language）的运用自如，还得包括各种文体的掌握。这第一个条件近于学者，而第二个条件便近于作家了。至于第三个条件，则是在一般常识之外，对于"施语"原文所涉的学问，要有相当的熟悉，至少不能外行。这就更近于学者了（余光中，2002：172）。

思果曾探讨过把英文译成中文的基本条件，要求译者：（1）能用中文写作；（2）懂得英文；（3）有点治学训练；（4）对文字敏感；（5）具有想象力；（6）勤劳精细。（思果，2009：31-34）

具体说来，译者应当具备语言知识、文学知识、一般知识、专业知识和体裁知识。

11.4.1 语言知识

和写作一样，翻译写作也要积累语言材料。词汇丰富是语言丰富的一个重要标志，有了丰富的词汇，遣词造句才能得心应手、左右逢源，提笔行文才会随意生姿、挥洒自如。"辞不足不可以为成文"（韩愈）。"译者要有多少汉字我也说不出，总之中国书读得愈多愈好。没有读中国书而谈翻译（指把外文译成中文），欺人自欺而已。"（思果，2006：152）而积累语言材料的一个办法是向优秀作品学习语言。古今中外的经典作品，它们的语言规范化程度高，特别是优秀文学作品的语言，很值得我们学习借鉴。许多精美的成语、典故、警句、妙语，都能丰富我们的语言材料，增添我们翻译写作的文采。

11.4.2 文学知识

文洁若用自己的翻译实践证明了文学知识的重要性。她在翻译外国作品前，总要阅读一些文体相近的本国作品，从中获得一些文学知识。她说："我翻译日本杰出的无产阶级作家小林多喜二的《防雪林》时，曾精读了周立波的《暴风骤雨》。人物对话是用北海道古言写的，我从《暴风骤雨》中吸收了'嗯哪'等词汇，觉得和《防雪林》中的方言较为贴近。翻译日本当代著名作家水上勉的富于地方色彩的小说、随笔和童话时，则分别读了赵树理的小说、杨朔的散文和严文井的童话。"（文洁若，1989：84）翻译前对文学知识的精心准备极大地便利了文洁若的翻译实践，也使她成为我国资深的翻译家。她指出："我觉得为了提高翻译水平，就必须多看些现代创作以及古典名著。"（文洁若，1989：84）

著名翻译家潘光旦在翻译达尔文的《物种起源》之前，也以读《史记》《资治通鉴》来丰富自己的文学知识，积累相应的文学词汇。冰心也说："要译好外国文学作品，必须比较丰富地掌握一些本国的文学词汇。在遇到好句的时候，词汇多了才有斟酌选择的余地。在选择到一个适当的字眼，来移译某一个好句的时候，往往使我欢欣累日。这快乐比自己写出一篇满意的作品还大。"（冰心，1989：254）杨晦甚至断言："一个缺乏文学素养的人，是搞不好文学翻译的。"（杨晦，1989：323）可见，文学知识对于翻译的重要性。

作为译者，应当不断丰富自己的文学知识。傅雷指出："平日除钻研外文外，中文亦不可忽视，旧小说不可不多读，充实辞汇，熟悉吾国固有句法及行文习惯。"（傅雷，

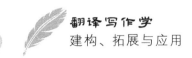

引自罗新璋，2009：773）他自己身体力行，不仅读旧小说，也读新小说。他曾把老舍、赵树理等人的小说放在手边，时时吟诵，以求扩大汉语新词汇。

11.4.3　一般知识

与创作相同，丰富的社会经验、生活常识、天文地理知识等，也是翻译写作不可缺少的辅助材料。吕叔湘先生在《翻译工作和"杂学"》中指出，要做好翻译工作，必须对原文有彻底的了解，而要了解原文，必须通过三道关：第一关是词汇语法关；第二关是熟语关；第三关"就是字典不能帮忙的那些个东西：上自天文，下至地理，人情风俗，俚语方言，历史上的事件，小说里的人物，五花八门，无以名之，名之曰'杂学'……要解决这些问题，当然得多查书和多问人……但是最重要的还是每人自己竭力提高自己的素养，有空闲就做一些杂览的工夫，日积月累，自然会有点作用"（引自罗新璋，2009：594；597）。

当然，一个人的精力毕竟是有限的；在现实生活中，通晓一切的人是没有的。但是，我们至少可以对自己所从事的业务范围之内的事情了解得精一些、广一些，尽量对各个学科的知识都有一些了解，成为一定意义上的"全才"。翻译需要广博的知识，它是使翻译写作左右逢源的重要保证。

11.4.4　专业知识

译者必须熟悉和精通专业知识，掌握本领域、本学科、本行业的概念体系、理论基础、历史演变、行话术语，否则就无法进行专业翻译写作。请看例句：

[363] 原文：In a foreign transaction, an open account is a convenient method of payment and may be satisfactory if the buyer is well established, has demonstrated a long and favorable payment record, or has been thoroughly checked for creditworthiness.

译文：在对外交易中，记帐赊销是一种方便的付款方式。如果买方资信优良，长期以来又有良好的支付记录，或其信誉经过彻底核实，那么，采用此种方式可能是令人满意的。

—— 《英汉翻译写作学》（2012：240）

本句涉及外经贸的相关知识，如不了解 an open account 的含义，便无法做到正确理解原文。an open account 是指 a trade arrangement in which goods are shipped to a foreign buyer before, and without written guarantee of, payment。除此之外，译者还必须知道该术语的正确中文表达是"记帐赊销"。另外，if the buyer is well established 中 establish 的意思是"证实的，查明的"。

11.4.5　体裁知识

思果在《译道探微》（2002）一书中指出，"把外文译成中文，我们虽然是中国人，我们的中文够吗？我以为，我们要读通中文，写通顺的各体中文。仅仅乎能写普通的白话文就嫌不够；要能写新闻、社论、商业文件、政府公告、诗歌、小说、学术论文"

（思果，2002：1）。

由此可以看出，写作形式复杂多样，不同目的、不同要求、不同用途，可以采用不同的体裁形式。作者为了达到自己的写作目的会采用最合适的体裁，所以译者应当通晓这些体裁，才能在译文中准确地再现原文的风格。文学体裁包括诗歌、散文、小说、戏剧、报告文学等；非文学体裁包括书信、合同、文件、产品说明等。作为译者，要想样样通，殊为不易，但要想写出像样的译文，必定要对此有所了解。

11.5　本章小结

翻译写作学的教学模式是翻译写作学在翻译教学中的实施和运用。我们已从如下几个方面详细论述：一是回顾了中西方在翻译教学上的成绩和贡献，二是以自编教材《英汉翻译教程》为例探讨了翻译教材编写新思维，三是探讨了翻译写作学教学法的实施步骤和措施，四是论述了翻译专业学生的素质培养。至此，翻译写作学以配套的翻译教材和切实可行的翻译教学模式完成其基本建构。

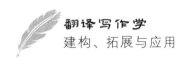

第十二章
翻译写作教学模式应用教学实验

前一章中，我们阐述了翻译写作教学模式的内涵与特点。该教学模式自提出以来，较多应用于英语专业笔译课程教学中。近年来，我们尝试将模式拓展应用于大学英语教学中，并展开实验研究，以更好地论证该教学模式的适用性与有效性。

任何语言的学习都以运用为目标。目前国内大学英语课堂对翻译与写作教学的重视远比不上阅读教学，这并不利于语言运用能力的培养，不能使学生掌握符合各行各业的岗位需求的语言能力。在翻译写作学指导下，我们首次将翻译写作教学模式运用至大学英语翻译教学，以语句为核心细化教学步骤，通过句法分析训练、写作与背诵训练、中英语序转换训练、拆句与组句训练来培养句法逻辑，同时学习检视译文，在提高学生的翻译能力的同时也就提高了其英语写作能力，同时我们通过分班对比教学实验展开研究。这一探索及实验研究对高校大学英语翻译与写作教学均有指导意义，扩展了翻译写作学理论的运用范围与研究视野。

12.1 相关研究概况

对于大学英语翻译教学的研究，学者们普遍将重点落在教学方法以及 CET-4 与 CET-6 翻译题应试方法上。大学英语作为高校各专业必修的公共基础课程，对于该课程教学方法、教材编写以及教学中各类问题的研究与探索从未间断。

首先，对大学英语课程中翻译模块教学的关注，很大程度上源于当前许多院校非英语专业的大学英语课堂上对翻译技巧的讲解流于形式，大学英语教学中"说"与"译"处于"名存实亡"的状况，这在张玲（2000）的问卷调查（含口头与书面）研究结果中得以论证。李忠华（2007）解读了不同版本的《大学英语教学大纲》，并对大学英语翻译教学展开调查，发现许多院校对翻译教学的课时安排严重不足，教育部推荐的大学英语教材几乎对翻译理论和技巧避而不谈，CET-4 与 CET-6 考试中的翻译测试题型单一，因此，他明确指出大学英语翻译教学趋于边缘化，也处于学界研究的边缘地带。以上调查研究结果充分显示了国内大学英语翻译教学存在的严重问题，也使得许多学者由此切入，探究在有限的学时与 CET-4 和 CET-6 的压力下，如何更有效地开展大学英语翻译模块教学，助力学生备考。蔡基刚（2003）列举了许多学生所做的错误翻译实例，论证了"只要抓住阅读，翻译自然会"的观点有误，提出大学英语课堂上对理论和技巧的传授不应一笔带过；李忠华（2007）就提出首先应当从理念上摒除对大学英语翻译教学与英语专业翻译教学的区别对待，不应当片面地认为非英语专业学生的英语知识较差就不具备学习翻译的能力，各院校应当因时因地而异地制定与之相适应的大学英语翻译教学大纲，多从认知与元认知策略方面入手培养学生的翻译技能；周雪婷（2008）探讨了将多元智能理论结合网络应用于大学英语翻译教学中的方法，培养学生自主学习翻译；邓海涛（2013）认为大学英语翻译教学应以接受理论为指导，重视培养学生跨文化意识与审美情趣，以使学生能够在翻译时发挥审美意识，调节译文文本；韦健（2014）将多模态教学理论与支架式教学理论相结合应用于大学英语翻译教学，认为这一方法有助于培养学生的语言应用能力，包括文本理解能力、跨文化素养以及翻译能力。然而，以上研究较少有实证论证所提教学方法的有效性。

　　其次，2013 年 CET-4 与 CET-6 的翻译题型改革，其中以中国文化为重点主题的段落汉译英题型成为试卷中的新难点之一，也对大学英语翻译模块教学研究产生更大的反拨效应，推动了许多学者、教师关注该题型的变革与教学，提出了相应的教学、应考的对策与模式，形成一定的教改成果。陆小英（2008）运用 Nida 翻译理论对 CET-4 汉译英题型展开分析，认为该考题中的一些翻译技巧是对 Nida 翻译理论的具体运用；翟丽丽等（2018）同样以 Nida 功能对等理论为指导，分析当前 CET-4 翻译试题现状，点明该题型变化对大学英语课堂教学的反拨作用，但并没有指明新的教学方法；刘小平等（2010）在分析历年 CET-4 翻译题型的基础上，从词汇、固定表达、重点语法三方面归纳了该题型的解题基本方法，但讨论仅停留在常用基础方法层面，并没有进行概念提炼；蔡玲燕（2014）系统分析了 40 名本科非英语专业学生的汉译英作业，归纳其中的错误类型，提出提高学生汉译英水平的教学策略，但同样的，其讨论也仅局限于常用基础教学策略层面；贾秀峰（2018）分析了 CET-4 汉译英题型中的文化主题，提出课堂教学应重视基于中华文化主题来设计词汇、句子与段落模块教程。然而，我们也同样能在这些成果中看到，当前，CET-4 与 CET-6 教学中，针对翻译题型的教学开始呈现模式化、应试化，指导学生通过背诵参考译文模板，套用固化的句型表达，目的只在于能够得分，有的教师甚至仅指导学生以简单句应对该题型。这些都极大地束缚了学生对于语言应用的掌握，甚至影响了学生对于用英语讲好中国故事的文化自信与民族担当。陆仲飞（2014）也对四六级考试委员会提供的翻译题参考答案进行了详细分析，指出长久以来的教学翻译仅是逐字逐句地翻译，会导致译文不流畅且欠缺地道表达，更不利于学生的跨文化交际能力的培养。

　　以上研究中所提出的教学方法各有其创新与优势，对提高非英语专业学生的翻译能力有所帮助。但我们认为，应当溯源探究非英语专业学生学习与应试过程中对于翻译的畏难感。王小慧（2021；2023）对福建某独立学院 60 名非英专本科生展开 CET-4 翻译题测试，对测试中的译文错误进行分类统计和分析，同时结合问卷和访谈，以翔实的数据分析指出被试的汉英翻译思维特点与错误成因，认为其中的畏难与逃避等心理特点源

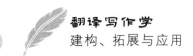

于英语基础薄弱，同时给出了相应的教学建议。

基于以上研究，我们认为，翻译写作教学模式作为英语专业与翻译专业的翻译教学新模式，其优点是能够立足学生的基础点，强化训练学生的语言基本功，从基础上夯实学生的双语能力，才能真正掌握翻译技巧、提高翻译能力。这样一种教学模式显然值得借鉴引入大学英语翻译教学，以期更好地解决大学英语翻译教学中存在的问题，提高教学效果。

与以往翻译教学不同的是，翻译写作课的教学更注重学生的课前研习、课外知识面扩展，鼓励学生自主评改，改变了以教师为主导的形式，同时注重语言基本功的训练，涵盖英汉双语写作训练，使得学生对于语言表达与翻译技巧的训练达到饱和。

我们结合教学实际，细化翻译写作教学法运用于非英语专业大学英语课程教学中的具体步骤，将翻译写作教学法运用于非英语专业大学英语课程中翻译部分的教学以及大学英语四六级考试翻译题型讲练中，选取独立学院英语平均分相近的 6 个班级为实验对象，开展分班教学实验，以期论证翻译写作教学模式的有效性。

12.2　实验研究设计

12.2.1　研究问题

本研究拟探讨在大学英语翻译模块教学中应用翻译写作教学模式的有效性如何，即相比采用传统教学模式的对照班，采用翻译写作教学模式能否显著提升实验班学生的翻译成绩？

12.2.2　研究对象

本研究是一项将翻译写作教学模式应用于大学英语翻译模块教学中的初步实验研究，第一轮选取某独立学院非英语专业一年级 2 个自然班作为实验对象；第二轮选取某独立学院非英语专业一年级 4 个自然班作为实验对象。每班学生高考英语成绩平均分均在 82.97 到 89.72 分之间，英语整体水平相近，且依据被试所在学院对学生参加大学英语四、六级考试的安排，6 个实验班学生均未参加并通过大学英语四级考试。

12.2.3　实验设计

本研究实验时长为 10 周，从学期第 2 周至第 12 周，每周 2 次大学英语课。将所选研究班级分别设定为 A 班与 B 班，其中 A 班为实验班，B 班为对照班，细分为 A1 班、B1 班、A2 班、B2 班、A3 班、B3 班。A 班与 B 班的模考试题均采用 CET-4 例年真题，成绩评定由 3 位教师依照全国大学英语四级评分标准共同评定，最终成绩取三个成绩的均值，在一定程度上保障成绩的客观性。

两轮具体实验步骤如下：

1. 实验开始周（即学期第 2 周）第 1 次课，给 A 班与 B 班学生同时进行一项 CET-4 翻译题模考，统计成绩；

2. 学期第 2 周第 2 次课起，针对 CET-4 翻译题型，A 班采用翻译写作教学模式进行教学与训练，B 班依照传统教学模式进行教学与训练；

3. 学期第 12 周第 2 次课，两个班级同时再次进行 CET-4 翻译题模考，统计成绩情况；

4. 对成绩情况展开独立样本 t 检验分析与配对样本 t 检验分析与讨论。

如 12.2.2 中所述，本研究实验分两轮进行，两轮实验的目的均在于论证大学英语翻译模块教学中应用翻译写作教学模式的有效性，同时，为避免实验过程中变量增加或减少带来的干扰，两轮实验均采用一致的实验步骤。

12.2.4　数据收集

本项研究中的两轮实验收集实验班与对照班共计 233 位被试的 CET-4 模考翻译题成绩，其中，A1 班 39 人，A2 班 39 人，A3 班 39 人，B1 班 38 人，B2 班 39 人，B3 班 39 人。首先，对 6 个班的成绩使用 SPSS 27.0 进行正态 P-P 检验；其次，采用 SPSS 27.0 对 A 班与 B 班成绩进行独立样本 t 检验，并对 A 班成绩进行配对样本 t 检验，以检测应用翻译写作教学模式前后 A 班成绩的相关性，以解决研究问题，即相比采用传统教学模式的对照班，采用翻译写作教学模式能否显著提升实验班学生的翻译成绩。

12.3　实验结果

本项研究共包含两轮实验，其中第一轮实验结果与分析由王小慧与本书第二作者周旭共同完成，并于 2024 年发表（王小慧与周旭，2024：108-111），第二轮实验由本书作者共同完成。基于本项实验聚焦同一研究问题，并设计为相同实验步骤，在本节中，我们集中汇报两轮 6 个班级的实验结果。

12.3.1　实验前测结果

（1）正态检验

正态检验主要检验数据是否符合正态分布，这是 t 检验、方差分析等参数检验的共同前提条件。

实验研究开始的学期初，我们使用 SPSS 27.0 对实验班（A1，A2，A3）和对照班（B1，B2，B3）的大学英语四级模考翻译题成绩进行正态检验，得出以下 P-P 图（图 12-1、图 12-2）、分组统计表（表 12-1）与成绩分布图（图 12-3）。

翻译写作学
建构、拓展与应用

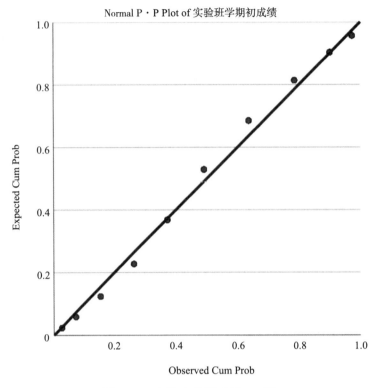

图 12-1　实验班前测成绩 P-P 图

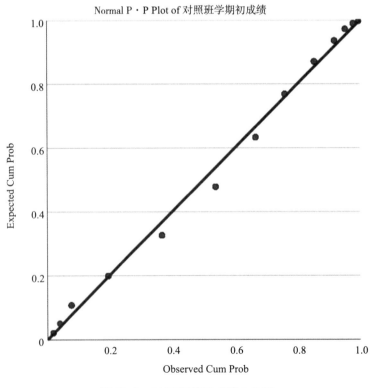

图 12-2　对照班前测成绩 P-P 图

表 12-1 两班前测分组统计表

	班级	学生人数	平均值	标准差	标准误差平均值
学期初 CET-4 模考（前测）翻译题成绩	实验班	117	6.410	1.220	0.112
	对照班	117	6.568	1.267	0.117

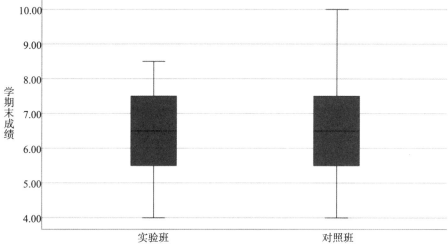

图 12-3 实验班与对照班前测翻译题成绩分布图

以上检验结果中，通过分组统计（表 12-1）可知，实验班的 $p=0.112$，对照班的 $p=0.117$，均大于显著性水平 0.05。结合 P-P 图（图 12-1、图 12-2）与成绩分布图（图 12-3）可知，实验班与对照班前测翻译题成绩数据均符合正态分布，可做独立样本 t 检验。

（2）独立样本 t 检验

本环节对实验班和对照班之间的学期初翻译题成绩进行独立样本 t 检验。

从表 12-1 与表 12-2 可知，与实验班（M=6.41，SD=1.22）相比，对照班（M=6.56，SD=1.26）没有明显差值，$t(117)=-0.972$，$p=0.332$，即，实验班与对照班在学期初模考中的翻译题成绩不存在显著差异，表明两班学生的英语水平保持一致。

表 12-2 前测独立样本 t 检验表

		莱文方差等同性检验		平均值等同性 t 检验		
		F	显著性	t	自由度	显著性（双尾）
学期初 CET-4 模考（前测）翻译题成绩	假定等方差	0.035	0.851	-0.972	232	0.332
	不假定等方差			-0.972	231.666	0.332

12.3.2 实验后测结果

（1）正态检验

对实验后测结果，即学期末实验班（A1，A2，A3）和对照班（B1，B2，B3）的 CET-4 模考翻译题成绩，我们同样使用 SPSS 27.0 进行正态检验，得出以下 P-P 图（图 12-4、图 12-5）、分组统计表（表 12-3）与成绩分布图（图 12-6）。

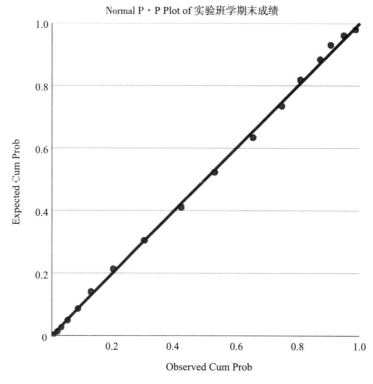

图 12-4　实验班后测成绩 P-P 图

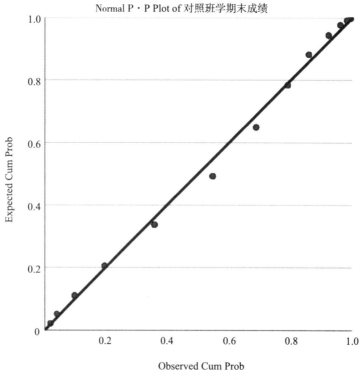

图 12-5　对照班后测成绩 P-P 图

表 12-3　两班后测分组统计表

	班级	学生人数	平均值	标准差	标准误差平均值
学期末 CET-4 模考（后测）翻译题成绩	实验班	117	8.897	1.758	0.162
	对照班	117	6.521	1.244	0.115

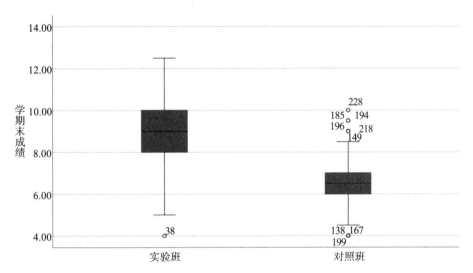

图 12-6　实验班与对照班后测翻译题成绩分布图

以上检验结果中，通过分组统计（表 12-3）可知，实验班的 $p=0.162$，对照班的 $p=0.115$，均大于显著性水平 0.05。结合 P-P 图（图 12-4、图 12-5）与成绩分布图（图 12-6）可知，实验班与对照班后测翻译题成绩数据均符合正态分布，可做独立样本 t 检验。

（2）独立样本 t 检验

本环节对实验班和对照班之间的学期初翻译题成绩进行独立样本 t 检验。

从表 12-3 与表 12-4 可知，与对照班（M=6.52，SD=1.24）相比，实验班（M=8.89，SD=1.75）有明显差值，t（117）=11.929，$p<0.001$，即实验班在学期末 CET-4 模考中的翻译题成绩有明显提高。

表 12-4　后测独立样本 t 检验表

		莱文方差等同性检验		平均值等同性 t 检验		
		F	显著性	t	自由度	显著性（双尾）
学期末 CET-4 模考（后测）翻译题成绩	假定等方差	12.057	0.001	11.929	232	<0.001
	不假定等方差			11.929	208.897	<0.001

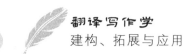

12.3.3 实验班前测与后测对比结果

（1）正态检验

本环节实验班 CET-4 模考学期初与学期末翻译题成绩进行正态检验，得出以下 P-P 图（图 12-7）、分组统计表（表 12-5）与成绩分布图（图 12-8）。

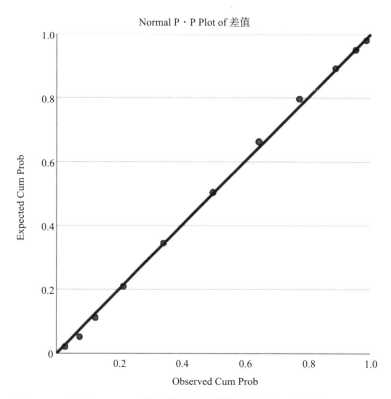

图 12-7 实验班 CET-4 模考学期初与学期末翻译题成绩差异 P-P 图

表 12-5 实验班后测分组统计表

	学生人数	平均值	标准差	标准误差平均值
实验班学期初成绩	117	6.410	1.220	0.112
实验班学期末成绩	117	8.897	1.758	0.162

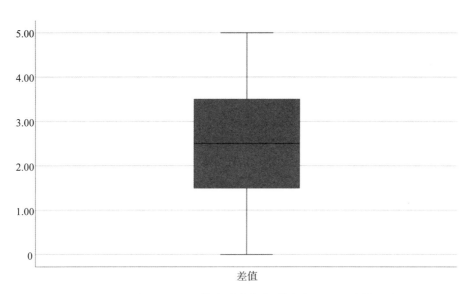

图 12-8　实验班 CET-4 模考学期初与学期末翻译题成绩分布图

以上检验结果中，通过分组统计（表 12-5）可知，实验班的 $p=0.112$，对照班的 $p=0.162$，均大于显著性水平 0.05。结合 P-P 图（图 12-7）与成绩分布图（图 12-8）可知，实验班 CET-4 模考学期初与学期末翻译题成绩数据均符合正态分布，可做配对样本 t 检验。

（2）配对样本 t 检验

本环节对实验班 CET-4 模考学期初与学期末翻译题成绩进行配对样本 t 检验，该检验用于检验翻译写作教学法的应用是否使得实验班在学期初和学期末的 CET-4 模考翻译题成绩产生差异。

从表 12-5 与表 12-6 可知，学期初成绩（M=6.41，SD=1.22）与学期末成绩（M=8.89，SD=1.75）之间存在显著差异，$t(117)=22.047$，$p<0.001$，即，实验班在学期末 CET-4 模考中的翻译题成绩有明显提高。

表 12-6　实验班配对样本 T 检验表

	配对差值					t	自由度	显著性（双尾）
	平均值	标准差	标准误差平均值	差值 95% 置信区间				
				下限	上限			
实验班学期初成绩—实验班学期末成绩	−2.48718	1.22027	0.11281	−2.71062	−2.264	−22.047	116	<0.001

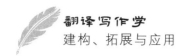
12.4 讨 论

针对研究问题，即，相比采用传统教学模式的对照班，采用翻译写作教学模式能否显著提升实验班学生的翻译成绩，本项实验研究将应用翻译写作教学模式后的实验班 CET-4 翻译题模考成绩与应用传统教学模式的对照班的 CET-4 翻译题模考后测成绩进行独立样本 t 检验，并据 12.3 中数据结果展开讨论。

12.3 中的数据结果（表 12-3 与表 12-4）表明，经过实验干预，实验班与对照班学生的后测（期末 CET-4 模考）翻译题成绩存在显著差异，实验班学期末的 CET-4 模考翻译题成绩均值比对照班的成绩均值高出了 2.376 分，成绩有明显提高。同时，表 12-5 与表 12-6 结果同样表明，经过实验干预，实验班前测（学期初）与后测（学期末）CET-4 模考翻译题成绩之间存在显著差异，学期末的成绩均值比学期初的成绩均值高出了 2.487 分。并且，标准差有所缩小，说明学生整体水平有所提升，个体差异缩小。这一结果初步支持了本项实验研究的观点，即，相比应用传统教学模式，应用翻译写作教学模式能够帮助学生理解和掌握汉英句子间转换的方法与技巧，更有效地提高学生的翻译题成绩。

如前所述，翻译写作教学模式包含教学过程三步骤——译前的译文语言写作训练，译中的译文词句写作训练，译后的译文词句修改（检视）训练。周旭与杨士焯（2016）将这一教学模式运用于翻译写作能力训练中，进一步细化翻译写作课程教学实施步骤，提出"一固三练复检视"，一固为译前源发语语句结构分析巩固练习，三练为目标语写作与背诵训练、语序转换训练、拆句与组句训练，复检视为译后反复检查译文。结合翻译写作教学模式的核心特点，我们认为，学生成绩进步的原因有如下 3 点：

（1）翻译写作教学模式的第一步骤——译前的译文语言写作训练，旨在训练学生的译文语言表述能力，这是一项十分重要的基础训练，教师在课程教学过程中有计划、有目标地安排若干课时训练写作、布置作文任务。传统教学中，教师通常直接要求学生进行翻译，遇有较晦涩或较难处理的原文语句时，容易在一定程度上增加学生的畏难感。相比之下，在译前先指导学生结合与原文相关的文章、音乐或绘画作品等进行译文语言写作练习，不仅增添翻译学习与任务的乐趣，也能多元化地帮助学生积累丰富的知识，因而能够提高学生的综合能力，体现在翻译题考试成绩的提高上。

（2）翻译写作教学模式的第二步骤——译中的译文词句写作训练，重点在于训练学生的词句翻译技能、句群和段落的翻译技巧，包含拆译、词性和句子转换、精简与增补、实译与虚译、褒译与贬译、倒译与顺译、反译、被动式翻译等。显然，指导学生反复训练这些翻译技巧，能够一定程度上提高学生的翻译能力。

（3）翻译写作教学模式的第三步骤——译后的译文词句修改（检视）训练同样是学生在翻译题考试成绩能够提高的重要原因之一。在这一环节的训练中，学生在教师指导下仔细检查译文的全文文面，包含字词、标点符号等等，并分小组交流讨论、反复琢磨、讲究文采，使得译文更为准确、规范，进而使得学生的翻译能力进一步提升，也就能够在翻译题考试中切准更多得分点、取得更好的成绩。

12.5　本章小结

当下，用英语讲好中国故事不仅仅是学者、译者、英语专业与翻译专业学生应当掌握的重要能力，更是每位大学生都应当具备的民族自强意识与能力。CET-4 与 CET-6 目前仍是国内评测大学生英语能力、大学英语教学的重要指标。其中的汉译英题型能够在一定层面客观考察与评测学生的语言应用能力。立足高等教育，站在高校大学英语教学的第一线，以上实验研究在研究方法上来说并不算创新，但在教学模式的应用上有一定的新颖度。

翻译写作教学模式作为一种新的教学模式，其应用于大学英语翻译模块教学中的有效性值得探究。因此，我们尝试通过选取两个英语水平相近的自然班展开教学实验并进行对比对析。以上实验研究的数据与分析客观、真实地观察了 6 个水平相近的普通本科非英语专业自然班的翻译能力基础与培养，在分析中分别通过独立样本 t 检验与配对样本 t 检验验证，相比采用传统教学模式的对照班，采用翻译写作教学模式的实验班在大学英语四级模考中翻译题成绩有一定程度的提高；同时，单就实验班成绩来看，较之应用翻译写作教学模式前，应用该教学模式之后，该班大学英语四级翻译题成绩有一定程度的提高。实验研究结果初步论证了翻译写作教学模式的应用可行性、有效性与适用性，对于帮助中国大学英语教学，特别是翻译教学有重要意义，同时能够反思与进一步完善翻译写作教学模式，以期进一步提高该教学模式的应用性。然而，本节只是初步实验研究，在实验组数据的采集上仍然有局限，期待在后续的研究中进一步扩大实验班级组受试人数，以使得论证更为详实。

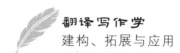

第十三章
英语专业三位一体翻译写作课堂建立

在前面的章节中，我们阐述了翻译写作教学模式，并将其应用于大学英语翻译模块教学。初步的实验研究验证了该模式的有效性。

在研究过程中，我们也注意到传统的英语专业翻译课堂存在一些弊端，主要体现在四个方面：首先，以教师为中心，采用灌输式教学；其次，以参考译文为导向，奉参考译文为圭臬；再次，只注重翻译结果，不注重翻译过程；最后，翻译课堂模式单一，理论教学和实践教学脱节，教师未能充分运用英汉对比、修辞学、语料库等理论知识指导翻译教学（朱玉敏，2015：27-29）。这种教学模式会导致以下后果：（1）学生被动接受知识，课堂参与度、积极性以及学习的兴趣和主动性被极大削弱；（2）学生的翻译特色和优势被忽视，翻译信心受挫；（3）仅注重翻译结果的教学难以从根本上提升学生的翻译能力，这种不强调输入、只强调输出的教学模式，容易陷入"头痛医头，脚痛医脚"的译文修正方式；（4）如果教师不能结合英汉对比、语料库等研究成果进行教学，而仅依靠语法和主观感受评价译文，就会使课堂评价流于主观，进而影响教学效率、学生学习效果及整体翻译能力的提升。我们认为，翻译写作学理论可以有效解决传统翻译课堂的这些弊端。

在本章中，我们将重点通过教学实践活动，探讨如何在英语专业构建"阅读、写作、翻译"三位一体的翻译写作课堂。我们将充分运用翻译写作学理论，力求最大程度地解决传统翻译课堂教学中的问题，并进一步验证该教学模式的有效性与适用性。

13.1 三位一体的翻译写作课堂模式初构

翻译写作学将翻译视为一种特殊的写作形式，强调翻译不应拘泥于字面转换或机械对应。该理论认为，翻译与写作相似，都遵循"感知—运思—表述—检视"的完整过程，因此在教学中必须全面训练这四个环节，保持其连贯性。同时，翻译写作学主张充分发挥译者的主体性，改变以教师和参考译文为绝对标准的传统教学模式。这种理念有助于激发学生的翻译兴趣和学习积极性。

翻译写作学还提倡在课堂中融入语料库、修辞学和英汉对比等理论知识。但要实现这些目标，首先需要建立与该理论体系相匹配的教学模式。杨士焯（2012：229-231）曾提出翻译教学应注重三个方面的训练：译前目标语写作训练、翻译过程中的目标语文本写作训练，以及译后目标语文本检视训练。然而，这一早期构想存在明显不足：虽然指出了训练方向，但缺乏具体的实施方案，如检视能力的具体培养方法、各阶段训练的具体操作方式等。因此，构建系统化、可操作、可复制的课堂教学模式成为翻译写作学发展的迫切需求。

基于翻译写作学的核心理念，本书在 2010—2015 年间构建了一套完整的英语专业翻译写作教学模式。该模式以翻译写作过程为导向，以学生为主体，教师为主导，将"翻译即写作"作为基本理念，以"信达雅"和发挥目标语优势为评价标准，运用英汉对比理论指导译文检视，最终目标是全面提升学生的翻译写作能力。这一模式涵盖了课堂内外的各个环节，具有明确的可操作性。

针对传统翻译教学模式的改革，我们提出以下具体措施：首先，将教学重点从翻译结果转向翻译过程；其次，确立学生的主体地位，教师主要发挥引导作用；最后，贯彻"翻译即写作"的理念，以"信达雅"和发挥目标语优势为评价标准，并运用修辞学、语言学和英汉对比理论指导学生进行译文检视，帮助其深入理解翻译原理。

经过大量课堂实践和问卷调查（朱玉敏，2015），我们于 2015 年最终确立了英语专业翻译写作课程的教学模式（朱玉敏，2015：60；朱玉敏、杨士焯，2017：188），具体内容如图 13-1 所示。

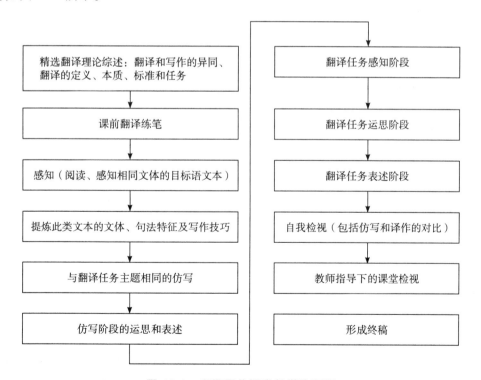

图 13-1 翻译写作课堂教学流程图

翻译写作学认为，翻译是一个由感知到运思、再到表述、最后到检视的完整过程，不宜将这一过程割裂开来。因此，在翻译写作课堂中，对学生的翻译写作训练不应只集中于翻译结果（即译文）上，而应对翻译过程的各个环节给予同等重视。具体而言，翻译写作课堂应当对这四大环节都进行系统训练。

此外，翻译写作学强调翻译是一种特殊的写作形式，应当充分发挥译语优势，调动译者的主观能动性，而不应被原文的结构和形式所束缚。基于这一理念，翻译写作课堂特别设置了相关训练内容，既培养学生的主观创造性，又确保其翻译活动"从心所欲不逾矩"。

在 AI 技术飞速发展的今天，如何培养适应新时代需求、而非被时代淘汰的译者，已成为翻译写作学的重要研究课题。翻译写作学主张，翻译课堂应当充分利用英汉对比、修辞学以及大型语料库等知识和工具来武装学生，使学生能够驾驭 AI 技术为其所用，而非被人工智能所取代。

13.1.1　翻译写作课堂初步构架

基于上述理论基础，我们对翻译写作课堂进行了初步架构，主要包含以下六个教学环节：

（1）翻译写作课堂理论综述阶段

我们认为翻译理论对翻译实践具有重要的指导作用，能够有效推动翻译实践的发展。缺乏理论指导的翻译实践往往缺乏系统性和科学性。即便是张爱玲、鲁迅等翻译大家，若缺乏正确的理论指导，其翻译实践也难免偏离正轨。对于初学翻译的学生而言，在开展翻译实践前进行系统的理论学习尤为重要。

以下通过学生翻译实例加以说明：

源语文本：

"温哥华的辉煌是温哥华华人智慧和勤奋的结晶，其中包括多民族的贡献。"

张同学初译：

"The brilliance of Vancouver is the crystalization of wisdom and hard work of Vancouver people, including the contributions of many different nations."

翻译后，许多同学反映存在困惑：若为求"达"而过于自由，担心遗漏信息；若过于拘泥原文，又导致译文晦涩难懂。这正是需要理论指导的关键所在。在讲授"翻译是一种特殊的写作"这一理论后，学生们深刻理解了翻译与写作的内在联系，能够在忠实与流畅之间找到平衡点。

经过理论指导后，张同学的修改译文：

"The glory of Vancouver is achieved through/attributed to the wisdom and diligence of Vancouver people, including the contributions of many different ethnic groups in Vancouver."

改进效果显著：修改后的译文更加流畅自然。这一案例表明，只有深入理解翻译的本质、标准及其与写作的关系，学生才能掌握正确的翻译策略，把握恰当的翻译尺度。翻译与写作的关系实际上涵盖了翻译与文体、修辞、意境等多重维度的关联。

（2）翻译课前练笔训练

设置翻译课前练笔模块旨在帮助学生进行翻译任务前的热身训练。通过这一环节，学生可以在完成整个翻译写作训练循环后，对比课前练笔与最终译稿，直观地看到自身翻译水平的提升。

（3）翻译写作课堂感知与提炼阶段

本阶段包含两个层面：

一是课下广泛感知：阅读作为语言输入，翻译作为语言输出。只有通过大量阅读积累语言素材，提升语言能力，才能为翻译实践奠定基础。这是阅读与翻译密切关联的根本原因。

二是课堂目的性感知：即针对翻译任务语体的专项阅读。这种针对性感知直接影响学生对翻译任务的熟悉程度和译文质量的提升。通过同类语篇的课堂分析，学生能够总结特定语篇的文体特征和语言特点，并在翻译过程中有效运用这些特征，最终体现在目标文本中。学生还需将翻译任务与同类语篇译文进行对比分析，借鉴其中的风格、文体和语言特征。

（4）仿写训练阶段

本阶段包含仿写的构思与表达两个环节，旨在帮助学生摆脱源语文本的束缚，避免机械对应，并将翻译理论转化为实践能力。通过仿写训练，学生能够深入理解翻译与写作的相似性及其具体表现方式。

（5）翻译任务实施阶段

本阶段要求学生在仿写基础上完成正式翻译任务，既要保持翻译的灵活性，不受源语文本过度约束，又要确保译文的准确性，避免偏离原文要义。

（6）翻译检视与修正阶段

作为整个教学过程中至关重要的环节，本阶段着重培养学生的译文评价能力以及问题发现与修正能力。

这些能力是翻译能力的重要组成部分。通过发现问题、解决问题并避免重复犯错，学生能够获得翻译实践的最大收获。在此过程中，教师应充分发挥指导作用，运用专业理论知识引导学生完成整个检视过程。

13.1.2　翻译写作课堂研究成果及模式优势

我们于2015年建立的"阅读、写作、翻译"三位一体翻译写作课堂模式，严格遵循翻译写作学理论的基本原理。该模式具有以下特点：（1）从翻译写作过程的四个维度（感知、运思、表述、检视）对学生进行系统训练。（2）采用"学生为中心，教师为指

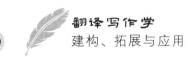

导"的教学理念。（3）以翻译过程为导向，融合英汉对比、语料库、词典学等理论知识。（4）提供具体可操作的实施步骤，丰富并完善了翻译写作学的理论框架。

实践证明，该模式在提升学生翻译能力方面成效显著（朱玉敏，2015）。我们特别将语料库和英汉对比知识应用于课堂检视环节（朱玉敏，2013），并创新性地采用 WebEx 软件进行动态检视，既关注翻译结果的质量评估，也实时监控学生的翻译过程，及时发现并纠正翻译中的问题（朱玉敏，2015）。

13.1.3 翻译写作课堂实施中发现的问题

自 2015 年实施以来，我们在取得教学成效的同时，也发现了一些亟待解决的问题：

（1）课外阅读环节缺乏有效监控：学生自觉性不足，缺乏具体的激励阅读机制，坚持每日阅读的学生比例较低。

（2）兴趣激发效果有限：学生对翻译仍持被动态度，缺乏持续的学习热情。

（3）文体感知流于表面：学生对同类文体的阅读往往浅尝辄止，难以形成深刻印象，对翻译实践的指导作用有限。

（4）任务周期设计不合理：单个翻译任务耗时过长，影响能力提升效率。

（5）文体特征总结不均衡：部分文体特征易于归纳，而某些文体的特征难以具体把握。

（6）学生词汇应用能力不足：存在词汇提取困难的现象。

（7）检视环节主体错位：仍以教师为主导，学生被动接受，导致检视效果不佳，定稿质量未达预期。

针对上述问题，课题组经过反复实验与改进，对原有教学模式进行了系统性重构。

13.1.4 教学模式改进方向

基于在教学实践中发现的问题，我们系统地制定了以下四个方面的改进措施：

首先，在兴趣激发方面，我们着力建立持续有效的激励机制。具体包括制定明确具体的激励方案，设计形式多样的教学活动，通过这些措施帮助学生实现从被动接受到主动探索的根本转变。

其次，在教师指导方面，我们重点强化教师的专业引领作用。一方面对学生的课外阅读内容进行专业指导，另一方面建立科学的阅读评估体系，确保课外阅读的质量和效果。

再次，在文体感知训练方面，我们采取深化措施。通过采用沉浸式阅读方法，避免形式化的浅层阅读，同时积极探索更有效的文体感知方式，使学生能够深入理解不同文体的特点。

最后，在检视环节方面，我们进行了全面重构。重点建立"三位一体"的检视体系，包括团队互评、教师指导和自主检视三个有机组成部分。通过这种方式，实现检视主体从教师到学生的转变，使学生真正成为检视过程的主体。

这些改进措施针对教学实践中发现的具体问题，形成了系统化的解决方案，旨在全面提升翻译写作课堂的教学效果。

13.2　三位一体的翻译写作课模式重构

基于前述理论指导，本书对翻译写作课堂模式进行了系统性改进，并在实际教学中展开实验探索。主要改革措施包括以下五个方面：

在课外阅读感知方面，我们进行了三项重要改进：首先，教师充分发挥指导作用，精心筛选有趣的教学材料，充分利用成熟的电子阅读应用（如灯塔阅读、经济学人等APP），按文体分类向学生推荐优质阅读内容。其次，建立持续、系统的阅读计划，确保学生语言输入量稳步增长，阅读能力持续提升。此外，教师还组织富有启发性的读后讨论活动，引导学生提炼精彩词句，在情境化拓展应用中深化理解，使广泛阅读真正转化为翻译实践中的可用素材。

在同类语篇感知方面，我们实施强制性背诵策略，重点记忆典型文体特征和精彩表达，以此加深对目标文体的理解深度，确保输入内容能够有效转化为翻译实践能力。

为提升翻译学习兴趣，我们在教学中穿插趣味性文体翻译训练，让学生充分体验翻译乐趣。同时鼓励学生自主发掘翻译趣味点，教师通过组织课堂小组讨论和翻译项目，引导学生共同探讨有趣的翻译现象。

在翻译练笔环节，我们增设"每日一译"活动，通过短小精悍的每日翻译任务，培养学生持续分析文体的习惯，实现翻译水平的稳步提升。

在检视环节，我们建立了小组检视、个人检视与教师检视相结合的立体评价体系。既发挥教师的理论指导优势，又确保学生通过小组讨论实现深度参与。

13.2.1　重构后的翻译写作课堂模式

针对初建模式存在的问题，本书以翻译写作学理论为指导，仍从感知、运思、表述和检视四个维度入手，对翻译写作课堂进行了全面重构。具体实施方案如下图所示：

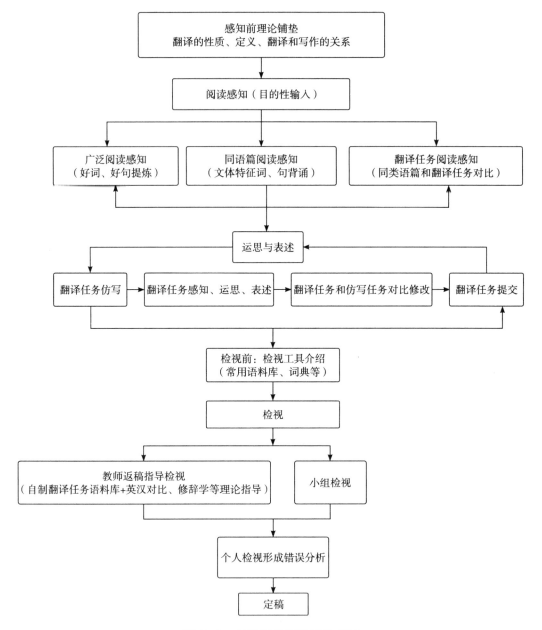

图 13-2　翻译写作课堂新模式图

13.2.2　新模式与旧模式的共同点

（1）坚持翻译理论的基础指导地位

新旧模式均高度重视翻译理论、英汉对比理论和词典使用的指导价值。翻译理论为实践提供统一标准和规范，帮助学生理解翻译本质和原则，在合理范围内发挥创造性。英汉对比理论使学生明确语言差异，避免中式英语。修辞理论则助力实现译文的"雅"境界。词典作为重要工具，其规范使用始终是教学重点，这一点在早期通过 WebEx 软件（朱玉敏，2015）监控学生翻译过程时已得到验证。

（2）重视目的性感知与仿写训练

两种模式都强调目的性感知对培养文体意识和语感的关键作用。仿写训练作为培养译写能力的重要手段，能有效帮助学生摆脱源语文本束缚。

（3）突出检视环节的核心价值

检视能力被视为译者的核心素养，在 AI 时代更体现为译后编辑能力。新旧模式都认同检视工具的使用和检视能力的培养是提升译文质量的关键环节。

13.2.3　新模式与旧模式的改进点

（1）建立系统的兴趣培养机制

旧模式仅泛泛要求课外阅读，缺乏具体措施。新模式设计了切实可行的阅读激励和译写训练方案，显著提升了学生参与度。

（2）新增语料库与词典理论教学

旧模式检视前缺乏相关理论指导。新模式引入语料库语言学内容，指导学生利用 BNC、COCA 等语料库观察语言现象，并规范网络词典使用，这些改进显著提升了学生的自主检视能力（朱玉敏，2013）。

（3）深化文体感知训练

针对旧模式中文体感知流于表面的问题，新模式采取分级策略：对特征明显文本进行提炼，对特征模糊文本采用背诵法强化记忆。通过分组抽查等方式，确保知识点内化（持续 4 周，每节课 15 分钟抽查），既提升课堂效率，又培养了学生的语感。

（4）优化训练方式

取消目的性不强的课前练笔，改为微信群"每日一译"，通过持续积累提升翻译技巧。

（5）重构检视主体

将检视主体从教师转变为学生小组。教师仅标注问题，学生通过查阅资料完成错误分析报告。这种模式显著提升了学生的自主查阅能力（朱玉敏，2015）。

（6）强化检视的反复性

新增修改稿提交环节，要求学生分析错误原因并修正。通过对比初稿和错误分析报告，教师可清晰追踪学生的进步轨迹。

下文将展示新模式的课堂教学实例及其成果。

13.3　三位一体的翻译写作新模式课堂应用

新的翻译写作教学模式采用双轨制课程架构，由课外模块与课内流程两大维度协同推进。以下将系统阐述该模式的具体实施流程、操作细节及教学成效。

13.3.1　课外延伸：多维驱动任务与自主翻译能力培养

在移动互联网时代背景下，我们充分利用智能手机的便捷性，设计了以下兴趣驱动型课外学习项目：

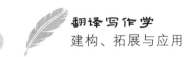
（1）微信阅读社群

我们建立了专业阅读微信群，并实施了每日打卡制度，以促进学习习惯的养成。在此基础上，我们主要开展了三项特色活动：一是任务导向阅读，精选与课堂翻译任务同类型的语篇，引导学生分析其文体特征，并重点记忆典型词汇和句式结构；二是热点话题共读，选取外刊中与学生兴趣契合的时事热点内容，开展师生互动研讨，激发学习兴趣；三是经典文本研读，解析名著节选，归纳其中可用于翻译实践的好词好句，从而实现语言输入与输出的有机衔接，提升学生的实际应用能力。该平台依托微信的普及性和时效性，结合灯塔阅读、经济学人等专业应用程序提供的海量资源，有效激发了学生的阅读兴趣，显著提升了综合阅读能力。

（2）微信翻译社群

我们实施了"每日一译"项目，该项目具有鲜明的特色。首先，采用分组任务制，每天精选一句警示性或励志性话语进行翻译，指定两个小组必做，其他小组则可以选做，以兼顾不同学生的学习节奏和需求。其次，选题内容具有针对性，既考虑了学生普遍感兴趣的青春励志类主题，也紧密结合了专业需求，选取了专八考试中常见的文体进行练习。此外，项目还特别设置了文化专项训练环节，重点针对中国特色词汇和思政类术语进行翻译练习，强化学生的跨文化交际能力。最后，项目采用了问题导向的教学方法，教师会系统整理学生在翻译过程中遇到的问题，并运用翻转课堂的模式，引导学生自主进行归类和总结，这种互动式的学习方式显著提升了教学效果。图 13-3 呈现的是每日一译的部分内容以及学生的实例分析：

04-25 19:55:02

群公告
每日一译:他以为他打网球所向无敌，遇到她却发现他们旗鼓相当。

04-25 19:55:13

He thought that he was the best tennis player overwhelmingly, but he found she played as well as him while he met her.

04-25 19:55:16

He thought he was an invincible tennis player before, but a well- matched adversary after meeting her.

04-25 19:55:19

He thought he was invincible at tennis, but he found that they were even when he met her.

04-25 19:59:04

He thought he was unbeatable in tennis, but when he met her, he found that they were at the same level.

图 13-3　学生每日一译图片展示

在本次翻译练习中，教师重点考察了学生对"旗鼓相当"这一成语的英译能力。通过分析"每日一译"的作业情况，发现学生在使用"match"一词时存在较多错误和混乱现象。为此，教师选取了具有典型错误的案例，组织学生进行专项分析。经过讨论，学生们总结出与"match"相关的三种主要用法如下：

第一类：形容词 well-matched/matched 的用法

词性：Matched/Well-matched（形容词）

释义：

1.（用于描述两人）可能建立成功的关系

2.（用于描述两队或竞争者）可能进行势均力敌的较量

3.（用于描述两个或成对事物）在外观或功能上相得益彰

第二类：名词 match 的用法

定义：match 在群体中与他人地位平等的人

短语：meet one's match

解释：当遇到势均力敌或更胜一筹的对手时使用

例句：I had finally met my match in power and intellect.

（译文：在权力和智力方面，我终于遇到了旗鼓相当的对手。）

第三类：动词 match 的用法

1. match sth/sb up with/to sth/sb [动词 + 名词短语 +with/to]

用法：表示"与……相配"

例句：False eyelashes come in various shades, so it's easy to match them up with your own.

（译文：假睫毛有多种颜色可选，因此很容易找到与你自然睫毛相配的颜色。）

2. match sth/sb against sth

用法：表示"与……相较量 / 抗衡"

释义：

1. 让两人或两物在挑战或竞赛中对抗

2. 将某人或某物与他人或他物进行比较，看是否相符

例句：

I'm ready to match my strength against yours.

（译文：我已准备好与你一较高下。）

Match your skill against the experts in this quiz.

（译文：在这个测试中与专家们一决高下吧。）

通过这个教学案例可以看出，学生最终总结出"旗鼓相当"最恰当的英文表达应该是"find one's match in sb"、"a well-matched competitor"或者"a competitor who can match against him"。

这一实践过程充分证明课外阅读和翻译训练能有效提升学生的学习兴趣，通过课内外教学的有机结合，可以显著提高学生的自我检视能力。

优秀的翻译表达不是通过教师的单向灌输获得的，而是在教师持续引导下，学生主动探索和积累的结果。事实上，教师单纯的知识传授并不困难，真正的教学难点在于如何帮助学生将所学知识真正内化并灵活运用。

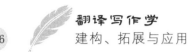

采用这种翻转课堂的教学模式，课内引导与课外实践双管齐下，已经取得了较为显著的教学效果。

（3）鼓励学生创作翻译主题公众号推文

教师在教学中积极鼓励学生关注身边的翻译问题，将发现的典型翻译案例整理成公众号推文进行分享。学生可以随时将这些有趣的翻译案例发送到班级微信群，供同学们共同鉴赏和讨论。因为这类翻译往往具有幽默效果，所以较能够有效激发学生的学习兴趣和参与热情。

此外，教师还引导学生将翻译作业中的学习心得和知识点总结制作成推文，帮助他们更系统地梳理和掌握翻译技巧。例如，在一次专八翻译练习中，原文多次出现"笑"这一词汇，但不少学生在表达上遇到困难。为此，教师布置了以"笑"为主题的推文任务，要求学生归纳"笑"的不同英文表达方式，并配以生动的动态图（由于文档限制，此处仅展示静态图片）。这种方式使"笑"的多种表达更加直观，便于学生理解和记忆。

图 13-4　学生微信公众号发文展示

学生在撰写公众号推文的过程中，完整地经历了词汇搜集、词义理解、配图选择和例句查找等环节。这种系统性的学习过程不仅帮助学生深入掌握了词汇知识，还通过公众号的成果展示，增强了他们的学习信心，实现了在快乐中完成作业，在兴趣中探索翻译的教学目标。

（4）开展趣味翻译实践项目

在教学过程中，教师会精心设计一些富有趣味性的翻译实践项目。例如在2018—2019学年第一学期，我们开展了脱口秀翻译项目，选取了深受学生喜爱的青年脱口秀演员李诞的表演作为翻译素材。李诞的脱口秀长短适中、难度适宜，且因其与学生的年龄相仿，更能激发学生的翻译热情。各小组在项目完成过程中展现出惊人的创造力，通过团队讨论和报告分析，提升了他们发现问题和解决问题的能力。

在2018—2019学年第二学期，我们在法律文书翻译课程中特别增设了商标翻译单元。课程伊始，教师先通过分析可口可乐、宝马、露华浓、宜家等经典商标翻译案例，引导学生总结出优秀商标翻译的共性特点：简洁明了、朗朗上口、意境优美、兼顾音形之美。

为避免单纯的理论讲解显得枯燥，我们设计了极具实践性的课堂活动：让学生为自己梦想中的店铺（包括女装店、男装店、网红奶茶店、西餐厅等）创作中英文店名。这个贴近学生兴趣的项目极大地调动了他们的积极性，涌现出许多富有创意的商标翻译作品。

在完成每个翻译实践项目后，教师都会结合翻译理论对学生的作品进行专业点评，并提出具体改进建议。这种理论与实践相结合的指导方式，不仅帮助学生更深入地掌握商标翻译的要领，也让他们切身体会到专业理论对实际翻译工作的指导价值。图13-5展示了两组学生为其奶茶店设计的品牌名称、翻译方案及论证过程。

奶茶店 Fantestea(凡茶)

Fantastea 凡茶

此曲只应天上有，此茶凡间也可得！

①由"Fantastic tea"合成美妙的茶体现我们的奶茶
　美味可口。

②"Fantastea"可拆分为"Fan taste a"，意为来店里
　品尝奶茶的顾客喝过后都会惊呼"啊"，再次体现奶
　茶口感佳，味道好。

③ 中文译为"凡茶"，根据"Fantastea"音译而成，
　也体现我们的奶茶看似平凡，却给消费者带来非

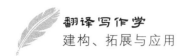

Mellow Thé 蜜露茶铺

山茶·游蜂掠尽粉丝黄
朝代：宋朝|作者：苏轼
游蜂掠尽粉丝黄，落蕊犹收蜜露香。
待得春风几枝在，年来杀菽有飞霜。
南郊颂
朝代：南朝|作者：梁简文帝
朝叶与蜜露共鲜，晚花与薰风俱落。
蜜露的基本解释：指多种植物叶子上的一种含糖沉积物。
引申意义：甘露；带蜜的露水。
在此诗中指如蜜露般的香气，引申为奶茶的芳香四溢。
Mellow：既是蜜露的音译，又可形容饮品的香醇
Mellow： (a taste or flavour) smooth and pleasant （醇香的，甘美的）
Thé：法语中"茶"的意思，其发音刚好与闽南语中的"茶"发音一致

图 13-5　学生奶茶店品牌命名方案 PPT 展示截图

从上述内容可以看出，学生在商标翻译实践中充分展现了思考能力和语言运用能力。他们灵活运用美好意象、简短易记、音形意结合等商标翻译方法，通过实践巩固了理论知识，同时激发了翻译兴趣和热情。这些实践模块让学生切实体会到翻译的乐趣与挑战，有效提升了他们对翻译的兴趣和汉英翻译的信心。

此外，鼓励学生收集生活中的趣味目标语文本或流行词汇翻译，并将其转化为推文创作，这一任务还被纳入期末考核体系。这种激励措施显著提升了学生的创作积极性，催生了许多优秀推文作品（具体案例可关注"Sara 的阅读翻译课堂"公众号查阅）。

13.3.2　课内实施：三位一体翻译写作教学流程与课堂实践

为验证新型翻译写作教学模式的效果，本研究采用课堂实验法，选取若干名学生进行跟踪观察，记录其从仿写、译写到修改的全过程，以此评估新模式对学生学习成效的影响。该方法称为纵向对比法。

本次实验选用英语专业八级汉译英模拟试题作为研究语料，文体为短篇幽默小品文。原文内容如下：

[364]

变化

二十岁的时候，我穿着一条背心式牛仔裙在校园里走来走去，一说话就脸红。三十岁的我穿着名牌套装，坐在办公桌前，满脸冷酷地对下属说："这么愚蠢的问题你也敢问？也不打个草稿？"

二十岁的暑假，在家乡的大街上偶遇自己的暗恋对象，听说他考上了研究生，被他的进步所打击，心如刀绞，想到这辈子终于不能出色得让他看我一眼，不禁怆然泪下。三十岁之后，到处打听哪里可以花钱买个 MBA。

以下是英语专业学生在本次翻译写作课堂训练中的具体流程：

（1）对相似文体文本的深层感知

本次翻译任务《变化》是一篇讽刺性幽默小品文，深度感知材料同样选取了同类风格文本。在项目开展前两周，教师已向学生分发1—2篇相似语篇作为预习资料。筛选类似文体语篇需遵循以下标准：第一，必须确保是地道的英文母语文本；第二，主题需具有相关性；第三，文体风格需保持一致。只有满足这些条件的语篇，才能有效提升最终翻译任务的质量。本次采用的深度感知文章与原文同属幽默小品文体，其内容讽刺了人们因害怕沉默而喋喋不休的社会现象。文章以诙谐幽默的笔触呈现，读来令人忍俊不禁。深度感知文本的具体内容如下：

[365] Silence is unnatural to man. He begins life with a cry and ends it in stillness. In the interval he does all he can to make a noise in the world, and there are few things of which he stands in more fear than of the silence of noise. Even his conversation is in great measure a desperate attempt to prevent a dreadful silence. If he is introduced to a fellow mortal, and a number of pauses occur in the conversation, he regards himself as a failure, a worthless person, and is full of envy of the emptiest-headed chatterbox. He knows that ninety-nine percent of human conversation means no more than the buzzing of a fly, but he longs to join in the buzz and to prove that he is a man and not a waxwork figure.

The object of conversation is not, for the most part, to communicate ideas: it is to keep up the buzzing sound. There are, it must be admitted, different qualities of buzz: there is even a buzz that is as exasperating as the continuous ping of a mosquito. But at a dinner-party one would rather be a mosquito than a mute. Most buzzing, fortunately, is agreeable to the ear, and some of it is agreeable even to the mind. He would be a foolish man, however, who waited until he had a wise thought to take part in the buzzing with his neighbors. Those who despise the weather as a conversational opening seem to me to be ignorant of the reason why human beings wish to talk. Very few human beings join in a conversation in the hope of learning anything new. Some of them are content if they are merely allowed to go on making a noise into other people's ears. They have nothing to tell them except that they have seen two or three new plays or that they had bad food in a Swiss hotel. At the end of an evening during which they have said nothing at immense length, they just plume on themselves their success as conversationalists. I have heard a young man holding up the monologue of a prince among modern wits for half an hour in order to tell us absolutely nothing about himself with opulent long-windedness. None of us except the young man himself liked it, but he looked as happy as if he had a crown on his head.

——*On Conversation*

该文本与翻译任务具有相同的哲理性特征，文体风格也与原文保持一致。在教学实施方面，我们要求学生用两周时间完成全文背诵任务。这种深度背诵的训练方式，能够

帮助学生更好地理解文章内容、掌握文本结构、体会语言表达，从而有效提升语感和语言运用能力。

背诵练习主要在课外完成，教师会在课堂上进行随机抽查并计入成绩。需要特别说明的是，所有学生在开始翻译练习前都必须完成背诵任务。在实际操作中，我们采取分组背诵的形式，每节课从每个小组随机抽取一名成员进行背诵，其表现将计入小组期末成绩。这种将成绩激励与随机抽查相结合的方式，极大地激发了学生的背诵积极性。

（2）源发语文本的深层感知训练

在翻译写作教学中，我们首先通过课堂抽查确保学生对类似文体的语篇有基本认知，随后进入源发语文本的深层感知阶段。深层感知是译者实现高质量译写的基础，其与表层感知的主要区别在于：表层感知仅停留在字面理解层面，而深层感知则要求译者能够准确把握文本内涵、作者意图，并具备文本重述能力。

在具体训练中，我们选择篇幅适中的文章作为素材。以《变化》一文为例，教师通过引导学生讨论自身从大一到大三的变化（如作息习惯、日常装扮等变化），帮助学生建立与文本的情感共鸣。这种方式有效促进了学生对文本内容的深层理解，为其后续的翻译工作奠定基础。

（3）翻译任务的仿写实践

基于建构篇 4.3.1.3 提出的仿写感知理论，我们在教学中将这一概念具体化为三项特征：

第一，突破书面文本的视觉束缚。

第二，强化文本内涵的把握。

第三，弱化源发语文本的结构影响。

这种训练方式让学生深刻体会到翻译中"重神似而非形似"的要义。以下是厦门理工学院英语系 18 级 1 班沈同学的仿写范例：

[366]

Changes

When I was 20, I walked around the school. I got blushed when I spoke.

When I was 30, I sat at the desk, and said coldly to my employee: "How dare you say things like that?"

When I was 20, I met the person I loved secretly in the street of my hometown. On hearing that he had become a postgraduate student, I was crushed, and couldn't help crying.

When I was 30, I asked around for information where I could buy an MBA.

该学生的仿写作业较好地再现了原文的基本内容，语言表达较为流畅。但仍存在以下两个方面的不足：一是对原文某些细节内容的遗漏，如人物着装变化的具体描写；二是译文在准确性方面有待提升，特别是对主人公受挫心理的刻画不够充分。

（4）翻译任务的感知—运思—表述

在进行仿写之后，学生将正式参考源发语文本进入正式的感知—运思—表述阶段。初稿如下：

[367]

　　原文：变化

　　译文：Changes

　　原文：二十岁的时候我穿着一条背心式牛仔裙在校园里走来走去，一说话就脸红。

　　译文：When I was twenty years old, I wore a overall-stayed jean skirt, wondering around my compus and spoke with face flushing because of shyness.

　　原文：三十岁的我穿着名牌套装，坐在办公桌前，满脸冷酷地对下属说：”这么愚蠢的问题你也敢问？也不打个草稿？”

　　译文：At the age of 30, wearing a suit of famous brand, sitting in front of the table in office, I told my suborinate[①] anrrogantly "How dare you ask such stupid questions? Why don't you make a draft?"

　　原文：二十岁的暑假，在家乡的大街上偶遇自己的暗恋对象，听说他考上了研究生，被他的进步所打击，心如刀绞，想到这辈子终于不能出色得让他看我一眼，不禁怆然泪下。

　　译文：In the summer vacation at my twentieth, I encountered the man I had fallen in love with secretly years ago. After realizing that he had been admitted as a master student, I was frustrated by his progress, feeling like being killed by numerous knives, especially when I thought that I was not excellent enough to have his attention, tears fell down from my eyes uncontrolledly.

　　原文：三十岁之后，到处打听哪里可以花钱买个MBA。

　　译文：After my 30, I went around different places in order to realize that where I could purchase a MBA.

正式译文和仿写对比分析如下：

①语法结构方面：

仿写文本整体行文较为流畅，语法错误较少。相比之下，正式翻译阶段的文本存在较多语法错误，特别是第三句的译文，由于过于拘泥于汉语原文结构，导致句式混乱。

②信息处理方面：

仿写阶段存在信息缺失现象。正式翻译阶段虽然信息较为完整，但受源发语文本影响，出现信息冗余现象。例如："with face flushing because of shyness"中的"because of shyness"属于多余信息。再如："in order to realize"也是受汉语影响的多余表达（John Pinkham，2003）。

---

　　①　注：为保持学生作业原貌，文中拼写错误均予以保留，下同。

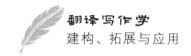

③用词准确性：

存在字面硬译问题。例如："make a draft"应译为"think it over before you ask"或"give it a second thought"更为贴切，因为该表达需要准确传达"提问前应深思熟虑"的核心意思。

在教学实施环节中，我们制定了系统的工作流程和质量标准。首先要求学生同时提交仿写和翻译两份作业，以确保学习效果的全面评估。教师团队需在一周工作日内完成作业批改，

并在文本中详细标注存在的各类问题。整个教学周期的时间安排分为两个部分：课堂实践环节占用2个标准课时，课后批改环节预留1周时间。在批改过程中，我们坚持三个核心原则：一是保持评语的客观中立性，避免主观臆断；二是采用启发式指导，杜绝强行灌输个人观点；三是重点引导学生理解汉英语言系统的本质差异，培养其语言转换的自觉意识。这种教学安排既保证了实践训练的充分性，又确保了反馈指导的及时性和科学性。

（5）检视

在检视环节的设计上，我们进行了重要革新，与旧模式相比最显著的改进在于新增了仿写与译写任务的对比自查机制，并要求学生形成系统的错误分析报告。具体实施过程如下：

① 小组检视结合教师检视

教师首先组织学生将自己的仿写和译写文本进行对照分析，通过小组讨论的形式开展深入自查，同时参考教师提供的专业批注。在分组讨论过程中，教师全程参与指导，针对批注意见与学生展开互动交流，既鼓励目标语文本表达的多样性和创造性，又着重引导学生发挥仿写阶段的流畅性优势，同时规避译写阶段容易出现的机械对应问题，并适当吸收译写过程中保持原文忠实性的可取之处。以沈同学的作业为例，教师对其仿写和译写文本进行了全面细致的对比评析：既客观指出了仿写文本的亮点与不足，又对译写文本中的句子结构问题逐一提出修改建议，同时特别标注了"背心式牛仔裙"、"走来走去"、"心如刀绞"等十余个需要进一步查证的关键表达。最后，学生需要基于教师反馈和小组讨论的成果，独立完成个人错误分析报告，从而实现从实践到反思的完整学习闭环。

② 个人自我检视

以下为沈同学做出的错误分析报告：

Review

Vocabulary:

No. 1 背心式牛仔裙：

两种表述方式：

a. denim overall dress（牛仔工装裙子）

图 13-6①

b. vest with jeans.

E.g.

Since you are wearing your **vest with jeans**, you first need to determine if you want to dress up or down your outfit. The jeans already give the outfit a casual look, so if the occasion is more on the business-casual side, you might want to consider a crisp, white button-down shirt. This will help to give the outfit a clean semi-professional look.

No. 2 坐……前面

a. Sit at the table：is a specific direction a location, which in this case is table. Generally, it implies that you will be using the table (*Bing*)

Sit at: to be seated in front of something, such as a table. (*Thefreedictionary.com*)

图 13-7②

图 13-8③

这是两张来自 Bing 上关于 Sit at the table/desk 的照片，我们可以看出右图更符合"坐在办公桌前"。

---

① 引自网站 www.cheatsheet.com/，访问日期：2020 年 10 月 1 日。

②③ 均引自必应网，https://cn.bing.com/，访问日期：2020 年 10 月 1 日。

Resource derivation:

b: Sit in front of (25 sentences from *BNC Corpus*)

In front of：before; in a position ahead of (*Collins dictionary.com*)

E.g. You can sit in front of me, and I'll see you don't fall off. (*BNC Corpus*)

...gets him to sit in front of the TV with a snack in his hand.

资料中显示，sit in front of 更多用于形容坐在电视、电脑、某人、树、火堆前，没有出现"坐在桌子前"的用法。

c. In: A. in or into some place, position, state, relation,

B. on the inside; within.

On: A. in, into, or onto a position of being supported or attached

B.in, into, or onto a position of covering or wrapping

At: A. used to indicate a point or place occupied in space; in, on, or near

B.used to indicate a location or position, as in time, on a scale, or in order (*Dictionary.com*)

sit in 强调坐某物里面，是被包含住的。

sit on 强调坐在某物上面，是接触性的。

sit at 强调坐在某物旁边，是范围性的。

综上所述，"坐在办公桌前"最为恰当的是使用 sit at the desk/table。

No. 3 打草稿

a. I'd just like to make this perfectly clear that I did write a draft for work and leisure.

我只是想把这一点说清楚，我确实写了一份工作和休闲的草稿。

Source【Date: (1985-1994) Title: York Green Party business meeting: local politics (Busn). Rec. on 26 Jan 1994 with 7 partics, 728 utts】

b. he seemed then as if he'd think twice before he'd do anything

那时他似乎在做任何事情之前都要三思而后行

Source【Date: (1985-1994) Title: Gwynedd County Council tape 16: interview for oral history project (Leisure). Rec. on 1987 with 2 partics, 173 utts 】

Comments: make/write a draft 是真实情况实实在在的打草稿，而文中的实际内涵意思是为什么不再思考一下。

No. 4 暗恋对象：

Unrequited: [adj] not reciprocated or returned

crush：to have a crush on sb 迷恋某人

E.g. plays Roger Vandervent, the teenage son of one of the families who has a crush on his father's mistress.

crush noun

Definition of *crush* (Entry 2 of 2)

1 : an intense and usually passing infatuation
// have a *crush* on someone
also : the object of infatuation

2 **a** : CROWD, MOB
especially : a crowd of people pressing against one another

b : a crowding together (as of people)

3 : an act of crushing

4 : the quantity of material crushed

图 13-9

lover 主要指双方，在词典中，crush 能用作为暗恋对象的意思，用 scret crush 来表示暗恋对象较为恰当准确。

No. 5 心如刀绞：

It feels like that my heart is aching (from Bing)

Aching heart (Bing)

My heart is broken (from *Wikipedia*)

As if a knife were being twisted in my heart（《汉英大词典》）

No. 6 被……打击

strike or hit（from 网络词典 *https://www.thefreedictionary.com/*）

a. Strike: To affect or overcome with strong emotion:

She was struck with alarm at the news. 她被这个消息吓坏了。

b.Hit: to affect (a person, place, or thing) suddenly or adversely

突然或不利地影响（人、地方或事物）

E.g.　His illness hit his wife very hard. 他的病对妻子打击很大。

综上，两个都有对人精神，思想方面的打击的意思，所以都可以使用。

No. 7 怆然泪下

和 tears 搭配到底是 fall down 还是 stream down?

通过英国国家语料库 BNC 查询和 stream down 搭配的例子仅有一例

而和 stream down 搭配的有 22 例。

E CONTEXT: CLICK ON WORD OR SELECT WORDS + [CONTEXT]　[HELP...]

		CONTEXT	ALL FORMS (SAMPLE) : 100 200 500	FREQ
1	☐		TEARS STREAMING DOWN	22

图 13-10

(SHUFFLE)

CLICK FOR MORE CONTEXT					SHOW DUPLICATES
1	ADS	W_fict_prose	A B C	huddled under the covers of her bed, the Bible in her hand and **tears streaming down** her face. Maria, who showed her in, was frightened and stood	
2	APW	W_fict_prose	A B C	, and abruptly he swung round to clasp Farquhar in his arms, the **tears streaming down** into his beard.' Farquhar! My heart! I near killed you	
3	FEE	W_fict_prose	A B C	" I do! " I interrupted rudely, enraged now more by the **tears streaming down** my face than by her. " And I wouldn't have said a	
4	G10	W_fict_prose	A B C	the Beastline still lives!' The spells succeeded,' whispered Grainne, **tears streaming down** her cheeks and, as she turned towards the forest, the ancient magical	
5	GV6	W_fict_prose	A B C	a state of almost incoherent fury, like a child in a tantrum, **tears streaming down** her face and her whole body shaking in a sort of passion as she	
6	H90	W_fict_prose	A B C	sisters. This time was no different and my master left Syon with the **tears streaming down** his face. As usual he grasped my hand.' Roger,'	
7	H98	W_fict_prose	A B C	. But when he looked up, he realised she was laughing, the **tears streaming down** her face.' You find our parish meetings amusing, Benedicta?'	
8	H9C	W_fict_prose	A B C	villagers had laid Father Reynard out on the table and an old woman, **tears streaming down** her face, was gently bathing the corpse before it was sheeted for buri	
9	HGT	W_fict_prose	A B C	hurled herself down the spiral staircase, pushing blindly through the group below, **tears streaming down** her face. They might have looked at her, all those swish	
10	HGV	W_fict_prose	A B C	, dragging at Araminta's shoulders where she sat, her laughter quenched, **tears streaming down** her face.' Diggory, help me!' the housekeeper called out	
11	JXX	W_fict_prose	A B C	help it,' she wept, unable to staunch the heavy flow of **tears streaming down** her pale cheeks. For some time the only sound in the room was	
12	CH5	W_newsp_tabloid	A B C	yesterday. So they sat on a blanket and clung to each other, **tears streaming down** their cheeks.' I thought you were dead,' whispered Nijaz.	
13	A2X	W_newsp_brdsht_nat_report	A B C	. Civil-defence workers serving hot soup from their mobile kitchens on Hof station have **tears streaming down** their faces. They are used to all sorts of emerge..	
14	K41	W_newsp_other_report	A B C	Paul Sharp, 27, and joiner David Sweeney were left choking and with **tears streaming down** their faces when a kitchen hand bombarded them with burning chilli a	
15	K52	W_newsp_other_sports	A B C	; she just stood there. She nuzzled me and I cuddled her with **tears streaming down** my face.' An Essex man has been charged with handling stolen horses	
16	ALH	W_non_ac_soc_science	A B C	Israel and I were both on our knees, side by side, with **tears streaming down** our faces, yet laughing at the same time. It was an indescribably	
17	ADE	W_religion	A B C	to the body of her mother and initially started talking quietly to her, **tears streaming down** her face. After a few moments her voice grew louder, and she	
18	ADE	W_religion	A B C	make sure nothing else awful happened. I remember Geoff telling me this, **tears streaming down** his face, marvelling at how it was his children who had the stren	
19	EVH	W_biography	A B C	. Elsie, who lived with us at that time, just sat with **tears streaming down** her face. He would put his fork into his mouth and pretend it	
20	J56	W_biography	A B C	a fellow student from my course in the RAF Club, he related with **tears streaming down** his cheeks an incident when " Happy " was taking the course on rifle	
21	ALL	W_misc	A B C	of emotion.' Is this no' great?' Wull shouted, **tears streaming down** his cheeks. War! War! It's like hogmanay...!	
22	HDB	W_misc	A B C	one. A girl I vaguely knew from the village was standing there with **tears streaming down** her face and apart from the occasional sob from her we stood there in	

图 13-11

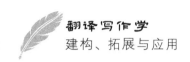
通过例子可以看出，此处，我不禁怆然泪下，应该是和 streaming down 搭配更合适，更有一种画面感。而在英语国家语料库中，tears 和 fall down 搭配的例子仅有一处。

		CONTEXT	ALL FORMS (SAMPLE): 100 200 500	FREQ
1	☐	TEARS FALL DOWN		1

LICK FOR MORE CONTEXT			☐	[?]	SAVE LIST	CHOOSE LIST	———	CREATE NEW LIST		
B1C	W_fict_poetry	A	B	C	where the butterfly is calling # his name, calling his name # until his **tears fall down**, #

图 13-12

从例子中也不难看出，fall down 没有 stream down 带给我们的那种画面感强烈。使用 stream down 使译文更加生动。

No. 8　到处打听

Enquire (*Oxford Learner's Dictionary*)

verb [intransitive, transitive] (*rather formal*) to ask sb for some information

enquire (about sb/sth)

E.g. *I called the station to enquire about train times.*

And just what, may we ask, is the difference between these? While *inquire* means "to seek information in a formal way," *enquire* means "to ask in a general way." They can be used interchangeably. *Inquire* and *enquire* both originate from the same Latin word, meaning *to seek*. Both words mean *to request information or examine facts*. *Inquire or enquire* can be used as either a verb or as a noun.

所以这里应该用 enquire 比较好。

Grammar:

No. 1

When I was twenty years old, I wore a overall-stayed jean skirt, wondering around my compus and spoke with face flushing because of shyness.

这个句子里，走来走去和脸红应该使动作的重心，穿着什么衣服其实是可以用作伴随。

No. 2

In the summer vacation at my twentith 语法错误，没有这种表述方式

No. 3

After realizing that he had been admitted as a master student, I was frustrated by his progress, feeling like being killed by numerous knives, especially when I thought that I was not excellent enough to have his attention, tears fell down from my eyes uncontrolledly. 这里句式很混乱，句子受汉语影响有些太长了，没有层次结构，结构混乱，可参照仿写内容进行修改。

No. 4

After my 30, I went around different places in order to realize that where I could purchase a MBA.

这里的 went aroud different places in order to realize 属于中式英语中添加的无关信息，既然到处打听就包含了要去 realize 的内容，所以属于多余。

No. 5

MBA 前加 a 还是 an ?

要看具体的音标。

E.g. This is a map.　map（第一个音标为辅音"m"）前就加 a。

E.g. There is an "m" in the word of map.　单个字母 m（元音"em"）加 an。

这是一份比较能够达到教师要求的错误分析报告，它具有以下三个特点：

首先，所有的问题分析都有准确的查证和可靠的出处来源。作为一名教师，"授人以鱼不如授人以渔"是应当追求的信条。学生如果懂得如何通过权威资料进行思考和查证，实际上就部分掌握了"捕鱼"的方法，这比教师直接传授知识更有意义。学生的查证过程本身就是学习的过程，自己查到的知识远比老师直接灌输的掌握得更牢固。例如，对"牛仔背带裙"的查证既有可靠出处，还配有图片；再比如对"坐在办公桌前"的查证，学生参考了《朗文当代高级英语辞典》《牛津高阶英语词典》、*FreeDictionary*，并结合 BNC 语料库，最终的选择是经过一系列查证和反思后的结果。这个过程不仅提升了语言水平，也增强了独立翻译实践的能力。相信随着英语学习能力的提高和自我检视能力的加强，他们的汉译英水平和独立译写能力会得到极大提升。

其次，所有的问题分析都直接针对目标语文本中的具体问题，反映了学生对目标语的思考过程。例如，关于"tears"应该搭配"stream down"还是"fall down"，"sit"是否可以用"sit in front of the desk/table"，每一步分析都体现了他们的主观能动性和逻辑性，而不是简单地罗列词典释义。

再次，错误分析不仅限于单词层面，还涉及句子结构。学生能够从仿译写的内容中发现闪光点，并在句子结构上加以借鉴，这也是翻译写作课堂模式带给他们的启发。

③ 集体检视（教师带领、以语料库为工具、英汉对比理论为指导）

在学生完成独立检视后，教师需要对其问题进行综合分析和归类，并利用自建语料库进行课堂集体检视。

在每位学生完成初稿修订后，教师采用"阅读、写作、翻译"三位一体的翻译写作课堂语料库检视模式，结合英汉对比知识，带领全班进行集体检视。由于课堂集体检视需要借助语料库，因此首先要对源语文本进行处理。处理步骤如下：首先进行源语文本的预处理，主要是对文本进行断句并为每个句子编号，使源语与目标语文本形成一一对应关系。使用 TextPreProcessing 软件进行断句，再通过 TextPreProcessing 和 Grep 工具为文本编号。处理后的文本示例如下：

<ch1> 二十岁的时候我穿着一条背心式牛仔裙在校园里走来走去，一说话就脸红。

<ch2> 三十岁的我穿着名牌套装，坐在办公桌前，满脸冷酷地对下属说："这么愚蠢的问题你也敢问？也不先打个草稿。"

<ch3> 二十岁的暑假，在家乡的大街上偶遇自己的暗恋对象，听说他考上了研究生，被他的进步所打击，心如刀绞，想到这辈子终于不能出色得让他看我一眼，不禁怆然泪下。

<ch4> 三十岁之后，到处打听哪里可以花钱买个 MBA。

在完成文本预处理后，需要将处理好的文本导入雪人翻译软件。目前市面上有多种翻译软件可供选择，如 TRADOS、雅信、TRANSIT、SDLX 等。但这些软件要么需要付费使用，要么操作复杂，更适合大型团队翻译项目，不太适合教学演示和学生使用。相比之下，国产的雪人翻译软件免费版操作简便，完全能够满足教师建库的需求。

具体操作流程如下：首先在雪人翻译软件中创建一个中译英项目，导入预处理后的

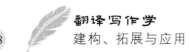

文本并保存为 STP 格式文件（例如命名为"17 汉英笔译基础 2 幽默小品文"），然后将文件上传至网盘供学生下载使用。由于雪人软件操作简单，学生只需经过十几分钟的讲解就能掌握基本使用方法。

学生操作步骤包括：

（1）打开雪人翻译软件，加载教师提供的 STP 项目文件

（2）选择"17 汉英笔译基础 2 幽默小品文"文件进行翻译

（3）完成翻译后，右键点击项目文件选择导出双语对照文本

（4）将文件命名为"学号 + 姓名 +10 汉英笔译基础 1 幽默小品文"

注意：必须选择导出 TXT 格式的句子对照文本，而非段落对照文本，否则会影响后续语料库检索功能。所有学生完成翻译后，将文件统一上传至指定文件夹。

在语料库创建的最后阶段，需要使用检索软件进行分析。虽然 WordSmith 是市面上较为流行的语料库检索工具，功能全面但操作复杂，且主要适用于单语语料检索。本研究采用的是许余龙开发的检索软件，其特点是操作简单、能满足教学需求。只需将所有学生的 TXT 格式文件放入软件的 DATA 文件夹，即可进行检索分析。通过这种方法，每次学生作业都能形成一个可供研究的小型语料库。教师不仅可以用于学术研究，还能在课堂上结合英汉对比知识指导学生进行翻译检视，有效提升学生的翻译能力。

以本文为例，可以明显看出英语语法和汉语语法的差异：英语注重形合，而汉语则更侧重意合（连淑能，2005）。

（1）时态、结构差异

汉语与英语在时态表达上存在显著差异。汉语缺乏显性的时态语法形式，主要依靠时间状语来体现时间关系，这导致学生在汉译英过程中容易受到母语干扰而产生时态错误。通过语料库分析，可以清晰直观地观察到这类典型错误。

No	Text	Line	File
1	**chi:** 二十岁的时候我穿着一条背心式牛仔裙在校园里走来走去，一说话就脸红。When I was 20, I am wearing a denim tank top walk around the campus, I was blush when I talked with someone at that time.	1	17103012041幽默小品文.TXT
2	**chi:** 二十岁的时候我穿着一条背心式牛仔裙在校园里走来走去，一说话就脸红。When I was twenty, I walked around in the campus wearing a vest-style denim skirt and blush when I spoken.	1	17103014009幽默小品文%20(1).TXT
3	**chi:** 二十岁的时候我穿着一条背心式牛仔裙在校园里走来走去，一说话就脸红。When I was 20 years old, I walked around the campus in tank top denim skirt and blushed whenever I spoke.	1	17103012033幽默小品文.TXT
4	**chi:** 二十岁的时候我穿着一条背心式牛仔裙在校园里走来走去，一说话就脸红。In the age of 20, I walked around campus in a tank top jeans and blushed whenever I talked with others.	1	17103012033马列幽默小品文.TXT
5	**chi:** 二十岁的时候我穿着一条背心式牛仔裙在校园里走来走去，一说话就脸红。At the age of twenty, wearing a jeans skirt. I moved about on the campus, my face blush when i speak.	1	17103012012背影油热.TXT

图 13-13

在第一句的译文中，No. 1 和 No. 2 均出现了时态错误："I am wearing"应为过去式"I was wearing"，"walk around"应为"walking around"，"I was blush"应为"I blushed"。此外还存在时态用法混乱的问题，No. 2 中"when I spoke"应为"when I spoke"。通过语料库检视，其他容易被忽视的错误也显现出来。例如 No. 1 译文中多个独立从句仅用逗号连接，未正确使用连词或分句。第二句中介词和冠词使用错误，"in the campus"应去掉"the"，改为"on campus"。部分表达不够地道，比如 No. 4 的"In the age of 20"与 No. 5 的"at the age of 20"对比，可发现 No. 4 的介词使用错误，应改为"At the age of 20"。此外，一些粗心或随意的小错误，如 No. 5 中"i"未大写，也

无所遁形。建议学生重点关注时态一致性、冠词使用和句式结构，并通过对比质量较好的译文（如 No. 3）进行改进。

（2）连词差异

英语注重形式上的严密性，两个用逗号隔开的独立分句之间必须用连词连接。而汉语则不需要连词来衔接小句。因此，在汉译英练习中，学生常常忽略这一点。

图 13-14

通过语料库分析可以明显看出，这几位学生在汉译英时就忽视了汉英的这一差异，漏掉了必要的连词。

（3）介词使用的差异

由于汉英语言结构不同，英语在表示时间或地点时必须使用介词或关系词，而汉语则无需此类成分。因此，学生在汉译英时容易遗漏介词或关系代词。

图 13-15

例如，语料库显示，这几位学生在翻译"20 岁的暑假"时，均未添加必要介词，导致句子结构错误。

（4）英汉动静态词的差异

以本次翻译中的"一说话就脸红"为例，该表达具有强烈的画面感。若选用动词"blush"，能生动呈现这一动态过程；而使用静态形容词"shy"则会弱化画面表现力。

图 13-16

语料库分析显示，部分学生误用"shy"进行翻译。该词作为静态形容词，无法准确传达原文的动态场景。相较之下，"blush"更能体现瞬间的面部表情变化，是更贴切的译法。

（5）英汉词义的表里差异

英汉词汇常存在表面意义对等而深层含义不对等的现象。以"不打个草稿"的翻译为例，多数学生直接译为"Why don't you make a script?"。然而通过 BNC 语料库及权威词典验证，"make a script"仅表示字面意义上的"制作脚本"，无法传达原文"未经认真思考"的深层含义。

No	Text	Line
1	ch2三十岁的我穿着名牌套装,坐在办公桌前,满脸冷酷地对下属说:"这么愚蠢的问题你也敢问?也不先打个草稿"。I wore the suit of famous brand when I was 30, sitting by my desk, and saying " How dare you ask a silly question? Why didn't you prepare a draft in advance?" to my subordinates with a cold face. 也不打个草稿。	5
2	ch2三十岁的我穿着名牌套装,坐在办公桌前,满脸冷酷地对下属说:"这么愚蠢的问题你也敢问?也不先打个草稿"。I dressed in fancy brand suit when I was 30 years old, sitting in front of office desk, and I spoke to my employers with cold face " how dare you ask such silly questions?	4
3	ch2三十岁的我穿着名牌套装,坐在办公桌前,满脸冷酷地对下属说:"这么愚蠢的问题你也敢问?也不先打个草稿"。The thiry-year old me would wear some famous suit, sitting at my office, being cold face to my subordinates and said:"How dare you to ask such a dumb question without draft?"也不先打个草稿"。	5
4	ch2三十岁的我穿着名牌套装,坐在办公桌前,满脸冷酷地对下属说:"这么愚蠢的问题你也敢问?也不先打个草稿"。I sat at the working desk in famous brand suit shouting at the subordinate coldly, "how dare you to ask such a stupid question? Draw a script first!"也不先打个草稿"。	5
5	ch2三十岁的我穿着名牌套装,坐在办公桌前,满脸冷酷地对下属说:"这么愚蠢的问题你也敢问?When I was 30 years old, I sat at my desk in a brand suit and said to my underling with a cold face" how dare you ask such a stupid question? you should have a rough draft. 也不先打个草稿"。	2
6	ch2三十岁的我穿着名牌套装,坐在办公桌前,满脸冷酷地对下属说:"这么愚蠢的问题你也敢问?也不先打个草稿"。I dressed in fancy brand suit when I was 30 years old, sitting in front of office desk, and I spoke to my employers with cold face " how dare you ask such silly questions?	4

图 13-17

语料库分析表明，学生在处理这类文化词语时往往倾向于采用硬译方式。通过课堂展示和系统的自我检视，学生能够逐步建立起三个重要认知：首先，汉英词汇常常存在表层意义对应而深层内涵不对等的现象；其次，在翻译过程中必须深入考察词语背后的文化内涵；最后，必须通过权威语料库来验证译文的准确性。

这种将学生自主反思与教师专业指导有机结合的教学模式展现出显著成效：学生通过个人反思和小组讨论发现自身翻译问题，教师则借助语料库工具进行专业分析和集体指导，二者相辅相成，最终帮助学生产出更加准确、地道的修改译文。这种阶梯式的认知建构和实践过程，有效提升了学生的翻译能力和跨文化意识。

学生结合自己的自我检视、小组检视和教师的集体检视，并发挥仿写稿的优势，最终形成了修改稿如下：

定稿：
<ch1> 二十岁的时候我穿着一条背心式牛仔裙在校园里走来走去，一说话就脸红。
At the age of 20, I wandered around the campus in a denim overall dress, getting blushed the moment I uttered a word.
<ch2> 三十岁的我穿着名牌套装，坐在办公桌前，满脸冷酷地对下属说："这么愚蠢的问题你也敢问？也不打个草稿？"
At the age of 30, sitting at the office table in a famous brand suit, I reproached my subordinate coldly "How dare you ask such a stupid question? Why don't you think twice?"
<ch3> 二十岁的暑假，在家乡的大街上偶遇自己的暗恋对象，听说他考上了研究生，被他的进步所打击，心如刀绞，想到这辈子终于不能出色得让他看我一眼，不禁怆然泪下。
At the age of 20, I encountered my secret crush on the street of my hometown during the summer vacation. Hearing that he had been admitted as a graduate student, I was struck by his progress. Tears streamed down my cheeks the moment I thought that I could never be outstanding enough to win his attention,
<ch4> 三十岁之后，到处打听哪里可以花钱买个 MBA。
After my 30, I enquired here and there where I could purchase an MBA.

跟仿写稿、译写稿相比，定稿的进步主要体现在以下两方面：

首先，定稿能够帮助发现并修正错误。这些修正大多是通过自主查证和分析得出的，而非被动接受老师意见后的被迫修改。这种主动查证和分析的过程正是提升翻译能力的关键途径。

其次，定稿综合了仿写稿的流畅性和译写稿的忠实性。它不仅补充了仿写稿中遗漏的内容，还修正了译写稿中生硬的译法、错误的结构，使最终译文既通顺又准确。

本书通过详细记录一位学生的完整修改过程，生动展示了"阅读、写作、翻译"三位一体的翻译写作模式给学生带来的显著进步。

13.4　本章小结

本章针对当前翻译教学课堂存在的问题，提出将翻译写作学理论框架应用于课堂教学，以消除现有弊端。2015 年建立的翻译写作课堂模式以翻译写作学思想为指导，既关注翻译结果，也强调翻译过程，注重以翻译理论指导实践，并以"信达雅"作为翻译标准。然而，在实际运用中，该模式的部分环节仍存在不足。经过数年的课堂观察与测试，本书对原有模式进行了优化和重构。

新的翻译写作课堂模式从课内和课外两个层面展开：

课外部分：通过兴趣驱动项目，如微信群、微信公众号、趣味翻译专题等，有效激发学生的翻译热情。

课内部分：利用自制小型语料库，结合计算机辅助翻译工具、大型语料库和网络词典，指导学生进行自我检视，提升其翻译质量评估能力。

新构建的"阅读、写作、翻译"三位一体课堂模式显著提升了学生的译写能力，这种进步不仅可感知，也切实可见。该模式曾获厦门理工学院说课比赛一等奖，并受到教学评价小组的认可。目前，该模式已在翻译写作课堂中应用，并在实践中不断融入新思路，以逐步完善。

未来，随着科技进步和人工智能的发展，翻译写作课堂仍需持续吸纳新的教学手段，在保持稳定性的同时保持开放性。因此，我们将在教学实践中不断探索，进一步完善翻译写作课堂教学模式。

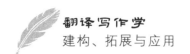

第十四章
翻译写作课程拓展："云译坊"

随着 AIGC 时代的快速发展，人类的翻译实践活动、翻译研究以及翻译教学都面临了新的机遇与挑战。翻译写作教学模式自提出以来，在一轮又一轮的翻译写作课堂教学实践、一学期又一学期的大学英语翻译模块教学的应用中不断得到论证与反思。新的时代背景下，该教学模式也呈现了一定的局限性，需要有更新的突破与发展。

本章中，我们将进一步指出翻译写作教学模式目前呈现的局限性，思考并探究翻译写作课程的新拓展，提出"云译坊"这一新的翻译工作坊模式，并展开初步教学实践。以期为后续翻译写作课程云平台的建设与开发探索新路径与新范式，完善翻译写作课程与翻译写作教学模式的构建，也为翻译教学评测与评价体系的探索提供新思路。

14.1 翻译写作教学模式的局限性

翻译写作教学模式倡导"翻译教学和实践应该从写作训练开始，培养遣词造句的能力"（杨士焯，2012：220），视写作训练为翻译的基础，是"研究性翻译教学法"（杨士焯，2012：212）。这给翻译教学带来新的借鉴，但本书在教学实践中也发现这一教学模式在目标语写作训练一环存在的局限性。英译汉的目标语写作——中文写作训练，于中国学生较容易操作，且在同伴互评译文（英译汉）时也容易指出对方在翻译中存在的问题。然而，汉译英的目标语写作——英文写作训练则出现较多问题。例如，英语水平弱的学生对其他同学的译文难以作出正确评估，英语水平较好的学生也未必能对自己的评改信心十足。而且，有相当一部分学生并不取信于同伴评改。总的来说，学生们仍然倾向于信赖教师的评改。

因而，翻译写作课程的教学需要在已创新的基础上扩展更有效的教学实训途径，国内翻译教学亦如是。

14.2 "云译坊"教学设计

针对上述翻译能力培养过程中学生存在的目标语译写训练局限性以及同伴评改不

足，本书尝试建构翻译写作教学的在线互动——"云译坊"，开展母语译者与二语译者之间的在线翻译实践、交流与探讨活动，以期探索解决上述问题的实践路径。

在此，首先有必要对"云译"做一界定说明。本书所指"云译"主要指母语译者与二语译者之间在线进行翻译实践、讨论翻译事宜，暂不涉及机器翻译。其次，"云译访"教学构想源于广东外语外贸大学就二语写作课程教学与研究展开的一项"跨洋互动"活动（郑超等，2013）。该活动为中美英语写作学习者搭建了一个能真实交际、碰撞的平台，使得双方学习者与教师在语言学习与应用乃至教学研究上都获益良多。

基于本书作者所在院校学情，"云译坊"首先从班级中的外籍生与中国学生开展翻译实践交流活动开始，再逐步、分阶段推进至与英语国家院校洽谈合作。本书在此暂不作进一步讨论。下文暂且用"外方"一词代表国外院校合作方。我们首先明确翻译写作教学"云译坊"的课程建设与参与者。

（1）课程建设与参与者

关于"云译坊"课程建设，本书以翻译写作课程为核心课程，以翻译写作教学模式为主，结合其他教学模式进行教学。拓展组织学生编辑译文赏析类的刊物、开设校内翻译学习网站等，也可效仿美国的作坊式翻译教学法开展师生合作、讨论。

关于课程参与者，初期阶段，翻译写作课程的学生是"云译坊"的主要参与者。在课程活动开展趋于成熟后，其他翻译类课程师生、研究者，甚至任何有兴趣学习翻译的人都可以参与进来，也可以拓展至中外合作院校的相关专业师生、研究者等。

在课程实施过程中，由于学生在理解外语原文或是将母语译入外语时难免遇到疑难，教师需要参与讨论，给予一定的见解和意见。

完善课程建设、确定参与者之后，我们就进入"云译坊"具体过程的构思与设计。

（2）"云译坊"教学过程

针对翻译学习者译述脱节的问题与翻译写作教学模式的局限性，借鉴广外"跨洋互动"教学经验，本书对翻译写作教学"云译坊"的教学过程制简图如下（图14-1）：

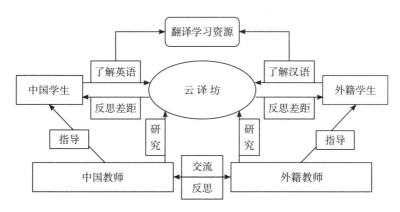

图 14-1　翻译写作教学"云译坊"教学过程图

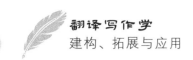

翻译写作学
建构、拓展与应用

从上图可以看到，在"云译坊"中，双方学生互为翻译学习资源，分享经验。中国学生可以切实感受母语国的人们是怎样运用英语的，学习地道表达，增加对英语国家文化背景的了解，这些无论对于汉译英还是英译汉都是有益的。同时，中式英语这一问题通过在线讨论翻译能得到外方学生的纠正和指导。反之同理，外籍学生不准确或不地道的汉语表达同样能得到中国学生的纠正与指导，从中了解汉语使用实情与文化，有助于学习英汉互译。教师一方面参与学生们的讨论，指导学生如何提问以获取对方有针对性的意见；另一方面获取研究素材，与对方教师讨论并反思教学。

由此，我们将"云译坊"的实践步骤大致分为两步，制表（表 14-1）如下：

表 14-1　翻译写作教学"云译坊"流程

步骤	参与者	具体步骤			
		中国		外籍	
		学生	教师	学生	教师
第一轮	第一步　教师		与外籍教师商讨选定任务语篇		与中国教师商讨选定任务语篇
	第二步　师生	与外籍学生分组合作感知原文		与中国学生分组合作感知原文	
	第三步　师生	组内讨论运思、表述译文		组内讨论运思、表述译文	
	第四步　师生	组内检视译文		组内检视译文	
	第五步　师生	组际交换、讨论译文	指导	组际交换、讨论译文	指导
	第六步　师生	集合语料、交流讨论			
第二轮	第一步　教师		与外籍教师商讨选定任务语篇		与外籍教师商讨选定任务语篇
	第二步　师生	与外籍学生讨论原文		与外籍学生讨论原文	
	第三步　师生	独立完成翻译在线评改讨论		独立完成翻译在线评改讨论	
	第四步　师生	集合语料、交流讨论			
实地互访（夏令营、论坛、工作坊等）					

表 14-1 中的各环节的开展次数可依据实际情况来安排。

第一轮，第一步，教师商讨选定翻译语篇（中英文皆可，或者中、英文各一篇）并上传网络。第二步，双方学生分为两组（A 组与 B 组），每组 4 位学生，中、外双方各两位。各组学生查阅工具书和资料，仔细阅读语篇并撰写说明稿，作出注释，用以交流和讨论对语篇的理解，完成翻译感知阶段。其中，撰写说明稿一环，中国学生练习了汉译英的目标语写作——英语写作，外籍学生练习了英译汉的目标语写作——中文写作。第三步，学生分别在组内讨论语篇句子表达，展开运思，完成译文表述。第四步，学生分别开展组内译文检视。第五步，A、B两组学生交换译文，讨论指出对方译文中的问题，包含为何译得不同，有何不同理解，交流翻译技巧的运用心得。这一步骤中，外籍学生能指出中国学生英语表达不地道的地方，能让学生真实了解到英语在英语国家里到底是怎么样使用，也能了解更多英语文化。反之同理，外籍学生也在交流中能了解到汉语在中国的使用逻辑和文化背景。双方学生在收到对方批改意见后，可向教师请教如何就不理解的批改意见向对方学生有针对性地提问。双方学生都能在过程中提升自身的母语表述能力。在以上每一步骤中，教师必须参与讨论，随时接受学生询问，给出方向性建议，但不直接告诉学生怎么做，避免局限学生思维。最后，双方学生与教师同样要集中讨论，总结经验，以使下一轮讨论更完善。

第二轮，第一步仍由教师商定语篇；第二步，双方学生在网络上讨论对语篇的理解；第三步，学生独自完成译文表述后上传至网络互相批改和讨论。学生要记录批改意见并作出总结。教师之间另行讨论每环节反映的教学问题，寻找改进方法。

此外，双方还可以开展实地互访，如夏令营、论坛（学生或教师）等，面对面展开交流讨论，学生可以取得更多进步；教师也可以交流所发现的问题与研究成果，推进翻译教学改革和发展。

如此，学生与教师都处于讨论圈中，学生为主体，教师从旁辅助并参与其中，形成自己的讨论圈。双方学生互为母语本族语者，自然较为信服对方所给出的修改意见和二语综合知识，大大提高将本族语译入外语的学习效果，同时也提升将外语译入本族语的表述准确度。

综上所述，为进一步明朗翻译写作教学"云译坊"模式相关讨论，本书制图如下（图 14-2）：

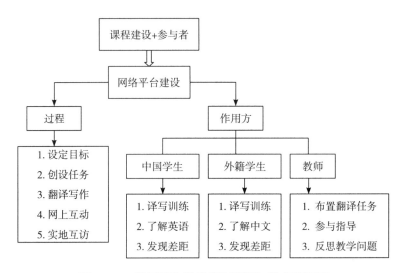

图 14-2 翻译写作教学"云译坊"模式详解图

详述至此，有关翻译写作教学的"云译坊"的另一个重要环节，即平台建设，我们可以借助微信群或是钉钉群以及校园 SPOC 平台。有关细节此不赘述。

14.3 "云译坊"教学初步实践

以上讨论是对翻译写作教学模式的一点新思考。

在实际教学中，我们目前尝试在研究生班级开展了线下教学与"云译坊"教学环节。教师在该研究生班级选定外籍学生（以英语为母语）4 名，中国学生 4 名展开教学。

首先，教师将班级内学生分组，外籍学生 A 组，中国学生 B 组，布置一篇长篇翻译（英译汉语篇），原文如下：

[368]

Public's DNA to be exhibited alongside Mandela's

South Africans and international tourists are being invited to test their DNA to determine their ancestry and have the results exhibited alongside Nelson Mandela's.

The tests are being offered by the new Origins Center museum in Johannesburg to illustrate one of its themes, that "all human beings are related genetically and can trace their roots to a common ancestor who lived in Africa."

The DNA samples will be tested by the National Health Institute and the results will be given after two weeks. One can choose whether to remain anonymous or have one's ancestry exhibited in the museum.

Mandela's DNA results, taken from a sample a couple of years ago, show that he is descended from the earliest inhabitants of Africa, the San people. Their mitochondrial DNA（mtiDNA）contains the earliest genetic print of all human beings, called L1. He also is descended from a group of Africans from the Great Lakes region in East Africa.

South Africa's African groups mainly originated from the Great Lakes area and moved down along the east coast to settle in South Africa.

The Origins Center is situated on the campus of the University of Witwatersrand and beginning next Tuesday will open to the public six days a week.

It is the brainchild of Mbeki who had the idea when he went walking in the Ukahlamba Drakensberg Mountains five years ago and found that he knew more about rock art than most of his guides. He wanted South Africa's impressive rock art collection and research exhibited to benefit the public at large.

The museum will also contain a significant repository of stone age tools and rock art, evidence of inhabitants of southern Africa from 2.6 million years ago.

Only later did people leave Africa to journey to the rest of the world, according to Francis Gerard, the creative director of the Origins Center. "People only go to the Americas about 1,8000 years ago," he said.

—— 《英汉翻译教程》（第二版）（2011：163）

各组学生分别针对语篇查阅辞典和资料，仔细阅读语篇并撰写对该语篇的理解说明稿（包含注释），用以相互交流和讨论对语篇的理解，此为翻译感知阶段。其中，中方学生用英语写作说明稿，外方学生用中文写作。第二步，两组学生分别进行组内讨论，对语篇句子表达展开运思，完成译文基本表述并分别开展组内译文检视。第三步，A、B两组学生交换译文并附上先前所写说明稿，讨论指出对方译文中出现的问题，译得不同的方，交流各自不同的理解与翻译技巧的运用心得。

在此，我们摘录 4 位学生的部分段落译文以及反馈情况表中的部分内容：

【外籍学生 A 译文】：

公众的 DNA 将与曼德拉的 DNA 一起展出

南非人和国际游客被邀请检测他们的 DNA，以确定他们的祖先，并将结果与迈尔逊·曼德拉的 DNA 一起展出。

约翰斯内堡的新起源中心博物馆提供了这些测试，以阐明其中一个主题，即"所有人类在基因上都有联系，可以追溯到生活在非洲的共同祖先"。

DNA 样本将由国家健康研究所进行检测，结果将在两周后公布。你可以选择保持匿名，也可以将自己的祖先陈列在博物馆里。

曼德拉的 DNA 结果，取自于几年前的一个样本，这显示了他是非洲最早的居民，桑人的后代。他们的线粒体 DNA（mtiDNA）包含了所有人类最早的基因印记，称为L1。他也是一群来自东非大湖地区的非洲人的后代。

南非的非洲人主要来自五大湖地区，并且沿着东海岸迁移到南非定居。

【外籍学生 B 译文】：

大众的 DNA 将与曼德拉的 DNA 一同展出

有南非人和国际游客被邀请用 DNA 检测出他们的祖先，并将结果与纳尔逊·曼德拉的 DNA 一同展出。

此次项目由约翰内斯堡的新起源中心博物馆主办，是为了探寻"所有人类都有遗传关系，甚至可以追溯到祖先在非洲有共同生活"这一说法。

而 DNA 样本将送往国家卫生研究所检测，两周后出结果。人们可以自主选择是要匿名，还是将自己的祖先在博物馆一起展出。

曼德拉的 DNA 来自几年前采取到的一个样本，检测结果显示他是非洲最早的居民——桑人的后裔。他们的线粒体 DNA 包含了所有人类最早的基因印记，也称为L1。他也是来自东非大湖区的一群非洲人的后代。

这些南非的非洲群体大部分起源于大湖区，而后逐渐沿东海岸下移，最后在南非定居。

【外籍学生 A 反馈】：I usually discussed with my teammate and members of Group B（Chinese students）through socializing applications mostly WeChat. During the discussion, I gained a better understanding and exchanging ideas which allowed me to look at the text from a different perspective. Translation allows me to reinforce my understanding of the

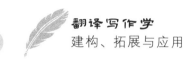

workings of the source and target language, and learn many new vocabulary that I would not have otherwise come across.

【外籍学生 B 反馈】: The main difficulty I face during the translation process would be with the elegance（雅）of the target language. The reoccurring struggle I have is while both my native and foreign language abilities have reached a relatively high level, I still lack elegance in both languages when writing, so even after finishing a translation I must spend even more time on polishing up the translation. What benefits me the most during these discussions is gaining insight and another perspective on how native speakers use the language as opposed to how non-native speakers attempt to use it.

【中国学生 A 译文】:

公众与曼德拉的 DNA 对比展示

南非游客和国际游客被邀请参加 DNA 检测，检测结果将与曼德拉的一起展示。

这些检测由约翰内斯堡的新起源中心博物馆提供，以此来说明博物馆的主题之一，即"所有人类在遗传上都有关联，并且可以追溯到生活在非洲的共同的祖先。"

DNA 样本将由国家卫生研究所进行检测，两周后给出结果。人们可以选择保持匿名或者选择在博物馆展出自己的检测结果。

几年前曼德拉的 DNA 样本检测的结果表明，他是非洲最早的居民桑人的后裔。他们的线粒体 DNA 包含所有人类最早的基因印记，这个基因印记被称为 L1。曼德拉也是来自东非五大湖地区的一群非洲人的后裔。

南非的非洲族群主要起源于五大湖地区，沿东海岸下移定居南非。

【中国学生 B 译文】:

公众的 DNA 与曼德拉的 DNA 一起展出

南非人和国际游客被邀请去检测他们的 DNA，为了确定他们的祖先，并将结果与纳尔逊·曼德拉的 DNA 一起展出。

约翰内斯堡的"起源中心"新博物馆提供了这次测试，以说明其中一个主题，这个主题是"所有人的基因都是相关的，可以追溯到生活在非洲的共同的祖先。"

DNA 样本将交由国家卫生研究所进行测试，结果在两周后公布。你可以选择隐藏你的 DNA 或者将你祖先的 DNA 陈列在博物馆里。

从几年前采集到的样本中提取到曼德拉的 DNA，经测试结果显示，他是最早生活在非洲的居民 - 桑人的后裔。他们的线粒体 DNA 包含所有人类最早的基因迹象，称为 L1。他同时也是来自东非大湖地区的一群非洲人的后裔。

南非的非洲人主要来自于大湖地区，并沿着东湖岸向南非迁移定居。

【中国学生 A 反馈】: 首先是感受到了团队合作的优势和力量，大家互相帮助的感觉特别好。其次是能看到大家对同一个问题的不同思考，对同一个词语给出的不同翻译版本，这点也让我受益颇深，从同学身上学到很多，同时也看到了许多自己的不足。我们会各自提出自己在翻译中遇到的难点，集中解决问题。大家会一起查查资料，就问题提出自己的想法，给出自己的译文供大家参考。翻译完也会给同学看一下，询问她们的意见。这次的翻译练习使我看到自身的不足，明确了自己知识和语言层面上的问题，找到下一阶段努力的目标。

【中国学生 B 反馈】：在和身边的同学探讨时，我先罗列了自己想到的几种处理方式，再征求其他同学有没有其他的想法，最后再一起进行对比，分析每一种译法的利弊。在探讨中，听到其他的同学提出的不同意见，让我对一种译法的优势和不足有更为客观全面的认识。遇到难点或自己拿不准的地方，会和大家探讨，母语国同学对于原文的理解准确度把握很有帮助。

从以上反馈报告中可以看出，外籍学生能指出中国学生英语理解不准确的地方，能让学生真实了解到英语在英语国家里到底是怎么样使用，也能了解更多英语文化。反之同理，外方学生也在翻译过程中了解到怎样的汉语表达才算是地道，才算符合汉语使用逻辑和文化背景。

14.4　本章小结

"云译坊"相关构想的实践尚未完善，必然存在许多不足之处。对于在"云译坊"中解读翻译材料原文的标准以及评测译文质量的标准还有待进一步在实践中探索；其次，"云译坊"进一步拓展至与国外院校相关专业学生展开互动交流教学后的具体形式与实践路径仍需实证探索。

古语云："读万卷书，行万里路。"互联网的发展使得学习者不仅能读万卷书，更能秒行万里。全球环境不断变化发展，对译者的要求一再提高，不断扩充翻译教学的内容。翻译写作教学模式一改传统翻译教学模式，一定程度上解决了国内翻译教学存在的问题，但尚缺翻译学习者对目标语实际使用过程与环境的接触。广外英语写作"跨洋互动"补充了现有的英语教学形式，同时，AIGC 时代的到来，启发我们构思开展翻译写作教学"云译坊"，使中国翻译学习者与外籍翻译学习者双方通过在线交流，更好地熟悉对方语言的特点和文化背景，知晓何谓地道，发现自己的失误点。如此，译者母语译入外语时的目标语写作能力（即外语写作能力）得以提高，译者外语译入母语时的源发语理解能力得以加强，真正做到能译、能写，译得准确且规范。

第十五章
翻译写作教学模式拓展

经过以上几个章节对翻译写作教学模式应用与拓展的探讨与研究，该教学模式的发展、应用及拓展均取得初步的成效。

在本书拓展篇中，我们着重从翻译写作学视角探究了二语阅读与二语写作的思维与行为过程。我们提出，二语写作的思维与行为过程中存在潜译，这是对翻译写作学研究的学科交叉拓展，很好地反观了汉英翻译写作学的研究。针对二语写作中存在潜译这一特点，本章中，我们从翻译写作学视角切入，重新梳理二语写作传统教学模式，思考将翻译写作教学模式纳入二语写作教学实践中，构建二语写作教学新模式，进一步拓展翻译写作教学模式的应用范围。同时，在本章中，我们提出创设英语译写课程，并就教学实施以及教材编写提出新的建议与见解，为二语写作教学提供借鉴。

15.1　传统二语写作教学法

对英语写作教学法的讨论一直是英语教学研究中的热点之一。国内在很长一段时间里，占主流地位的英语写作教学法有以下三种：

成果教学法提出写作教学四步骤："范文讲解，控制性练习，指导性练习和自由写作。"（刘柳，2013：180）这是目前国内占据统治地位的英语写作教学法。其最大优点是写作的最终结果，即学生能写出与范文相似的文章。其最大缺点也正在于此。写作应当是自由的过程，任何一个写作题目，一旦给学生看过范文之后，学生的思维就被框定在范文之中了，而后就会进入痛苦的运思阶段，此时，无论怎么苦思冥想，都很难超脱范文。

体裁分析法是"成果教学法的延伸或扩展"（杨远，2003：76），是较新的英语写作教学方法。"它以体裁理论为基础。"（刘柳，2013：180）"Cope 和 Kalantzis 把写作分为示范分析、共同协商和独立写作三个阶段。"（杨远，2003：76）这一方法与成果教学法相似，把写作看成是以语言为主导的现象，强调写作会因不同的社会环境而不同。这一教学方法中，写作也被分为示范分析、共同协商和独立写作三个阶段。其优点是发展的学生创造性思维，但它无法保证让学生在课堂上学习所有体裁，有其局限性。

过程教学法"把写作视为一个过程，主要关注语言技能"（杨远，2003：75），分为写作前准备（planning），草稿阶段（drafting），修改阶段（revising）和编辑阶段

（editing）。"过程教学法中的写作过程是一个不断完善的过程，在任何一个阶段，学生都可以回到上一个或者最初阶段。"（杨远，2003：75）该教学法主张写作需要通过群体间的交流才能完成。其优点是发挥学生之间交流学习的作用，潜移默化地提高写作技能。然而，该方法对语言知识的输入不足，忽视学生的语言能力，使得学生极有可能因为语言障碍而影响写作，从而失去信心。

综合看来，上述三种教学方法都未见提倡和指导学生进行正确的汉语运思，更未见其指导学生运用翻译方法来写作。

国内现有每周4学时的大学英语课程通常2：2分配，2节的"听说课"，实际多数教师只进行了听力讲练；2节讲授的"读写课"，实际多数教师只重点讲解每课的词汇、课文与课后练习，也即只有"读"，而"写"多半只落实到了课后的词汇练习与翻译练习题。写作这部分，多数教师在下课前短短几分钟内布置作文，多半以大学英语四、六级考试要求为依据，要求学生课外完成。教师批改后，在课上也只简单讲评，然后给范文要求学生进行背诵。市场上也充斥着各种所谓的"黄金模板"、"黄金语句"，学生选择购买并死记硬背，考试时生搬硬套。当然，这些模板能为考试加分，但是，学生的作文，除了模板中的语句称得上好之外，自己所写的语句通常空洞、乏味，甚至满是语法、句法错处。英语写作能力没有真正提高。

15.2　英语译写课程教学模式

在外语学习过程中，不论是英语写作课程还是翻译课程，其教学目的都旨在要求学习者能掌握甚至精通两种语言的规则特点，熟知两种语言、中西文化的差异，同时掌握遣词造句和谋篇成文的技巧。正如翻译写作学理论的核心思想，要求译者在将源发语译为目标语后要进行语篇重组写作过程，如此，方能使译文臻于完美。同理，作者进行二语写作时，经过汉语构思和汉译英成句的过程后，进入对语篇重组写作阶段，最后成文。从这一角度看，在教学指导上，英语写作课程与翻译课程存在着共同的原则和方法。

本书的观点是，二语写作不应该纠缠在"母语思维对二语写作到底是正迁移还是负迁移"、"母语思维对二语写作到底是好是坏"、"二语写作到底要不要翻译"等问题上。"Lay（1982）的研究指出了用母语思维的一系列优点：（1）构思时更容易找到支撑主题的论点和论据；（2）更容易回忆头脑中储存的经验；（3）有助于小组讨论交流问题。因此学生利用母语进行构思，能够简化构思过程，更容易提出相关论点，从而使文章的内容更加丰富，提高英语作文的成绩。"（张秀芹，2012：107）

翻译写作学理论中倡导译者在翻译行为之后再进行写作行为，如此能成就更为理想的译文。同样的道理，二语写作既然要经历译写的过程，我们何不就承认它就是一种译写？母语既然存在，我们何不就任由它存在？我们何不认真思考一下"怎样发挥母语的优势"、"怎样准确地将母语转换成二语"、"怎样才能翻译并写作出优秀的二语作文"这样的问题？我们认为，翻译写作学能为我们很好地解答这些问题。

综上所述，以翻译写作学理论为指导思想，本书对国内的英语写作教学革新提出若干建议和新思考。

15.3 英语译写课程教学模式实施若干建议

有关英语写作课程的教学方面，本书第二作者于 2014 年开展的一项关于英语写作实例收集与问卷调查（具体设计见本书拓展篇第八章 8.3 节）中对被试提出了以下两个问题：7. 您认为进行翻译练习是否有助于提高英语写作技能？ 8. 您认为教师是否有必要将翻译和写作结合在一起进行教学？"调查结果分别显示如下：

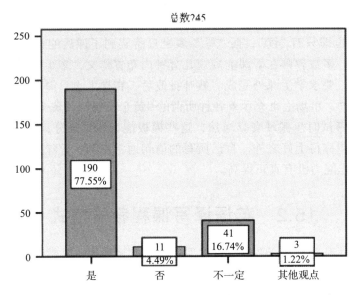

图 15-1 问卷调查第 7 题结果分析（周旭，2015：55）

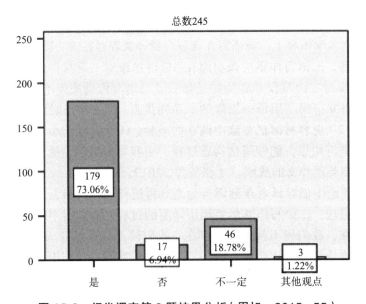

图 15-2 问卷调查第 8 题结果分析（周旭，2015：55）

　　问卷的第 7 题，245 名被试中有 190 人（比值高达 77.55%）认为翻译练习有助于提高英语写作技能，另有 3 名被试填写了"其他观点"："不知道""背诵和模仿是提高英语写作水平最好的方法""一定程度上有帮助"。对于第 8 题，也有高达 73.06% 的被试认为教师有必要在课堂上将翻译与写作结合教学，另有 3 名被试表达了自己的观点："可以一试""不知道""听从安排"。这些观点也没有明确反对将翻译与写作结合教学。

　　此外，在本书拓展篇 8.4 节开展的新的问卷调查中，对"学习英语写作的方法"这一维度的调查与数据统计分析所得出的结果（详见表 8-16 至表 8-19 统计分析）同样显示，问卷受试们认同汉译英技巧与教学对英语写作有帮助。

　　因此，在实际的英语教学中，可以将汉译英技巧教授与练习同英语写作技巧教授相结合，用全新的教学方式方法来提高学生的翻译技巧与写作技巧，或可达到事半功倍的成效。

　　第一，要求学生大量熟记英语的短语、习语和固定句型。

　　根据本书的调查研究和实际教学，本科阶段的学生们虽然具有一定的英语基础，但也有不少学生仍然对英语的句子结构一知半解。

　　试看问卷调查第一部分中被试写下的若干语句（表 15-1）：

表 15-1　问卷写作实例收集例句（周旭，2015：55）

序号	中文构思句	英文译写句
（1）	在中国北方过春节是要吃饺子的，南方则没有。	In north China, the Spring Festival is to eat dumplings, the south did not.
（2）	我很喜欢春节。	I very like Spring Festival.
（3）	在第二天，亲戚之间相互拜访然后互祝"新年好！"	In the next day, relatives to visit each other directly and everyone say "happy new year!"
（4）	我们都非常喜欢春节。	We all too much like Spring Festival.
（5）	中央电视台举行盛大的春节联欢晚会。	CCTV will hold the grand Spring Festival gala.
（6）	此时此刻的心情是无比的激动。	At this moment, mood is very excited.
（7）	家人团聚是非常重要的。	All families get together is still very important for every family.
（8）	到了晚上会看春节联欢晚会。	In the evening will see the Spring Festival.
（9）	但大家都有一个习惯，观看春晚。	But everyone has a same habit watch Spring Festival gala.

　　这些句子反映出有相当一部分本科学生的基本语法没有掌握好。有的句子缺少主语，有的词性混乱，有的完全是中文语序。因此，在课堂上，教师应视实际情况，以时态为核心，系统讲解和巩固句法知识并通过大量练习来达成学习目标。

　　第二，根据本书的研究与问卷调查，受母语影响的二语写作的思维与行为过程即是

翻译。在教学过程中可以鼓励和指导学生正确地使用翻译。译得好或坏，将直接影响到英语作文的整体质量。当然，本书在前面已详述过，在学习者刚开始运用翻译方式写作时，难免会出现中式英语。要想避免之，可以将翻译课程的内容融合进入写作课堂，进行汉译英造句练习。首先，应当教会学生辩析词义，避免词汇误用。其次，要让学生在造句练习中学习正确地拆译长难句并灵活地选词来翻译句子。再次，翻译时"要进行词法、句法顺序的倒译或顺译。"（杨士焯，2011：65）因此要让学生在汉译英造句过程中结合翻译反复练习。最后，教师应当适时纠正学生在造句时出现的错误，指导学生写出规范、地道的英语句子。

以指导学生如何译写定语从句为例。本书的教学方式是先让学生理解定语从句并学会选用引导词。之后按以下步骤练习（表 15-2）：

表 15-2　定语从句译写指导步骤（周旭，2015：56）

步骤 1	要求学生写下自己脑海中的中文句： 这是我们昨天在照片里看到的那个小村庄。
步骤 2	请学生找出先行词：那个小村庄
步骤 3	请学生找出定语：我们昨天在照片里看到的
步骤 4	回顾定语从句主体语序：先行词 + 引导词 + 修饰部分
步骤 5	将中文句排成定语从句语序：这是那个小村庄 _____ 我们昨天在照片里看到的。【需要填入引导词的部分先划上横线。】
步骤 6	请学生翻译横线前面与后面的句子：This is the small village _____ we saw in the photo yesterday.
步骤 7	指导学生选填入正确的引导词，译写成句：This is the small village that/which we saw in the photo yesterday.

第三，教师要在前两个基础步骤完善后再给学生讲解所译写的语句组织成段，揉合成篇的方法。这一环节以写作教材中的有关语篇段落的技巧与练习为主，让学生理解"一个有效段落应当有合理的内在结构。能够体现合理内在结构的特点有：统一性（unity）、连贯性（coherence）、完整性（completeness）"（麻保金等，1999：131）。

第四，"写作技巧的掌握可以分为两个阶段。一是'技能'阶段，一是'熟练'阶段。"（杨士焯，2012：230）因而，在这一环节，应当让学生进行反复的汉英译 - 写练习。鼓励学生自由发挥母语思维，每拿到一个作文题目，想到什么，就写下什么，词、句、中英文均可，而后开始整理和译写，结合所学的英语语法、句法和段落技巧来组织成合理的段落。

我们认为，以上的建议可以适用于英语专业与非英语专业、各级别的英语写作教学。对于英语专业来说，可以将写作课程与翻译课程学时合并教学或合作教学，即，两门课程的任课教师相互配合教学进度与内容。对于非英语专业来说，可以充分利用读写课堂上学生翻译练习的时间结合写作教学。教学内容和难度应依据学生的实际水平设定。我们相信，以翻译写作学理论为指导、以翻译写作教学新模式为借鉴，合理地安排课堂教学，一定能够在很大程度上减少学生对于二语写作的畏难感，其二语写作必能依托翻译方式达成更自由的创作。

15.4　翻译写作课程系列教材

15.4.1　英语写作教材编写现状

国内的英语写作教材，从数量上来说的确很多，但是仔细分类后就能发现，多数针对英语专业学生，例如，丁往道编写的《英语写作手册》（2009）、麻保金等编写的《大学英语写作教程上、下册》（1999）、蔡基刚编写的《大学英语写作教程》（2003）、赵文书等编写的《大学英文写作》（2007）等；而针对非英语专业的教材则多数是各类等级考试的写作指导用书，例如，印建坤编写的《新东方·四级写作范文100篇》（2012）、黄任编写的《星火英语：英语专业八级考试写作标准范文背诵》（2011）、慎小嶷编写的《十天突破雅思写作》（2013）等；此外，还有专门针对外贸专业和文秘专业的商务英语写作类教材，例如，尹小莹等编写的《外贸英语函电：商务英语应用文写作》（2011）、Shirley Taylor 编写的《商务英语写作实例精解》（2007）等。

蔡慧萍（2005：29-30）深入调查过我国出版发行的21套英语写作教材，分析后发现："针对非英语专业的本科生编写的系统的写作教材明显偏少，只占4.76%……大学英语四、六级写作技能指导书……占教材总量的38%，英语专业本科生适用的英语写作教材占28.57%。"大多数英语写作教材都是按照成果教学法设计的，基本沿着从词到句，从句到段，再从段到篇的这样一种顺序，在每一部分结合英语语法来讲解如何选词、如何成句、如何组段成篇，基本上重点都落在写作知识上；应用文写作类教材和商务函电教材则是按体裁教学法进行设计和分类，每一类别下都先介绍该类应用文的用途和格式，再列范文，最后安排模仿写作的练习。唐青叶等（2009：70-76）也调查研究了1980至2006年各类出版社的25种英语专业写作教材，发现其中"有22本教材以词、句、段、篇顺序编排内容，重点放在句子的语言问题处理上。有16种教材介绍了叙事、描写、说明和议论等4类体裁。"经分析，他们指出，这些教材因为遵循传统的写作教学模式，在内容与框架多有重复，对体裁的界定含糊且范围窄，忽视了学生在不同学习阶段的不同需要，同时认为从语言功能角度看来这些教材忽视了语言功能思想的指导作用。

非英语专业英语写作教材数量较少，而且，即便有教材，每周4学时的大学英语课，教师也难以专门进行写作教学。英语专业写作教材虽然很多，但是编写模式单一，一味地教授如何用英语、如何写英语、何谓句子平衡、何谓句法正确，而忽略学生思维中的母语影响。试问，学生面对这样的教材，对待自己脑海中的母语思维会否觉得无所适从？完全避开，又做不到英语思维；不避开，教材中也没有指导如何正确而有效地处理。

纵观国内英语写作教学，鲜见指导学生进行正确的汉语运思和有效地运用翻译方法来写作。这源于国内的英语教师与学习者执着追求英语思维。这固然是对的，但却没

有正视客观存在的母语思维影响和翻译因素介入的问题。再看国内英语写作教材编写现状，量多但形式单一，特别缺乏针对非英语专业学习者的写作教材。我们深以为，十分有必要革新英语写作教学模式和教材编写。在指导学生正确地写英语之前，首先应当指导学生如何正确对待和处理母语思维，如何将其变成英语写作的辅助而不是阻碍。我们（2015）建议，将汉译英技巧教学同英语写作能力培养相结合，用新的教学方法，配合新的教材来提高学生的翻译技巧与写作技巧，或可达到事半功倍的成效。

15.4.2　英语译写课程教材编写新思考

基于前文的论述与分析，国内的二语写作教材亟待创新。我们考虑编写一本《英语译写教程》。请注意，这里所说的译写教程不同于已在版的译写教程，例如：杨丰宁、王雪编写的《研究生英语写译教程》（天津大学出版社，2002），戴云编写的《研究生英语译写教程》（机械工业出版社，2006）等。这些教材基本都将书本内容分割为两部分，第一部分教习写作，第二部分教习翻译。虽然内容较为全面，但没有真正将汉译英与英语写作相结合。本书所建议的译写教程有如下基础构想：

首先，教材的开篇将重点放在英语的语言特点和语句特征。以英语句子成份为起点，详细讲解英语的词、短语以及各种句式和各类从句，并与中文语句进行对比、区分。

其次，给"译写"以全新的定义。翻译（汉译外）中，二语写作中，作者一方面无可避免地进行着隐性的翻译行为，将大脑中母语思维所形成的词、句转换为二语，另一方面，也有可能在大脑中直接生成一些简单的二语词汇或短语。这使得二语写作形同于翻译（汉译外），又不同于翻译（汉译外），是一种译写结合的模式。教材中应当引导学生正确地发挥母语思维来组织语篇。在讲解语句和段落撰写的章节中创新性地融入汉英翻译技巧的内容和练习，特别重点为学生精解汉译英技巧如何运用到二语写作中。

最后，在教材的末篇为学生谈一谈"文采"，谈一谈如何将汉语构思中的文采通过巧妙的翻译和撰写转入二语作文中。"文采的主要特点是艺术表达力强，具有审美效应。"（杨士焯，2011：90）作者要想让文章有文采，就必须多阅读文章，积累材料。教材中应指导学生：（1）巧选词，即选用高级词汇；（2）巧用英语习惯表达、英语从句，避免所写语句单一、重复；（3）巧用关联词，保证语篇段落和语句之间的连贯性；（4）巧用辞格。"辞格，是用来产生特殊文体效果的单词或短语。"（徐鹏，1996：1）辞格能够"加强语气，阐明思想，增加变化，节省篇幅，娱乐消遣，增添色彩，激发联想，表达激情，提供活例，赋予生命，或获得韵律。"（徐鹏，1996：2）显然，让学生适当认识和学习一些英语的修辞手法，能够提升文章的文采。

15.5　本章小结

本篇第三章中所建立的"阅读、写作、翻译"三位一体的翻译写作课堂教学模式是对翻译写作教学模式的纵向拓展，而本章中的二语译写教学新模式则是对翻译写作教学模式的横向拓展。

二语写作要求作者有好的二语综合运用能力。二语写作与翻译（汉译外）相似，二语写作中含有潜译行为，该行为有助于二语写作。在教学上，教师应当指导学生正确地处理母语思维。英语写作的教学应重新制定教学计划，科学分配学时，将汉译英技巧培养与二语写作能力培养合理结合，才能更有效地消除学生的畏难感，提高二语写作。对二语写作教学与教材的研究与讨论将二语写作与翻译相关联，具有学科交叉意义，能为国内的学者、教师与学习者们的二语写作教学与研究打开新思路，同时希望本文的建议与思考能在实践中加以验证，为翻译写作学框架下的汉英翻译写作学领域的研究与建构提供更有价值的资料。

无论是"阅读、写作、翻译"三位一体的翻译写作课堂教学模式，还是二语写作翻译写作教学新模式，经过初步的讨论与实验，均对其适用性与应用性有一定的论证。新模式建立了深层感知的概念以及切实、有效的激励机制，不仅对于学生译写能力，对于学生的综合英语水平的提高都有极大的帮助，对学生独立完成译写任务的能力有较大的提升。随着科技的不断进步，这也是一个要不断吸纳新的教学手段和教学途径的课堂模式，使之既具有稳定性又具有开放性。

同时，回归我们的初衷，我们希望新的教学模式能够在翻译课写与二语写作课堂中真正实现提升学生译写能力的目标，真正做到输入和输出双管齐下、齐抓，同时达到译、写相结合，加强学生译即是一种写作思维的提升。同时翻译写作学理论框架下各教学模式应用层面的研究能够进一步完善、丰富翻译写作学的理论模式建构，使本书研究形成阶段性闭环。

当然，以上各教学模式经过一定的实际应用检验，能够发现其中仍存在的不足之处，包含设计上的欠缺，例如课下阅读缺乏激励机制，同文体语篇感知肤浅，课前翻译练笔太过随意，学生用词匮乏，检视主体为教师，收效甚微等。针对这些问题，我们期待更进一步的实证研究，加以修改完善，并能拓展更多新的研究思考与路径。

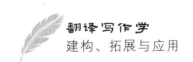

第十六章
结　论

16.1　全书回顾

　　翻译，作为一种跨语言、跨学科、跨文化的活动，其理论研究历经语文学、语言学、阐释学、哲学、美学、文化学等不同学科以及意识形态、女性主义等不同研究视角的借鉴与改造，从内部研究向外部研究跨越，其理论建设与研究范围得以扩大与深化。翻译研究越来越倾向理论化、外延化，而本书则不忘初心，更倾向关注"怎么译"，重点关注"怎么译得好、译得妙"。

　　翻译人人会做，妙在运笔行文功力的差别之上。正是为了深入探讨翻译实践的运笔行文功力，翻译写作学得以创立并初步完成建构。回顾翻译写作学前期研究，从"翻译写作学"一名之立到翻译写作学的系统建构与发展，筚路蓝缕，所唱和者少，但通过本团队勤奋耕耘，这一新研究领域已有相当多的研究成果，拓宽了研究面，逐渐受到翻译研究界的关注，并成为许多院校博士生与硕士生论文写作的课题，足证"吾道不孤""必有邻"。下面就全书做回顾与总结。

　　本书架构分为建构篇、拓展篇与应用篇，其中，建构篇共六个章节，拓展篇共四个章节，应用篇共五个章节。主要创新点如下：

　　首先是理论建构方面的创新点。

　　翻译写作学的创新之处就在于采纳并运用汉语写作"感知—运思—表述"的基本原理，重点探究翻译行为中写作能力的发挥、译文目标语的表述。翻译写作学总结了中西方译论中有关译文写作的论述，厘清了翻译与写作、写作与改写和重写的区别，梳理了翻译术语与翻译策略，特别提出归译策略，澄清了直译与意译、异化与归化的模棱两可，有效统一了翻译语言层面与文化层面，同时分析了目标语文本规范，批判汉语恶性欧化。在这些理论研究基础上，翻译写作学进一步提出建立翻译写作教学法以推进翻译课堂教学革新，一改传统翻译课堂模式，首次将母语写作能力训练纳入翻译能力培养课堂中。翻译写作学理论丰富了传统译论，也更好地指导译者产出优秀译文的实践过程。

　　本书中，我们深入探讨翻译写作学理论的基础——中国传统译论之"写"。传译在中国从远古发展至今，从诗歌翻译到佛经翻译，从序文跋语中的文质之论到信达雅，中国传统译论成为古典文论与传统美学中的一股独具特色的支流。

在建构篇 3.4 中，我们以信达雅这一承古启今的译论为论述点，谈古论今，梳理中国传统译论之"写"。古论"失本""文质"，今谈"语性""地道"；古论"工缀典词"，今谈"汉语三美优势"；古论"求真喻俗"，今谈"译而作"。中国传译翻译思想自成体系，一脉相承，理论观点互补互助，从道安、彦琮、玄奘以"写"助译的译论与思想到高健、张谷若、劳陇、许渊冲、罗新璋、余光中、辜正坤、林语堂等以"写"美译，启发翻译写作学的思想创新。

在第四章中，我们对翻译写作过程再建构，深入补充与阐释了翻译写作中最为繁复的感知与运思环节。本章提出，感知除情感感知、理性感知、直接感知与间接感知之外，还有实境感知与仿写感知。译者只有亲身接触作者生活过的地方或作品人物身处的地方，体验作者、作品人物的体验，做到实境感知，才能完善直接感知。译者也只有尝试在译前自己动笔模仿原文进行写作练习、仿写感知，才能完善间接感知。译者的感知过程得以完善，才能促成更好的运思过程。译者的思维活动呈现多元化，是两种语言在逻辑思维结构上的转换，从思维表层进入思维浅层再到思维深层，运用恰当逻辑，方有好的目标语表述。

其次是翻译写作学理论拓展方面的创新。

在深入理解了翻译写作的感知—运思—表述过程之后，本书横向拓展，探究阅读、翻译与写作三者的关联，创新提出"潜译说"，并厘清潜译与隐译的定义。

翻译是一种特殊的写作形式，阅读能力与写作能力是翻译能力的重要组成部分。阅读、写作与翻译都是一种思维实践活动，三者在思维层面上有相似、相异、相交叉的部分。阅读过程中，正如韩愈所提倡的，手披、目视、口咏、心惟，这是读者要深入了解文章意思的必经过程。特别是二语阅读中，受母语思维影响，读者会不自觉地依赖母语来理解原文，这就产生了潜译过程，使得阅读与翻译之间有着紧密的关联点。而写作过程与翻译过程的相似性与关联性更显而易见，关于这一点，在《英汉翻译写作学》（2012）一书中已有详述。

拓展篇第九章重点论述了汉英翻译写作的拓展模块——二语写作。把二语写作纳入翻译写作学的研究视角是本书对翻译写作学的拓展与创新。我们以前辈学者们对二语写作的研究成果为基础，进一步做实证研究，分别于 2014 年、2024 年、2025 年开展了多次问卷调查与写作实例收集，分析数据结果，正视二语写作与翻译的关系，重点运用翻译写作学理论解析二语写作的思维与行为过程。我们认为，二语写作是写作与翻译的结合点，在二语写作（中国学生的英语写作）过程中，作者受母语思维影响，翻译因素介入其中，这其实类似或是等同于汉英翻译的过程。其中二语写作的感知与母语感知相糅合，二语写作的运思是一种由思至译的过程，母语与二语交汇转换，二语写作的表述初期阶段借助翻译完成。在这一过程中，二语作者既是作者又是译者，进行着由译至写的"潜译"创作过程。二语写作的文笔基于母语写作能力与翻译技巧。良好的母语写作能力有利于作者顺利构思行文，良好的翻译能力能促成良好的二语作文语句。

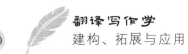
　　拓展篇第十章反观翻译，创新性地从原文视角探讨翻译难度与翻译过程的影响因素，剖析翻译难度系数，对汉译英能力做出新的阐释。立足翻译写作学理论，结合Newmark 的论述，我们认为，原文视角下影响翻译写作过程的因素包含原文作者的感知与运思、原文的表述以及原文细节问题三个方面，特别指出原文作者也应当具备良好的写作能力以及跨文化交际意识，以使原文表述能够做到"方便译者翻译"（translator-friendly）。对于中国译者来说，汉译英时，译者虽然足够了解汉语，但在目标语表达与源发语文化传达方面的最大难度在于二语运思与表述，这便是二语写作过程中的两大环节。汉译英翻译写作中的写作能力便是二语写作能力。而汉译英能力除了语言能力之外，还需要文化能力与哲学逻辑能力。

　　最后是翻译写作学理论应用方面的创新。

　　本书应用篇第十二章中开展了实验班教学实证研究，统计分析 6 组实验班学生的大学英语四级翻译模块模拟测试成绩，结果发现，应用翻译写作教学模式的实验班级中，学生翻译题成绩提高的比例较大，论证了翻译写作教学新模式的有效性与可行性。同时，基于拓展篇中对二语阅读、二语写作与翻译关系以及潜译说的讨论，本书应用篇创新探索"阅读、写作、翻译"三位一体的翻译写作课堂模式的建立，提出翻译写作课程"云译坊"教学模式以及二语翻译写作教学新模式。

　　本书结合翻译写作学理论重新建立的"阅读、翻译、写作"三位一体的翻译写作课堂新模式，改进了以下 6 个方面：

　　（1）建立了翻译兴趣推进项目，如推文项目、翻译项目、微信阅读群打卡等，收效良好；

　　（2）增加语料库与词典使用的理论讲述与训练；

　　（3）相似文体深层感知，特别要针对文本语言特点，指导学生课后进行阅读理解训练；

　　（3）改翻译课前练笔为随堂仿写练习；

　　（5）以学生或小组为检视主体，通过词典、书籍、网络、语料库等各种方式查阅检视并形成错误分析报告；

　　（6）强调检视反复性。

　　这一模式将翻译写作过程论贯穿于课堂中，以提升学生的译写能力。

　　基于三位一体课堂新模式的建立，充分考量当前中国文化外宣对翻译人才培养的要求以及 AI 发展新形式，本书尝试建构翻译写作课程"云译坊"，实现中外学生英语应用在真实语境中的交际与碰撞。互动过程中，中国学生可以切实感受英语母语者运用英语的实况，学习地道表达，加深对英语国家文化背景的了解，反之，于外籍学生同理，相互提升翻译能力。

　　二语翻译写作教学模式是对传统二语写作教学的革新。该模式提出将汉译英技巧教学与练习同英语写作技巧教学相结合，鼓励和指导学生正确运用翻译方式写句、组篇。同时，本书也就英语写作教材的编写提出了新的思考，建议编写《英语译写教程》，在教程的开篇重点教学英语语言特点与语句特征、句法结构，重新定义译写，重点教学生精解汉译英技巧在二语写作中的运用，最后在教材末篇谈论如何通过巧妙的翻译和撰写来将汉语构思中的文采转入二语写作中。

至此，本书三位作者认为，翻译写作学的建构逐步完善并已形成具有独立名称的"翻译写作学"学术研究范式。翻译写作学的拓展与应用也将取得更多的成果。

翻译写作学关注译文写作能力的培养，探究如何最大限度地发挥译文优势，是一个指导翻译研究与实践的创新理论；对二语阅读与二语写作的"潜译"研究以及从原文视角探讨翻译难度与翻译过程影响因素，是对翻译写作学理论的拓展与完善；建立"阅读、翻译、写作"三位一体的翻译写作课堂模式、翻译写作课"云译坊"模式、二语翻译写作教学模式，是对翻译写作学理论的创新应用。本书立足翻译，纵向深究翻译写作过程，横向探究二语阅读与二语写作"潜译"过程，外延应用于翻译与写作教学，对翻译学、写作学、阅读学相关理论研究与应用均有一定的理论价值与指导意义，是翻译写作学理论的拓展与丰富，更是交叉学科研究的创新与发展。

16.2　研究前景展望

本文虽然对翻译写作学的研究有一定完善与拓展，但仍有许多方面的研究可待继续展开：

（1）语料库翻译学的研究已有不少成果，但翻译写作学理论尚未将这一研究方法纳入，今后可在研究过程中更多地应用语料库研究，特别是在汉译英研究与二语写作研究方面；

（2）眼动研究是一种科学研究方法与技术，翻译、写作与阅读都涉及繁复的心理与思维活动，而眼动研究或是一个全新的翻译写作过程研究视角，结合这一研究方法与技术，翻译写作过程的研究或能取得更多更有理据、更有价值的研究成果；

（3）语域理论的诸多方面都对翻译写作学研究的完善有意义，这一领域的探讨可待进一步深入；

（4）阅读学作为新兴的研究领域，本课题组在本文中的论述暂只涉及二语阅读与翻译的关联研究及潜译过程的理论论述，有关母语译入外语时，译者阅读过程中的潜译及有声思维数据收集与实证研究将是今后研究的两个重要方面；

（5）翻译受到许多因素的影响，包含社会文化与意识形态等，新形势下中国文化的走出去任重而道远，因而，这一问题的研究可结合更多相关理论，如译介学、多模态话语分析理论、语篇类型学等展开研究，探究更多更好的翻译策略与技巧来促进中国文化走出去；

（6）翻译写作教学的应用已逐步在课堂实践中展开，但有关"云译坊"的构想仍欠缺实证研究，包括"云译坊"教学过程中解读翻译原文的标准、评测译文质量的标准以及双方互访环节的论述，有待在实践中开展新的研究。

正如《英汉翻译写作学》（2012）一书中所述，翻译写作学不仅研究翻译写作过程、方法，还建构自己的理论体系、训练体系和教学体系，形成自己的课程体系与教材。本

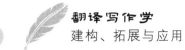

书作者希望更进一步努力，完善翻译写作学的建构，拓宽相关研究的领域并深化研究内容，为翻译、写作、阅读交叉学科的研究与实践做出贡献。

总而言之，翻译写作学是一门既传统又新颖的学科。说它传统，是因为传统翻译研究一直以它为主要研究对象；说它新颖，不仅因为我们赋予它一个崭新的名称，还因为它关注的重点是长期以来翻译研究忽略的问题：译得好、译得巧的根本在于译者的写作能力，同时还因其有着良好的跨学科理论解释与应用能力。翻译写作学热衷于技巧探讨，热衷于译文写作功力的培养，致力于最大限度发挥译文优势，使翻译成为实用的翻译艺术活动，使翻译研究成为生动有趣的学科，同时辐射二语阅读与二语写作研究领域。建构翻译写作学，其目的是通过理论体系构建推动对翻译写作的重视，并切实提升翻译写作的实践能力。译路漫漫，锲而不舍，愿我们携起手来，共同推动翻译写作学的发展。

参考文献

贝尔 . 翻译与翻译过程：理论与实践 [M].（秦洪武译）北京：外语教学与研究出版社，2005.

粲然 . 季节盛大 [A]. 肖飞、徐强 .2001 年大学生最佳小说 [C]. 沈阳：春风文艺出版社，2002.

冰心 . 我和外国文学 [A]// 冰心全集（第 7 卷）[C]. 福州：海峡文艺出版社，1989.

蔡慧萍 . 我国高校英语写作教材的现状调查分析与思考 [J]. 外语与外语教学，2005(3): 29-31.

蔡基刚 . 大学英语写作教程 [M]. 北京：高等教育出版社，2003.

蔡玲燕 . 大学英语四级考试改革后的汉译英段落翻译教学 [J]. 长春教育学院学报，2014(12): 102-103.

蔡娴 . 翻译写作学视角下的语域对等—翻译质量评估新探 [D]. 厦门大学，2016.

曹而云 . 白话文体与现代性—以胡适的白话文理论为个案 [M]. 上海：上海三联书店，2006.

曹明伦 . 翻译之道：理论与实践 [M]. 保定：河北大学出版社，2007.

曹明伦 . 英汉翻译实践与评析 [M]. 成都：四川人民出版社，2007.

陈德鸿、张南峰 . 西方翻译理论精选 [C]. 香港：香港城市大学出版社，2000.

陈福康 . 中国译学理论史稿 [M]. 上海：上海外语教育出版社，1992.

陈国安 . 现代写作学引论 [M]. 长沙：中南大学出版社，2002.

陈兰 . 语言接触理论视角下欧化汉语研究 [D]. 厦门大学 . 中国优秀硕士学位论文全文数据库，2011.

陈廷祐 . 英文汉译技巧 [M] 北京：外语教学与研究出版社，1980.

陈晓湘、王阳 . 二语写作过程中母语使用的量化分析 [J]. 湖南大学学报（社会科学版），2010(6):89-93.

程雨民 . 英语语体学 [M]. 上海：上海外语教育出版社，2004.

陈志杰 . 文言语体与文学翻译—文言在外汉翻译中的适用性研究 [M]. 上海：上海外语教育出版社，2009.

崔永禄 . 翻译的斡旋过程及影响这一过程的诸种因素 [J]. 天津外国语学院学报，2001(2): 1-4.

戴云 . 研究生英语译写教程 [M]. 北京：机械工业出版社，2006.

道安 . 摩诃钵罗若波罗蜜经抄序 [A]. 罗新璋 . 翻译论集 [C]. 北京：商务印书馆，2009.

道安 . 合放光光赞随略解序 [A]. 罗新璋 . 翻译论集 [C]. 北京：商务印书馆，2009.

道安 . 鞞婆沙序 [A]. 罗新璋 . 翻译论集 [C]. 北京：商务印书馆，2009.

道安 . 比丘大戒序 [A]. 罗新璋 . 翻译论集 [C]. 北京：商务印书馆，2009.

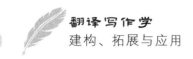
邓笛.译者的风格 [J].盐城师范学院学报，2002(2): 94-95.

邓海涛.接受理论指导下的大学英语翻译教学 [J].沈阳师范大学学报，2013(5): 110-112.

丁玲.创作与生活 [A].生活·创作·修养 [C].北京：人民文学出版社，1981.

丁往道.英语写作手册 [M].北京：外语教学与研究出版社，2009.

董乐山.翻译的要求 [J].翻译通讯，1985(11): 11-13.

董乐山等.第三帝国的兴亡（William L. Shirer）[M].北京：中国对外翻译出版公司，1983.

董绍克、阎俊杰.汉语知识词典 [M].北京：警官教育出版社，1996

董史良.翻译的思维问题 [J].中国翻译，1988(3). 2-6.

段建军、李伟.新编写作思维学教程 [M].上海．复旦大学出版社，2008.

范存忠.漫谈翻译 [A].罗新璋.翻译论集 [C].北京：商务印书馆，1984.

方红、王克非.动态系统理论下翻译能力的构成及发展模式研究 [J].解放军外国语学院学报，2014(5): 124-130.

方梦之.译学辞典 [M].上海：上海外语教育出版社，2004.

冯国华、吴群.英译汉别裁 [M].北京：外文出版社，2000.

冯庆华.实用翻译教程英汉互译 [M].上海：上海外语教育出版社，2002.

冯全功.翻译修辞学：多维研究与系统构建 [J].语言教育，2016(03): 61-67, 72.

冯全功.从认知视角试论翻译能力的构成 [J].外语教学，2010(6): 110-115.

冯胜利.汉语的韵律、词法与句法 [M].北京：北京大学出版社，1997.

冯树鉴.实用英汉翻译技巧 [M].上海：同济大学出版社，1995.

冯亦代.萨柯和樊塞蒂的受难 [M].北京：中国工人出版社，1994.

冯亦代.回到你老婆孩子身边去吧 [M].福州：福建人民出版社，1983.

符淮青.现代汉语词汇 [M].北京：北京大学出版社，1997.

傅国涌.1949 年：中国知识分子的私人记录 [M].武汉：长江文艺出版社，2010.

傅雷.《高老头》重译本序 [A].傅雷谈翻译 [C].北京：当代世界出版社，2006.

傅斯年.怎样做白话文 [A].胡适.中国新文学大系·建设理论集 [C].上海：上海良友图书印刷公司，1935.

甘雨泽.我是怎样学习文学翻译的 [A].王寿兰.文学翻译百家谈 [G].北京：北京大学出版社，1989.

高健.翻译与鉴赏 [M].北京：外语教学与研究出版社，2006.

高名凯、刘正埮.现代汉语外来词研究 [M].北京：文字改革出版社，1958.

高瑞卿.阅读学概论 [M].长春：吉林教育出版社，1987.

葛传椝.漫谈由汉译英问题 [J].北京：中国翻译，1980(2): 1-8.

龚光明.翻译思维学 [M].上海：上海社会科学院出版社，2004.

古汉语常用字字典编写组.古汉语常用字字典 [M].北京：商务印书馆，1979.

顾晓鸣.阅读的战略 [M].上海：上海人民出版社，1986.

辜正坤.译学津原 [M].郑州：文心出版社，2005.

辜正坤.中西诗比较鉴赏与翻译理论 [M].北京：清华大学出版社，2003.

郭纯洁，刘芳．外语写作中母语影响的动态研究 [J]．现代外语，1997(4): 30-38.

郭宏安．从蒙田到加缪：法国文学的人文精神 [M]．北京：生活·读书·新知三联书店，2018: 14.

郭鸿杰．现代汉语欧化研究综述 [J]．西安外国语大学学报，2007(15): 34-36.

郭鸿杰．英语对现代汉语的影响—语言认知研究方法 [M]．上海：上海交通大学出版社，2005.

郭鸿杰．二十年来现代汉语中英语借词及其对汉语语法的影响 [J]．解放军外国语学院院报，2002(5): 45-47.

郭建中．翻译：理论、实践与教学—郭建中翻译研究论文选 [C]．杭州：浙江大学出版社，2010.

郭建中．简评《翻译写作学》[J]．上海翻译，2012(3): 79-80.

郭建中．科普与科幻翻译 [M]．北京：中国对外翻译出版公司，2004.

郭英剑．赛珍珠评论集编 [C]．桂林：漓江出版社，1998.

郭著章、黄粉保、毛新耕．文言英译教程 [M]．上海：上海外语教育出版社，2008.

何刚强．译学无疆，译才不器—翻译（院）系培养人才应有长远的眼光 [J]．上海翻译，2006(2): 39-42.

何克抗等．小学生作文心理模型及作文教学模式研究 [M]．内部资料，1998.

贺晓丽．从译者思维角度看翻译过程 [J]．外语教学与研究，2007(33): 23-25.

贺阳．现代汉语欧化语法现象研究 [M]．北京：商务印书馆，2008.

赫胥黎．天演论 [M]．（严复译），北京：商务印书馆，1981.

胡安江．文本旅行与经典—寒山诗在美国翻译文学中的经典化 [J]．中国翻译，2008(3): 20-25.

胡德良、孙红艳．论写作与翻译的关系 [J]．小说评论，2001(2): 277-280.

胡开宝．国家外宣翻译能力：构成、现状与未来 [J]．上海翻译，2023(4): 1-7，95.

胡适．白话文学史 [M]．合肥：安徽教育出版社，2006.

胡晓清．外来语 [M]．北京：新华出版社，1998.

胡兆云．语言接触与英汉借词研究 [M]．济南：山东大学出版社，2001.

胡珍铭、王湘玲．翻译能力本质的元认知研究 [J]．外语教学理论与实践，2018(3): 91-97，62.

黄邦杰．译艺谭 [M]．北京：中国对外翻译出版公司，1991.

黄培清．阅读学视角下的翻译文本"误读"现象新探 [J]．北京第二外国语学院学报，2015(2): 22-27.

黄培清．翻译写作学视角下的英汉散文翻译探究—以曹明伦译《培根散文集》为例 [J]．兰州工业学院学报，2015(6): 88-93.

黄培清．张培基译《故都的秋》的生态翻译学解读 [J]．乐山师范学院学报，2014(10): 49-58.

黄任．星火英语·英语专业 8 级考试写作标准范文背诵 [M]．长春：吉林出版集团有限责任公司，2011.

黄玮．翻译写作学视角下的汉英翻译研究 [D]．厦门大学，2012.

黄艳．基于地域的翻译写作整合教学模式建构 [J]．邢台学院学报，2014(01): 161-162，165.

慧恺．摄大乘论序 [A]．罗新璋．翻译论集 [C]．北京：商务印书馆，2009.

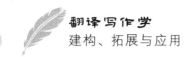

季可夫. 论翻译实践中的"改写"策略 [J]. 上海理工大学学报，2011(6): 107-110.

吉学萍. 浅析文学作品翻译的风格再现 [J]. 科技信息，2008(1)：12-15.

贾文浩. 文学翻译中的一个特殊现象—林语堂散文自译和古文小品英译对文学翻译的启示 [A]. 国际交流学院科研论文集（第三期）[C]，1996，6-11.

贾秀峰. 大学英语汉译英教学新探—基于大学英语四级考试汉译英题型调整后的思考 [J]. 广西科技师范学院学报，2018，(4): 104-107.

姜琳、陈燕、詹剑灵. 读后续写中的母语思维研究 [J]. 外语与外语教学，2019(3): 8-16，143.

蒋庆胜、吴赟. 国家翻译能力刍议：言语行为视角 [J]. 当代外语研究，2023(3): 51-58.

蒋甜. 豪斯与威廉姆的翻译质量评估模式之比较 [J]. 东南大学学报（哲学社会科学版），2009(S2): 176-178.

姜小漫. 纽马克关联理论视角下《英汉翻译写作学》（节选）汉英翻译报告 [D]. 厦门大学，2019.

江怡. 分析哲学在中国 [A] 分析哲学—回顾与反省 [C]. 成都：四川教育出版社，2001.

金道行. 写作心理探索 [M]. 南宁：广西教育出版社，1991.

金敬红、李思国. 斯坦纳和勒代雷的阐释翻译理论评介 [J]. 外语与外语教学，2003(9): 44-47.

金隄. 等效翻译探索 [M]. 北京：中国对外翻译出版公司，1998.

金圣华. 翻译学术会议：外文中译研究与探讨 [C]. 香港：香港中文大学翻译系，1998.

金圣华、黄国斌. 因难见巧：名家翻译经验谈 [C]. 北京：中国对外翻译出版公司，1998.

京报网. 中国语言生活状况报告：微博推动热词传播 [EB/OL]. (2011-03-14)[2012-03-14]. https://www.edu.cn/edu/yu_yan_wen_zi/yu_wen_dong_tai/201105/t20110512_614939.shtml

鞠秋红、王文宇. 英语阅读中母语思维与英语水平之间的关系研究 [J]. 解放军外国语学院学报，2012(5): 56-77.

鞠秋红，王文宇，周丹丹. 中国大学生外语阅读过程中的母语思维研究 [J]. 现代外语，2007(3): 262-270，328-329.

蓝红军. 国家翻译能力的理论建构：价值与目标 [J]. 中国翻译，2021(4): 20-25.

劳陇. 意译论 [J]. 外国语，1996，(4): 13-15.

劳陇. 试论现代翻译理论研究的探索途径 [J]. 外国语，1994(4): 5-6.

劳陇. 从奈达翻译理论的发展谈直译和意译问题 [J]. 中国翻译，1989(3): 3-6.

劳陇. 怎样发挥译文的语言优势 [J]. 国际关系学院学报，1983(1): 74-77.

老舍. 小坡的生日 [M]. 北京：人民文学出版社，2000.

乐颜. 女生小天的失踪 [A]. 肖飞、徐强.《2001 年大学生最佳小说》[C]. 沈阳：春风文艺出版社，2002.

勒代雷. 释意学派口笔译理论 [M].（刘和平译）. 北京：中国对外翻译出版公司，2001.

雷海燕. 翻译写作学指导下的能源翻译《风能愿景：美国风力发电新纪元》翻译实践报告 [D]. 华北电力大学，2017.

雷蕾. 应用语言学中的量化研究方法 [M]. 北京：外语教学与研究出版社，2016.

黎山峣. 文艺创作心理学 [M]. 武汉：长江文艺出版社，1988.

李长栓. 非文学翻译理论与实践（第 2 版）[M]. 北京：中国对外翻译出版公司，2012.

李长栓. 非文学翻译理论与实践 [M]. 北京：中国对外翻译出版公司，2004.

李长栓. 非文学翻译 [M]. 北京：外语教学与研究出版社，2009.

李扶九、黄仁黼. 古文笔法百篇 [M]. 长沙：岳麓书社，1983.

李宏强. 大学生英语写作与母语思维的相关性研究 [J]. 高教学刊，2019(17): 194-196.

李宏强. 二语水平与母语思维的相关性研究——项大学生英语写作的问卷调查 [J]. 语文学刊（外语教育教学），2013(5): 1-5.

李晶. 汉译英译文评析："翻译中国"背景下的译者能力思考 [J]. 中国翻译，2022(6): 186-190.

李丽明. 近代汉语的"欧化"现象及其文化成因 [J]. 攀枝花大学学院学报，1997(6): 60-65.

李明. 翻译批评与赏析 [M]. 武汉：武汉大学出版社，2006.

李明栋. 普通本科院校大学翻译教学案例分析 [J]. 吉林化工学院学报，2014(6): 53-57.

李文革. 西方翻译理论流派研究 [M]. 北京：中国社会科学出版社，2004.

李文中. 中国英语与中国式英语 [J]. 外语教学与研究，1993(4): 18-24.

李瑛. 释意派理论下外交场合的古诗翻译研究 [J]. 广东科技，2008(189): 5-8.

李运兴. 语篇翻译引论 [M]. 北京：中国对外翻译出版公司，2001.

李运兴. 英汉语篇翻译 [M]. 北京：清华大学出版社，1998.

李妍. A Survey Analysis of Translation Teaching for Russian Majors in China[A]. *Proceedings of International Symposium on Globalization* [C]. 2014: 329-334.

李忠华. 大学英语翻译教学：现状与对策 [J]. 外语与外语教学，2007(9): 47-49.

连淑能. 英汉对比研究 [M]. 北京：高等教育出版社，1993.

梁实秋. 论散文 [J]. 新月，1928，(8): 7-8.

林煌天. 中国翻译辞 [M]. 武汉：湖北教育出版社，1997.

林莉莉. 写作视角下的英汉文学翻译 [D]. 厦门大学. 中国优秀硕士学位论文全文数据库，2009.

林太乙. 林语堂传 [M]. 台北：台湾联经出版事业公司，1990.

林语堂. 论翻译 [G]. 罗新璋. 翻译论集 [C]. 北京：北京商务印书馆，2009.

林语堂. 郁飞（译）. 瞬息京华 [M]. 长沙：湖南文艺出版社，1991.

林语堂. 林语堂自传 [M]. 北京：群言出版社，2010.

林语堂. 京华烟云（英文版）[M]. 北京：外语教学与研究出版社，2009.

刘昌胜. 功能对等理论视角下《英汉翻译写作学》（节选）汉英翻译报告 [D]. 厦门大学，2019.

刘法公. 汉英隐喻翻译中的喻体意象转换 [J]. 中国翻译，2007(6): 47-51.

刘季春. 调查与思考——谈建立我国翻译教材的新体系 [J]. 中国翻译，2001(4): 49-53.

刘柳. 论现行的英语写作教学方法 [J]. 华章，2013(4): 180.

刘宓庆. 现代翻译理论 [M]. 济南：山东文艺出版社，1990.

刘宓庆. 论翻译思维 [J]. 外国语，1985(2): 9-14.

刘荣跃. 文学翻译是一门独特的艺术 [EB/OL]. (2012-04-14)[2012-04-15]. http://www.translator.

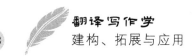
com.cn/content/garden/garden.asp?kind=AF.

刘绍铭 . 文字岂是东西 [M]. 沈阳：辽宁教育出版社，1999.

刘士聪、任淑坤 . 阅读与翻译 [M]. 河北：河北大学出版社，2009.

刘士聪 . 汉英·英汉美文翻译与鉴赏 [M]. 南京：译林出版社 .2007.

刘世荣 . 英文写作与翻译 [J]. 潍坊教育学院学报，2010(3): 81-83.

刘淑娟 . 二语写作与翻译写作过程的一致性——以林语堂《吾国与吾民》第一章为例 [J]. 厦门理工学院学报，2016(4): 70-74.

刘淑娟 . 写作视觉下的英汉翻译研究 [D]. 厦门大学，2010.

刘锡庆 . 基础写作学 [M]. 北京：中央广播电视大学出版社，1985.

刘心武 . 树与林同在 [M]. 北京：中国青年出版社，1999.

刘兴策 . 语文知识千问 [M]. 武汉：湖北教育出版社，1984.

刘晓峰、马会娟 . 社会翻译学视域下的译者能力及其结构探微 [J]. 外语教学，2020(4): 92-96.

刘小平、王菲菲 . 大学英语四级考试翻译新题型解题策略 [J]. 遵义师范学院学报，2010(3): 91-94，105.

刘莜 . 基于翻译写作学的汉英新闻翻译研究 [D]. 厦门：厦门大学，2016.

陆国强 . 思维模式与翻译：揭示翻译的奥秘 [M]. 上海：上海外语教育出版社，2012.

陆小英 . 奈达翻译理论对大学英语四级考试汉译英解题的启示 [J]. 铜陵职业技术学院学报，2008(3): 79-80，82.

鲁迅 . 鲁迅全集 [C]. 北京：人民文学出版社，2005.

卢植 . 应用认知语言学 [M]. 北京：北京大学出版社，2022.

陆志韦 . 汉语的并立四字格 [J]. 语文研究，1956(1): 45-82.

陆仲飞 . 大学英语需要从"教学翻译"向"翻译教学"过渡——评析"大学英语四、六级考试新题型"中的段落翻译 [J]. 上海翻译，2014，(2): 72-74.

罗常培 . 语言与文化 [M]. 北京：语言出版社，1950.

罗维扬 . 现代文言 [M]. 武汉：湖北人民出版社，2008.

罗维扬 . 新文言 [M]. 武汉：湖北人民出版社，2000.

罗新璋 . 翻译论集（修订本）[C]. 北京：商务印书馆，2001；2009.

罗新璋 . 释"译作" [A]. 金圣华、黄国彬 . 因难见巧：名家翻译经验谈 [C]. 北京：中国对外翻译出版公司，1998.

罗选民 . 论文化 / 语言层面的异化归化翻译 [J]. 外语学刊，2004(1): 102-106.

罗选民 . 外国文学翻译在中国 [M]. 合肥：安徽文艺出版社，2003.

吕叔湘 . 吕叔湘语文论集 [C]. 北京：商务印书馆，1983.

吕叔湘 . 现代汉语双单音节问题初探 [J].《中国语文》，1963(1): 14-16.

吕叔湘 . 中国文法要略 [M]. 北京：商务印书馆，1942.

麻保金、陈明发、Rebecca Neufeld. 大学英语写作教程上、下册 [M]. 开封：河南大学出版社，1992.

马国凡 . 四字格论 [J]. 内蒙古师范大学学报，1987(3): 55-57.

马红军.从文学翻译到翻译文学：许渊冲的译学理论与实践 [M].上海：上海译文出版社，2006.

马红军.翻译批评散论 [M].北京：中国对外翻译出版公司，2002.

马克·吐温.张友松（译）.密西西比河上的生活 [M].北京：人民文学出版社，1996.

马祖毅.中国翻译简史 [M].北京：中国对外翻译出版公司，1984.

马祖毅等.中国翻译通史古代部分全 1 卷 [M].武汉：湖北教育出版社，2006.

马会娟.汉译英翻译能力研究 [M].北京：北京师范大学出版社，2013.

马会娟.中国学习者汉译英翻译能力分级研究 [J].外语教学，2012(1): 105-108.

马一宁.再论翻译写作学的建构 [D].厦门大学，2010.

马一宁.再论翻译写作学的建构 [C]// 福建省外国语文学会年会暨学术研讨会.2009.

茅盾.为发展文学翻译事业和提高翻译质量而奋斗 [A]// 罗新璋.翻译论集 (修订本)[C].北京：商务印书馆，2009: 564-582.

毛荣贵.翻译美学 [M].上海：上海交通大学出版社，2005.

孟昭兰.普通心理学 [C].北京：北京大学出版社，1994.

孟昭毅、李载道.中国翻译文学史 [M].北京：北京大学出版社，2005.

（德）诺德著，李明栋译.翻译的文本分析模式：理论、方法及教学应用.厦门：厦门大学出版社，2013.

欧丽莹.翻译写作学视域下英语阅读对英汉翻译能力的影响研究 [D].厦门：厦门大学，2019.

潘文国."读文写白"是提高中文水平的根本途径 [J].中国外语，2010(4): 33-34.

潘文国.中文读写教程 [M].上海：上海外语教育出版社，2010.

潘文国.汉语的危机与语言的危机 [A].杨全红（编）.名家名论名译 [C].上海：复旦大学出版社，2009: 62.

祁连山、马骏骥.师范语文大辞典 [M].北京：红旗出版社，1995.

齐筠.生活小品文 [M].北京：外文出版社，2000.

钱钟书.谈艺录 [M].上海：中华书局，1979.

秦建华.翻译：语言差异的认识与超越——高健的语言个性理论说略 [J].《运城学院学报》，2003(6): 72-77.

秦莉、路彦.翻译理论的沿革及践行轨迹论略 [J].理论导刊，2007(11): 135-137.

阙延鑫.开平碉楼命名艺术研究 [J].中国文化遗产（创刊号）2004(1): 55.

任文、李娟娟.国家翻译能力研究：概念、要素、意义 [J].中国翻译，2021(4): 5-14，191.

任文、赵田园.国家对外翻译传播能力研究：理论建构与实践应用 [J].上海翻译，2023(2): 1-7，95.

任晓雯.关于·待完成的短片.肖飞、徐强.2001 年大学生最佳小说 [C].沈阳：春风文艺出版社，2002.

邵珑.从释意派理论看口译员的忠实与自由 [J].郑州航空工业管理学院学报，2009，(1): 24-26.

申丹.西方叙事学：经典与后经典 [M].北京：北京大学出版社，2010.

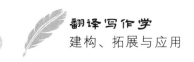

申小龙 . 语言学纲要 [M]. 上海：复旦大学出版社，2003.

沈苏儒 . 论信达雅——严复翻译理论研究 [M]. 北京：商务印书馆，1998.

史蒂文 . 外国书籍中译本质量为何下降 [N]. 参考消息，2005(19).

施志贤、陈德民 . 从学生误译看翻译中逻辑思维转换的意义 [J]. 集美大学学报（哲社版），2006(1): 87-92.

斯大林、中共中央马克思，恩格斯，列宁，斯大林著作编译局译 . 斯大林马克思主义和语言学问题 [M]. 北京：人民出版社，1972.

思果 . 阿丽思漫游奇境记：选评 [M]. 北京：中国对外翻译出版公司，2004.

思果 . 翻译研究 [M]. 北京：中国对外翻译出版社，2001.

思果 . 翻译新究 [M]. 北京：中国对外翻译出版公司，2001.

思果 . 译道探微 [M]. 北京：中国对外翻译出版公司，2002.

司显柱 . 功能语言学视角的翻译质量评估模式——兼评《孔乙己》英译本的翻译质量 [J]. 解放军外国语学院学报，2005(5): 60-65.

司显柱 . 朱莉安·豪斯的"翻译质量评估模式"批评 [J]. 外语教学，2005(3): 79-84.

宋炳辉 . 网络：你向何处去 [M]. 济南：山东友谊出版社，2002.

搜狐新闻 . 东京电力公司隐瞒辐射量，福岛死士"被英雄" [EB/OL]. (2011-03-18)[2011-03-24]. http://news.sohu.com/20110328/n280024778.shtml.

搜狐新闻 . 山西疫苗乱象调查：近百名儿童注射后或死或残 [EB/OL]. (2010-03-17)[2010-03-18]. http://news.sohu.com/20100317/n270897639.shtml.

苏福忠 . 译事余墨 [M]. 北京：生活·读书·新知三联书店，2006.

孙长叙 . 汉语词汇 [M]. 长春：吉林人民出版社，1956.

孙潇 . 诗人译诗，更见文采——试析查良铮的诗歌翻译 [J]. 文化教育，2006(4): 10-13.

孙小孟 . 中国故事的多模态话语叙事与国际传播 [M]. 成都：西南财经大学出版社，2023.

孙艳 . 汉藏语四音格词研究 [D]. 北京：中央民族大学，2005.

孙迎春 . 张谷若翻译艺术研究 [M]. 北京：中国对外翻译出版公司，2004.

孙迎春 . 译学大辞典 [M]. 北京：中国世界语出版社，1999.

孙致礼 . 再谈文学翻译的策略问题 [J]. 中国翻译，2003(1): 48-51.

孙致礼 . 评《名利场》中译本的语言特色 [J]. 中国翻译，1984(1): 37-41.

慎小嶷 . 十天突破雅思写作 [M]. 北京：机械工业出版社，2013.

唐青叶、苏玉洁 . 功能语言学视角下的英语专业写作教材研究 [J]. 外语界，2009(6): 70-76.

唐秀丽、张梅岗 . 论翻译的言语思维 [J]. 长沙电力学院学报（社会科学版），2002(1): 107-110.

谭业升 . 翻译能力的认知观：以识解为中心 [J]. 中国翻译，2016(5): 15-22，128.

谭载喜 . 西方翻译简史 [M]. 北京：商务印书馆，2008.

谭载喜 . 奈达论翻译 [M]. 北京：中国对外翻译出版公司，1999.

田娜 . 母语负迁移对英语写作中句法结构的影响 [J]. 晋城职业技术学院学报，2011(2): 64-67.

田甜、王世庆 . 英语专业学生英语写作与汉英翻译成绩的相关性研究 [J]. 吉林广播电视大学学报，2010(4): 133-134.

王秉钦. 中国翻译思想史 [M]. 天津：南开大学出版社，2004.

王丹阳. 文学翻译中的创作论 [M]. 南京：南京师范大学出版社，2009.

王德中. 写作心理有异于创作心理 [J]. 殷都学刊，1984(4)：34-36.

王付东. 再论汉语四字格在英汉翻译中的使用——冯亦代四字格言论批判 [D]. 厦门大学. 中国优秀硕士学位论文全文数据库，2012.

王海萍. Readership in shaping Fu Donghua's Translation of Gone with the Wind [J]. *Studies in Literature and Language*，Vol. 10，No. 2，2015.

王宏印. 从异语写作到无本回译——关于创作与翻译的理论思考 [J]. 上海翻译，2015(3)：1-9.

王宏印. 文学翻译批评概论 [M]. 北京：中国人民大学出版社，2009.

王宏印. 文学翻译批评论稿 [M]. 上海：上海外语教育出版社，2006.

王宏印. 中国传统译论经典诠释 [M]. 武汉：湖北教育出版社，2003.

王均松. 翻译质量评估新方向：DQF 动态质量评估框架 [J]. 中国科技翻译，2019(3)：27-29.

王力. 中国现代语法 [M]. 北京：北京商务印书馆出版，1985.

王力. 中国语法理论 [M]. 青岛：山东教育出版社，1944.

王力、林焘等. 古代汉语常用字字典 [M]. 北京：商务印书馆，1979.

王立非. 我国英语写作实证研究：现状与思考 [J]. 中国外语，2005(1)：50-55.

王蒙. 谈短篇小说创作技巧 [J]. 人民文学，1980(7)：56-57.

王宁. 生态文学与生态翻译学：结构与建构 [J]. 中国翻译，2011(2)：10-15.

王宁. 文化翻译与经典阐释 [M]. 北京：中华书局，2006.

万鹏杰. 中国英语与中式英语之比较 [J]. 上海翻译，2005(2)：41-44.

汪榕培. 我和中国典籍英译 [J]. 当代外语研究，2012(5)：1-4.

王文宇、王立非. 二语写作研究：十年回顾与展望 [J]. 外语教学，2004(3)：51-58.

王文宇、文秋芳. 母语思维与二语写作——大学生英语写作过程研究 [J]. 解放军外国语学院学报，2002(4)：64-76.

王文宇，文秋芳. 母语思维与外语作文分项成绩之间的关系 [J]. 外语与外语教学，2002(10)：17-20.

王寿兰. 当代文学翻译百家谈 [C]. 北京：北京大学出版社，1989.

王树槐. 翻译教学论 [M]. 上海：上海外语教育出版社，2013.

王树槐、王若维. 翻译能力的构成因素和发展层次研究 [J]. 外语研究，2008(5)：80-88.

王向远. "翻"、"译"的思想——中国古代"翻译"概念的建构 [J]. 中国社会科学，2016(2)：138-156.

王小慧、周旭. 大学英语教学中翻译写作教学模式的有效性——基于 CET 翻译题成绩的初步实验研究 [J]. 萍乡学院学报，2024(2)：108-111.

王小慧. 非英语专业大学生汉译英错误及其成因之实证新探 [J]. 武夷学院学报，2023(7)：54-60.

王小慧. 大学英语四级考试中的非英语专业本科生汉英翻译思维之实证研究 [D]. 厦门大学，2021.

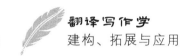

王余光、徐雁．中国阅读大辞典 [M]．南京：南京大学出版社，2016．

王玉英．两种变异类比观：文化变异与译语变异 [J]．中国翻译，2003(3)：22-25．

王泽龙．写作表述要则论略 [J]．河南教育学院学报，2007(3)：9-11．

王战平．翻译难易度评估 [J]．译林（学术版），2012(6)：153-167．

王作伟．语块理论下汉译英与英语写作的互益性探讨 [J]．语文学刊（外语教育教学），2011(10)：127-134．

韦健．多模态辅助支架式教学法在大学英语翻译教学中的应用 [J]．教育探索，2014(2)：33-36．

文峰．声音不留下影子 [A]．肖飞、徐强．2001 年大学生最佳小说 [C]．沈阳：春风文艺出版社，2002．

文洁若．不妨临时抱抱佛脚 [A]．王寿兰．当代文学翻译百家谈 [C]．北京：北京大学出版社，1989．

文军．翻译课程模式研究——以发展翻译能力为中心的方法 [M]．北京：中国文史出版社，2005．

文秋芳，郭纯洁．母语思维与外语写作能力的关系对高中生英语看图作文过程的研究 [J]．现代外语，1998(4)：44-56．

翁显良．意态由来画不成？——文学翻译丛谈 [M]．北京：中国对外翻译出版公司，1983．

闻艳．论修辞学观照下的翻译写作学研究 [D]．厦门大学，2012．

武汉传神信息技术有限公司．一种获得文档翻译难度的方法 [P]．中国专利：CN 104008094 A，2014-8-27．

吴静、龙明慧．数字化读图时代多模态翻译能力与培养策略 [J]．外国语文，2023(6)：159-168．

吴曙天（编选）．翻译论 [M]．上海：光华书局，1937．

夏德勇、杨锋．当代大学写作 [M]．广州：暨南大学出版社，2007．

夏征农．辞海 [M]．上海：上海辞书出版社，1999．

肖芳英．从文化角度浅析中西语言的差异 [J]．湖南科技学院学报，2005(26)：14-16．

肖飞、徐强．2001 年大学生最佳小说 [C]．沈阳：春风文艺出版社，2002．

肖维青．翻译批评模式研究 [M]．上海：上海外语教育出版社，2010．

谢天振．译介学导论 [M]．北京：北京大学出版社，2007．

谢天振．国内翻译界在翻译研究和翻译理论认识上的误区 [J]．中国翻译，2001(4)：2-5．

谢锡金．中学生的写作思维过程 [J]．语文杂志，1984(12)：41-54．

谢锡金、林守纯．写作新意念 [M]．香港：朗文（远东）出版有限公司，1992．

谢耀基．现代汉语欧化语法概论 [M]．香港：香港光明图书公司出版，1990．

徐昉．二语写作探究：遣词造句的困惑与策略 [M]．南京：南京大学出版社，2011．

许敬宗．瑜伽师地论新译序 [G]．马祖毅．中国翻译简史 [M]．北京：中国对外翻译出版公司，1984．

许钧．文学翻译的理论与实践：翻译对话录 [M]．南京：译林出版社，2010．

徐敏霞．日夜 [A]．肖飞、徐强．2001 年大学生最佳小说 [C]．沈阳：春风文艺出版社，2002．

徐鹏．英语辞格 [M]．北京：商务印书馆，1996．

徐盛桓.译文质量评估的数学模型 [J].华南师范大学学报（社科版），1987(4): 89-96.

徐振宗、李保初.汉语写作学 [M].北京：北京师范大学出版社，1995.

许渊冲.文学与翻译 [M].北京：北京大学出版社，2003.

许渊冲.新世纪的新译论 [J].中国翻译，2000，(3): 2-5.

许渊冲.扬长避短，发挥译文优势 [A].许渊冲.翻译的艺术 [C].北京：中国对外翻译出版公司，1984.

许渊冲.意美、音美、形美——如何译毛主席诗词 [A].许渊冲.翻译的艺术 [C].北京：中国对外翻译出版公司，1984.

许渊冲.译学要敢为天下先 [J].中国翻译，1999(2): 4-9.

严复.《天演论》译例言 [A].罗新璋.翻译论集 [C].北京：商务印书馆，2009.

闫文羽.翻译写作学视角看四字格词语在文学文本译文写作中的呈现 [A].厦门外国语言文学研究生学术论坛暨厦门大学外文学院第十届研究生学术研讨会论文集 [C].厦门：厦门大学，2017: 9.

闫怡恂、葛浩文.文学翻译：过程与标准——葛浩文访谈录 [J].当代作家评论，2014(1): 193-203.

杨丰宁，王雪.研究生英语写译教程 [M].天津：天津大学出版社，2002.

杨晦.关于文学翻译的三言两语 [A].王寿兰.当代文学翻译百家谈 [C].北京：北京大学出版社，1989.

杨冥.关于红楼梦 [EB/OL]（2011-03-05）（2011-03-10）. http://blog.sina.com.cn/yangmiblog.

杨乃定.《创造学教程》[M].西安：西北工业大学出版社，2004.

杨全红（编）.名家名论名译 [C].上海：复旦大学出版社，2009: 62.

杨士焯、周旭.翻译写作学视角下《孙子兵法》十二英译本译文表述解读与评析 [J].山东航空学院学报，2025(1): 1-11.

杨士焯.简明英汉翻译教程 [M].上海：上海外语教育出版社，2022.

杨士焯、周旭.《孙子兵法》十二译本解读与评析——翻译写作学视角下典籍翻译表述研究 [A].美美与共：比较文学与跨文化研究国际论坛论文集 [C].厦门：厦门大学出版社，2021: 488-502.

杨士焯、周旭.中国传统译论中"写"的承与扩 [J].外语学刊，2019(5): 114-120.

杨士焯.西方翻译理论：导读·选读·解读（下册）[M].厦门：厦门大学出版社，2018.9.

杨士焯.西方翻译理论：导读·选读·解读（上册）[M].厦门：厦门大学出版社，2018.4.

杨士焯、周旭.翻译准则的多维探究——评《翻译研究的多维视野》[J].运城学院学报，2018(2): 84-88.

杨士焯. Systemization of the Theory of Introverted Ontology Translation: Restructuring Translational Writing [A]. *Proceedings of Second International Conference on Globalization* [C]. American Academic Press. 2017: 39-46.

杨士焯、周旭.林语堂"特殊的翻译"译文笔法探究 [J].东方翻译，2016(2): 15-24.

杨士焯.内向型本体翻译理论系统化之尝试——再论翻译写作学建构 [A]《华东外语论坛》[C]第 9 辑，上海：上海外语教育出版社，2014.

杨士焯 . 英汉翻译写作学 [M]. 北京：中国对外翻译出版公司，2012.

杨士焯 . 论英汉翻译写作学的建构 [D]. 上海外国语大学，2012.

杨士焯 . 英汉翻译教程 [M]. 北京：北京大学出版社，2006；2011.

杨士焯 . 对翻译研究基本术语的反思和整合：直译、意译与归译新定义 [A]《华东外语论坛》[C] 第 6 辑，上海：上海外语教育出版社，2011.10.

杨士焯 . 翻译教材编写方法探索 [J]. 厦门大学学报（哲社）教学研究专辑，2008: 85-88.

杨士焯 . 简论翻译写作学的建构 [J]. 写作学（高级版），2008(3): 19-20.

杨士焯 . 英语专业三年级学生如何提高英汉翻译技能 [J]. 中国翻译，2002(6): 55-56.

杨士焯 . 发挥译义的语言优势——谈文言文词语、句法在译文中的妙用 [J]. 上海科技翻译，2002(1): 23-26.

杨士焯 . 从一篇翻译看英语专业三年级学生的翻译问题 [J]. 中国翻译，2000(3): 30-34.

杨士焯 . 彼得·纽马克翻译新观念概述 [J]. 中国翻译，1998(1): 48-50.

杨晓荣 . 翻译批评导论 [M]. 北京：中国对外翻译出版公司，2005.

杨自俭 . 译学研究的回顾与展望 [J]. 山东师大外国语学院学报，1999(1): 83-89.

杨志红 . 翻译能力研究——中国学生汉译英能力实证分析 [M]. 苏州：苏州大学出版社，2016.

杨志红、王克非 . 翻译能力及其研究 [J]. 外语教学，2010(6): 91-95.

杨远 . 谈三种英语写作教学法 [J]. 南京：江苏广播电视大学学，2003(5): 75-76.

尹小莹、杨润辉 . 外贸英语函电——商务英语应用文写作（第 5 版）[M]. 西安：西安交通大学出版社，2011.

印建坤 . 新东方·四级写作范文 100 篇 [M]. 西安：西安交通大学出版社，2012.

余光中 . 余光中谈翻译 [M]. 北京：中国对外翻译出版公司，2002.

余瑾 . 福尔摩斯：永恒神探 [N]. 人民日报（副刊），2013-4-25.

于虹 . 翻译呼唤学科建设 [J]. 中国翻译，2001(4): 10-12.

宇清、信德 . 外国作家谈写作 [C]. 北京：北京出版社，1980.

（宋）赞宁撰，范祥雍点校 . 宋高僧传上 [M]. 上海：上海古籍出版社，2014.

曾祥芹 . 汉文阅读学研究 [M]. 北京：高等教育出版社，2010.

曾祥芹 . 文章阅读学 [M]. 郑州：大象出版社，2009.

曾祥芹、韩雪屏 . 阅读学原理 [M]. 郑州：大象出版社，2002.

翟丽丽、武术 . 功能主义视角下大学英语四级翻译教学改革探析 [J]. 绥化学院学报，2018(2): 127-129.

张爱玲 . 中短篇小说：1943 年作品 [C]. 哈尔滨：哈尔滨出版社，2003.

张谷若 . 地道的原文，地道的译文 [J]. 翻译通讯，1980(1): 19-23.

张广锡、杨士焯 . 论物理学原理和定律在翻译跨学科研究中的作用与意义 [J]. 翻译论坛，2018(2): 8-13.

张红雨 . 写作美学 [M]. 长春：东北师范大学出版社，1989.

张慧琴 . 高健翻译协调理论研究 [D]. 上海：上海外国语大学博士论文，2009.

张今 . 文学翻译原理 [M]. 郑州：河南大学出版社，1987.

张俊杰 . 母语与二语对大学生英语写作过程影响的实验研究 [J]. 山西大同大学学报 (社会科学版)，2018(3): 80-83.

张玲 . 大学英语翻译教学存在问题调查报告 [J]. 上海科技翻译，2000(3): 46-49.

张美芳 . 中国英汉翻译教材研究 [M]. 上海：上海外语教育出版社，2001.

张美芳 . 罗杰·贝尔的语言学翻译研究视角 [J]. 外语与翻译，2001(3): 11-16.

张南峰 . 中西译学批评 [M]. 北京：清华大学出版社，2002.

张凝 . 南方的天空 [A]. 肖飞、徐强 .2001 年大学生最佳小说 [C]. 沈阳：春风文艺出版社，2002.

张娜 . 语言功能理论和功能途径的文本类型学述评 [J]. 漯河职业技术学院学报，2010(4): 97-99.

张涛 . 跳水动作难度系数是怎么样确定的 [J]. 游泳 1995(2): 22-23.

张卫国 . 四字语型及其应用 [M]. 北京：中国物资出版社，1989.

张蓊荟、沈晓红 . 英汉翻译过程中的推理形式及其影响因素 [J]. 山东外语教学，2006(2): 76-80.

张西平 ."西译中"和"中译西"差异的哲学探讨 [J]. 东方翻译，2015(1): 16-19.

张霄军 . 翻译质量量化评价研究综述 [J]. 外语研究，2007(4): 80-84.

张新玲、刘金利 . 翻译交际能力视角下的翻译能力再审视 [J]. 上海翻译，2017(5): 15-21.

张星烺 . 欧化东渐史 [M]. 北京：商务印书馆，2000.

张兴旺 . 译家翻译创作心理论略 [J]. 四川外语学院学报，2003(5): 14-16.

张秀芹 . 高职学生二语写作中母语正迁移的实证研究 [J]. 潍坊教育学院学报，2012(5): 106-108.

张延俊 . 汉语被动式历史研究 [M]. 北京：中国社会科学出版社，2001.

张彦群 . 五四时期欧化翻译的动因及意义 [J]. 河南师范大学学报，2008(9): 148-150.

张亦辉 . 翻译琐谈 [J]. 世界文学，2002(6): 267-272.

张媛 . 翻译写作学视角下培根散文的汉译研究 [D]. 中北大学，2019.

赵彦春 . 翻译学归结论 [M]. 上海：上海外语教育出版社，2005.

赵文书、康文凯 . 大学英文写作 [M]. 南京：南京大学出版社，2007.

赵庭弟 . 影响翻译过程中对原文理解的若干因素 [J]. 云南农业大学学报 (社会科学版)，2009(06): 96-99，105.

郑超、杜寅寅、伍志伟 . 中美学生英语"跨洋互动"行动研究与语料分析 [M]. 北京：科学出版社，2013.

郑海凌 . 译理浅说 [M]. 郑州：文心出版社，2005.

郑琳 . 翻译写作学视角下的英汉翻译研究 [D]. 厦门大学，2011.

郑秀芳、杨士焯 . 论"难度系数"在翻译难度评估中的应用 [J]. 东方翻译，2016(4): 26-31.

郑延国 . 翻译方圆 [M]. 上海：复旦大学出版社，2009.

《中国大百科全书》编辑部（编）. 中国大百科全书·哲学卷（第 2 版）[M]. 北京：中国大百科全书出版社，2002.

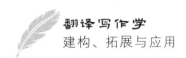

中华人民共和国退役军人事务部.裴金佳致第十一批在韩中国人民志愿军烈士遗骸安葬祭文 [EB/OL]. (2024-11-29)[2024-11-30]. https://www.mva.gov.cn/sy/xx/bnxx/202411/t20241129_456074.html.

周昌忠.中西语言的思维模式论比较 [J].社会科学，1996(12): 11-13.

周荐.汉语词汇结构论 [M].上海：上海辞书出版社，2004.

周姬昌.写作学高级教程 [M].武汉：武汉大学出版社，1989；2009.

周俊清.试论翻译中的语域取向 [J].中国翻译，1996(4): 10-13.

周旭、杨士焯.翻译写作学视角下文学翻译感知研究——以中国文学外译为例 [J].福建技术师范学院学报，2024(3): 112-119.

周旭、练建峰.翻译写作学视角下英语写作的中式英语研究 [J].广西民族师范学院学报，2019(2): 149-152.

周旭、杨士焯.论二语写作思维与行为过程中的翻译因素介入 [J].闽南师范大学学报（哲社版），2018(2): 62-73.

周旭、杨士焯.二语写作与翻译的关联性——翻译写作学拓展的可行性研究 [J].集美大学学报（哲社版），2017(2): 115-121.

周旭、杨士焯.翻译写作教学"在线论译"初探 [A].华东外语论坛（第12辑）[C].上海：上海外语教育出版社，2017: 15-25.

周旭、杨士焯.论翻译写作学视角下的翻译写作能力训练模式 [A].华东外语论坛（第11辑）[C].上海：上海外语教育出版社，2016: 369-381.

周旭、杨士焯.翻译写作学视角下二语写作教学新模式 [J].外语教学，2015(6): 53-57.

周旭.二语写作中思维与行为过程的翻译因素介入——翻译写作学视角下的二语写作研究 [D].厦门：厦门大学，2014.

周雪婷.多元智能理论指导大学英语翻译教学 [J].中国科技翻译，2008(4): 41-43.

周兆祥、李达三.译事参考手册 [M].香港：香港中文大学出版社，1980.

朱伯石.现代写作学 [M].北京：人民日报出版社，1986.

朱光潜.朱光潜美学文集（第二卷）[C].上海：上海文艺出版社，1982.

朱晓斌.写作教学心理学 [M].杭州：浙江大学出版社，2007.

朱一凡.现代汉语欧化研究：历史和现状 [J].解放军外国语学院学报，2011(3): 7-11.

朱玉敏，杨士焯."阅读、写作、翻译"三位一体扩展式翻译写作课堂模式研究 [J].齐齐哈尔大学学报，2017(7): 185-188.

朱玉敏."阅读、写作、翻译"三位一体的翻译写作学教学模式建构 [M].厦门：厦门大学出版社，2015.

朱玉敏.翻译过程动态检视探微 [J].长春大学学报，2015(10): 117-122.

朱玉敏.语料库与英汉对比下的翻译写作学课堂检视 [J].厦门理工学院学报，2013(4): 107-111.

庄绎传.英汉翻译教程 [M].北京：北京外语教学与研究出版社，1999.

朱振武.汉学家的中国文学英译历程 [M].上海：华东理工大学出版社，2017.

Abdulaziz & Mohamed Amin A. EFL Learners' Vocabulary Acquisition in Translational Writing [J]. *Journal of Language Teaching and Research*, 2011, 2 (4): 918-928.

Anthony Bruton. Vocabulary learning from dictionary reference in collaborative EFL translational writing [J]. *System*, 2007, 35(3): 353-367.

Anthony Bruton. Vocabulary learning from dictionary referencing and language feedback in EFL translational writing [J]. *Language Teaching Research*, 2007, 11(4): 413-431.

Bachman, L. *Fundamental Considerations in Language Testing* [M]. Oxford: Oxford University Press, 1990.

Baker, M. *In Other Words: A Coursebook on Translation* [M]. London: Routledge, (1992) 2011.

Baker, M. *Routledge Encyclopedia of Translation Studies* [M], London: Routledge, 1998.

Bassnet, Susan & Lefevere, Andre. Constructing Cultures: Essays on Literary Translation [M]. Shanghai: Shanghai Foreign Language Education Press, 2004.

Bassnet, Susan & Peter, Bush. *The Translator as Writer* [M]. New York: Continuum, 2006.

Bassnet, Susan & Lefevere, Andre. *Translation, History & Culture* [C]. London: Pinter, 1990.

Bassnett, Susan. *Translation Studies*. London: Routledge, 1980.

Beeby, A. Evaluating the Development of Translation Competence [A]. In Schaffner C. & Adab B. (eds.). *Developing Translation Competence* [C]. Amesterdam: John Benjamins, 2000:185-198.

Bell, Roger T. *Translation and Translating: Theory and Practice* [M]. London: Routledge, 1991.

Bell, Roger T. *Translation and Translating: Theory and Practice* [M]. Beijing: Foreign Language Teaching and Research Press, 2001.

Belén Ramírez Gálvez. Translational Writing and Its Usefulness for Incidental Learning of Vocabulary [J]. *Studies in Applied English Linguistics*, 2018 (18): 241-247.

Benjamin, R. G. Reconstructing Readability: Recent Developments and Recommendations in the Analysis of Text Difficulty[J]. *Educ Psychol Rev*, 2012 (1): 63-88.

Bereiter, C. & Scardamalia, M. *The Psychology of Written Composition* [M]. Hillsdale, NJ: Lawrence Erlbaum Associates, 1987.

Catford, John C. *A Linguistic Theory of Translation: An Essay on Applied Linguistics* [M]. London: Oxford University Press, 1965.

Campbell, S. A. Cognitive Approach to Source Text Difficulty in Translation [J]. *Target*, 1999 (1): 33-63.

Chamot, A. U. & L. Kupper. Learning strategies in foreign language instruction [J]. *Foreign Language Annals*, 1998, 22: 13-24.

Chesterman, A. *The Memes of Translation* [M]. Amsterdam and Philadelphia: Benjamins, 1997.

Chesterman, A. *Readings in Translation Theory*[C]. Helsinki: Oy Finn Lectura Ab, 1989.

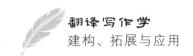

Cohen, A. D. The role of language of thought in foreign language learning[J]. *Working Papers in Educational 11*, 1995 (2): 1-23.

Cook, V. J. Evidence for multicompetence [J]. *Language Learning*, 1992, 42(4): 557-591.

Corder, S. Language distance and the magnitude of the learning task [J]. *Studies in Second Language Acquisition*, 1978, 1-2.

Connor, Ulla. *Contrastive Rhetoric* [M]. Cambridge: Cambridge University Press, 1996.

Delisle, Jean. *Translation: An Interpretive Approach* [M]. Ottawa: University of Ottawa Press, 1988.

Dicamilla, F. & Anton, M. Functions of L1 in the collaborative interaction of beginning and advanced second language learners[J]. *International Journal of Applied Linguistics*, 2012, 22(2): 160-188.

Doherty, Stephen. Translations|The Impact of Translation Technologies on the Process and Product of Translation[J]. *International Journal of Communication*, 2016(10): 23.

Dryden, John. Preface to Ovid's Epistles[A]. In Edward Niles Hooker(ed.), *The Works of John Dryden* (Vol. 1) [C] Berkeley: University of California Press, 1956:111-119.

Firth, J. R. A Synopsis of Linguistic Theory, 1930-1955 [A]. *In Studies in Linguistic Analysis* [C]. Oxford: Blackwell Publishers Ltd, 1957: 99.

Flower L., & Hayes, J. R. A Cognitive Process Theory of Writing [J]. *College Composition and Communication*, 1981 (32): 365-387.

Flower L., & Hayes, J. R. The Dynamic of Composition: Making Plans and Juggling Constraints [A]. Gregg, L, Steinberg, (Eds.). *Cognitive Processes in Writing* [C], 1980.321-323.

Fulcher, G. Text Difficulty and Accessibility: Reading Formulae and Expert Judgment[J]. *System*, 1997: 497-513.

Gao, Y. & Min, S. A comparative study of the effects of L1 and L 2 prewriting discussions on L2 writing performance[J]. *System*, 2021, 103(6): 1-13.

Graddol, David. English in the Future [A]. Anne Burns & Caroline Coffin. (ed). *Analysing English in a Global Context* [C]. London: Routledge, 2001.123-126.

Gys-Walt Van Egdom, Iris Schrijverb, Heidi Verplaetsec and Winibert Segers. The impact of collaborative processes on target text quality in translator training[J]. *The Interpreter and Translator Trainer*, 2024, 18(1): 47-65.

Hale, Sandra, Stuart Campbell. The Interaction between Text Difficulty and Translation Accuracy [J]. *Babel*, 2002 (1): 14-33.

Hall, C. Managing the complexity of revising across languages[J]. *TESOL Quarterly*, 1990, 24(1): 43-60.

Hamideh Rahmani. Do ā or Nam ā z? Analysis of Overt and Covert Translations in Two Renditions of 'The Prophet' by Jibran Khalil Jibran[J]. *International Journal of Linguistics* (5): 244-264.

Harris, B. The importance of natural translation [J]. *Working Papers on Bilingualism* (No. 12), 1977: 96-114.

Hatim, B & Mason, I. *Discourse and the translator* [M]. London: Longman, 1990.

Hayes, J. R. A New Framework for Understanding Cognition and Affect in Writing [A]. C. M. Levy, & S. Ransdell, *The Science of Writing: Theories, Methods, Individual Differences and Applications* [C]. Mahwah, NJ: Lawrence Erlbaum Associates, 1996.

Helle Dam-Jensen & Carmen Heine & Iris Schrijver. The Nature of Text Production- Similarities and Differences Between Writing and Translation [J]. *Across Languages and Cultures*, 2019(2): 155-172.

Holmes, James. *Tranlated! Papers on Literary Translation and Translation Studies* [C]. Amsterdam: Rodolpi, 1988.

Holz-Mänttäri, Justa. *Translatorishes Handeln. Theorie und Methode* [M], Helsinki: Suomalainen Tiedeakatemia, 1984.

Hornby, Snell Mary. *Translation Studies: An Integrated Approach* [M]. Philadelphia: Benjamins Publishing Company, 2001.

Hossein Heidnai, T. & Azizeh, C. & Amir Hossein, T. Assessing the Quality of Persian Translation of Orwell's Nineteen Eighty-four Based on House's Model: Overt-covert Translation Distinction[J]. *Acta Linguistica Asiatica*, 2014(3): 29-42.

House, Juliane. *Translation Quality Assessment: Past and Present* [M]. London: Routledge, 2015.

House, Juliane. *Translation Quality Assessment: A Model Revisited* [M]. Tubingen: Gunter Narr Verlag, 1997.

House, Juliane. *Translation Quality Assessment Model* [M]. Tubingen: Gunter Narr, 1977.

Hyland, Ken. *Second Language Writing* [M]. New York: Cambridge University Press, 2003.

Jing, Zhang. The Impact of Chinese and Western Cultural Differences on English Translation [C]. *2019 International Conference on Arts, Management, Education and Innovation (ICAMEI 2019)* (2019): 467-471

Kaplan, Robert B. *Theory and Practice of Writing: An applied linguistic perspective* [M]. England: Pearson Education Limited, 1996.

Kern, R.G. The role of mental translation in second language reading [J]. *Studies in Second Language Acquisition*, 1994, 16: 441-461.

Kairly, D.C. A passing fad or the promise of a paradigm shift in translator education? [A]. //B. James & S.K. Geoffrey. *Beyond the Ivory Tower: Rethinking Translation Pedagogy* [C]. Amsterdam: John Benjamins, 2003: 3-32.

Kligard, Ida. Calling for translation literacy: The use of covert translation in student academic writing in higher education[J]. Translation and Translanguaging in Multilingual Contexts, 2018 (4): 306-323.

Krapels, Alexandra Rowe. An Overview of Second Language Writing Process Research [A]. In Kroll, Barbara. *Second Language Writing Research Insights for the Classroom* [C]. 37-56. Cambridge: Cambridge University Press, 1990.

Kubota, K. Ideologies of English in Japan[J]. *World Englishes*, 1998, 117(3): 295-306.

Kuhn, T. *The Structure of Scientific Revolution* (3rd. edition) [M]. Chicago: The University of Chicago Press, 1996.

Lay, N. The comforts of the first lanauge in learning to write[J]. *Kaleidoscope*, 1988, 4(1): 15-18.

Liu, J. W. An Investigation of L1 Use in the L2 Reading Process of College-level EFL Learners in China [D]. Unpublished MA thesis, Najing University, 2004.

Lefevere, Andre. *Translation, Rewriting, and Manipulation of Literary Fame* [M]. Shanghai: Shanghai Foreign Language Education Press, 2004.

Liu M, Chiu Y. Assessing Source Material Difficulty for Consecutive Interpreting: Quantifiable Measures and Holistic Judgment[J]. *Interpreting*, 2009 (2): 244–266.

Marzban, A. & Jalali, F. The interrelationship among L1 writing skills, L2 writing skills, and L2 proficiency of Iranian EFL learners at different proficiency levels[J]. *Theory and Practice in Language Studies*, 2016, 6(7): 1364-1371.

Masaeed, K. The effects of task type and L1 use on L2 speaking performance[J]. *TESOL Quarterly*, 2016, 50(2): 433-459.

Mishra A, Bhattacharrya P, Carl M. Automatically Predicting Sentence Translation Difficulty[R]. Sofia, Bulgaria: The 51st Annual Meeting of the Association for Computational Linguistics, 2013.

Mohamed, YA, Khanan, A, Bahsir, M, Mohamed, AHHM, Adiel, MAE & Elsadig, MA. The Impact of Artificial Intelligence on Language Translation: A Review[J]. *IEE ACCESS*, 2024, (12): 25553-25579.

Munday, Jeremy. *Introducing Translation Studies* [M]. London: Routledge, 2001.

Netley N S. The Difficulty of Translation: Decoding Cultural Signs in Other Languages [J]. *Children's Literature in Education*, 1992 (4): 195-202.

Neubert, A. Competence in language, in languages and in translation [A]. C. Schaffner & B. Adab (eds.). *Developing Translation Competence* [C]. Amsterdam: John Benjamins, 2000: 3-18.

Newmark, Peter. *A Textbook of Translation* [M]. Shanghai: Shanghai Foreign Language Education Press, 2001.

Newmark, Peter. *Approaches to Translation* [M]. Shanghai: Shanghai Foreign Language Education Press, 2001.

Newmark, Peter. *Approaches to Translation* [M]. Oxford: Pergamon Press, 1981.

Newmark, Peter. *About Translation* [M]. Clevedon: Multilingual Matters, 1991.

Newmark, Peter. A Correlative Approach to Translation [M], conference paper, 1994.

Nida, Eugene A. *Language, Culture, and Translating* [M]. Shanghai: Shanghai Foreign Language Education Press, 1991.

Nida, Eugene A. *From One Language into Another* [M]. California: Nelson, 1986.

Nida, Eugene A. & Taber, C. R. *The Theory and Practice of Translation* [M]. Leiden: E. J. Brill Press, 1969.

Nida, Eugene A. *Towards a Science of Translating* [M]. Leiden: E. J. Brill. Hawras, S. Towards Describing Bilingual and Multilingual Behavior: Impression for ESL Instruction [M]. Double Plan B paper, University of Minnesota, Minneapolis, 1996.

Nida, Eugene A. *Toward a Science of Translating* [M]. Leiden: E. J. Bril, 1964.

Nord, Christiane. *ext Analysis in Translation: Theory, Methodology, and Didactic Application of a Model for Translation-Oriented Text Analysis (2nd revised ed)* [M]. Xiamen: Xiamen University Press, 2013.

Nord, Christiane. *Translating as a Purposeful Activity* [M]. Shanghai: Shanghai Foreign Language Education Press, 2001.

Nord, Christiane. *Translating as a Purposeful Activity: Functionalist Approaches Explained* [M]. Manchester: St. Jerome Publishing, 1997.

Odlin, Terence. *Language Transfer: Cross-Linguistic Influence in Language Learning* [M]. Cambridge: Cambridge University Press, 1989.

Palmer, H. E. *Second Interim Report on English Collocations* [M]. Tokyo: Kaitakusha, 1933.

PACTE. Investigating Translation Competence: Conceptual and Methodological Issues [J]. *Meta*, 2005(50): 609-619.

Pinkham, John. *The Translator's Guide to Chinglish* [M]. Beijing: Foreign Language Teaching and Research Press, 2003.

Qi, D. S. An inquiry into language-switching in second language composing[J]. *Canadian Modern Language Review*, 1998, 54(3): 413-435

Reid, J. M. The matter of style: Exploring the relationship between L1 and L2 writing[J]. *College Composition and Communication*, (1992), 43(1): 72-88.

Risku, H. A Cognitive scientific view on technical communication: Do embodiment and situatedness really make a difference? [J]. *Target*, 2010 (1):94-111.

Robinson, Douglas. *Who Translates?—Translator Subjectivities Beyond Reason* [M]. New York: State University of New York Press, 2001.

Saeed, Aziz Thabit. Impact of mother culture on the process of translating culture-specific idioms[J]. *Babel* 63 (2017): 486-505.

Savory, Theodore. *The Art of Translation* [M]. London: Cape, 1957.

Shreve, G. M. Cognition and the evolution of translation competence [A]. J. H. Danks., G. M. Shreve, S. B. Fountain & M. K. McBeath (eds.). *Cognitive Processes in Translation and Interpreting* [C]. Thousand Oaks: Sage Publications, 1997: 120-136.

Shuttleworth, Mark & Cowie, Moira. *Dictionary of Translation Studies* [M]. Shanghai: Shanghai Foreign Language Education Press, 2004.

Snyder, Gary. Reflctions on My Translation of the T'ang Poet Han-shan [J]. *Manoa*: University of Hawai Press, 2000, (1):137-139.

Snyder, Gary. *The Real Work* [M]. New York: New Directions Publishing Corporation, 1980.

Solomon M. *Making medical knowledge* [M]. First edition ed. Oxford: Oxford University Press, 2015.

Sun Sanjun. Measuring Difficulty in English-Chinese Translation: Towards a General Model of Translation Difficulty [D]. Ohio: Kent State University, 2012.

Sun Sanjun, Shreve G. M. Measuring Translation Difficulty: An Empirical Study [J]. *Target*, 2014 (1): 98-127.

Taylor, S. *Model business letters, emails & other business documents* (商务英语写作实例精解) [M]. Beijing: Foreign Language Teaching and Research Press, 2007.

Thoms, J., Liao, J. & Szustak, A. The use of L1 in an L2 on-line chat activity[J]. *The Canadian Modern Language Review*, 2005, 62(1): 161-182.

Toury, G. *Descriptive Translation and Beyond* [M]. Amsterdam: Benjamins, 1995.

Tytler, A. F. *Essay on the Principles of Translation* [M]. London: Dent, 1790.

Upton, T. A. First and second language use in reading comprehension strategies of Japanese ESL students [J]. *TESL-EJ*, 1997, 3: 7-17.

Upton, T. A. "Yuk, the skin of insects!" Tracing sources of errors in L2 reading comprehension [J]. *Journal of College Reading and Learning*, 1998, 29: 5-20.

van Weijen, D. Writing processes, text quality, and task effects; empirical studies in first and second language writing[D]. Utrecht University, 2009.

Vinay, J. P. & Darbelnet, J. Translated by J. C. Sager and M. J. Hamel. *Comparative Stylistics of French and English. A Methodology for Translation* [M]. Amsterdam: John Benjamins, 1995.

Venuti, Lawrence. *The Translator's Invisibility: A History of Translation* [M]. London: Routledge, 1995.

Vermeer, Hans J. *Skopos and Commission in Translational Action* [M]. London: Routledge, 1998.

Wang, W. & Wen, Q. L1 use in the L2 composing process: An exploratory study of 16 Chinese EFL writers[J]. *Journal of Second Language Writing*, 2002, 11(3): 225-246.

Wei, X., Zhang, L. J. & Zhang, W. Associations of L1-to-L2 rhetorical transfer with L2 writers' perception of L2 writing difficulty and L2 writing proficiency[J]. *Journal of English for Academic Purposes*, 2020, 47(1): 1-14.

Wilss, W. Perspectives and limitations of a didactic framework for the teaching of translation [A]. R. W. Brislin (ed.). *Translation, Applications and Reserach* [C]. New York: Gardner Press, 1976: 117-137.

Wilss, W. *The Science of Translation Problems and Methods* [M]. Shanghai: Shanghai Foreign Language Education Press, 2001.

Woodall, Billy R. Language-switching: Using the first language while writing in a a second language[J]. *Journal of Second Language Writing*, 2002, 11(1): 7-28.

Zhang, M. Collaborative writing in the EFL classroom: The effects of L1 and L2 use[J]. *System*, 2018, 76(4): 1-2.

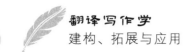

后　记

　　本书是我所主持的国家社科基金项目"翻译写作学的学科建构与拓展研究"（13BYY043）的成果。经过十余年的研究、修订和不断完善，其间独自思索之艰辛与朋辈讨论之乐趣并存，今终得面世，以求教于方家。

　　"翻译写作学"是我所建构的一个新的翻译研究领域。与传统的单纯注重翻译学或写作学不同，我始终认为在不同的文化背景和语境之间，翻译和写作是文明交流互鉴的一体两面，是无法截然分开的，它们共同构成了一门新的学问，也足以衍生出不少新的学术方向。这一思想得到相关专家学者的高度肯定，通过国家社科基金的项目支持，我能比较集中地思考和研究这一方向并取得一些成果，我深感荣幸。对于项目过程中许多专家所做出的专业、细致、严谨且高屋建瓴的意见和建议，我深表感谢。

　　独学则无侣，同气自相求。本书的研究和撰写过程，也是和项目组成员共同讨论、思想碰撞的过程，是团队合作的成果。我要感谢项目组成员，尤其是厦门理工学院的朱玉敏副教授和厦门大学的周旭博士。他们及其他课题组成员的加入，充分体现了"Many hands make light work"的道理，体现了团队合作的可贵和必要。通过这项科研任务，项目队伍得到很大的锻炼，一批年轻的科研人员得以迅速成长。我还要特别感谢新西兰奥克兰大学博士生施磊和牛津大学博士生朱沅辉，他们为本书中实证研究环节的实验设计与数据分析做了细致的核对与修改；感谢福州工商学院胡明珠副教授与王小慧副教授、福建农林大学金山学院梁伟达副教授与胡宏恩老师协助发放实证研究的问卷调查。他们的专业与热心为本书贡献良多。感谢厦门大学出版社的苏颖萍编辑及编校团队，他们的严谨审校与精心排版极大地提高了本书的质量。

　　刘勰《文心雕龙》谓："积学以储宝，酌理以富才，研阅以穷照，驯致以绎辞。"本书之撰述，积学尚富，研阅亦勤，至于酌理绎辞，或犹有不足，敬祈海内外专家读者多所赐正。

杨士焯

2025 年 6 月

附　录

截至 2025 年 3 月翻译写作学相关研究成果

课题：

翻译写作学的学科建构与拓展研究（13BYY043），2013 年国家社会科学基金项目，主持人：杨士焯，已结题。

"阅读、写作、翻译三位一体"的翻译写作学课堂模式探索（2014C020），2014 年福建省社会社科规划青年项目，主持人：朱玉敏，已结题。

"阅读、写作、翻译三位一体"的翻译写作学课堂模式探索（FJJKCG4-188），2014 年福建省教育科学规划项目，主持人：朱玉敏，已结题。

翻译写作学视角下英语写作的中式英语研究（JZ180102），2018 年省中青年教师教育科研项目（高语外语教改科研专项），主持人：周旭，已结题。

语言安全视角下《人民日报》推荐必读书目（四年级）汉译本欧化问题研究（JAS20315），2020 年福建省教育厅中青年教师项目，主持人：朱玉敏，已结题。

专著与教材：

杨士焯 . 英汉翻译写作教程 [M]. 北京：北京大学出版社，2006.

杨士焯 . 英汉翻译写作教程（第二版）[M]. 北京：北京大学出版社，2011.

杨士焯 . 简明英汉翻译写作教程 [M]. 上海：上海外语教育出版社，2022.

杨士焯 . 英汉翻译写作学理论 [M]. 北京：中国对外翻译出版公司，2012.

朱玉敏 . "阅读、写作、翻译三位一体"的翻译写作学教学模式建构 [M]. 厦门：厦门大学出版社，2015.

论文：

蔡娴 . 翻译写作学视角下的语域对等——翻译质量评估新探 [D]. 厦门大学，2016.

崔淑珍 . 西方英语写作学的元学科研究 [D]. 上海外国语大学，2009.

董美荣、王超 . 探索高校翻译写作学教学 [J]. 课程教育研究：新教师教学，2015.

高李南 . 翻译写作学之行文技巧探究 [J]. 教育教学论坛，2017(44): 234-236.

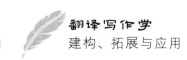
郭兆嘉.翻译写作学视角下二语写作的母语负迁移现象研究 [D].厦门大学,2020.

黄培清.翻译写作学视角下的英汉散文翻译探究——以曹明伦译《培根随笔集》为例 [J].兰州工业学院学报,2015(6): 88-93.

黄玮.翻译写作学视角下的汉英翻译研究 [D].厦门大学,2012.

黄艳.基于地域的翻译写作整合教学模式建构 [J].邢台学院学报,2014 (1): 161-162, 165.

黄燕、谢芳.翻译写作:译者与作者的和谐共生 [J].四川理工学院学报(社会科学版),2014 (3): 58-63.

江晨、周旭.翻译写作学视角下的谚语翻译探析——以《李岚清教育访谈录》为例 [J].兰州教育学院学报,2018 (4): 149-151.

姜小漫.纽马克关联理论视角下《英汉翻译写作学》(节选)汉英翻译报告 [D].厦门大学,2019.

雷海燕.翻译写作学指导下的能源翻译《风能愿景:美国风力发电新纪元》翻译实践报告 [D].华北电力大学,2017.

李雯.翻译写作学与翻译策略 [J].校园英语,2015(23): 220-221.

林莉莉.写作视角下的英汉文学翻译 [D].厦门:厦门大学,2009.

刘昌胜.功能对等理论视角下《英汉翻译写作学》(节选)汉英翻译报告 [D].厦门大学,2019.

刘金萍.基于写作学视角的英汉翻译思考 [J].英语广场,2014(6): 11-13.

刘淑娟.二语写作与翻译写作过程的一致性——以林语堂《吾国与吾民》第一章为例 [J].厦门理工学院学报,2016(4): 70-74.

刘淑娟.写作视角下的英汉翻译研究 [D].厦门大学,2010.

刘茨.基于翻译写作学的汉英新闻翻译研究 [D].厦门大学,2016.

刘艳霞.《中世纪世界史》(节选)翻译实践报告 [D].山东师范大学,2016.

马一宁.再论翻译写作学的建构 [D].厦门大学,2010.

马一宁.再论翻译写作学的建构 [C]// 福建省外国语文学会年会暨学术研讨会,2009.

庞森.论英语专业翻译方向硕士生翻译写作能力的培养 [D].厦门大学,2011.

王小慧、周旭.大学英语教学中翻译写作教学模式的有效性——基于 CET 翻译题成绩的初步实验研究 [J].萍乡学院学报,2024(2): 108-111.

魏晓慧.写作视角下的学术论文汉译英问题研究 [D].厦门大学,2012.

闻艳.论修辞学观照下的翻译写作学研究 [D].厦门大学,2012.

闫文羽.翻译写作学视角看四字格词语在文学文本译文写作中的呈现 [A].厦门外国语言文学研究生学术论坛暨厦门大学外文学院第十届研究生学术研讨会论文集 [C].厦门:厦门大学,2017.

欧丽莹.翻译写作学视域下英语阅读对英汉翻译能力的影响研究 [D].厦门大学,2019.

叶亚春、胡明珠．"一带一路"背景下的福建景点介绍词的翻译研究——以翻译写作学为视角 [J]．海外英语，2018(5): 105-106.

于虹．翻译呼唤学科建设——访中国写作学会会长裴显生教授 [J]．中国翻译，2001(4): 10-12.

杨士焯、周旭．翻译写作学视角下《孙子兵法》十二英译本译文表述解读与评析 [J]．山东航空学院学报，2025(1): 1-11.

杨士焯、周旭．翻译准则的多维探究——评《翻译研究的多维视野》[J]．运城学院学报，2018(2): 84-88.

杨士焯、周旭．林语堂"特殊的翻译"译文笔法探究 [J]．东方翻译，2016(2): 15-24.

杨士焯、周旭．论翻译写作学视角下的二语写作与翻译的关联意义 [A]// 外国语言文学教学与研究 [C]．厦门：厦门大学出版社，2016: 278-289.

杨士焯、周旭．《孙子兵法》十二译本解读与评析——翻译写作学视角下典籍翻译表述研究 [A]// 美美与共：比较文学与跨文化研究国际论坛论文集 [C]．厦门：厦门大学出版社，2021: 488-502.

杨士焯、周旭．中国传统译论中"写"的承与扩 [J]．外语学刊，2019(5): 114-120.

郑琳．翻译写作学视角下的英汉翻译研究 [D]．厦门：厦门大学，2011.

张琪．翻译写作模式下林语堂《生活的艺术》复译实践报告 [D]．山东大学，2013.

张媛．翻译写作学视角下培根散文的汉译研究 [D]．中北大学，2019.

朱伟芳．"翻译写作学"视角下的学术文汉英翻译探究——以《翻译概论》第三章 3.1 节汉译英为例 [J]．英语广场，2017(5): 5-7.

朱玉敏、周淑瑾．认知、功能视角下的翻译研究 [J]．福州大学学报，2010(6): 84-88.

朱玉敏．语料库与英汉对比下的翻译写作学课堂检视 [J]．厦门理工学院学报，2013 (4): 107-111.

朱玉敏．翻译的标准新探 [J]．长春工程学院学报，2014(4): 61-64.

朱玉敏．翻译过程动态检视探微 [J]．长春大学学报：2015(10): 117-121.

朱玉敏、杨士焯．阅读、写作、翻译三位一体的翻译写作学课堂模式探索 [J]．英语世界，2017(12): 59-61.

朱玉敏、杨士焯．阅读、写作、翻译三位一体扩展式翻译写作课堂模式研究 [J]．齐齐哈尔大学学报，2017(7): 185-188.

朱玉敏．"阅读、写作、翻译"三位一体的翻译写作课堂模式重构 [J]．贵阳学院学报，2019(6): 78-81.

朱玉敏．语言安全视角下小学生课外阅读汉译本的恶性欧化研究 [J]．语文课内外，2022(10): 271-273.

周苏萍．翻译写作学视角下政治文献中国特色词汇英译研究——以《习近平谈治国理政》第三卷英文版为例 [D]．厦门大学，2021.

周旭、杨士焯．翻译写作学视角下文学翻译感知研究——以中国文学外译为例 [J]．福建技术师范学院学报，2024(3): 112-119.

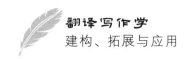
周旭、杨士焯.翻译写作课程隐性思政教育研究 [A]. // 华东外语论坛（第 15 辑）[C]. 上海：上海外语教育出版社，2023.

周旭、练建峰.翻译写作学视角下英语写作的中式英语研究 [J]. 广西民族师范学院学报，2019(2): 149-152.

周旭、杨士焯.文学翻译写作过程中的译者感知能力培养探究 [A]// 华东外语论坛（第 13 辑）[C]. 上海：上海外语教育出版社，2018: 447-455.

周旭、杨士焯.论二语写作思维与行为过程中的翻译因素介入 [J]. 闽南师范大学学报（哲社版），2018(2): 62-73.

周旭、杨士焯.翻译写作教学"在线论译"初探 [A]// 华东外语论坛（第 12 辑）[C]. 上海：上海外语教育出版社，2017: 15-25.

周旭、杨士焯.二语写作与翻译的关联性——翻译写作学拓展的可行性研究 [J]. 集美大学学报，2017(2): 115-121.

周旭、杨士焯.论翻译写作学视角下的翻译写作能力训练模式 [A]// 华东外语论坛（第 11 辑）[C]. 上海：上海外语教育出版社，2016: 369-381.

周旭、杨士焯.翻译写作学视角下二语写作教学新模式 [J]. 外语教学，2015(6): 53-57.

周旭.二语写作中思维与行为过程的翻译因素介入——翻译写作学视角下的二语写作研究 [D]. 厦门：厦门大学，2014.